U0368208

国家出版基金项目
NATIONAL PUBLICATION FOUNDATION

新时代外国语言文学
新发展研究丛书

总主编　罗选民　庄智象

法律语言学新发展研究

Forensic and Legal Linguistics:
New Perspectives and Development

袁传有　徐优平　张少敏 / 著

清華大學出版社
北　京

内 容 简 介

本书上编系统梳理了法律语言学在国际和国内的发展史，展现了中西法律语言学家的心路历程；中编聚焦理论研究，重点推介国内原创的"语篇信息理论及其应用"，凸显该理论的创新性和新发展；下编是应用研究，涵盖判决书/司法意见书、社区矫正话语、反腐公益广告话语、警察讯问话语、语言犯罪话语等多个专题研究。最后，本书讨论了法律语言学界的争鸣并展望了该学科的发展前景。

本书目标读者包括但不限于法律语言学硕博士研究生、公检法司实务界从业者和其他法律语言爱好者。

图书在版编目（CIP）数据

法律语言学新发展研究 / 袁传有，徐优平，张少敏著. —北京：清华大学出版社，2023.12

（新时代外国语言文学新发展研究丛书）

ISBN 978-7-302-64771-3

Ⅰ. ①法⋯　Ⅱ. ①袁⋯　②徐⋯　③张⋯　Ⅲ. ①法律语言学—研究　Ⅳ. ① D90-055

中国国家版本馆 CIP 数据核字（2023）第 194698 号

策划编辑：郝建华
责任编辑：郝建华　徐博文
封面设计：黄华斌
责任校对：王凤芝
责任印制：丛怀宇

出版发行：清华大学出版社
　　　　　网　　　址：https://www.tup.com.cn, https://www.wqxuetang.com
　　　　　地　　　址：北京清华大学学研大厦 A 座　　邮　　编：100084
　　　　　社 总 机：010-83470000　　　　　邮　　购：010-62786544
　　　　　投稿与读者服务：010-62776969, c-service@tup.tsinghua.edu.cn
　　　　　质量反馈：010-62772015, zhiliang@tup.tsinghua.edu.cn
印 刷 者：大厂回族自治县彩虹印刷有限公司
装 订 者：三河市启晨纸制品加工有限公司
经　　销：全国新华书店
开　　本：155mm×230mm　　　**印　张：**23.5　　　**字　数：**370 千字
版　　次：2023 年 12 月第 1 版　　　**印　次：**2023 年 12 月第 1 次印刷
定　　价：128.00 元

产品编号：088061-01

中国英汉语比较研究会
"新时代外国语言文学新发展研究丛书"
编委会名单

总　　序

　　外国语言文学是我国人文社会科学的一个重要组成部分。自 1862 年同文馆始建，我国的外国语言文学学科已历经一百五十余年。一百多年来，外国语言文学学科一直伴随着国家的发展、社会的变迁而发展壮大，推动了社会的进步，促进了政治、经济、文化、教育、科技、外交等各项事业的发展，增强了与国际社会的交流、沟通与合作，每个发展阶段无不体现出时代的要求和特征。

　　20 世纪之前，中国语言研究的关注点主要在语文学和训诂学层面，由于"字"研究是核心，缺乏区分词类的语法标准，语法分析经常是拿孤立词的意义作为基本标准。1898 年诞生了中国第一部语法著作《马氏文通》，尽管"字"研究仍然占据主导地位，但该书宣告了语法作为独立学科的存在，预示着语言学这块待开垦的土地即将迎来生机盎然的新纪元。1919 年，反帝反封建的"五四运动"掀起了中国新文化运动的浪潮，语言文学研究（包括外国语言文学研究）得到蓬勃发展。中华人民共和国成立后，尤其是改革开放以来，外国语言文学学科的发展势头持续迅猛。至 20 世纪末，学术体系日臻完善，研究理念、方法、手段等日趋科学、先进，几乎达到与国际研究领先水平同频共振的程度，取得了令人瞩目的成绩，有力地推动和促进了人文社会科学的建设，并支持和服务于改革开放和各项事业的发展。

　　无独有偶，在处于转型时期的"五四运动"前后，翻译成为显学，成为了解外国文化、思想、教育、科技、政治和社会的重要途径和窗口，成为改造旧中国的利器。在那个时期，翻译家由边缘走向中国的学术中心，一批著名思想家、翻译家，通过对外国语言文学的文献和作品的译介塑造了中国现代性，其学术贡献彪炳史册，为中国学术培育做出了重大贡献。许多西方学术理论、学科都是经过翻译才得以为中国高校所熟悉和接受，如王国维翻译教育学和农学的基础读本、吴宓翻译哈佛大学白璧德的新人文主义美学作品等。这些翻译文本从一个侧面促成了中国高等教育学科体系的发展和完善，社会学、人类学、民俗学、美学、教育学等，几乎都是在这一时期得以创建和发展的。翻译服务对于文化交流交融和促进文明互鉴，功不可没，而翻译学也在经历了语文学、语言学、文化学等转向之后，日趋成熟，如今在让中国了解世界、让世界了解中国，尤其是"一带一路"建设、人类命运共同体构建，讲好中国故事、传递好中国声音等方面承担着重要使命与责任，任重而道远。

20世纪初，外国文学深刻地影响了中国现代文学的形成，犹如鲁迅所言，要学普罗米修斯，为中国的旧文学窃来"天国之火"，发出中国文学革命的呐喊，在直面人生、救治心灵、改造社会方面起到不可替代的作用。大量的外国先进文化也因此传入中国，为塑造中国现代性发挥了重大作用。从清末开始特别是"五四运动"以来，外国文学的引进和译介蔚然成风。经过几代翻译家和学者的持续努力，在翻译、评论、研究、教学等诸多方面成果累累。改革开放之后，外国文学研究更是进入繁荣时代，对外国作家及其作品的研究逐渐深化，在外国文学史的研究和著述方面越来越成熟，在文学理论与文学批评的译介和研究方面、在不断创新国外文学思想潮流中，基本上与欧美学术界同步进展。

外国文学翻译与研究的重大意义，在于展示了世界各国文学的优秀传统，在文学主题深化、表现形式多样化、题材类型丰富化、批评方法论的借鉴等方面显示出生机与活力，显著地启发了中国文学界不断形成新的文学观，使中国现当代文学创作获得了丰富的艺术资源，同时也有力地推动了高校相关领域学术研究的开展。

进入21世纪，中国的外国语言学研究得到了空前的发展，不仅及时引进了西方语言学研究的最新成果，还将这些理论运用到汉语研究的实践；不仅有介绍、评价，也有批评，更有审辨性的借鉴和吸收。英语、汉语比较研究得到空前重视，成绩卓著，"两张皮"现象得到很大改善。此外，在心理语言学、神经语言学和认知语言学等与当代科学技术联系紧密的学科领域，外国语言学学者充当了排头兵，与世界分享语言学研究的新成果和新发现。一些外语教学的先进理念和语言政策的研究成果为国家制定外语教育政策和发展战略也做出了积极的贡献。

习近平总书记指出："要着力推进国际传播能力建设，创新对外宣传方式，加强话语体系建设，着力打造融通中外的新概念新范畴新表述，讲好中国故事，传播好中国声音，增强在国际上的话语权。"为贯彻这一要求，教育部近期提出要全面推进新工科、新医科、新农科、新文科等建设。新文科概念正式得到国家教育部门的认可，并被赋予新的内涵和定位，即以全球新技术革命、新经济发展、中国特色社会主义新时代为背景，突破传统的文科思维模式与文科建构体系，创建与新时代、新思想、新科技、新文化相呼应的新文科理论框架和研究范式。新文科具备传统文科和跨学科的特点，注重科学技术、战略创新和融合发展，立足中国，面向世界。

新文科建设理念对外国语言文学学科建设提出了新目标、新任务、新要求、新格局。具体而言，新文科旗帜下的外国语言文学学科的发展目标是：服务国家教育发展战略的知识体系框架，兼备迎接新科技革命的挑战能力，彰显人文学科与交叉学科的深度交融特点，夯实中外政治、文化、社会、历史等通识课程的建设，打通跨专业、跨领域的学习机制，确立多维立体互动教学模式。这些新文科要素将助推新文科精神、内涵、理念得以彻底贯彻落实到教育实践中，为国家培养出更多具有融合创新的专业能力，具有国际化视野，理解和通晓对象国人文、历史、地理、语言的人文社科领域外语人才。

进入新时代，我国外国语言文学的教育、教学和研究发生了巨大变化，无论是理论的探索和创新，方法的探讨和应用，还是具体的实验和实践，都成绩斐然。回顾、总结、梳理和提炼一个年代的学术发展，尤其是从理论、方法和实践等几个层面展开研究，更有其学科和学术价值及现实和深远意义。

鉴于上述理念和思考，我们策划、组织、编写了这套"新时代外国语言文学新发展研究丛书"，旨在分析和归纳近十年来我国外国语言文学学科重大理论的构建、研究领域的探索、核心议题的研讨、研究方法的探讨，以及各领域成果在我国的应用与实践，发现目前研究中存在的主要不足，为外国语言文学学科发展提出可资借鉴的建议。我们希望本丛书的出版，能够帮助该领域的研究者、学习者和爱好者了解和掌握学科前沿的最新发展成果，熟悉并了解现状，知晓存在的问题，探索发展趋势和路径，从而助力中国学者构建融通中外的话语体系，用学术成果来阐述中国故事，最终产生能屹立于世界学术之林的中国学派！

本丛书由中国英汉语比较研究会联合上海时代教育出版研究中心组织研发，由研究会下属 29 个二级分支机构协同创新、共同打造而成。罗选民和庄智象审阅了全部书稿提纲；研究会秘书处聘请了二十余位专家对书稿提纲逐一复审和批改；黄国文终审并批改了大部分书稿提纲。

本丛书的作者大都是知名学者或中青年骨干，接受过严格的学术训练，有很好的学术造诣，并在各自的研究领域有丰硕的科研成果，他们所承担的著作也分别都是迄今该领域动员资源最多的科研项目之一。本丛书主要包括"外国语言学""外国文学""翻译学""比较文学与跨文化研究"和"国别和区域研究"五个领域，集中反映和展示各自领域的最新理论、方法和实践的研究成果，每部著作内容涵盖理论界定、研究范畴、研究视角、研究方法、研究范式，同时也提出存在的问题，指明发展的前景。总之，本丛书基于外国语言文学学科的五个主要方向，借助基础研究与应用研究的有机契合、共时研究与历时研究的相辅相成、定量研究与定性研究的有效融合，科学系统地概括、总结、梳理、提炼近十年外国语言文学学科的发展历程、研究现状以及未来的发展趋势，为我国外国语言文学学科高质量建设与发展呈现可视性极强的研究成果，以期在提升国家软实力、构建人类命运共同体过程中承担起更重要的使命和责任。

感谢清华大学出版社和上海时代教育出版研究中心的大力支持。我们希望在研究会与出版社及研究中心的共同努力下，打造一套外国语言文学研究学术精品，向伟大的中国共产党建党一百周年献上一份诚挚的厚礼！

罗选民 庄智象

2021 年 6 月

前　言

　　在本书初稿即将完成之际，曾任北京大学法学院院长的（朱）苏力教授在《东方法学》（2023）上撰文《想事，而不是想词——关于"法律语言"的片段思考》，引起部分中国法律语言学者的争鸣。该文的主要观点如下：（1）不存在一套特别精密准确的、抽象的法律语言；（2）法律语言的精确和含混是相对的；（3）决定法律语言精确和含混的并非语词选择，而是相关各方对利害考量的判断；（4）诸多法律语词的含义最多也只是大致稳定，非词典所能固定，会随着社会的利益互动和情势变化而改变；（5）专注于法言法语也重要，但容易错失实在的法律争点，尤其涉及相关利益的分配。因此，重要的是想"事"，深入体察和理解具体争议中的事实及相关语境，比较各种不同法律应对的可能后果。

　　该文的一些观点和论证还是得到法律语言学界的认同，例如，法律语言的模糊性离不开语言自身的特点与社会的需求；又如，法律语言除了法律术语，还包括日常语言（文章关于模糊性的讨论就列举了"重大""适当""必要"等日常词汇）；再如，法律语言研究的目的在于分析、解决法律实践中因为语言产生的问题，都是在"想事"，解决"法律争议"。这些观点与法律语言学（Forensic Linguistics）的基本主张相一致。著名法律语言学人王振华（2023）也背书文中所说的"想事"和语境，指出，系统功能语言学从创立开始就将这一点作为研究对象和使命，更不用说发展七十年后大量精力研究语篇语义了。"事"和"词（语）"在适用语言学里永远是不分离的。

　　但是，文章作者的第一个主要观点，即不存在……法律语言。该论断招致法律语言学人的争议。如果没有"法律语言"，意味着也就没有法律语言学，那我们也没有必要研究法律和司法语言/言语了。也有学者认为，文章交替使用"法言法语""法律语词""法律术语""法律语言"指代"词"的问题，没有遵循术语一致性，容易引起误会，同时也没有准确展示法律语言学的内涵和外延的理解。文章在第一段没有具体、明确交代研究的缘起，导致文中"笔者怀疑有一种抽象的法律语言，尽管可以有'法律语言'这个词，但别滥用，尤其是别当真"令人费解，容易引起误会。就连中国法律语言学的开山鼻祖潘庆云先生也感慨道：存在不存在法律语言？首先要弄清"法律语言"的定义，这里有个逻辑问题。至于存在不存在"法律语言学"，大家看法也不一致，我看也不必强求一律。为了避免纠缠，可称为"法律语言研究"（尽管在法学界，法律文书、法律语言之类得不到青睐）（潘庆云，2023）。

王振华赞同潘庆云的观点，我们可以做法律语言学研究，也可以做法律语言研究。法律语言学研究强调范式，尤其是理论范式；法律语言研究也强调范式，但更偏重应用，也就是说，所有适用于解决法律 / 司法语言问题的理论和方法都可以用来研究法律语言。当然，法律人关注语言问题和法律语言学人关注语言问题的初衷各不相同，观点碰撞也是情理之中。正因如此，国际法律语言学家协会（The International Association for Forensic Linguists，IAFL）前任主席、美国西雅图法学院 Janet Ainsworth 教授多次呼吁学界同仁促进跨学科交流与分享，鼓励法律语言学界同仁把论文发表在法学期刊上，迈出促进跨学科发展的第一步。

关于"法律语言""法律和语言""法律语言学"的术语和名称之争在西方法律语言学界由来已久。最早创刊的《法律语言学》（Forensic Linguistics）期刊因此改名为《言语、语言和法律国际期刊》（The International Journal of Speech, Language and the Law），最早创立的"国际法律语言学家协会"（The International Association for Forensic Linguists，IAFL）也更名为"国际司法和法律语言学协会"（The International Association for Forensic and Legal Linguistics，IAFLL）。虽只是一字（一词）只差，但是术语和学科名称的改变也反映了本领域专家学者对法律语言学的不同认识：一方面，坚守司法语言、法庭语言（forensic 一词的本义）的研究主阵地，将其作为正统的、狭义的法律语言学进行深入研究；另一方面，积极拓展研究领域，使学科的研究范围更具包容性，涵盖法律和语言的方方面面，形成广义的法律语言学。国际和国内关于法律语言学的争鸣还体现在理论和方法论方面。在国际上，尤其体现在狭义法律语言学关于法律文本分析方法的科学性上；而在国内，更多体现于广义法律语言学的理论和范式的适用性，本书将在最后一章"展望"中加以讨论。

本书分为上、中、下三编。上编（绪论，第 1、2 章）分别梳理法律语言学在国际和国内的发展史，侧重介绍不同发展阶段的主要代表人物和主要作品，较系统地梳理了国际和国内法律语言学的研究内容和主要的研究机构、学术会议和学术期刊。中编（第 3 至第 5 章）主要阐述法律语言学的相关理论和方法论。其中，第 3 章主要介绍法律语言学所使用的"语言学工具包"及该理念下的多视角法律语言学研究；第 4 章和第 5 章主要阐释本土开发的法律语篇信息理论及其在庭审话语、法律翻译、法律语言教学、法律语音识别等领域的应用研究。下编（第 6 至第 13 章）为法律语言学应用研究。其中，第 6 至第 10 章是功能语言学视域下的法律语言学司法、执法和普法专题应用研究（或称功能法律语言研究）：第 6 章主要对比中英判决书的语类结构和评价资源使用的特征，第 7 章运用合法化语码理论分析美国司法意见书中语法隐喻的语义效用，第 8 章研究我国的社区矫正话语，探讨社区矫正谈话中司法社工身份的话语构建问题，第 9 章聚焦法治和反腐，研究多模态普法话语；第 10 章描述了从以侦查为中心到以审判为中心两种讯问模式的语言特征和评价策略；第 11 章为法律语言学的本体研究，介绍语言犯罪与文本证据研究，涉及网络语言犯罪中的文本作者识别、文本作者画像、语言学证据与专家证人等新兴的狭义法律语言学应用研究；第 12 章关注法律语言教学与培训，分别从课程设计、教材编纂和师资建设等方面介绍国内外法律语言教学的现状。最后，第 13 章描述国际和国内法律语言学界的争鸣，展望该学科未来的发展趋势。

　　本书由三人合作完成，其中，第 3、4、5、12 章由徐优平博士撰写，第 11 章由张少敏博士撰写，其余九章的撰写及全书统稿由袁传有教授完成。本书得到教育部人文社会科学基金青年项目"中国社交媒体网络欺凌的话语识别模式研究"（22YJC740089）、国家社会科学基金项目"社交媒体用户语言指纹识别及语言指纹库构建研究"（20BYY073）的资助。特别感谢清华大学出版社郝建华编审的信任和支持，感谢徐博文编辑精心、细致的修改和编辑工作，也感谢上海交通大学王振华教授独到的审读意见。

袁传有

2023 年 8 月

目　　录

上编　法律语言学发展史

中编 法律语言学理论研究与应用

下编 法律语言学应用研究

图 目 录

表 目 录

上编
法律语言学发展史

绪论
法律语言学界的争鸣

前言中叙述了国内法律语言学界最近的一次争鸣，绪论将继续讨论国际法律语言学界的学术争论，主要围绕法律语言学家作为专家证人出庭作证引发的学术道德问题。

2011 年 7 月，第十届国际法律语言学协会双年会（IAFL10）在英国阿斯顿大学举行。会议上发生了一场"风波"。时任主席 Butters 在离任致辞中特别强调制定学会伦理操守（code of ethics）的必要性，以避免学会被利用，变成"受雇枪手"的非法组织（Butters，2012）。他点名批评了美国法律语言学家 McMenamin 和 Leonard 等人所做的语言证据，认为他们使用的自称为"法律文体学"的方法不具有科学性。他不留情面、毫不掩饰地表明自己的反对态度，引起了学界知名专家 Shuy 的不满，他们在会场上发生了激烈争吵。当然，双方的争吵主要是关于法律语言学研究方法的学术争鸣和法律语言学家作为专家证人出庭作证的职业操守。

Butters（2012）首先质疑作者身份分析中构成"个人言语风格"（ideolect）的语言特征集合，即所谓"独特变量集"的最小数量和区分强度。他批驳了一些专家习惯的做法。例如，McMenamin（2011）在线发布的一起备受瞩目的民事案件的"专家报告"中，仅列举 9 个变量便得出明确的结论，其中一些特征看起来明显薄弱，如 K 文本（已知作者文件）中出现了一次用小写字母"i"拼写的 internet，而 Q 文本（可疑作者文件）则有两个以大写字母"I"拼写的 Internet，他仅依据此特征便得出两个文本出自不同作者的结论。Butters 接着提出，所谓公认有效的"专家报告"仅是基于包含少量拼写和标点符号特征的临时性列表，且这些特征的有效性并没有经过研究证实，但语言学家不能只是根据这些特征来判定 Q 和 K 文本是否由同一人所写。此外，他还质疑道，"当我们仅仅注意这个或那个潜在的、肤浅的文本特征的出现或缺失时，我们真的在做'科学'的'语言'分析吗？""难道我们不能请那些仅凭检查拼写和标点符号的法律语言学家考虑文字处理器自动更正（打字或拼写错误）这一事实吗？"（Butters，2012：355）他使用一连串反问句表达了他对少数法律语言学家不专业的语言分析的不满。最后，他不无担忧地警告，人们有理由质疑这种方法的科学有效性，因为基于极少量数据得出的结论可能被用作涉及数亿美元的诉讼和涉及死刑的刑事诉讼证据。

下面我们看一起与法律语言学相关的刑事案件。伊利诺伊州人民诉克里斯托弗·E. 科尔曼案（People of Illinois vs Christopher E. Coleman）（Leonard et al.，2017），重点关注此案中 Leonard 与 Butters 之争。《纽约客》曾经在 2012 年的一篇文章中报道了 Leonard 和另一位法律语言学家 Butters 在庭审中的对抗，题目为《语言学家能否解决困扰警方的犯罪案件？》（Words on Trial: Can Linguists Solve Crimes That Stump the Police?）。在这个案件中，Coleman 被控谋杀了他的妻子和孩子，其中一部分指控依赖于他在谋杀现场发出的威胁短信和墙壁上的涂鸦文字。案件中，威胁短信和涂鸦文字是不是 Coleman 所写是关键证据，需要进行语言分析。两名美国法律语言学家 Leonard 和 Butters 分别受聘为 Coleman 谋杀案的控辩方专家证人，他们均获得了专家证人资格，参加了弗莱伊（Frye）听证会。他们只能就可疑文件与已知文件之间的相似之处作出陈述，而不能提供有关作者个人身份的意见。

在这个案件中，控方要求 Leonard 分析威胁信和被告人已知的文字，以确定它们是否是共同作者。他在两组文件之间寻找模式：Q 文件（即两封威胁短信和墙壁上的涂鸦）和 K 文件（已知作者的 226 封电子邮件以及被告人与情人之间即时短信的多页打印输出）。分析 Q 文件后，Leonard 发现了五点相似之处：（1）所有文档都以 "f***" 一词开始；（2）均含有"有条件威胁"；（3）均含有死亡威胁；（4）均含有污言秽语；（5）均以大写字母结束。接着，Leonard 继续寻找 Q 文件和 K 文件之间的相似性，并发现四个方面的相似特征：（1）缩略模式使用较多，如 "I'm" 而不是 "I am"，"don't" 而不是 "do not"；（2）"黏合拼写"，本应分开的两个单词黏合在一起，如将 "any time" 黏合成 "anytime"；

（3）"撇号错置"，如将"won't"写成"wont'"，将"doesn't"写成"doesnt'"等错用用法；（4）"you"的简化形式"U"被广泛使用。基于上述分析，Leonard 得出结论，Q 文件为 Coleman 所写。在交叉质询中，Leonard 承认联邦调查局拒绝就他发现的文件相似之处的不同表达方式发表意见。被告人 Coleman 因来自语言学和其他几个法医领域的"压倒性"的间接证据被判有罪。

辩方要求 Butters 反驳 Leonard 的语言学证词。Butters 指出了 Leonard 分析中存在的问题，驳斥了控方专家所使用的方法，称其四类语言相似之处"无用"，并一一加以驳斥。例如，所有作家偶尔都会犯语法错误，把"some time"写成"sometime"或者把"good time"写成"goodtime"，而使用撇号的样本数量太少，实际上毫无意义。他还指出，在非正式场合书写过快造成打字错误时，所谓撇号反转是一种常见情况。Butters 进一步解释说，在电子邮件或文本等非正式写作中，用"U"来表示"you"这个词相当普遍。他还认为 Leonard 比较的是两组不同类型的文件，不具有可比性。"F"开头的字通常只是口头禅，并不代表真正的信息内容。威胁信经常带有条件限制，因此 Leonard 提出的这个类别并不是很有用。Butters 特别指出，任何文件之间相似文字的分析"没有语言学上的意义"，而 Leonard 所依赖的四个类别也是"无用的"。他赞赏联邦调查局不为 Leonard 所做的相似性"背书"或发表意见的做法。他说作者身份鉴定只是为了调查，在伊利诺伊州没有其他案件会允许这种证据。Leonard 博士应该拒绝作证，因为这在科学上是不正确的。真正糟糕的语言证据是当你在法庭上声称非常确定某个人写了某段文字时，你实际上是拿苹果和橘子作比较。法院认为，Leonard 在发表意见时没有运用科学原理，只是依靠自己的技能和经验作出观察。此外，法院还认为 Leonard 证词不具有新颖性。除了有关作者身份的矛盾证言外，此案陪审员在审判过程中听到了大量其他类型的证据，如 Coleman 购买了用于在墙上写威胁内容的油漆，因此最终认定 Coleman 有罪。当然，Butters 并没有对被告的有罪或无罪作出任何假设，他尊重陪审团的裁决权，因为陪审团比语言学专家掌握更多的事实。Butters 在结案两个月后的法律语言学年会的全会上发表上述批评和质疑，引起了不少反对声音。Shuy 和 Leonard 是密切合作伙伴，自然支持 Leonard 的分析，并对 Butters 的批评表示不满，在会场上争吵后拂袖而去，以示抗议。

"风波"过后，Solan 应约撰写了一篇文章来回应这场争鸣，并发表在此次会议的论文集中。毫不意外，Solan 展现了他特有的睿智和公正。他在文章开头一句话中写道："Butters 以洞察力和坦率提醒我们，与大多数法医科学领域的从业者一样，语言鉴定专家在推动其领域发展方面所作出的实质贡献比伦理方面更为突出。"（Solan，2012：362）他继续赞扬 Butters 有勇气在这个重要的场合公开地提出这些重要问题。Solan 支持 Butters 的观点，并提出解决问题的方案。他指出，Butters 批评法律作者身份鉴定缺乏方法论共识和评价标准，导致基于不充分数据和不良分析的虚假结论被视为有效结论，难以区分真伪。在过去二十年中，许多法律语言学领域，尤其是作者识别方面的专家依赖文体标记，但很少或根本没有进行实验工作，这包括独立从业者和自称法律语言学家的学者。他们在个案工作中有时会把目前使用的技术教授给学生，并且某些时候法庭会接受这些技术。其结果是，这种做法缺乏研究且结论合法性备受质疑，从而催生了职业发展（即以法律文体学谋生）和学术研究（计算算法）之间的冲突，并造成计算分析与文体分析之间方法论及文化上的明显差异。针对此问题，Solan（2012，2013）提出了解决方案，将文体特征融入计算语言学家和计算机科学家正在开发的计算算法中。

2021 年 4 月，Butters 因病去世。他的好友 Finegan 在一篇长文中悼念了他对法律语言学所做的贡献，特别提到 2011 年引起争议的那场"风波"。他指出 Butters 一直怀疑"文本作者识别"的可靠性，并批评一位法律语言学家在 Coleman 案中所做的语言分析缺乏意义（Finegan，2020b）。Finegan 也高度赞扬了 Butters 的勇气，同时暗示了自己的立场。实际上，在十年前的 Coleman 杀妻案中，Leonard 作证称威胁信和墙上文字使用了"我一直在盯着你"（I'm always watching）和"我看着你离开（死去）"（I saw you leave）这样的文字，与 Coleman 已知的书写风格非常相似。然而，这一语言证据当时充满争议。FBI 拒绝出具将其作为证据使用的意见，辩方律师 O'Gara 也反对 Leonard 所做的语言分析和提供的语言证据。尤其是在描写和分析墙上文字"你罪有应得"（U have paid）背后所隐藏的被告人人格及其"毁灭性"程度时，辩方律师认为这属于心理学领域而非语言学分析。

学界的争鸣促进法律语言学的发展，尤其是方法论的融合与创新方面。"风波"之后，越来越多的专家将语料库和计算语言学技术与法律文体学方法相结合，但仍有不少专家依然使用文体学方法，争鸣仍在延续。

第 1 章
西方法律语言学发展史

　　法律语言学作为一门学科，迄今仅有三十余年的发展史。但自其产生以来，一大批专家学者致力于这一新兴学科的研究和实践，参与了众多的司法实践，产出了大量的学术成果，逐渐获得了学科身份认同。本章简述作为学科的法律语言学在国际和国内的发展史。

1.1　西方法律语言学的缘起和发展

　　法律语言学是什么？法律语言学作为一个术语首先由语言学家 Svartvik 于 1968 年提出，但未引起广泛关注。作为一门独立学科，法律语言学创始于 20 世纪 90 年代初。经过三十余年的发展，法律语言学在国内外都受到广泛认可，在司法实践中不断得以应用，在理论和方法上不断更新，得到语言学和法学界的高度重视。本节将综述并梳理法律语言学在西方的发展史，从案例入手，展示什么是法律语言学及其主要成果。

　　法律语言学作为一个术语最早出现在 Svartvik 出版的《埃文斯证词：一宗法律语言学案例》(*The Evans Statements: A Case for Forensic Linguistics*)中。该书基于 1950 年英国的"埃文斯案"(Evans Case)，是根据个案证词研究所出具的语言分析报告 (Report on a Linguistic Analysis of Statements Made by Timothy John Evans)。埃文斯在证词中承认自己杀了妻子和女儿，后来被起诉并被处以绞刑。Evans 死后，真凶 Christie 认罪，案件重审。在案件重审过程中，Svartvik 通过对 Evans 证词的语言分析证明了四份证词（包括嫌疑人的供述、警察的逐字记录）的风格存在差异，如关联词 then 的位置、标点符号、句长和限定性从句等，他怀疑证词为警察所写，非嫌疑人原话，由此提出对作者身份的质疑，并最终被法庭作为重要证据采信。Evans 于 1966 年被赦免罪名。"埃文斯案"对英国 1965 年废除死刑起了重要作用。该案开启了"未经耕耘的"法律语言学研究和应用领域（Svartvik，1968），为语言学家直接服务社会创造了难得的契机，也让法律界开始认识应用语言学的用途。但遗憾的是本案并未引起语言学界的广泛关注。

同一时期，类似有争议的认罪案件还有英国的"德里克·本特利案"（Derek Bentley Case）。Bentley 是个文盲，智商也很低，他参与了一起持枪抢劫案，一名警察被枪杀。尽管有相互矛盾的弹道证据和程序上的矛盾，Bentley 还是被判处死刑并于 1953 年被处以绞刑。该案中指控他的部分证据，即他的供词，据称是（警察）逐字记录的。但是在重新审理案件时，英国语言学家 Coulthard 采用了 Svartvik 的方法，考察关联词 then 和 also 的位置。他还用了 COBUILD 口语语料库，发现在警察笔录中使用 I then（警察常用语言）的频率明显高于 then I（普通人口语特征），表明供词中含有"警察语言"特征，因此证明警察的笔录并不是逐字记录。1998 年，Bentley 在被判有罪 46 年后被死后赦免（Coulthard，2000）。

在美国，最早关于作者分析的法庭案件是 1984 年的 Brisco 诉 VFE 公司及上诉案（Finegan，2009）。该案涉及一封匿名诽谤信的作者问题，共有五名语言学家参与其中：McMenamin、Chafe、Finegan、Bailey 和 Brengelman。McMenamin 为 VFE 公司提供了语言分析报告，认定该诽谤信的作者为 Brisco，其使用的方法后来被称为"法律文体学"（McMenamin，1993）。随后，Chafe 被 VFE 雇用，他相信 McMenamin 的方法和结论。Finegan 则被 Brisco 的律师聘用，他批评了 VFE 所聘语言学家使用了不可靠方法，Bailey 支持了 Finegan。最后，VFE 又聘请 Brengelman 对证据进行进一步分析，这是本案第五份证言。然而，在第五位证人出庭作证之前，双方已达成庭外和解并撤销了此案。但后来 Brisco 上诉，上诉法院重新审理此案时只通知了 McMenamin 出庭作证，并未通知其他几位专家证人出庭且未对其证据进行质疑，并最终认定了 McMenamin 所出具的语言证据。多年后，Finegan 得知此案的判决结果后，感到十分困惑。Finegan（2009）探讨了法律语言学家作为专家证人的伦理问题。Finegan（2021）在第十五届国际法律语言学年会上发言，题为"复杂诉讼中的小角色：专家需要跟进"（Bit Parts in Complex Litigation: Experts Need to Follow Up）。他回顾了这起案件并指出，如果他当年出庭，会当面指出法律文体学存在的问题：法律文体学可能已经受到更广泛的批评并变得更加严谨，法官可能不会让其进入一个又一个庭审案件，直到它变得更加严谨（Finegan, 2021）。他还提醒专家证人应密切跟踪诉讼的进程。

20 世纪，美国出现了一个神秘的炸弹客（unabomber），他在 1978 至 1996 年共寄出了 16 枚炸弹，导致 3 人死亡和 23 人受伤。FBI 动用了 500 多名特工花费数百万美元追捕这个炸弹客，都未成功抓获，而该案件最终的破解是因为警方注意到了炸弹客的语言风格。1995 年，炸弹客寄给 FBI 一封信要求刊登他的论文《论工业社会及其未来》，然后就会停止炸弹攻击。FBI 公开发布了这篇论文并很快收到联系，称这篇文章是由自己的兄弟 Kaczynski 所写，并提供了相关证据。经过语言学家分析后，FBI 专家 Fitzgerald 发现除了"科技有罪"的观点外，炸弹客使用的格式、标点和拼写等写作风格与公开的论文相符合。然而，警方无法在缺乏足够证据时签署搜查令，直到警方又发现另一封信中使用了与论文相同的措辞，才确认了炸弹客的个人言语风格。最终，警方在美国蒙大拿州一处偏远的小木屋中逮捕了 Kaczynski。此类案件在英美司法界不断涌现，越来越多的语言学家提供语言证据，参与到案件的语言分析中，法律语言学作为一门学科在 20 世纪 90 年代得以确立。英美法律语言学早期的创建者大多参与过真实的案例，且均与文本作者分析有关。

《语言与法律》（Language and Law）刊发了八篇系列短文，主题为"我是如何走上法律语言学之路的"（How I Got Started as a Forensic Linguist）。这八篇短文的作者是法律语言学的八位开山鼻祖，按文章排序依次是美国乔治城大学荣退教授 Shuy、澳大利亚新英格兰大学教授 Eades、美国杜克大学荣退教授 Butters、美国南加州大学荣退教授 Finegan、荷兰犯罪与执法研究所教授 Komter、澳大利亚悉尼大学荣退教授 Gibbons、美国西雅图大学法学教授 Ainsworth、英国阿斯顿大学荣退教授 Coulthard，其中七位是国际法律语言学家协会的前任主席。每位大师都讲述了他（她）们早期职业生涯遇到的案件或与法律／法庭相关的经历，也正是这些经历引领他（她）们走上了法律语言学之路。他（她）们都有一点共识：要成为一名好的法律语言学家，首先得做一位优秀的语言学家。

Shuy（2020）讲述了他与法律语言的结缘。在成为法律语言学家之前他是美国乔治城大学的社会语言学教授，精通语音学、语用学和话语分析。一次偶然的机会，他参与到 20 世纪 70 年代末的一起"雇凶杀妻案"的庭审中，并作为专家证人出庭作证。他分析了录音证据中的话题转换等语言特征，证明了被告人并无杀人的意图。他经受住了检察官多轮的交叉询问，最终说服了陪审团裁决被告人无罪。庭审中一个精彩的片段如下："检察官问，'Shuy 博士，当您对这些录音进行主观分析时，您使用的是哪种类型的录音机？'我停顿了一会儿，意识到检察官试图让我承认我的证词不是科学客观的。因此，在告诉他我使用了什么设备之前，我回答了他问题中的第一句话，即我进行了客观的、而不是主观的分析。"（Shuy，2020：10）这一片段反映出检察官在法庭上的问话策略，即将不利于专家证人的证据预设于复杂问句/小句复合体的从属小句中，使人不易觉察。例如此处检察官问话中的"主观分析"，就是用以减弱专家证人语音分析的可信性和可采性。凭借语言学尤其是语用学素养的深厚造诣，Shuy 迅速识破了检察官的伎俩，消弭了预设中的不利因素。

协会第二任主席（1995—1999）Eades 在回顾自己早期涉足法律语言时，讲述了一个"不太成功"的案例。该案件涉及一名澳大利亚土著犯罪嫌疑人在警察讯问中的回答，基于此证据嫌疑人被判定谋杀罪并处以终身监禁，被告人提出了上诉。因 Eades 的博士论文研究的就是澳大利亚原住民的英语使用，辩护律师找到了她，请她帮忙分析警方讯问中逐字记录的准确性。Eades 到监狱会见了服刑的被告人，根据自己的专业知识对警察讯问记录中的问答作了细致分析，以此比对被告人的英语使用习惯，证明了所谓的逐字回答实际上并不是被告人所说的话，而是（警方）捏造的口供。遗憾的是，由于法官对语言证据，尤其是对原住民英语的无知，以及对原住民的歧视，Eades 的证言没被采信。但这并未浇灭 Eades 对法律语言的热情，反而更加坚定了她为原住民和弱势群体争取权益的决心，原住民在司法过程中的语言使用成为她一生研究的焦点。Eades（2020：15）指出，"立志要做法律语言学家的人首先要成为一名优秀的语言学家。"

　　Butters 是协会的第七任主席（2009—2011），在接触法律语言之前，他在美国杜克大学多年从事英语语言学和文学的教学工作，主要兴趣是社会语言学和方言学，主要研究言语变异（speech variation）。正是这一研究兴趣引起"吉米·格林案"（Jimmy Green Case）辩护律师的注意，并请他分析了一段秘密录音中副州长的格林话语的真正含义。Butters 运用语用学和会话分析的基本概念，如会话回补（conversational back-filler）来解释"Yes"不一定总是肯定回答，也可能表达"我在听"的意思。他对当事人的话语进行了新的阐释，并说服陪审团作出了无罪判决。此后，他作为法律语言学专家在 70 多个案件中出庭作证，在 250 多个案件中接受过咨询。1995 年后，Butters 专注于商标侵权案的语言证据。

　　Finegan 是协会第九任主席（2013—2015），早在 20 世纪 70 年代就在美国南加州大学语言学系开设法律语言课程，课程名称为"法律的语言学阐释"（Linguistic Interpretation of Law），并因此被推荐为一起案件提供语言学专家意见。这起案件（Rose vs Home Savings & Loan Ass'n）涉及抵押贷款附带的本票中常见的"转售即还条款"（Due on Sale Clause：楼房抵押契约条款，即抵押人若在抵押期间将抵押楼房转售，则借款会自动实时到期，必须立即偿还）。案件涉及的语言学争议是：具有普通智商，且讲英语的人是否能够理解这一条款。Finegan 运用语言学的可读性理论对所涉案件的相关契约和票据作了详细分析，发现这些契约和票据的可读性较低，主要表现在专业术语、复杂长句和篇章结构上，似乎在故意掩盖抵押人在房屋出售时必须支付的高额罚金。Finegan 在分析中还采用了当时刚刚起步的语料库语言学方法，展示了词长、词频、平均句长等对文件可读性的影响。遗憾的是，被告方反对让语言学专家作证，其律师认为陪审团成员可以决定抵押文件的可读性如何，语言学家的证词会对他们产生过分的偏见。虽然法院最终没有采信 Finegan 的语言分析证据，但他的分析报告还是对后来的类似案例产生了影响，"转售即还条款"随后被禁止。Finegan 坦言，自己 1977 年初涉法律语言学时并不知道该新生领域，尽管 Svartvik 早在 1968 年就将此领域命名为法律语言学。凭借着对法律语言的兴趣和语言学专业知识，Finegan 作为语言学专家共参与了 200 多起民事案件，主要包括三类纠纷：商标侵权、合同纠纷、名誉诽谤，为法院和当事人提供了大量的语言证据。

这些法律语言学先驱均为语言学出身，都是偶然接触与语言相关的司法案件，或分析警方讯问话语以确定证词的准确性，或出庭作证证明当事人的清白。他们所从事的事业主要是语言在司法实践中的应用，是狭义的法律语言学（吴伟平，2002）。这些先驱在大量的案例实践基础上总结经验，概括理论框架，展开更广泛的法律与语言的多维度的研究，拓宽了法律语言学领域。

另一位法律语言学前辈是来自荷兰的 Komter，她研究大陆法系下的纠问制庭审模式和警察讯问，重点是口供和供述转换过程中的语言问题。在荷兰，法律要求警方的讯问报告尽可能用嫌疑人的原话。在庭审中，法官通常会以嫌疑人先前对警方的陈述与他们对质。他们会对嫌疑人说"你对警察说了……"，然后把警察报告中那些奇怪的句子念给他们听，而有些句子不大可能出自嫌疑人之口。Komter 得到了警方和检察机关高层的许可，可以记录警方的审讯并收集相应的报告。通过观摩警察讯问和分析语料，Komter 发现警方主导口头谈话（talk）和书面文本（text），记录文本是在警察与嫌疑人的互动中产生的，文本中的一些句子，至少一些词来自警察而不是证人。Komter 的此项研究收录于专著《嫌疑人的供述：刑事司法中的谈话与文本》（*The Suspect's Statement: Talk and Text in the Criminal Process*）（2019）中。

Gibbons 是协会第四任主席（2003—2005），他讲述了 20 世纪 80 年代初他参与的第一起案件也涉及澳大利亚警察讯问的逐字记录问题。涉案嫌疑人是定居在澳大利亚的意大利移民，其辩护律师怀疑警察的笔录不是嫌疑人的逐字陈述。律师了解到 Gibbons 在悉尼大学教授一门双语课程，便请他来甄别。Gibbons 对嫌疑人英语的初步印象是一种"洋泾浜"英语（混杂英语），随后，Gibbons 面见了嫌疑人，发现他的英语水平处于典型的二语习得的初期阶段，不会使用被动语态，时态变化有限，只会用并列关系小句，而笔录中包含被动语态、时态变化和从属关系小句。经过比对，Gibbons 告知律师询问笔录大概率不是逐字记录。之后 Gibbons 出庭作证，向法庭讲解了二语习得的知识及与本案的相关性，法庭采信了该证据。第一次出庭作证让 Gibbons 感受到了法庭上语言和沟通的魅力，之后此项工作一直贯穿着他的职业生涯。

第十二任（2019—2021）协会主席 Ainsworth 出身于法学，年轻时做过多年公益辩护律师。大学时，她对语言和语言学产生了浓厚兴趣，一直自学语言学。在刑事辩护实践中，她特别关注犯罪嫌疑人要求行使米兰达权利（沉默权和律师在场权）的相关法律，发现警察在询问犯罪嫌疑人时经常忽视嫌疑人对米兰达权利的诉求，这部分原因在于法官和警察自认为他们懂得嫌疑人的诉求，而语言科学证明他们其实不懂。她决定就这个问题写一篇文章，发表在律师和法官都能看得见的法学期刊上。这就是 1993 年发表于《耶鲁法学期刊》（*The Yale Law Review*）的一篇檄文，题目为《陌生的语域：警察讯问中无力感的语用研究》（*In a Different Register: The Pragmatics of Powerlessness in Police Interrogation*），这是法律语言学的奠基作之一，在法学界有深远的影响。Ainsworth 的主要观点是，如果律师和法官能够更好地理解语言的运作方式，将有助于法律更加公平公正地响应社会需求。法律语言学从本质上讲是高度跨学科的，这意味着我们都依赖于自己学科以外的知识和观点来开展工作，因此需要由一个学术团体定期召开学术会议，交流研究和实践心得。通过与语言学研究者的正式（通常是非正式）合作，她找到了法律语言学家协会。在这里，人们在他人工作的基础上作出自己的贡献，从而拓宽并延伸法律语言学的界限。她在任协会主席期间，致力于推进法学和语言学界的交叉融合，大力倡导语言学家与法学家和法律实务界的合作。

Coulthard 是使法律语言学成为独立学科的创始人之一，是国际法律语言学家协会的首任主席（1993—1995）。他说："尽管现在有越来越多具有学术资格的法律语言学家，但在我这一代，法律语言学这一学科甚至不存在，我们中的大多数人纯粹是偶然地与案件邂逅。"（Coulthard, 2020：33）与 Shuy 一样，Coulthard 在转向法律语言学之前已是著名的语言学家，擅长话语分析、语用学和语料库语言学，并与著名语言学家 Sinclair 合作创建了课堂话语分析的 IRF 分析框架。在 20 世纪 80 年代中期，Coulthard 参与了一起案件调查，对警察讯问犯罪嫌疑人的笔录真伪进行语言分析，并作为专家证人出具语言证据。当时，英国警方两人一组进行询问，一个提问题，另一个作书面记录。警方要求不能只记录要点，而要逐字记录所问的问题和所给出的答案。英国法官在 20 世纪初曾表示，他们希望得到真实的话语（言内行为），以确定这些话语的意图（言外行为）及想要实现的效果（言后行为）。Coulthard 的语言分析证明警察没有逐字记录，而是伪造了讯问笔录（末页是重写的）。法庭采信了该语言证据，终止了庭审，并撤销了案件。此后，Coulthard 应邀参与多起案件的语言分析并出庭作证，其中不乏对大案要案和冤假错案的平反，如轰动一时的刑事错案"伯明翰六人案"（Birmingham Six Case）、"布里奇沃特四人案"（Bridgewater Four Case），以及前文提到的"本特利案"，这些均涉及警察伪造口头证据的书面版本。Coulthard 的语言分析为多起案件的纠错起到了重要作用，提升了司法界对法律语言学的认知和接受程度。Coulthard（2020:35）向法律语言学家提出建议："努力成为法律语言分析某一领域的专家，最好是有计算机辅助；如果你想成为全职的法律语言学家，就专攻法律语音学吧！"

除了上述八位法律语言学创始人，还有几位前辈也值得推介，包括 Solan、Tiersma 和 Turrell。他们都是协会历任主席，后两位已过世，他们为法律语言学的创立立下了汗马功劳。

Solan 是协会第三任主席（1999—2003），美国布鲁克林法学院法学教授，语言学和法学双博士学位，关注语言与法律如何能直接对法律制度作出贡献。例如，语言学家作为专家出庭帮助法官和陪审团决定诸如声音辨识、文件作者、某种语言是否为某人的母语、法规或合同的意义范围等问题。语言证据在法庭上的应用不仅在普通法国家，如美国、英国和澳大利亚，而且在欧洲的罗马法国家也越来越普遍。其著作《法官的语言》（The Language of Judges）（1993）对法官的审判语言进行了深入的分析和批判（张清、王芳，2007）。

Tiersma 是协会第五任主席（2005—2007），生前是美国洛约拉大学法学院教授。除担任过国际法律语言学家学会主席，他还创立了国际法律与语言协会（The International Language and Law Association），是该协会的创始人、发起人和组织者之一。他主要研究法律语言的起源、本质/特征、法庭语言与叙事、法律语言改革与简明英语运动等，著有《法律语言》（Legal Language）（1999），由芝加哥大学出版社出版，翻译本为《彼得论法律语言》（刘蔚铭，2014），由法律出版社出版发行。非常令人痛惜的是，Tiersma 与癌症顽强抗争后于 2014 年 4 月不幸去世，他的生前好友 Solan、Shuy 和 Ainsworth 组织编辑了一本专门评价他的法律语言研究论著的文集《论语言和法律：关于彼得·蒂尔斯马著作的对话》(*Speaking of Language and Law: Conversations on the Work of Peter Tiersma*)，邀请了来自美国、中国、英国、加拿大等国家和地区 30 余位法律语言研究领域有影响的学者，就 Tiersma 的主要论著进行专题评述。文集收录了 Tiersma 的主要学术论著（全文或者片段），由牛津大学出版社出版。Tiersma 和 Solan 合作主编的《牛津语言与法律手册》标志着法律语言学的新发展。全书收录了 40 篇论文，分法律语言、法律文本解释、多语与翻译、语言权利、语言与刑法、法庭话语、知识产权、作者身份识别和欺骗、说话者识别九大部分，基本覆盖了法律语言研究的方方面面。

协会第八任主席（2011—2013）Turrell 来自西班牙庞培法布拉大学，主要从事法律语言学教学、研究和应用工作，聚焦于个人习语、说话人识别、作者鉴别和专家证人等。他创建了第一个西班牙语法律语言学硕士学位，2003 年建立了西班牙第一个法律语言学实验室。2011年，Turrell 开始担任国际法律语言学家协会主席。虽然她后来身患重病，但还是精力充沛地投入协会的工作。在吉隆坡和波尔图举行的区域会议的组织者都从她的投入中获益良多。虽然她因健康状况无法出席这两次会议，但她向这两次会议都发送了主席致辞。不幸的是，Turrell 于2013 年 4 月与世长辞，协会首任主席 Coulthard 专门撰文纪念 Turrell 教授，并发表于协会期刊。

前辈为法律语言学的学科创立呕心沥血，作出了不可磨灭的贡献。正如 Coulthard et al.（2017）所言，尽管许多法律语言学家认为他们的角色本质上是描述性的，但有些人认为他们是在一个批评话语框架内工作，其目的不是简单地描述，而是在发现所描述的内容存在问题时，要试图补救。例如，Eades（1992）发现在 20 世纪 90 年代的澳大利亚，原住民嫌疑人 / 证人无论是在警察局还是在法庭上都缺乏用英语作证的语言能力，而没有受过语言培训的法律专业人员却认定这些原住民具有英语交际能力，可以用英语作证，无须为他们提供译员帮助。Eades（1992）观察到，典型的原住民回答问题时，短暂的沉默表明他们在认真对待问题和提问者。然而在澳大利亚的法庭上，这种沉默行为具有非常不同的意义，被解释为"浮躁"的行为，即证人在权衡可能的替代答案，而不是直接说出事实真相。在这种情况下，原住民证人因没有立即回答问题，其证言被贬低，沉默强化了关于原住民不可信任的陈规定型观念。经过 Eades 等法律语言学家的不懈努力，如今情况发生了巨大的变化，原住民被警察约谈或在法庭上作证时都会由一名口译员陪同，提供语言翻译。

1.2 西方法律语言学重要文献和研究主题

法律语言学，也称为语言和法律，有多种定义方式，其中一些侧重于刑事和民事案件的语言证据，而另一些则涉及法律语言及其在法庭上的使用。在这个领域中，语言学的理论、原则和方法被应用于各种法律语境，如多语言语境中的法律语言、法庭话语、翻译和口译；刑事司法案件中的语言，包括警察问话和讯问、法庭证词和供词；民事案件中的语言证据，包括商标、合同、版权、歧视、产品警示标签等；以语言为主要证据的法律案件，如作者身份分析和说话人识别。语言和法律作为一个新兴的跨学科领域正在迅速增长，已得到国际认可。本节概述有影响力的著述，包括专著、汇编（论文集）、手册和参考书。

1.2.1 重要文献

1. 专著

现已出版的关于语言和法律的书籍突出了该领域的不同方面。Gibbons（2003）全面概述了语言在法律系统中的使用和影响，探讨了法律语言的性质，包括合同语言、警察讯问和囚犯管理语言，还讨论了少数民族、儿童和受虐待妇女在法律制度中面临的不利处境。Olsson & Luchjenbroers（2014）关注作者身份分析、语言证据、欺骗检测、法庭语音学和网络犯罪等问题。Coulthard & Johnson（2007）涵盖了法律语言、法律体裁的结构，以及语言证据的收集和测试，探讨了法律语言学家和法律语音学家的作用，并提供了调查质疑作者和剽窃案件的方法。Solan & Tiersma（2005）展示了语言在逮捕、调查、审讯、招供和审判中的作用，概述了语言在法律语境中的使用情况，并为今后的研究提供了有益的建议。Turell(2005)为首次出版的关于该领域的西班牙语概述，涵盖了法律和刑事背景下的法律语言学方法、应用和语言的主题，特别关注法律语音学。

2. 汇编（论文集）

语言和法律的汇编涵盖了跨学科和跨文化理论的不同观点。由于该领域的跨学科性质，许多汇编借鉴了其他学科的专业知识，包括语言学、法学、传播学、政治学、社会学和人类学。例如，Levi & Walker（1990）涵盖了来自语言学、法律、英语、社会学、心理学和政治学领域学者的研究论文，这些论文将语言作为一种社会因素进行研究，为法律现实主义的传统作出了贡献，同时，这些研究也可用于预测法律程序中的某些结果。同样，Cotterill（2003）聚焦法律程序中的语言，包含一系列不同学科的论文，涉及主题包括法律诉讼中法律语言学家的作用、警方问话中的语言和互动，以及律师和证人在法庭上的语言，强调了该领域的学者和从业人员（如警官、法庭口译员、法官、律师和专家证人）的观点。其他汇编突出了法律的跨文化性，如 Heffer et al.（2013）论著的副标题很贴切，叫作"法律中的文本旅行"。因为它既研究了文本如何在不同的法律领域"旅行"，也研究了不同文化如何处理一系列法律问题。此外，Kjær & Adamo（2011）专题研究了欧盟语言多样性、语言合法化、多语言和多文化法律推理以及语言权利等问题。此外，一些汇编试图拓宽该领域理论和方法的广度。例如，Gibbons & Turell（2008）突出了理论、方法和数据之间的交叉，主题包括警察用语、法律翻译、法庭语言和语言证据研究，还包括商标、欺骗和剽窃。Kniffka（1996）汇集了关于专家证人在法庭上作证所使用方法的论文。Casesnoves et al.（2014）是一本西班牙语汇编，是为了纪念 Turell 在法律语言学领域的工作和影响，主题包括语料库分析、双语语码转换、多语制、语言变异和歧义等。Solan et al.（2015）为语言和法律汇编，是为了纪念 Tiersma 对语言和法律的贡献，所收文章对一些最具影响力的作品进行了评论和扩展，涵盖了合同和遗嘱语言、沉默的含义、诽谤、陪审团指示和法律解释等。

3. 手册和参考书

自 20 世纪 90 年代以来，语言学的参考著作中都有一两章会涉及语言和法律主题，如法律在社会语言学领域中的作用（Coulmas，1996）、作者身份受到质疑的情况下法律语言学家的作用（Malmkjær，2010），以及法庭话语的性质和法律语言学概述（Wodak et al.，2013）。Chapelle（2013）的百科全书包括 30 多个法律语言学条目，由 Kredens 编辑，内容包括该领域的概述和著名法律语言学家的传记，还涉及法律背景下的语言能力、法庭话语分析、法庭互动、陪审团指示、警察访谈、法律口译和笔译、商标、威胁、人权、剽窃和监狱语言等条目。每个条目信息丰富且简短，为法律语言学入门课程提供了极好的参考资料。该领域最全面的研究收录于两本手册中：Coulthard & Johnson（2010）和 Tiersma & Solan（2012）。《劳特利奇法律语言学手册》（Coulthard & Johnson，2010）由 39 章组成，均由知名学者贡献，涵盖了该领域的刑事和法律方面，涉及法律语言和法律程序、法律翻译、紧急呼叫、米兰达权利、性犯罪、警方与各种类型证人的面谈、虚假供词、国籍声明、口译和专家证人的作用，并提供了多模态、恐怖主义和计算法律语言学等领域的新方向。《牛津语言与法律手册》（Tiersma & Solan，2012）包含 40 位专家的文章，涵盖了法律语言的历史和结构、法律文本的解释、简明语言运动、合同订立、歧义、多语制和语言权利、语言政策、审讯的语用含义、法庭话语、陪审团指示、作者身份识别和说话人识别等法律主题。两本手册都具有国际性，介绍了该领域的一些关键辩论。Larner（2014）对这两本手册进行了简明的回顾和有益的比较，并对各自的主题、作者和方法提供了有见地的评论。

1.2.2 重要研究主题

自 20 世纪 90 年代以来，社会科学学科，如社会学、经济学、心理学和人类学，开始研究法律。最近，随着越来越多的人接受语言学作为一门社会科学，对语言和法律的研究在其广度和深度方面均得到了扩展。虽然以语言学为基础的法律研究总体上在学术界比在专业实务界更容易被接受，但学者已经在许多领域与法律专业人士展开合作并取得了很大进展，以提高专业人士对应用于法律的语言学概念的理解和认识。例如，语言学家在陪审团指示的可理解性、合同含义的解释、诽谤审查、法律文件的通俗语言构建、法庭话语的解释以及法律文本的翻译等方面作出了贡献。虽然学者以不同的方式介入该领域，但语言和法律研究传统上涵盖的领域主要包括法律语言和解释、民事案件语言、法庭话语、法律程序中的多语言互动、弱势群体的语言能力等 14 个主题，分述如下。

1. 法律语言和解释

自莎士比亚时代以来，观察家已经注意到法律语言不同于日常语言，有自己的专业词汇，并且使用复杂的语法。法律语言的研究通常包括对其历史、发展、结构和在各种语境中意义的考察。最具开创性的著作是Mellinkoff（2004），这本著作最初出版于 1963 年，概述了法律语言的特点，包括频繁使用常用词的不常用意义，频繁使用古英语和中古英语中常用但现在罕见的词，频繁使用拉丁词，使用没有普通词汇的古法语和盎格鲁–诺曼语，使用隐语，使用专业术语，多用正式词语，故意使用意义不定的词语，过分讲究准确等。Mellinkoff 把英美法律语言的总体风格概括为含糊不清、浮华夸饰、冗赘啰唆、枯燥乏味。Mellinkoff认为法律语言可以更准确、更简短、更易懂、更持久。作为一名律师和法学教授，Mellinkoff 在这本书和其他著作中的主要目的是让那些在法律界工作的人和那些受法律影响的人更容易理解法律语言。同样有影响力的 Tiersma（1999）分析了法律语言中词汇和结构的起源，认为晦涩难懂的词汇并不是法律体系的必然特征。该书各章节分别考察了法律词汇、解释和含义、语义变化、诉状、证词及陪审团的沟通。Goźdź-Roszkowski（2011）从体裁的角度来探讨这个话题，全面介绍了英语法律语言语料库中固有的语言变异，包括法律词汇的分布和使用、词汇束和公式化表达以及词汇—句法模式的变异。Mattila（2013）考察了英语、法语、德语、拉丁语和西班牙语等主要法律语言的历史、发展和影响，评价了法律语言和法律术语的功能和特点。Leung（2012）讨论了在多语言社会中，法律的字面解释会导致多种结果，通过对多语言司法管辖区的社会、历史和政治背景的考察，提出了法律多语制类型学。Solan（1993）关注法官的语言，对法官在解释合同、法规和证词时曲解语言意义的表达方式进行了开创性的分析。Tiersma & Solan（2004）研究美国法院如何在法律解释中使用选择性的字面解释，以及这种做法所产生的影响。Solan（2010）重点研究了立法语言及其司法解释，描述了关于法律解释的辩论，并驳斥了美国司法解释制度需要彻底改变的观点。同样值得注意的是 Coulthard & Johnson（2010）和 Tiersma & Solan（2012）关于法律话语、法律写作和翻译的研究，详细介绍了法律语言的历史、体裁结构、模糊性问题、哲学问题，以及在不同文化背景下对法律语言的解释。

2. 民事案件语言

对民事案件语言的研究和应用越来越多地涉及商标纠纷、版权侵权和其他知识产权问题，如广告、产品责任和消费品警告、合同和指示的解释，以及诽谤（在某些管辖范围内被视为刑事犯罪行为，而不是民事不法行为）。Tiersma（1987）通过对诽谤性语言的早期研究，认为言语行为的言外之力可以更准确地识别诽谤性语言。Shuy（2002）探讨了商标纠纷中的语言之争，通过分析 10 个商标案例，研究通用与次要含义、描述性和免责声明等问题，旨在促进律师和语言学家在商标问题上的合作。Shuy（2008）最全面地覆盖了民事法律案件语言，介绍了作者作为语言专家参与的 18 个不同的民法案例，包括合同解释、商标纠纷、虚假广告、产品责任、版权侵权、歧视性语境和欺诈争议，还探讨了语言学研究中一个不常涉及的话题，即欺骗性贸易行为和产品责任案例，分析了尼古丁贴片广告中潜在的欺骗性语言，以及对可能导致脑损伤的清洁产品的不良产品警告等。Schane（2006）对传闻分类和合同解释中的歧义和言语行为进行了分析，举例说明了如何在民事案件中使用歧义、隐喻和言语行为来确定传闻或承诺。Butters（2004）运用语言学和符号学理论，分析了彩票游戏卡上指令的冲突性解读，引发了理论用于真实语料分析的讨论。Shuy（2010）再次聚焦诽谤案件的语言，介绍了在媒体、医学和商业领域有争议的诽谤案，展示了语音学、语义学、语用学和语法等语言学理论如何用于诽谤案件的分析，重点讨论了诽谤作为一种违反法律惯例的言语行为。

3. 法庭话语

法庭话语由各种口头和书面体裁组成，如开场陈词和结辩陈词、证人陈述和询问、陪审团指示和量刑听证。虽然这些体裁与日常生活中的话语体裁很相似，如谈话的开始和结束、个人叙述和问答序列，但主要的一个区别因素是权利。O'Barr（1991）最早探讨了法庭话语中的权利问题，对150多份法庭录音进行了分析，以确定有力和无力言辞的语言特征，考察了矫枉过正与正常言语、自然叙述与支离破碎的证词，以及证人和律师同时发言的利弊。Conley & O'Barr（1998）聚焦一系列法庭语境，如交叉询问、提问策略、离婚调解等，发现了语言权利的具体表现，以及性别、文化、犯罪类型和意识形态等因素如何在权利话语中发挥作用。还有更多研究考察了跨文化语境下的权利，如Wagner & Cheng（2011）报告了在亚洲、北美和大洋洲的法律文化中，语言被用来施加权利和控制的方式，包括虚假供词、提问策略中的元话语、沉默的使用以及法律叙事的构建。Tiersma & Solan（2012）则收录了美国、日本、中国和荷兰关于权利和法庭话语的多篇论文。Eades（2010）介绍了将社会语言学应用于法律程序研究的重要性，关注了跨文化背景下的权利和法庭话语这一主题，包括警察约谈、法庭听证、调解、青少年司法会议和原住民法院等。Stygall（1994）通过民族志方法收集数据，首次对美国陪审团审判进行了全面的话语分析，并发现与法庭其他参与者相比，非专业陪审员受到权利差异的限制。Heffer（2005）基于大规模的庭审笔录语料库，分析律师和法官与陪审团之间的沟通，并基于所发现的差异提出了一种法律与非法律人士的沟通模式。Felton-Rosulek（2015）对刑事审判中结案陈词的系统功能语言学和批评性话语分析，揭示了律师用来构建事实的三种策略——压制、强调和淡化。

4. 法律程序中的多语言互动

在语言多样的文化中，法律程序中的多语言互动是语言和法律领域的一个重要主题。一些主要的研究关注法律文本的翻译、多语言司法管辖区的法律解释、少数民族语言使用者的语言权利、对弱势证人的询问，以及确定语言使用者的国籍。在法律程序中，特别是在警察讯问和法庭庭审中，学者关注母语和非母语语言使用者之间的互动问题。此外，还有一些研究探讨了口译员在法庭互动中扮演的重要角色。例如，Berk-Seligson（2002）通过对西班牙语—英语口译员一百多个小时的法庭记录的分析，对口译员在法庭上产生的负面影响进行了系统研究，揭示了口译员如何能够极大地影响案件的结果。Berk-Seligson（2011）从批判性互动社会语言学视角研究警察在审讯犯罪嫌疑人时充当翻译的情况，通过对三名被指控犯罪的拉丁裔男子的审讯分析发现，警察不均衡地使用英语和西班牙语，给讲西班牙语的嫌疑人造成沟通负担。Fadden（2007）分析了警方对三名加拿大原住民和三名非原住民嫌疑人的问话，研究结果表明，话语策略的差异，如模糊限制语、否认和第二人称代词的使用，极大地影响了警察审讯员和嫌疑人之间的交流。Eades（2008）分析了法庭对三名澳大利亚原住民男孩的交叉询问，他们指证了六名被指控绑架他们的警察，揭示了这些男孩如何被定义为行为不轨的犯罪青少年而非受害者，并讨论了这种形式的法庭语言如何进一步合法化警察对原住民的控制。Eades（2012）追溯关于非标准语言的意识形态如何在整个法律程序中影响证人叙事，聚焦交叉询问中的叙述和复述所涉及的语言意识形态，分析了从最初的调查面谈到交叉询问，再到结案陈词和司法判决中的评价，以及在媒体中的（错误）表述的重新语境化，揭示了这些语言意识形态在澳大利亚原住民的新殖民统治中所扮演的角色。Hale & Gibbons（1999）对澳大利亚悉尼的西班牙语—英语口译员的研究揭示了在解释说话者的意思时，微小的语言疏漏可以影响法律参与者和第二语言说话者之间的关系。Ng（2013）介绍了法庭口译员使用多义词的问题，受限于道德准则，译员不能要求说话者对模棱两可的词语作出澄清，而必须基于语境作出解释，这可能导致对意义的解释出现问题。Schaeffner et al.（2013）探讨了口译员的角色、口译策略、道德与实践，以及口译员培训和教育，为在法律系统工作的口译员提供了一系列可参考的建议。Coulthard & Johnson（2010）和Tiersma & Solan（2012）也包括了各种刑事和法律语境下口译员作用的研究。

5. 弱势群体的语言能力

正如 Aldridge 在 Coulthard & Johnson（2010）"刑事司法系统中易受伤害的证人"一章所述，儿童历来被认为是最危险的证人之一，因为他们对警方、律师和监护人的建议具有可塑性。然而，Aldridge 接着解释，儿童作为证人的脆弱性与他们自身的易受暗示性有关，也与他们和以上人员有效沟通的能力有关。一些研究强调了弱势群体（如儿童和性侵犯受害者）在司法系统中的处境。就儿童证人而言，Brennan（1995）和 Jol & Houwen（2014）从语言学的角度审视话题。Brennan（1995）研究了儿童证人接触法庭"奇怪语言"的直接询问和交叉询问的记录，研究结果强调了成年人在法庭上使用的惩罚性语言策略，并讨论了这种话语如何否定儿童的经历。Jol & Houwen（2014）分析了警方与儿童证人的七次谈话，对"但"（but）字句的问题进行考察，分析儿童的答案如何受影响，以及这种问题在多大程度上引导儿童改变答案，揭示了儿童的回答受到问题形式和问话者追问的影响。

在性侵犯案件的研究中，语言学研究进一步受到社会学、犯罪学和人类学领域的影响。Matoesian（1993）研究了辩护律师在三起强奸案审判中对证人进行交叉询问时使用的语言，分析揭示了律师如何用语言操纵事实，将证人遭性侵行为转化为看似正常的性接触，批判了法庭话语中的支配实际上再现了"强奸"。Matoesian（2001）运用会话分析和民族志方法，分析了耸人听闻的"威廉·肯尼迪·史密斯案"（William Kennedy Smith Case）强奸案的庭审记录，揭示了辩护律师如何使用语言将强奸描述为正常的性体验，强调了性别、性别认同和权力问题。同样，Conley & O'Barr（1998）讨论了强奸受害者在法庭上的再次受害。Ehrlich（2001）的案例研究考察了审判中律师针对一名被控性侵的男学生所使用的语言，指出语法结构和问题类型的使用与熟人强奸的文化意识形态有关，并最终会影响审判结果。Cotterill（2007）考察了性犯罪的语言，涵盖了针对成人和儿童性犯罪的广泛主题，包括对强奸的法律和语言的研究、对性动机犯罪的语言检测，以及警察问话技巧，语言在其中起核心作用。Shuy（2012）分析了 11 个不正当性行为案件，涵盖工作场所的不当性行为、成年人与儿童或其他成年人的不当性行为，提供了适合分析此类案件的语言工具，并为司法、执法和语言从业人员提供有用的建议。

6. 语言与刑事司法制度

根据美国宪法第四修正案，公民有权不接受对其人身、住宅、文件和财产的无理搜查和扣押，但执法人员可自由征求同意。如果被控制人身自由或财产的人同意，则搜查有效。具有里程碑意义的案件是1973 年的"斯奈克洛斯诉布斯塔蒙特案"（Schneckloth vs Bustamonte Case）（Solan & Tiersma，2005），该案强调了在特定的言语事件中"同意"言语行为的作用。

7. 弱势群体的法律权利

20 世纪 90 年代以来，美国犯罪类电视剧激增，法律语言中最熟悉的话语之一是 1966 年美国最高法院米兰达诉亚利桑那州案中的"你有权保持沉默"。然而，许多人并不理解米兰达警告或类似声明中所赋予的基本权利的含义，这些声明赋予了沉默权或"反对自证其罪的特权"。这些权利在许多国家都存在。学者发现，缺乏理解的原因之一是用来"米兰达化"嫌疑人的语言过于复杂和多样。学者从不同的角度审视了这些问题。Grisso（1980）最早探究年龄与嫌疑人放弃其权利的关系，考察了两组不同年龄段青少年对米兰达警告的理解水平。研究结果表明，年龄较小的青少年不能理解自己的权利，而年龄较大的青少年在一定程度上理解这些权利，但理解程度低于成年人。Nakane（2007）调查了英语翻译如何影响讲日语的嫌疑人对权利的理解，他发现在话轮、后续理解检查和口译员对权利的理解方面都存在问题。Cotterill（2000）探讨释义如何影响犯罪嫌疑人对权利的理解，他分析了 100 名被拘留者和 50 名警官的语言，研究嫌疑人对警察警告的理解程度，并发现嫌疑人存在各种理解困难。Ainsworth（2008）发现许多法院不承认嫌疑人援引其权利，除非在提出请求时明确使用字面语言。法官在解释犯罪嫌疑人行使米兰达权利时，违背会话原则、不接受间接言语行为会导致犯罪嫌疑人失去该项权利。Solan & Tiersma（2005）也强调了警察审讯员和嫌疑人在语言使用上的权利差异。Rock（2007）结合话语分析和民族志访谈的方法，研究了警官在传达被拘留者的权利时所使用的语言及其功能，揭示了书面语和口语如何影响权利的交流和传达。Nadler（2002）探讨了授予同意的问题，指出同意是自愿行为而不是在被要求的情况下作出的许可，他主要分析了"美国诉德雷顿案"（United States vs Drayton Case）中警方对公交车乘客发出的搜查和扣押要求。Ehrlich et al.（2015）描述在警察使用胁迫手段非法获取对问题的回答并获得搜查同意的情况下，嫌疑人权利所受到的影响。Eades & Ainsworth（2015）探讨了法律程序中"同意"的话语建构，侧重于"胁迫"及其在嫌疑人权利中的作用，讨论了法律程序中嫌疑人在请求保持沉默权利的情况下，司法人员如何让其同意回答问题并共建叙述。此外，关于米兰达权利和沉默权、青少年的米兰达权利、英格兰和威尔士的警告、"同意"的语言以及语言少数群体的语言权利的其他文章可见 Coulthard & Johnson（2010）和 Tiersma & Solan（2012）。

8. 警察问话和讯问

自 20 世纪 90 年代以来，"问话"与"审问／讯问"这两个词越来越多地用来指涉类似言语事件的两个极端。如 Shuy（1998）所述，问话者要求提供信息、提出建议，并给予指导。问话者以"你"为中心，经常问一些开放式问题，而审讯者／讯问者则警告、否认、指控、抱怨、要求和挑战，在互动中占主导地位，很少使用开放式问题。这种差异的根源是警察的权力。问话者使用较少的权力，问话一般发生在日常生活中的普通公民之间；讯问者使用更多的权力，问话一般发生在警察和被拘留者之间。Edwards（2008）也研究了这些言语事件的语言使用差异，通过分析日常对话中的显性意图，对比警察审讯中的意图表达，研究意图和行动之间的联系，调查结果强调了意图在审讯中的重要作用。Gaines（2011）聚焦警察问话中的话语标记语"好吧"发现，"好吧"具有寻求团结和发出对抗信号的矛盾功能。Gruber（2014）研究了美国联邦量刑听证会的 52 条道歉声明，探讨不同形式道歉的利弊。研究发现，在量刑听证会上，被告人以多种方式提出犯罪、减轻未来行为和刑罚等话题，尽管仪式化的道歉，如"对不起、我道歉"（I apologize）比不标准的道歉形式，如"我为我的所作所为感到遗憾"（I'm sorry for what I've done）似乎更适合语境，但前者的道歉模式不符合被告人的交际目标，而后者对被告人更有利。Heydon（2005）用社会语言学和会话分析法概述了警察审讯成功和不成功的结构，涵盖警察审讯语言、权利的制度嵌入、儿童面谈，以及关于警察审讯的"神话"。Rock（2001）介绍了警方问话的程序，分析了证人陈述从最初的面谈到提交法庭的最终版本的建构过程，凸显了审讯过程的各个阶段陈述转换的方式。同样地，van Charldorp（2014）追溯了嫌疑人陈述的结构——从口头叙述到警察所写的最后陈述，他指出一些变化是制度话语要求的产物，这一制度化过程是通过警察策略性地使用询问、打断和复述嫌疑人的叙述来实现的。Shuy（2005）也讨论了警察有时为了获得供词会暗示有罪而操纵语言的方式。Carter（2011）通过会话分析研究了英国警察问话中警察如何操控语言，讨论了笑声和沉默的作用，展示了警察如何利用这些语言特征来模糊法律界限并获取非法供词。Tiersma & Solan（2012）也探讨了执法人员操纵嫌疑人语言的可能性。Harwoth（2006）运用会话分析和批评性话语分析方法，研究了哈罗德·希普曼案件调查审讯中警察和嫌疑人之间的权利平衡，展示了嫌疑人如何利用同样的操纵手段，使警方审讯中的权利平衡发生转变。

9. 供词和欺骗

供词是案件中最具说服力的证据之一，因此经常受到法律语言学家的关注。在过去的一个世纪里，美国和其他国家都通过了保护嫌疑人免受身体和心理折磨的法律，以确保供词是自愿作出的，并包含嫌疑人和/或证人的真实陈述。然而，尽管有这些法律，据"无罪计划"（Innocence Project）报告，虚假供词仍占错误定罪案件的约 25%。跨学科研究考察了各种语境中的强制性和欺骗性语言，并展示了这些语言如何被用于获取错误供词。Taylor et al.（2014）考察了四个文化群体中真实和欺骗性陈述的语言，围绕闲聊、讲故事、说服、冲突、角色差异、移情、最后通牒和挽回面子八个主题，描述了跨文化欺骗性语言的本质和欺骗的表达方式。Adams & Javis（2006）探索真实性和欺骗性标志，用陈述分析法研究了犯罪书面陈述中真实性和欺骗性的语言差异。研究结果表明：否定、情感和引用话语可以作为语言标志帮助研究者区分陈述中的真实部分和欺骗性部分。Ali & Levine（2008）作了一项实验研究，使用语言获得理论和词汇计数软件（LIWC）分析了真实和欺骗性的否认和供认，结果显示欺骗性信息通常较少使用负面情绪用词和情态动词，较多地使用修饰语，且较为冗长。关于警方审讯人员使用胁迫性语言获取口供的研究也引人关注。Berk-Seligson（2009）审查双语审讯中的逼供，考察了语言和机构权力在美国警方审讯西班牙裔嫌疑人中的作用，研究了强迫和错误的定罪、翻译的使用、强迫的语言结构，以及审讯中的提问策略。Kassin et al.（2010）调查警察诱供的原因，描述了特定嫌疑人的特征和可能导致警察诱供的审讯策略，讨论了它们对法官和陪审团的影响，最后提出了包括改革审讯实践和记录审讯全过程的建议。Leo & Ofshe（1997）研究了审讯人员影响犯罪嫌疑人的方式，以及迫使有罪和无罪嫌疑人认罪的心理因素。该研究开发了一个广泛的分类系统，旨在解释审讯过程中的影响和决策。Shuy（1998）提供了一个全面的、易读易懂的概述，考察讯问笔录的语言，描述供词的格式和获得口供的过程，以及欺骗性语言在这类陈述中所起的作用，还就审讯期间如何获取可信供词提供了咨询意见。

10. 作为证据的语言

在语言和法律的所有领域中，对语言作为证据的研究与应用引发了最多的争议。争议不断的原因之一是，法院系统规定了在评估语言证据时可以接受的方法和理论，以及由谁来提供关于语言证据的专家证词。例如在美国，州一级的法官通常会遵循两个联邦标准其中的一个来决定一种方法或理论是否应该被接受。根据 1923 年的 Frye 标准，该理论或方法必须在其研究领域内获得普遍接受。在更严格的 1993 年 Daubert 标准中，语言证据必须满足以下标准才被认为是科学有效的，即该理论或方法已经通过测试，已通过同行评审并发表，并且被科学界普遍接受。根据《联邦证据规则》第 702 条"专家证人作证"（最初于 1975 年通过，于 2011 年修订），如果证人拥有特定的知识、技能、经验、培训或教育，则可以成为合格的专家。如果满足以下四个标准，则专家可以作证：科学、技术或专业知识有助于事实审理者理解证据；证言以事实或数据为依据；证言以可靠的原则和方法为基础；原则和方法已经可靠地运用到语言证据中。这些标准规限的语言证据范畴为作者身份分析、说话人识别与分析，以及教唆、贿赂、威胁和伪证的犯罪言语行为分析。

11. 作者身份分析

　　司法背景下的作者问题是指对作者不明的文件进行分析。例如，在匿名威胁或勒索信的语境下，执法人员经常请求语言学家帮助他们缩小嫌疑人范围。这种实践包括作者身份分析和语言剖析，前者分析文本的社会语言学印记，有助于揭示作者可能的出生地、性别、母语或教育水平；后者分析可疑文本的词汇和语法特征，并将其与已知作者身份的文本特征进行比较，以确定文本间的异同。作者身份分析领域的研究也被称为作者身份归属或作者身份识别，已经有了一系列定性和定量方法，这些方法在该领域内引发了一场关于作者身份分析最佳实践的辩论。Chaski（2001）和 Grant & Baker（2001）研究了这场辩论中双方的本质关切，即作者身份分析的可靠和可重复的工具。Chaski（2001）介绍了各种语言特征的统计分析结果，如句法模式、标点符号、句子复杂性、词汇丰富性和错误，并讨论了如何使用这些特征来识别文件的作者。Grant & Baker（2001）讨论了需要用更有效、更可靠和可复制的数据抽样方法来识别作者的语言标记，提议将主成分分析法作为识别可靠标记的另一种方法。

　　在过去的十年里，以量化方法为导向的学者证明了统计方法对解决这一问题的价值。Rico-Sulayes（2011）通过对西班牙语的在线贩毒论坛语料（执法人员、士兵、毒贩和普通公民的帖子）的统计分析，确定了作者身份归属中的相关语言特征。Stamatatos（2013）进行了基于字符 n-gram 特征的作者归属研究，该实证分析使用机器学习技术来调查给定可能作者的封闭集合中的文本作者身份。该研究证明了在跨体裁和跨主题的语境中使用字符 n-gram 作为作者身份标记的可靠性。以质性方法为导向的学者则从更个性化和更具个体风格的角度来看待这个问题。McMenamin（2002）概述了语言文体学的基本概念，并提供了几个真实案例和不同语言，包括西班牙语、古吉拉特语、韩语和日语的文体分析。Coulthard（2004）对个人习语这一概念进行了理论化，并讨论了这一概念在多大程度上可以用来回答有关文件作者的问题，指出个人习语是一种独特的语言变异模式，强调个人习语的重要性，即任何个人使用的个人语言模式。Sousa-Silva（2014）基于语言独特性原则，提出了一种检测跨语言翻译文本中剽窃行为的方法，该方法也可用于作者身份识别。Coulthard & Johnson（2010）和 Tiersma & Solan（2012）均从不同角度分析作者身份和剽窃。随着语言学家与法律系统中的语言学家合作的国际案例的增加，以及专注于作者身份问题的研讨会和会议的增加，学者和从业人员正在努力就未知作者身份问题的最佳实践达成共识。

12. 说话人识别与分析

语言和法律的另一个快速变化的领域是说话人识别和分析，其中语言是主要证据。作为最早提供关于录音语音分析的专家证人证词的领域之一，说话人识别的做法已变得高度专业化，特别是在法庭说话人比较领域，其中包括对耳闻证人证词和声音列阵的使用和可靠性的研究，以及国籍主张案例中的说话人特征研究。在法庭说话人比较方面，将未知说话人的语音和声学特征与已知说话人的语音和声学特征进行比较，以确定它们是否为同一人所说。Baldwin & French（1990）概述了语音学的基本原理，解释了这些原理在作者参与的真实案例中的应用，讨论了声学和听觉语音学之间的差异，并提出了法律改革的建议。Holien（2002）全面介绍了语音识别的基本科学原理，并回顾了分析记录证据的各种经典方法，包括作者自己开发的半自动说话人识别系统。Rose（2002）探讨了争议案件中的说话人识别问题，指出语音数据分析存在的问题，如样本质量差，他鼓励使用语言学、声学和统计学的专业知识来解决识别说话人的问题。Yamey（2007）对法庭系统中声音识别的历史进行了全面的回顾，概述了耳闻证人和目击证人之间记忆的差异，考察了关于耳闻证人证词的可靠性和有效性的研究，并提出了改进声音列阵的程序和实践建议。

21 世纪中期，人们开始质疑此类研究结论在法庭上的呈现方式。首先，French & Harrison（2007）发表了关于法庭说话人比较案件中使用可能性术语的立场声明，指出基于可能性所得出结论存在的问题，要求专家改变分析方法及得出结论的方式，强调比较语音样本相似性的必要性。Rose & Morrison（2009）对此声明作出回应，质疑前者是基于语音样本的一致性和独特性所提出的分析框架，指出其缺乏评估一致性和独特性所依据的具体测量方法的潜在弱点，目前学者仍在寻求最佳做法。在说话人特征分析（有时称为法庭方言学）方面，学者对说话人的语言进行分析，以推断说话人的社会属性，如性别、年龄和来源地。在更具体的确定说话人国籍的应用方面，即所谓的用语言分析确定庇护者的原籍，也一直存在最佳做法的辩论。Cambier-Langeveld（2010）探讨了语言学家和本族语者在确定说话者来源的语言分析中的作用，指出了完全由语言专家进行的研究需要改进的地方，并呼吁在确定庇护者的来源（Language Analysis to Determine the Origin of Asylum Seekers，LADO）分析中应增加母语者的专业知识，强调母语知识，而不是纯粹的语言培训和语言学方面的专业知识。Fraser（2011）在回应中指出，与其把这个问题作为一场将母语者与语言学家并列的辩论，不如在 LADO 指南中澄清对分析师的资质要求。Verrips（2011）也回应了这一问题，认为母语者能力并不是 LADO 分析的重要要求；相反，应强调专家方法的可靠性。Schilling & Marsters（2015）概述了说话人特征的分析方法，讨论了参与该过程的专家和非专家之间的差异，并研究了由于语音或方言伪装而产生的困难。Coulthard & Johnson（2010）和 Cambier-Langeveld（2012）也对这场辩论作出了贡献。

总之，在说话人识别和特征分析的应用中，公开讨论和学术辩论有助于推动该领域的发展，并有助于公平解决此类法律问题。

13. 犯罪言语行为

自从《如何用语言做事》（*How to Do Things with Words*）（Austin，1962）和《言语行为》（*Speech Acts*）（Searle，1969）出版以来，语言学家一直在分析说话者如何使用语言，即言语行为。人们感兴趣的是话语的形式（言外之意）、说话人说话的意图（言外之力）和听话人听到话语时的反应（言后之效）。例如，美式足球裁判宣布运动员"触地得分"，使比赛合法化，并将"触地得分"记入得分队；治安法官（或太平绅士）宣布"我现在宣布你们为丈夫和妻子"，使婚姻合法化，并使双方合法地结合。言语行为可以具有法律后果，如承诺具有法律约束力的合同，虚假信息的主张可以是诽谤，协议可以是同意搜查车辆。然而，有些言语行为具有更大的法律效力。Shuy（1996）自创了"语言犯罪"这一术语，指威胁伤害、提供贿赂、宣誓后提供虚假信息和教唆谋杀等言语行为，本质上这些是犯罪行为，需要对话语的形式、说话人的意图以及听话人对所说的言语行为的反应进行深入分析。《语言犯罪》（*Language Crimes*）（Shuy，1996）对这些犯罪言语行为作了最全面的概述，提供了其在担任专家证人的案件中对作为语言证据的言语行为的全面讨论。Fraser（1998）聚焦威胁，重点讨论了承诺、警告和威胁之间的异同，他认为威胁有两个不同之处：行为人实施不利于对方的意图和恐吓对方的意图。Storey（1995）通过对威胁语言和语境的考察，对威胁的法律性质提出了质疑，认为在不考虑语言和上下文的情况下，很难确定威胁者采取行动的可能性有多大，或者威胁的非法性有多大。Gales（2011）重点关注威胁性话语中的评价及人际立场，审视了在实现和未实现的威胁中作者的立场，即说话人对他人或事物、事件的态度，研究结果揭示了与当前威胁评估协议相矛盾的立场。Shuy（2011）通过对 11 个伪证案件的介绍，重点分析了语法指称、言语行为、话语结构、框架、传达的意义、意向性和恶意语言如何影响案件的结果。Shuy（2013）聚焦贿赂案件的语言，通过对辩方和控方的语言分析，讨论了贿赂的历史，并展示了如何在语言证据的分析中使用语法指称、言语行为、话语结构、框架、传达的意义和意向性。Shuy（2014）分析了谋杀案件中的语言，除了对谋杀相关法律、意向性和合理怀疑的描述外，还全面概述了谋杀案中分析语言证据的方法，具体考察的是言语事件、图式、议程、言语行为、会话策略和语言结构，如句法、词法和音系学。

14. 道德和专家证人

就像心理学、精神病学和计算机科学等学科的专家将理论和方法应用于现实世界的案件一样，在过去的十几年里，法律语言学家一直在为那些进行法庭分析和担任专家证人的专家开发一系列最佳实践。在某种程度上，指导方针产生于联邦规则，这些规则规定了谁应该被允许在法院系统中担任专家证人。例如，在美国，《联邦证据规则》第 702 条"专家证人作证"规定，除其他要求外，如果证人的知识、技能、经验、培训或教育可能有助于审问者理解证据或确定案件的事实，则证人有资格成为专家。考虑到这些因素，《法律语言学咨询指南》作为美国语言学会（the Linguistic Society of America，LSA）发布的伦理声明的修正案得以确立，该声明于 2009 年通过，涵盖了研究对象的人道待遇和反歧视等领域。2011 年 10 月，在法官、律师、学者和执法专业人员的共同努力下，《法律语言学家道德守则》通过，规定了语言专家证人的伦理、资质、证据的可采性等方面的具体要求。Gray（2010）从法官的角度讨论了在某些情况下法官和专家证人之间产生的不信任，旨在促进专家证人和法院之间的效率、沟通和信任。Ainsworth（2009）从律师的视角探讨了语言专家证人的伦理、技术和实践。Cheng（2013）通过讨论美国最高法院在"道伯特诉梅雷尔道制药公司案"（Daubert vs Merrell Dow Pharmaceuticals Case）中的裁决，指出法院要求法律语言学专家在分析和陈述语言证据时提供更严格、更专业、更科学的意见。Tiersma & Solan（2002）关注证人席上的语言学家，重点讨论了法律语言学家作为美国法院专家的可采纳性问题，强调需要更好地选择基于语料库的语言证据，并通过语料库的测试来提高可靠性和有效性。律师和法学教授也提供了不少见解：Butters（2009）描述了法律语言学家遇到的一些问题，并为提高他们作为法律顾问的专业资格提出了建议，还讨论了提供证词的语言学家的资格认证标准等问题。Shuy（2006）提供了一套法律语言学实践指南，涵盖了专家证人、维护职业道德、律师合作、报告撰写、参与宣誓作证和证词提供等主题，还包括将实践经验融入课堂活动的建议。Stygall（2009）通过对法医学实践中其他学科伦理规范的考察提出了一些建议，这些建议影响了法律语言学界最终所采用的道德规范。Butters（2012）在第十届法律语言学大会的致辞中也特别强调制定学会伦理操守的必要性，须谨防学会被利用，变成"受雇枪手"的非法组织。

1.3 西方法律语言学组织机构、学术会议和学术期刊

一个新兴学科的建立和发展往往都有自己的组织机构、学术会议

和学术期刊。法律语言学也不例外，20 世纪 90 年代初就有了国际法律语言学家协会，后更名为国际司法与法律语言学协会。该协会定期举办国际会议，截至目前共举办了 15 届双年度会议，其中，第十二届国际法律语言学大会（IAFL12）在中国的广东外语外贸大学举办。协会与 Equinox 出版社合作出版发行高水平的 SSCI 期刊《言语、语言与法律国际期刊》（*International Journal of Speech, Language and the Law, IJSLL*），原名为 1994 年创刊的《法律语言学》，于 2003 年改为现名。在中国，创建于 2000 年的中国法律语言学研究会几经隶属关系的调整，目前的正式名称为中国英汉语比较研究会法律语言学专业委员会，该委员会负责主办每两年一届的全国性学术会议，目前已成功举办了 12 届年会。

　　本节将重点介绍上述组织机构、学术会议和学术期刊，此外，还将简要介绍与其并行的、有影响力的其他组织机构和学术活动及重要期刊。

1.3.1　法律语言学国际组织

1. 国际司法与法律语言学协会

　　国际司法与法律语言学协会（IAFLL）的前身为国际法律语言学家协会（IAFL），由于原名称在研究范围和会员身份方面的限制性而改为现名。该协会是一个主要由语言学家组成的学术组织，他们的工作涉及法律语言。狭义上，法律语言学主要研究法庭上的语言证据，包括作者归属、有争议的供词等，但该协会还旨在将语言和法律各个方面，如在法律语言、法律程序中将语言和语言作为证据工作的人聚集在一起。除了语言学家，其他领域的专家学者，特别是法律专业人士也可以申请入会。该协会现任会长是 Isabel Picornell（2021—2023）；历任会长为：Janet Ainsworth（2019—2021）、Georgina Heydon（2017—2019）、Tim Grant（2015—2017）、Edward Finegan（2013—2015）、Maria Teresa Turell（2011—2013）、Ronald Butters（2009—2011）、Janet Cotterill（2007—2009）、Peter Tiersma（2005—2007）、John Gibbons（2003—2005）、Lawrence Solan（1999—2003）、Diana Eades（1995—

1999)、Malcolm Coulthard（1993—1995）。

该协会的宗旨与目标是通过更好地理解语言和法律之间的相互作用来改善世界各地法律体系的运转。更具体地说，该协会旨在促进：（1）法律语言研究，包括法律文件和法院、警察和监狱的语言；（2）在分析作者身份和剽窃、说话者识别和声音比较、供词、遗书、消费品警告中，使用语言证据（语音、形态句法、话语语用）；（3）在民事案件（如商标、合同纠纷、诽谤、产品责任、欺骗性贸易行为、侵犯版权）中使用语言作为证据；（4）减轻法律制度中基于语言的不平等和劣势；（5）法律界和语言学界之间的思想和信息交流；（6）专家证词的伦理和语言证据的呈现，以及法律口译和笔译，让公众更好地理解语言与法律之间的相互作用。

广义的法律语言学涵盖了法律和语言相交的所有领域，主要包括：（1）语言和法律，包括立法、法律文件的可理解性、法律文本的分析和解释、法律类型、法律语言的历史、法律话语、法律背景下的多语种事务、法律资源的话语分析、语言和法律面前的劣势、语言少数群体和法律制度、语言权利、权利与法律、跨文化事务和法律背景下的调解；（2）法律程序中的语言，包括与弱势证人面谈、弱势证人的沟通挑战、警方讯问、调查性访谈、寻求庇护者的语言测试、双语法庭和第二语言问题、法庭口译、法庭互动、法庭翻译、法庭语言、警用语言、监狱语言、普通法和大陆法法庭的法官和陪审团的语言；（3）语言作为证据，包括作者分析和归属、抄袭、说话人识别和语音比较、编制语料库（陈述、供词、遗书）、计算作者识别或分析、消费品警告、语言作为民事案件的证据（商标、合同纠纷、诽谤、产品责任、欺骗性贸易行为、侵犯版权）、方言学和社会语言学、语义学、语用学和言语行为分析；（4）专家证词的研究／教学，包括实践和伦理、语言证据、语言学家作为专家证人、法律语言学／语言和法律的教学／测试和法律专业人士的语言教育。

可以看出，该协会最初的研究范围限定于狭义的法律语言，即法庭上的证据语言，其会员也主要由语言学家组成。一些会员对此提出质疑，指出法律语言学应关注更广泛的语言与法律议题，因而成立了另一个学术团体，即国际语言与法律协会，也倒逼本协会最终通过更名来扩大研究领域。

2. 国际语言与法律协会

国际语言和法律协会（International Language and Law Association，ILLA）由法律语言学家 Tiersma、Solan 和 Stein 共同于 2007 年创立。他们倡议创建一个由世界各地的语言学家和律师组成的团体，致力于法律和语言矩阵研究。在这一框架中，语言不再被简单地视为法律语境中的主体或法律分析的客体，而是被视为现代宪政国家的中心媒介、社会冲突的调停者和法律方法论的核心。该协会分别于 2007 年和 2015 年召开了第一届和第二届国际语言和法律协会大会。但由于种种原因，尤其是发起人 Tiersma 的英年早逝，该协会的活动一度中断。2017 年，该协会重新启动，并在德国弗赖堡（Freiburg）举办了第三届国际语言和法律协会大会，意在将该协会打造成一个具有活力并可持续发展的组织。会议的主题为"媒体、全球化与社会冲突的世界中之语言与法律——为透明的法律重建国际语言和法律协会"。围绕该主题，会议举办了 50 场讲座、主题演讲和专题研讨，讨论在世界各地多种语言、数字化和社会冲突的背景下语言和媒体如何建构法律。出席本次会议的有来自美国、德国、中国、日本、西班牙、巴西等国家和地区的 150 余名语言学、法学界的专家、学者及法律工作者，其中包括美国布鲁克林法学院的 Solan 教授、美国加利福尼亚大学洛杉矶分校的 Olsen 教授、德国杜塞尔多夫大学的 Stein 教授、德国弗莱堡大学 Vogel 教授等。中国政法大学外国语学院张鲁平老师也带队参加了此次会议，并作了题为"中国刑事审判中的作证方式探析——叙事结构视角"（*A Probe into Testimony Styles in Chinese Criminal Trials: A Narrative Structure Prospective*）的学术交流。大会以协会的重新启动而结束，选举 Olsen 和 Vogel 为第一任主席，指导委员会成员包括 Kjær 教授、Poscher 教授、Solan 教授和 Stein 教授。

该协会的名称冠以"语言与法律"，采用广义的法律语言学，以区别于狭义的法律语言学。其研究课题更加广泛，如法律词汇、语法、语篇和语类的历史和变化、多模态法律符号结构和文本网络、法律解释方法、法律实践中的隐含言语行为，法庭话语（律师、法官、陪审团、被告人话语）、法律文本的可理解性，冲突解决机制、语言人权、法庭语言证据分析等。

1.3.2　法律语言学国际学术会议

1. 国际法律语言学双年度会议

　　20 世纪 90 年代初，英国伯明翰大学的语言学家 Coulthard 教授先后召集了两次全英法律语言学小型研讨会，倡议建立国际法律语言学家协会。1993 年 7 月，在 Coulthard 和德国学者 Kniffka 的共同主持下，第一届国际法律语言学会议在德国波恩召开，与会者多来自欧洲，美国、加拿大、澳大利亚和南美一些国家也有少数代表。尽管只有 40 人左右参会，但此次会议具有国际性，会上正式成立了国际法律语言学家协会，并推举 Coulthard 为第一任会长。我国法律语言学学者吴伟平应邀参加了此次大会，并撰文介绍了本届会议（吴伟平，1994）。此后，国际法律语言学双年度会议（Biennial Conferences on Forensic Linguistics of IAFL）每逢奇数年定期在不同国家或地区召开，截至目前，共举办了15 届。第二届在澳大利亚新英格兰大学（1995）、第三届在美国北卡罗来纳杜克大学（1997）、第四届在英国伯明翰大学（1999）、第五届在马其他共和国马耳他大学（2001）、第六届在澳大利亚悉尼大学（2003）、第七届在英国威尔士卡迪夫大学（2005）、第八届在美国华盛顿大学（2007）、第九届在荷兰阿姆斯特丹自由大学（2009）、第十届在英国伯明翰阿斯顿大学（2011）、第十一届在墨西哥国立自治大学（2013）、第十二届在中国广东外语外贸大学（2015）、第十三届在葡萄牙波尔图大学（2017）、第十四届在澳大利亚皇家墨尔本理工大学（2019）、第十五届在英国伯明翰阿斯顿大学（2021）、第十六届在菲律宾圣托马斯大学举行。

　　自第一届国际法律语言学大会以来的近 30 年间，几乎每一届大会都有中国学者的身影。中国的法律语言学学者代表中国法律语言学界在大会上宣读研究论文，与国际法律语言学界交流，发出中国法律语言学的声音，成为国际法律语言学界不可忽视的力量。据不完全统计，中国（内地 / 大陆）学者杜金榜、廖美珍、刘蔚铭、王振华、袁传有、余素青、张新红、程乐、徐优平、沙丽金、李立、张清、马庆林等，香港学者吴伟平、梁倩雯、吴雅珊等，台湾学者胡碧婵、邱盛秀等，澳门学者林巍等多人参加了历届大会，留下了自己的学术印迹。遗憾的是，由于历史和技术的原因，前几届会议未留下珍贵的资料。第七届国际法律语言学大会综述见刘蔚铭（2005），本书重点介绍第八届和第十二届两届大会。

2007 年 7 月，第八届国际法律语言学双年度大会（8th Biennial Conference on Forensic Linguistics / Language and Law）在美国华盛顿大学召开。本届大会上，Ainsworth 和 Coulthard 分别作了主旨报告，全体与会人员作了小组发言。此外，本届会议还举办了多场专题研讨会，其中一场专门致敬 Shuy 教授，以表彰他在法律语言学领域作出的杰出贡献。参加专题研讨的成员都是知名的法律语言学家，包括 Butters、Dumas、Gaines、Kniffka、Leonard、Solan、Tiersma、van Naerssen、Wu（吴伟平）。中国香港学者吴伟平组织了一场专题研讨会，聚焦中国的语言与法律问题，参加研讨的有廖美珍、王洁、程乐和孙利。宋北平也组织了一场专题研讨会，讨论中国法律语言学的过去、现状及未来。本届大会共有 13 位中国学者发言，展示了中国法律语言学研究队伍的不断壮大。中国广东外语外贸大学的学者积极参加了自第九届以来的历次年会。2011 年，他们不仅组建代表团出席在英国阿斯顿大学举办的第十届国际法律语言学大会（IAFL10），而且参加了 Coulthard 主持的国际暑期学校，为中外法律语言学学者作出了表率。

值得一提的是，该校的袁传有教授自博士毕业以来，连续参加了七届国际法律语言学大会。在 2013 年墨西哥年会上，他被提名并当选为该协会的亚洲区执行委员（Ordinary Member），任职期限为 2013—2017 年，成为首位在该协会任职的中国人。在他和同事的努力下，广东外语外贸大学成功获得了第十二届国际法律语言学大会的承办权并于 2015 年圆满地举办了一届出色的年会，得到国际法律语言学界的高度评价。本届大会突出的亮点可以用几个"第一次"来概括：第一次在亚洲国家举办，盛况空前，邀请专家众多，日程紧凑，中外学者交流互动密集，学术含金量充盈；第一次走进中国法院，观摩中国涉外案件庭审，并听取中国法官作大会发言，介绍中国司法（庭审）制度沿革和改革，让国外参会人员更好地了解了中国法庭和司法公开，学界与司法业界互动频繁，促进相互了解和融合；第一次接受省级电视台采访，并录制电视访谈节目，向全球播放，这也是该电视栏目的首次学术访谈，将法律语言学介绍给世界各国观众；大学领导高度重视，时任校长仲伟合第一时间会见了协会主席，表示学校的大力支持；时任校党委副书记陈建平致欢迎辞，副校长刘建达出席欢迎晚宴并致辞；时任副校长石佑启（法学教授）作大会发言，介绍中国的法制建设之路，重点介绍了十八届四中全会法治的重要理念，让国内外学者对中国的法治耳目一新。此外，广外的本土理论和研究也是本届大会的又一亮点，让世界更多更好地了解了杜金榜教授提出的"法律语篇信息理论"和袁传有教授从事的"多模态普法话语研究"新领域，充分展示了法律翻译和法庭口译的团队实力，以及该校博硕士研究生的优秀科研潜力。

1.3.3 法律语言学重要学术期刊

20 世纪 90 年代中期，随着法律语言学学科的创立，关注司法和法律语境中语言与法律交叉的专门期刊开始出现。《言语、语言与法律国际期刊》于 1994 年创刊，2003 年改为现名，主要发表有关刑事司法和法律语境中的语言、语音和音频分析以及最佳实践的论文，本刊隶属于国际法律语言学家协会和国际法律语音学和声学协会（International Association for Forensic Phonetics and Acoustics，IAFPA）。2012 年开放获取的在线期刊《语言与法律期刊》首次发布，发表关于法律理论、翻译、跨文化问题、法律解释、法律和文学、作者归属和计算方法的广泛研究，隶属于国际语言和法律协会。2014 年双语（英语／葡萄牙语）开放获取的《语言和法律》也正式创刊，发表法律语言学和语言与法律各个方面的研究，主题包括法律语言、法律语境中的互动、作为证据的语言和法庭语音学。所有这些期刊为学者在国际范围内分享高质量的文献提供了平台，铺平了道路。

1.《言语、语言与法律国际期刊》

《言语、语言与法律国际期刊》，是本领域的核心期刊，发表有关法律语言、语音和音频分析方面的前沿文章。该期刊于 1994 年创刊，前身为《法律语言学》，2003 年改为现名，以反映学术覆盖面和读者群的扩大。该期刊还载有关于法律案件、博士论文摘要、会议报告和书评等内容。自 1994 年创刊以来，已出版 29 卷，每卷 2 期，发文总量为 504 篇，其中研究性论文 305 篇、书评 64 篇、博士论文摘要 65 篇、新书发布 31 篇。该期刊侧重狭义法律语言学研究，近期发表的研究包括：说话人识别中语音参数的实验研究、不同记录介质的实验研究、非专业听众对语音和非语音声音感知的实验研究、法庭记录分析、法律语境中的谈话分析、用于分析剽窃的软件程序演示、贝叶斯统计在语言分析中的应用讨论、口语转录中的问题讨论、庇护申请中语言使用分析等。

2.《国际法律符号学期刊—国际法律研究》

《国际法律符号学期刊—国际法律研究》（*International Journal for the Semiotics of Law-Revue Internationale de Sémiotique Juridique*，*IJSL*）是全球领先的法律符号学国际期刊，具有语言与法律、法理学之间的跨学科性质。该期刊由施普林格出版社出版发行，主要发表英文或法文撰写的原创和高质量的论文，专注于符号学相关理论和分析模型，或修辞学、政治和法律话语史、语言哲学、语用学、社会语言学等领域的符号学分析，包括视觉符号学。本期刊也欢迎反映法律哲学或法律理论、解释学、精神分析与语言之间的关系、法律与文学以及法律与美学的研究论文。

3.《语言与法律期刊》

《语言与法律期刊》（*Journal of Language and Law*，*JLL*）是一个开放获取电子期刊，由 Solan、Stein 和 Tiersma 于 2012 年创立。它提供了一个用于研究语言和法律从理论方法到实际问题的学术论坛。该期刊专注于语言和法律在社会及其各个方面的相互依存关系，包括法律和语言理论、翻译和跨文化、法律解释、法律媒体和文学、法律语言学，以及作者归属、法庭语言和计算方面等应用问题。随着 2017 年国际语言与法律协会的重建，现任主编 Vogel 和 Hamann 已将期刊转移至开放期刊系统（OJS），并作为新的主编重组了期刊编辑委员会。该期刊自 2012 年创刊共出版了 12 卷，每卷围绕一个主题，如第 1 卷"法律语言的全球视角"（2012）、第 2 卷"法律话语及其语言"（2013）、第 3 卷"法律解释中的语用学与话语"（2014）、第 4 卷"向彼得·蒂尔斯玛致敬"（2015）、第 5 卷"国际法和语用学"（2016）、第 6 卷"语言和法律的结构"（2017）、第 7 卷"欧盟法律文化和翻译"（2018）、第 8 卷"立法和规范制定中的语言"（2019）、第9卷"法律语言学：新程序和标准"（2020）、第10卷"法律的社会建构"（2021）、第11卷"法律和语言研究的实证方法"（2022）。

4.《语言和法律》

《语言和法律》（*Language and Law / Linguagem e Direito*，LL/LD）是一本免费的在线双盲同行评审期刊，每年出版2期。本期刊由Coulthard教授和Sousa-Silva教授发起并任编辑，创刊于2014年，截至2022年已出版9卷，共16期。期刊邀请法律语言学/语言和法律所有领域的研究人员、学者和从业人员以葡萄牙语和英语发表原创文章，包括学术文章、书评和博士摘要，以及评论和回应、书籍公告等，旨在鼓励并传播在法律语言学/语言和法律领域进行的研究，为本学科的理论和方法提供良好的发表平台。

第 2 章
中国法律语言学发展史

由于法系的不同，我国的立法及相关司法解释中并无专家证人的规定，更遑论语言学家作为专家证人出具意见或出庭作证。2019 年，中华人民共和国最高人民法院出台了"有专门知识的人的性质及在证据法上的效力"，明确指出，我国《民事诉讼法》及相关司法解释中并无专家证人的规定，根据 2019 年修正后公布的《民事证据规定》第 72 条关于"证人应当客观陈述其亲身感知的事实，作证时不得使用猜测、推断或者评论性语言"的规定，证人仅指事实证人，不包括专家证人。《民事诉讼法》第 79 条规定的有专门知识的人，性质上为专家辅助人（贺小荣，2021）。一批学者（刘玫、韩翰，2016；刘梦妮，2019；宋东、万毅，2021）也纷纷发声，探讨刑事诉讼中"有专门知识的人"的诉讼地位、证据效力及质证范围，以及诉讼制度的完善和"有专门知识的人"在刑事诉讼中的角色定位，但鲜有研究提及语言学家作为专家证人或专家辅助人出具专家意见，在司法实践中更是未见语言学家出庭作证。

由于法律的限制，尤其是法院对语言学和语言证据的地位和认识，我国的法律语言学者很少有机会直接参与法庭活动，致使中国法律语言学走了一条不同于前文所述的英美等普通法系国家法律语言学的产生和发展之路，虽尚未引起应有的重视，但也异彩纷呈。在中国，最先开展法律语言研究的是政法类院校的汉语学者。当时中国正全力构建法律规范体系，有大量立法需求，许多汉语学者成为立法语言咨询专家。他们侧重法律文本和司法文书中的语言规范化问题研究，尤其注重汉语语法知识在法律文本中的运用，为中国法律语言研究拉开了辉煌的序幕。20世纪末，外语学者走上法律语言研究的舞台，影响日盛。一些学者按照西方法庭语言学的研究范式，进行中国庭审语言的语用学和语义学研究，涉及法庭语言中的模糊语、法官话语与权力、法庭讯问与应答语言等议题。这些学者还积极参加法律语言学国际学术会议，在国际学术舞台发出中国声音，让世界了解中国法律语言研究状况；一些学者则偏重于法律翻译、法律英语教学与测试、涉外法治人才培养、中西法律语言与文化对比等研究；还有一些法律语言研究者是法学学者，注重研究法律语言、法律思维、法律逻辑在法律解释、事实认定、定罪归责等问题的运用，注重研究法律修辞、法治话语问题，从话语（语言的运用）的角度思考如何推动中国法治建设，完善中国法治理论以及弘扬中国法治文化。

汉语学者、外语学者、法学学者的法律语言研究各具特色，研究者与研究内容的多元性不仅揭示了法律语言研究的开放包容性，也反映出法律语言在社会各领域的广泛适用性。

2.1　中国法律语言学家之路

2.1.1　汉语界法律语言学者及研究

20 世纪 80—90 年代，一批在政法类院校中文系或法律系从事汉语教学和研究的中青年教师、学者因工作原因开始对法律语言产生兴趣，如原华东政法学院（现华东政法大学）法律系潘庆云教授、原北京政法学院（现中国政法大学）中文系王洁教授、安徽大学中文系陈炯教授（后调入江南大学）、原上海政法干部管理学院（现上海政法学院）、上海大学法学院姜剑云教授、原西北政法学院（现西北政法大学）刘愫贞教授等。他（她）们在 80 年代就在法学期刊、语言学期刊和综合性大学学报上发表文章，探讨法律语言的特征、规律等，如潘庆云1987 年在《中州学刊》撰文《法律语体学的对象、范围和方法》，系统地阐述了法律语体学作为学科的研究领域。陈炯教授更是于 1985 年在《现代法学》（原名《法学季刊》）上发表文章《应当建立法律语言学》，呼吁建立法律语言学学科；并于同年在《安徽大学学报（哲学社会科学版）》刊文《法律语言学探略》，指出"法律语言学是研究法律语言的一门学科，它把语言学的原理和知识同法学各部门的某些实践和运用的研究结合起来，探索和总结法律语言的特点和规律，解决法学和语言学所涉及的实践和运用方面的一些问题"（陈炯，1985：49）。姜剑云教授在 1990 年发表于《法治论丛》的《论法律语言的表情色彩》一文论及法律语言的感情／褒贬色彩和态度色彩，早于澳大利亚学者 Martin & White（2005）提出的评价系统，只是姜先生并未使之系统化、理论化，其学术造诣在此文中得以彰显。刘愫贞教授也是在 1993 年就在《语文建设》发文《法律语言的类别和特点》，并于 2002 年发表《论法律语言学的学科定位》一文，为法律语言学的学科建设添砖加瓦。刘愫贞教授的学术造诣更充分地体现了她对中国古代立法和司法语体的研究，《论中国古代司法语体的规范化》和《中国古代立法语体规范化演进规律概论》两篇学术价值较高的文章先后于 2009 年和 2014 年发表在《广东外语外贸大学学报》。

　　上述法律语言学前辈除了发表论文，还著书立说，影响力较大的有：《法律语言：立法与司法的艺术》（刘愫贞，1990）、《法律语体探索》（潘庆云，1991）、《法律语言概论》（华尔赓，1995）、《法律语言与言语研究》（姜剑云，1996）、《跨世纪的中国法律语言》（潘庆云，1997）、《法律语言学教程》（王洁，1997）、《法律语用教程》（彭京宜，1996）、《法律语言学概论》（陈炯，1998）、《法律语言学》（余致纯等，1990）、《法律语言学初探》（李振宇，1998）等。老一辈汉语界法律语言学家多出生于 20 世纪 40—50 年代，有的或已英年早逝（如陈炯、姜剑云），或已进入耄耋之年而离休静养，但仍有两位专家活跃于法律语言学的大舞台上，他们是潘庆云教授和王洁教授。

1. 早逝的先驱

　　陈炯教授是我国著名的语言学家，法律语言学研究领域的前辈、拓荒者和核心人物，在此领域几十年如一日，作出了巨大贡献，取得了巨大的成就（刘蔚铭，2007）。早在 1985 年他就提出建立法律语言学，并发表了法律语言学探略等一系列好文章，对法律语言学的学科建设作出了开拓性的贡献（王洁，2007）。在《立法语言学导论》（1998）的扉页，陈炯写道："二十余载常伏案，略有业绩可慰心。"这是他的心声，为学术而辛勤耕耘，也反映了他的谦逊（潘庆云，2007）。希望有更多的学者以陈老师筚路蓝缕的开拓精神激励自己，在他曾经默默耕耘的土地上继续耕耘，为法律语言学的大厦添砖加瓦（吴伟平，2007）。

陈炯（1985a：77）首次提出要建立法律语言学学科，并将其定义为"把语言学的原理和知识同法学上的语言运用结合起来，解决法学对语言应用的特殊需要及运用方法问题的学科"，并简明扼要地阐明了建立该学科的必要性和可能性。陈炯（1985a：77）指出，"各法律院系的教师对语言知识联系法律工作实践的必要性有了更加明确的认识。"陈炯（1985b：49）进一步明确，"法律语言学是研究法律语言的一门学科，它把语言学的原理和知识同法学各部门的某些实践和运用的研究结合起来，探索和总结法律语言的特点和规律，解决法学和语言学所涉及的实践和运用方面的一些问题。"陈炯提及语言学知识用于案件的侦破，即西方法律语言学者在同一时期进行的"作者识别"和"说话人识别"研究，但该文并未明确语言学家是否介入其中，据推测，大量的相关工作是由侦查人员凭借技术（如声纹技术）及对语言的基本知识而完成的。陈炯（1985b：50）指出，"随着国内文件检验技术的发展，侦查案件往往用语言学（以方言学为主）的知识和原理去分析和识别政治、刑事案件中的言语，以判断作案人的性别、年龄、籍贯、职业、文化程度、性格、经历等情况，为侦破案件提供线索和方向，为确定作案人提供有力的证据。"陈炯（1985）提出了法律语言学体系，包括比较法律语言学、历史法律语言学、描写法律语言学等，具有深远的前瞻性。

陈炯（2004）对我国二十多年来的法律语言研究进行了全面的评述，将中国早期的法律语言研究划分为三个阶段：酝酿期（1982—1989）、草创期（1990—1998）、深化期（1999—2004）。在酝酿期，一些学者经过酝酿、思考，对法律语言进行比较全面的研究，并提出建立法律语言（语体）学学科体系。相关文章包括《应当建立法律语言学》（陈炯，1985）、《法律语言学探略》（陈炯，1985）、《有关法律语言学的几个问题》（陈炯，1989）和《关于法律语体的几个问题》（潘庆云，1983）、《论汉语法律语体的一般特征》（潘庆云，1985）；在草创期，一些学者经过酝酿、探索，著书立说，构建了自己的法律语言学体系。这一时期的主要著作包括《法律语言：立法与司法的艺术》（刘愫贞，1990）、

《法律语体探索》（潘庆云，1991）、《法律语言概论》（华尔赓，1995）、
《法律语言与言语研究》（姜剑云，1996）、《跨世纪的中国法律语言》（潘
庆云，1997）、《法律语言学教程》（王洁，1997）、《法律语用教程》（彭
京宜，1996）、《法律语言学概论》（陈炯，1998）、《法律语言学》（余
致纯等，1990）、《法律语言学初探》（李振宇，1998）等。与此同时，
学者也在较高层次的期刊上发表了多篇质量较高的论文，如《法律语
言的类别和特点》（刘愫贞，1993）、《论法律语体的功能与特征》（姜
剑云，1996）、《谈立法语言》（陈炯，1995）等；在深化期，全国性或
国际性的法律语言研讨会在上海和北京先后召开，深化了国内法律语言
学的研究。上海大学法学院曾两次召开全国和国际法律语言与修辞研讨
会，并编印《应用语言学：法律语言与修辞国际研讨会论文集》（2000）；
2002 年 6 月，在北京昌平召开了语言与法律首届研讨会，会议论文集
收录了《关于法律语言学研究内容之思辨》（姜剑云）、《法律语言研究
中的几个问题》（陈炯）、《中国法律语言史论纲》（刘愫贞）等学者的重
要文章。尽管陈炯和潘庆云早在 20 世纪 80 年代中期就提出要建立法
律语言学，甚至早于西方学者提出的法律语言学，但从其论证上看，他
们所说的法律语言学更多关注对中国法律语言，特别是对立法语言本体
的语言特征和修辞研究，而不是西方法律语言学家所作的狭义法律语
言学。

　　姜剑云教授是中国最早从事法律语言学研究的专家之一，曾任上海
大学法学院、上海政法干部管理学院副院长，他于 1995 年出版的《法
律语言与言语研究》是中国法律语言研究的重要成果。2000 年，他倡
议并组织在上海大学召开了法律语言与修辞国际研讨会，并在该学会下
成立了中国法律语言学研究会，姜剑云当选为首任会长（2000—2004），
为法律语言学在中国的起步和发展奠定了坚实的第一步。在他的感召和
带领下，中国法律语言研究有了良好的开端，学者相互联络并支持，研
究局面逐渐打开，开了中国法律语言研究之先河（杜金榜，2011）。不
幸的是，正值研究鼎盛时期，姜先生被病魔夺去生命，把未竟的事业留
给了后来人。

　　姜剑云早在 1990 年就发表了《论法律语言的表情色彩》一文，并
在文章开头指出，"语言除了表述意义而外，还具有表现意义，表现人
的主观态度和感情。语言的表现意义主要是由词语负载的，词语在指称

某一客观事物的同时，往往还表现了人们对该事物的主观评价、主观态度和感情。"（姜剑云，1990：33）"表述意义"和"表现意义"分别对应功能语言学家 Halliday 提出的"概念意义"和"人际意义"。该文重点探讨了法律语言的表现意义，即功能语言学家 Martin 系统化的评价意义，尤其是态度和感情色彩。姜剑云（1990：34）举例分析了含有感情色彩的法律词语，如教唆、勾引、勾结、后果、挑衅、侵略、煽动、冒充、颠倒黑白、招摇撞骗、寻衅滋事、律师与讼棍、法统与法曹，等等，指出"法律词语的感情色彩有些是附着于词语的基本意义，由基本意义派生的。例如'教唆'这个词，其基本意义是'怂恿、鼓动他人做坏事'，由这个基本意义所决定，这个词带有贬斥意味，是贬义词"。姜剑云（1990：36）还分析了法律语言的态度色彩，指出"（法律语言）排斥积极修辞，法律语言无意于感染和打动人……夸张、比喻、拟人、双关等积极修辞手段，在法律文书中都是禁忌的"。他认为"更多的法律词语是不带感情色彩的……如刑事诉讼中有'被告人'这一法律词语，这个词语便是中性的。这是因为在法庭审理之前，很难断言被告人是否有罪，褒之固不当，贬之亦不宜；用'被告人'这一中性词称之，较为适切"（姜剑云，1990：38）。他进而郑重地告诫人们，包括不懂法律的语言学习者和研究者，"只有当法庭审结之后，才能确认被告人是否有罪，是否是罪犯。有些人不注意这一点，常常混用'被告人'与'犯人'，这是不对的"（姜剑云，1990：38）。姜剑云在文中提出不少真知灼见，与评价理论创始人 Martin 的思想不谋而合，高度契合，只是没有像 Martin 那样将其系统化和理论化。

姜剑云关于语境的思想也与功能语言学的语境理论相似。姜剑云（1994）认为语境是由语流（语言环境、上下文）和背景（非语言环境）构成的，而后者又包含了时间、场合、社会文化背景、言语对象等。言语对象是指听者的身份、地位、职业、受教育程度等，法律人要使自己的言语与之相适切，如与目不识丁的被告人进行谈话时，应当力避高雅、艰深的词语，迫不得已使用法律术语时，应加以必要的解释和说明，法规行文尽量通俗易懂。姜剑云在语言学方面的其他主要学术见解还包括：（1）语言是由人创造的，是在一定的环境中使用的，所以研究语言不能脱离使用语言的人，即言语主体，不能脱离使用语言的环境，即言语环境或称语境，否则便不可能切合实际，不可能深刻地揭示语言的本质。

这一见解集中体现于《言语学概要》一书中；（2）在法律活动领域中，衡量语言运用是否准确的主要标准可归结为两条：一是如实——合乎客观实际，合乎法律、法规，合乎语流、情景，合乎交际对象；二是如愿——合乎主观意愿，即表达所要表达的思想内容，达到所要达到的言语目的。

2. 耄耋前辈

王洁是中国政法大学法学院教授，致力于法律语言研究四十载，主要著作是 1999 年出版的《法律语言研究》一书。该书得到著名语言学家陆俭明的高度评价，称其为"一部别具特色的法律语言研究专著……具有以下特点：（1）有独创性，书中不乏作者对法律语言的独到分析和独到见解；（2）该书借鉴汉语语言学的研究成果，架构了一个法律语言研究的多元化的结构网络，为今后的法律语言研究打下了一个很好的基础；（3）该书从正面分析、论述法律语言的同时，还指出目前法律语言中存在的问题，提醒人们注意防止法律语言中出现的毛病，使分析、论述极具说服力；（4）该书研究成果对法律语言实践与法律语言研究都有很直接的指导意义"（陆俭明，2000：110）。

王洁主编的全国统编高等学校法学教材《法律语言学教程》（1997）"是我国第一部'法律语言学'的统编教材，是一本教材兼专著的新书。全书以语言学和法学的基础理论为架构，结合立法和司法实践，对法律语言学作为交叉学科进行科学化、规范化的研究，实用意义和理论意义是本书兼顾的追求，法律语言学研究的理论尚处在不够系统的初级阶段，本书必须讨论回答一些崭新的问题"（王洁，1996：90）。2006 年王洁主编的《法律·语言·语言的多样性》是第九届国际法律与语言学术研讨会的学术论文集。研讨会关注多样性语言的法律保护、个人的语言自由和民族的语言平等、语言如何为立法和司法服务等问题。会议论文集汇集如下 12 个方面的议题：（1）语言权利、语言平等与语言多样性的关系，以及保护语言权利并能在语言多样性背景下达到语言平等的途径；（2）个人和集体的语言权利的特色；（3）保护少数人的语言；（4）语言立法的类型；（5）国际语言权利的法律文件；（6）语言多样性背景下语言立法与语言政策的研究；（7）多语社会中由语言和法律引发的问题研究；（8）社会文化因素对语言多样性的影响以及由此产生的语言和法律问题；（9）法律语言研究和法律语言学的学科建设；（10）法律文本的语言规范化问题；（11）法律文本翻译中的语言问题；（12）语言文字在法律活动中的应用问题。

王洁教授比较有影响力的学术成果包括：王洁（2004：77）探索了控辩式法庭审判互动语言，指出"中国刑事法庭的审判语言虽然已从纠问式向控辩式审判语境迈进，但法庭的审判语言依然不能完全摆脱纠问式审判的阴影，依然在追求真理和追逐权力这两个邻接的话语空间里徘徊"。王洁（2010：3）以"立法时代"与"修法时代"为界，从立法语言、司法语言、法律语言教学与新型法学人才培养等方面，回顾三十年来中国大陆法律语言的研究路程，并展望其未来发展。文章指出，"三十多年来，中国的法律语言研究正是沿着中国社会从'法制'到'法治'的发展轨迹，在社会需求的推动下不断深入"。文章还系统梳理了三十年来我国法律语言研究所取得的丰硕成果，指出"这些研究都体现了法律与语言、内容与形式的名实融合关系，既要对法律语言的话语体系作本体的静态研究，又要对法律语言应用作动态的变异研究，既可以借助法律语言语料库，用统计量化和排查聚类等现代化和科学化的方法对法律语言的话语体系进行有目标的"体检"和梳理，也可以从语法、语义、语用的角度，用分析描写的方法对某一具体的法律语言语料作具体研究"（王洁，2010：5）。文章翔实记录了我国法律语言学早期（2000 年之前）的代表作和 21 世纪前十年涌现的新人新作，并客观地评价部分有影响力的作品。

王洁教授虽年事已高，但对法律语言的热爱不减当年，仍笔耕不辍。王洁教授在 2020 年 5 月 12 日的《法制日报》上读到张军检察长的接访笔录《最高检检察长接访记》，便写下《最高检检察长接访记中的法理人情》一文。该文分析了张军检察长在法律语境下的言语交际能力，包括话题引领能力、问话言语链的选择组合，以及法律语言与日常语言的穿梭运用等，展现了张军融合说法理、谈情理、讲道理的司法语言的修辞能力，是将法律语言、社会语言和生活语言穿梭运用的成功典范。王洁教授所作的语言分析得到张军检察长的青睐，他接受了王洁教授的访谈。访谈录最终形成了《最好的法律语言是法律人讲的社会语言、生活语言——王洁教授访谈张军检察长摘录》（2020），发表于

《法治新闻传播》。访谈的主要观点有：（1）用好法律语言，首先要有情怀，这个情怀不是说空话，是以人民为中心，也就是要尊重当事人。你尊重当事人，他是能感受到的。（2）用好法律语言，其次是能力。有情怀，就感动当事人一半了，情怀里也就能透出他的能力了。具体来说，什么是语言的能力？用我自己的语言就是：见什么人说什么话。（3）用好法律语言，有了情怀、有了能力，才能有语言的自信。这个自信就体现在：我能判断他（和你对话的人）是个什么样的人，他的语言环境是什么样，然后我就使用什么样的语言。有了情怀，有了能力，就有自信。有了自信，再去驾驭语言，形成的气场就大不一样。有自信，有气场，才能够去感染人，让当事人觉得我说的都是真的。（4）最好的法律语言是什么？——就是法律人讲社会语言，法律人讲生活语言。法律人讲法律语言，往往让人听不懂。法律人讲社会语言和生活语言的能力不是轻易培养出来的，要把法律语言、法律规定、法律思维变成生活语言，这个运用能力需要在生活中积累、在工作中体悟。（编者按）

另一位耄耋老人是华东政法大学的潘庆云教授。潘庆云 1982 年毕业于复旦大学，理论语言学专业，师从著名语言学家陈望道先生。1982 年起，潘庆云在华东政法大学任教，历任法学讲师、副教授、教授；主讲法律文书学、实用法律语言交际学、民商法、民事诉讼法等学科。其间他还在人民法院担任过法官助理，审理过多宗民、刑、行政案件。20 世纪 90 年代潘庆云取得律师执业资格，至今受理过几百起各类案件。1983 年，他在《华东政法学院院报》上发表了《关于法律语体的几个问题》，是最先提出法律语体的学者。他在 20 世纪先后出版了三本著作，分别是《法律语言艺术》（1989）、《法律语体探略》（1991）、《跨世纪的中国法律语言》（1997）。潘庆云的早期成就主要在法律语体方面。他主修汉语，专修理论语言学，也研习法律，教授法律类课程；他精通英语，善于接纳国外法律语言学研究成果并与之对话；他关注弱势群体在法律面前所处的不利地位及语言不能问题。潘庆云一直在不断学习和研究法律语言，进入 21 世纪以来，他又先后出版了《中国法律语言鉴衡》（2004）、《法律语言学》（2017）等著作。

潘庆云先生的代表作为《中国法律语言鉴衡》，于 2004 年由汉语大词典出版社出版。该书全面论述了与法律有关的语言问题，既溯及了历史，又着眼于现实；既顾及域外，又偏重本土。本书共包括三个部分：上编"法律语言认知回眸篇"，阐析了法律语言性质、特点、研究方法，中外各国对法律语言的认知、探索和作为独立学科的法律语言学的滥觞发展；中编"当代中国法律语言鉴衡篇"，对中国当代法律语言从语体的风格特征、结构、交际机制和技巧等方面进行研究，并对立法、法律文书、刑事侦查、讯问询问、法律演讲论辩、谈判、调解和法律咨询等领域的法律语言运用技艺分别进行探讨研究；下编"中国法律语言建设发展篇"，就法律语言与司法公正、法制改革与法律语言、香港澳门双语制法律语言、台湾法律语言进行研究探讨。本书不仅可以作为法律文书学科的相关学习资料，对司法干部和律师，公证、仲裁等法律工作者，法律院校师生以及语言修辞、法律语言研究爱好者均有参考价值。全书材料翔实，论证严密，观点新颖，且语言流畅，可读性强。

潘庆云先生虽已进入耄耋之年，但对法律语言的不懈追求促使他笔耕不辍，不断发声。近年来，他在《语言文字周报》上发表多篇短文，探讨法律语言问题。《中英法律语言的前世今生及其改革优化的对比考察》（潘庆云，2019）对中英法律语言的特征和弊端等进行一番初步的研究考察并提出了改革优化的途径。这种研究有利于推动中英两大语种法律语言的互相借鉴，取长补短，进行规范、改革和优化，并加强彼此间的司法合作和法律文化交流。具体而言，他指出，法律语言，尤其是法律英语的特征包括，经常使用常用词的冷僻义项，经常使用现代已经罕见的英语古代词语、古法语词、拉丁词和短语，多用术语及仪式性用语，甚至会使用某些特殊行业的隐语乃至有歧义的词语和表述方式等。这些特征造成了法律英语晦涩不明、冗余拖沓等弊端。其改革优化的途径是"简明英语运动"，目的是让法律语言趋向准确、简洁、易懂和持久。而中国的法律语言问题主要是立法和司法语言的"失范"现象以及法律语言的随意和冲突，需要规范法律语言，剔除过时的旧术语和含义不清的词语，使法律术语和法律概念严格地对应；吸收、翻译、整合和规范世界两大法系中于我有用的法律术语；摒弃政治道德宣教，如旧时期遗留的词语和俚语、黑话。

潘庆云还特别关注法律语言给弱势群体带来的诸多不便。2019 年 11 月 6 日和 11 月 13 日，他在《语言文字周报》连续发表题为《"山谷细民"面临法律时的语言困境》的文章，探讨弱势群体（贫弱小民）面对法律时的困坷与语言问题。文章借用李渔的"山谷细民"称谓社会和经济地位低下的平民百姓，并通过具体案例展示这一群体面临法律困坷的语言表现，建议保护这一群体的话语权利，在他们面临法律的困坷时提供救助。他在《语言与法律研究》2019 年第 1 期发表的《弱势群体面临法律的困坷与语言问题——以受教育较少或社会经济地位低下的人群为例》一文中指出：语言是一把"双刃剑"，既是司法公正的载体，又是司法公正的"牢笼"。而对弱势群体而言，涉法语言不啻一条难以逾越的鸿沟。文章探讨了如何落实弱势人群的话语权利，缓解他们的语言不能，救济他们面临法律的困坷，从而实现司法公正，如加强司法机关的法律监督，"把当事人是否充分享有诉讼权利，语言权利和话语权利纳入监督的视野"（潘庆云，2019：35）。潘庆云对弱势群体语言能力的关注文章还可见其发表于 2015 年第十二届国际法律语言学大会的论文集（英文版），题为《少年刑事案件被告人语言权利的充分保护》。

潘庆云在《语言与法律研究》2020 年第 2 期发表《中国法律语言研究——陈望道消极修辞学说的实践和拓展》，梳理了中国法律语言研究早期（20 世纪 80 年代）研究者在消极修辞学说的引导下所取得的学术成果（以专著为主）。他指出，中华法系源远流长，中国法律语言的滥觞、发展和变迁以及我国有识之士对法律语言的关注和认知亦已历时数千载，而对"法律语言"这一术语的提出、认同和逐步明确界定则反映在近四十年陆续出版的法律语言著述中。文中的主要观点"法律语言用于诉讼和法律事务，不必塑造艺术形象供人欣赏；用于达意，很少用来传情，且主要用以'服人'，并不致力于'感人'"是对陈望道消极修辞学说的实践（潘庆云，2020：6）。而另一论断"在法律语言研究中，在规范性的立法文件和非规范性法律文书'写说发表'中，必须应合立法宗旨或案件处理目标等题旨，但在讯问调查、法庭辩论语言中，可以运用积极修辞手法，应合交际场合、交际对象的心理变化等情境"则是对陈望道消极修辞学说的拓展（潘庆云，2020：17-18）。但文中个别论断，如"理智是法律语言的主人，情感是不速之客"（潘庆云，2020：12）值得商榷，可能需要辩证地看待。通篇的情感表达固然不适合辩护词这类规范性的法律文书，但是适当的情感表达似乎也有利于更好地应合题旨。辩护词中的情感多分布于开头与结尾部分，很少出现于主体部分，一定程度表明了理智的确是"主人"，但适当的情感表达似乎也并不能被称作"不速之客",反而使整个辩词既富有理智,又不失人情味。潘庆云在文章最后建议持续开展和进一步深化亲民化举措:如"配偶""羁押""予以"之类的文言词语能否用白话文词语替代?"公诉来院""举证不能"之类的文言表述形式能否用白话文的表述结构来替换,让偶尔涉案的普通百姓少一点惶恐、困惑和焦虑呢?这一建议正体现了理智与情感在法律语言中的完美统一。

不同于王洁和潘庆云教授,另一位耄耋老人邱大任先生是法律实务界涉猎法律语言最早的专家。邱大任早年毕业于四川大学,1972年由中国科学院语言研究所方言研究组调到北京市公安局,从事案件语言识别工作。基于坚实的语言学功底和多年的实践经验,邱大任早在20世纪80年代初期就撰文《语言分析在侦察破案中的应用》(1980)和《怎样分析案件的语音》(1981)。邱大任(1980)指出,"语言分析"就是运用语言学的有关知识,对那些利用书面语言进行犯罪活动的政治、刑事案件的语音、词汇、语法、方言字等进行分析,指出作案人的年龄、文化、职业和定居地点,为侦察破案提供方向和条件。"语言分析"的主要任务是确定侦查的方向和范围,即所谓"定向",和确定作案人的有关特征,即所谓"画象(像)"。"定向"与"画象(像)"与西方法律语言学家早期的研究"文本作者分析"(forensic authorship analysis: authorship attribution、authorship profiling)不谋而合,在理论和实践层面均具有前瞻性。邱大任(1981)主要研究汉语方言在语音上的差别,从案件所反映出来的语音特点来判断作案人的籍贯和地区,与西方法律语音学家所作的说话人识别(speaker identification)异曲同工。

20世纪90年代初,邱大任发表了《我国侦查语言学的缘起和发展》(1991)一文,论述了我国侦查语言学发展经历的三个阶段:萌发时期(50—60年代)、形成时期(70年代)和发展时期(80—90年代),与同时期西方发起的法律语言学轨迹相吻合。50—60年代的研究中心是案件中的方言问题;70年代的研究聚焦书面语的识别功能和识别方法两个方面,语言识别和刑事侦查学融为一体,在刑事侦查中充分发挥了作用。在识别方法上,邱大任已经不仅仅局限于对词汇、语音、语义、语法等的分析,而且结合书写习惯、书写人所在的地区和行业的特征以及案件本身的特点,摸索出了一套新的方法;80—90年代的研究重点是语言识别的认定功能,即可以直接从书面语认定制作人。邱大任还确立了侦查语言学的学科性质和地位，指出它是一门多边缘交叉性学科，不仅和社会语言学、方言学、刑事侦查学有着极为密切的关系，与社会心理学、神经生理学、神经心理学、犯罪心理学、精神病学、司法精神病学等诸多学科的联系也很密切，如何加强与上述相邻学科的综合研究是今后侦查语言学的重要内容。

邱大任先生于 1985 年和 1995 年相继出版了《语言识别》《侦查语言学》两本著作。《语言识别》（1985）是研究和探讨案件语言识别方法的开山之作。我国从 20 世纪 60 年代初开始把语言学知识运用到案件侦查业务中。当时，案件侦查人员在鉴别书面材料遇到不认识的方言时，就会请一些语言学专家来帮助解释。随着案件的逐一破获，语言识别的作用越来越受到人们的重视，语言学便逐渐被运用到案件侦破上来。实践已经证明了语言识别在侦破案件中的作用，案件的语言识别成为公安业务中的一项新技术，对作案人书面语的科学分析是破案必不可少的程序。邱大任的《语言识别》系统而深刻地阐述了语言识别在案件侦破中的作用以及对语言中各种要素识别的方法。《侦查语言学》（1995）是我国第一部全面系统阐述侦查语言学理论与方法的著作。本书主要讲述鉴别语言材料和推断作案人的理论依据及其科学规律，有助于我们对案件中语言的特殊性和复杂性有一个大致的了解，也为刑事案件的侦破提供了可靠的依据。

袁瑛教授是继邱大任之后该领域新发展的重要代表人物，他先后发表学术论文五十余篇，主持完成国家社科基金项目一项，出版专著三部，代表作品是关于学科建设的《刍议侦查语言学》（袁瑛，2006）、《侦查语言学的发展与展望》（袁瑛、周洲，2022）和《犯罪言语识别研究》（袁瑛，2018）。袁瑛、周洲（2022）系统梳理了侦查语言学发展的三个阶段，即前文提到的邱大任总结的萌发时期、形成时期和发展时期。他将 20 世纪 90 年代后至 21 世纪前二十年的研究称为成熟时期，并简述了这一时期的主要著作，如《侦查语言学》（邱大任，1995）系统论述了侦查语言学的基本原理、检验方法和各种言语特征；《案件言语分析与鉴定》（袁瑛，2005）对网络语言与言语身份个体识别进行了专门研究；《犯罪言语识别研究》（袁瑛，2018）力图将案件言语放在犯罪活动中进行考察，识别犯罪嫌疑人或者罪犯的个体身份信息，并且对当下运用较广的电子媒介包括 QQ、微信、微博在内的网络语言形式等从侦查角度进行了分析与解读。袁瑛、周洲（2022）还进一步发展了侦查语言学的研究方法，在总结袁瑛（2006）所提出的调查分析法、个案分析法、统计分析法、推理论证法和比对分析法的基础上，进一步将其细化为解码法、分析法、陈述法、验证法和描述法。《犯罪言语识别研究》（袁瑛，2018）选取犯罪活动中的"语言"视角，将语言、犯罪、侦查独立的三者结合起来，对犯罪活动和侦查活动中通过语言形式进行"语言与犯罪""语言与侦查""犯罪与侦查"进行了交叉和融合研究。该书通过案例进行理论与实践的相互印证，将理论研究成果化为具体的语言侦查技术，用案例诠释犯罪语言研究的理论和技术，将语言学、侦查学和犯罪学等多学科知识交叉融合，探索出犯罪语言侦查技术研究的新思路和路径。

从上述文献可以看出，邱大任开创了中国侦查语言学这一学科，与西方法律语言学的缘起和发展几乎同步，袁瑛等新一代学者不断发展和完善该学科，使之趋于成熟，但总体上缺乏与西方法律语言学的沟通和交流，致使研究者认为"侦查语言学并不属于法律语言学或等同于法律语言学"（袁瑛，2006:60），并坚持使用"侦查语言学"这一学科名称，限制了其研究成果进入国际视野。另外，由于该领域的研究者多是来自公安警察院校的汉语专家学者，少有外语界法律语言学者，其研究成果也多发表于公安警察类期刊，很少进入语言学，尤其是外语类期刊的视野，造成双方互不往来，少有合作的局面。进入 21 世纪，尽管袁瑛等一小批学者人坚守阵地，但正如袁瑛和周洲所指出的，当下侦查语言学研究面临的现状之一是"从事侦查语言学的专家学者较少"（袁瑛、周洲，2022：82）。从学科发展的角度，我们认为，应当承认侦查语言学是法律语言学的一个分支，是狭义的法律语言学。早期汉语界法律语言学研究者还包括刘素贞、丁世洁、彭京宜等，均为法律语言学的创立做出杰出贡献。

2.1.2　外语界法律语言学开拓者、引路人

20 世纪末，外语学者走上法律语言研究的舞台，影响日盛。他们凭借外语优势，系统研究了西方法律语言研究的经典成果，并展开相关汉语研究。一部分外语学者按照西方法律语言学的研究范式，进行中

国庭审语言的语用学、语义学研究，涉及法庭语言中的模糊语、法官话语与权力、法庭讯问与应答语言等议题。他们期待通过语言学为中国司法实践提供指导，与法律实践的紧密结合使他们的研究受到法律实务界的广泛关注。在外语界，最具影响力的法律语言学家包括杜金榜、吴伟平、廖美珍、王振华等，他们是中国法律语言学学科的开拓者和引路人。

杜金榜，广东外语外贸大学教授，是我国首位法律语言学方向博士生导师，共培养了 20 余名博士，在国内多所高校从事法律语言教学与研究工作。1991 年，杜金榜在广东外语外贸大学外国语言学及应用语言学研究中心攻读博士学位，专攻心理语言学和语言测试，师从著名语言学家桂诗春教授。桂诗春最早关注到国外法律语言学的诞生，在他的引领下，杜金榜博士毕业后广泛阅读国外法律语言学文献，开始研究法律语言学。1999 年，他在全国第二届外国语言文学博士学术研讨会上宣读题为《法律语言学的研究与应用》的论文，次年在《现代外语》上发表文章《纵论法律语言学学科体系的构建》（杜金榜，2000）。文章系统梳理了（西方）法律语言学的早期研究状况，根据学科建设的一般特点对法律语言学的研究对象、理论原则、研究内容和研究方法进行讨论和阐述，初步构建了法律语言学的学科体系。在此基础上，经过多年的教学实践与理论研究，该学科体系逐渐得以完善，并体现于 2004 年出版的专著《法律语言学》。该书不仅介绍西方法律语言学的产生、发展、研究和实践，还特别关注中国法律语言，尤其是中国法律语言学学科体系的建构。该书首先概述了法律语言学的研究对象、任务、性质、历史现状、类别等，阐明法律语言学的学科定位，接着介绍了法律语言学的研究方法和理论框架，描述了法律语言学的研究内容，包括法律语言本体研究和应用研究，并从选题、方法、材料等方面例示了法律语言学的研究过程。桂诗春在本书"序言"中指出，"这本新著深中肯綮、体系完备，不但对建立法律语言学的学科体系有重要价值，而且可以作为研究生教材使用"。（杜金榜，2004：iv）

建立起完备的学科体系后，在不断的探索和深入研究的过程中，杜金榜逐渐意识到，国内外的法律语言学的应用研究中缺乏学科的自身理论和方法，于是他从 2005 年起致力于研发法律语言学特有的理论和方法论，即法律语篇信息理论。杜金榜及其团队成员先后在《山东外语教学》《现代外语》《外国语》《外语学刊》等学术期刊发表多篇文章（如杜金榜，2007，2008，2009b，2010；葛云锋、杜金榜，2005），推介该理论。该理论的集大成著作为专著《法律语篇信息研究》（2014），正如杜金榜在专著"前言"中所言，有关语篇信息理论（Discourse Information Theory，DIT）的思考在此目标的驱动下萌发、成形，及至今日付梓，先后历经十余载，可谓十年磨一剑，是一套独具中国特色的法律语言学理论。该理论的详细内容将在本书第3章和第4章详细介绍，在此不再赘述。

除了著书立说，杜金榜还把大量时间和精力投入到硕博士研究生和青年教师的培养上。1999年起，广东外语外贸大学率先在外国语言学及应用语言学二级学科点下招收法律语言学方向硕士研究生，杜金榜教授开设法律语言学、法律翻译、法律语篇分析等课程，2002年起开始招收该方向博士研究生，培养了一大批法律语言学博士。他们在法律语言学各分支领域作专题研究，发表了二十余篇博士论文，其中多数博士论文经改写后已转化为学术专著，代表性作品包括《避免二次伤害：警察讯问言语研究》（袁传有，2010）、《律师评价语言的社会符号学分析》（张丽萍，2010）、《法律语篇信息结构及语言实现研究——汉英语篇对比分析》（赵军峰，2011）、《法庭问话中的信息获取研究：语篇信息处理视角》（葛云峰，2013）、*Resolution of Conflict of Interest in Chinese Civil Court Hearings: A Perspective of Discourse Information Theory* (Ge，2018)、《控辩审关系的建构：法官庭审语篇处理的框架分析》（陈金诗，2011）、《语篇信息视角下的中国法院调解说服实现研究》（徐优平，2013）等。在杜金榜的带领下，多位已毕业的博士先后成功申报了国家社科基金项目，包括"新媒体普法话语多模态研究"（袁传有，2012）、"庭审话语的社会认知"（张丽萍，2013）、"基于评价理论的网络司法舆情话语研究"（葛云峰，2016）、"国家战略视角下的翻译立法研究"（赵军峰，2017）、"基于语料库的电信诈骗话语鉴别研究及应用"（陈金诗，2018）、"社交媒体用户语言指纹识别及语言指纹库构建研究"（张少敏，2020）、"基于语料库的中国共产党百年法治传播话语研究"（王红，2021）等。这些专著和项目极大推进了中国法律语言学的发展，杜金榜作出了不可磨灭的贡献。

吴伟平，首位将国外法律语言学介绍到中国的学者，首位在美国法院出庭作证的中国语言学家，中国法律语言学的先行者。20 世纪 80—90 年代初，他就读于美国乔治城，攻读理论语言学博士学位。博士临近毕业之际，在听了著名社会语言学家、法律语言学奠基人 Shuy 所讲授的语言与法律课程，并拜读了他的书之后，吴伟平对这个领域产生兴趣，从而走上法律语言学之路。在 Shuy 的引导和推荐下，他对费城的一间律师事务所办理的一宗洗钱案进行语言分析，案件将不同方言的录音作为证据，涉及汉语。这个案例就是吴伟平 1992 年在法律与社会学术年会上发言的原始材料，后来发表在《法律语言学》（1995）上，这是此刊物创刊以来发表的第一篇分析中文语料的文章，题为《中文证据遇到机构霸权的英文》。文章基于作者作为咨询专家和专家证人参与的两宗真实案例（分别为洗钱案和毒品案），涉及政府 / 控方提供的秘密录制的中文录音带，考察了英文占据霸权地位的法庭上中文证据（译为英文）的困境。这项研究发现：（1）翻译时忽略中文的语言特征会使法庭证据的可信性存疑；（2）在证据仅为语言的法律语境下，与中文相关联的社会文化因素往往被忽略；（3）法庭上中文证据的特殊问题未引起法官、陪审团和律师的重视。

　　吴伟平首先聚焦洗钱案中关于"给"字作动词和作介词使用的多义性，尤其是粤语（方言）中"给钱给某人"（前者为动词，后者为介词，普通话为"给某人钱"），在译成英文后变成"gave money、gave somebody"（两个"给"字都译成"gave"），加强了被告人"给钱"行为的不正当性，如果正确地译为"gave money to somebody"，可能产生不同的效果。作者进而考察了"给"字译为英文后的时态问题，"给还是没给"是本案定罪的主要证据，而中文"给"字本身并不能体现时态，要根据语境和上下文及助词来判断是过去还是现在，是完成还是进行，而控方的语言证据将不少未发生的"给"字（给钱行为）误译为过去时"gave"，进一步误导陪审团理解语言证据，作出了错误裁决。

　　文章另一个亮点是分析一宗毒品案中被告人对同伙使用"污言秽语"时建构的（朋友式的）人际关系。此案中控方律师不解两被告人之间既然是朋友关系，为什么在交谈中会有那么多的"骂人话"。作者对此的解释是该语言证据的英文译文缺失了原文所蕴含的社会文化因素，以及犯罪团伙的亚文化背景。其实，在犯罪团伙中，粗俗、低俗的骂人话已形成某种亚文化的习惯，能显示团伙成员间的亲密关系，拉近彼此间的距离，并不是律师理解的字面意思。实际上，在多数文化中，语言的正式程度随人际关系的亲疏而调节。亲近的人之间说话比较随意，跟"自己人"（insider）讲话可以去除繁文缛节，甚至可以粗俗不羁，尤其是在受教育水平／文化水平不高的犯罪团伙成员间。该文是吴伟平早期的成名作，是语言证据分析的佳作。此后，吴伟平又参与了多个案件的语言咨询和分析，包括走私案和商业窃密案，从事的是狭义的法律语言学工作。除此之外，吴伟平还在国内期刊发表多篇论文，引介国外法律语言学，包括会议、机构和刊物，介绍法律语言学的研究方法，提出法律语言学的学科分类——口语、书面语和双语研究，出版专著《语言与法律——司法领域的语言学研究》，完善地阐释了自己的法律语言观，为中国的法律语言学的发展作出了突出贡献（吴伟平，1994，2002a，2002b，2002c）。

廖美珍，中国法律语言学的杰出代表，他开创了法庭话语的实证研究。20世纪90年代末，已身为教授的廖美珍毅然决定攻读博士学位，师从中国社科院的顾曰国教授，投入法律语言学，尤其是法庭话语研究。读博期间，他多次去法院旁听和观摩庭审，获取了大量的一手语料，出版专著《法庭问答及其互动研究》（2003），富余的语料还支撑他出版了实用性更强的《法庭语言技巧》一书，并已发行了三版（2004，2005，2009）。该书将法律语言学的研究成果推广给法律工作者，用于指导他们的司法实践。这样的运用研究与纯粹的实用技巧指南相比具有更强的建设性，该书的连续再版也从某种程度上说明了将法律语言学的理论研究成果运用到司法实践中具有广阔的前景。

廖美珍退休前为华中师范大学博士生导师，是中国政法大学法学院法律语言学方向博士生导师（2004—2009），培养了程朝阳、邱昭继、张清、黄萍等20余位法律语言学博士。2006年8月至2007年7月，他在美国布鲁克林法学院做富布赖特研究学者，应邀先后在美国布鲁克林法学院、美国洛杉矶洛约拉法学院、加利福尼亚大学桑塔巴巴拉分校、加利福尼亚大学圣地亚哥分校、加利福尼亚圣地亚哥大学等美国著名大学作学术演讲。他先后赴澳大利亚悉尼大学和美国华盛顿州西雅图大学参加第六届（2003）和第八届（2007）国际法律语言学大会，并作学术演讲，于2015年7月参加了在广东外语外贸大学举办的第十二届国际法律语言学大会，并作大会发言。廖美珍研究成果颇丰，除了前文提到的专著外，还发表了 60 余篇学术论文。其中，英文代表性作品包括发表于 *Text & Talk* 的论文《中国刑事法庭话语打断的研究》（A Study of Interruption in Chinese Criminal Courtroom Discourse）、收录于 Tiersma & Solan（2012）的《中国法庭话语》（Courtroom Discourse in China）、收录于 Christopher & Tessuto（2013）的《打断的力量》（Power in Interruption）以及收录于 Solan et al.（2015）的《言说还是沉默：法律与语言内外》（Speech or Silence: Within & Beyond Language and Law）。中文著述更是蔚为可观，大多与法庭话语相关，早期代表性文章包括《从问答行为看中国法庭审判现状》（2002）、《法庭互动话语与合作问题研究》（2003a）、《法庭语言实证报告》（2003b）、《中国法庭互动话语对应结构研究》（2003d）、《答话研究—法庭答话的启示》（2004b）、《中国法庭互动话语 formulation 现象研究》（2006b）、《法庭调解语言研究的意义与方法》（2008b）等。

　　上述文章对法庭互动话语，尤其是打断现象作了深入研究（廖美珍，2004b，2009，2012，2013，2015），主要观点包括：（1）法庭打断主要实现四种功能：控制、支配、竞争和合作。法庭打断主要是为了控制和支配，因而冲突和对抗是主要的，合作是次要的。（2）法官和公诉人打断他人话语的比例在法庭审判参与者中最高，而且这种打断的总的特征是冲突。法官的打断行为既有程序上的，也有实体上的；有作为仲裁第三人介入性的，也有作为实体调查者实施的，但后者的比例高于前者。（3）在民事审判中，打断行为基本上属于法官；在刑事审判中，则主要属于法官和公诉人。打断也是一种策略。辩护人和被告之间打断很少，而且主要是合作性的。交叉询问中的打断主要是对抗性的，直接询问中打断很少，主要是合作性的。（4）打断的原因是：话语过量、催问、话语不相关、核实或澄清信息、话语啰唆冗赘。（5）法庭话语打断现象研究不仅涉及语言问题，还涉及法律程序和实体正义问题、权利、权力和法治。（6）法庭打断与不礼貌之间存在密切关系，依据打断模式、打断位置、伴随言语行为、打断功能和法庭审判参与者角色，不礼貌程度存在规律性变化。法律制度、法庭角色、法律文化等影响着不礼貌现象的形成。

　　此外，廖美珍（2015：34）还对刑事法庭打断现象与性别进行了研究，发现"（在法庭上）女性的表现要比男性更富有进攻性和权势性。而且，……具有一定地位的、工作岗位具有较大权势的女性在职业活动中比男性表现得更加'咄咄逼人'"。作者进而分析其原因，指出"由于我们实行的是纠问式审判模式，传统的有罪推定的思维模式导致一般从法人员将被告人当作'犯人''恶人'。由于传统上女性的弱势地位，女性从法人员似乎（觉得）更需要表现出强势，才足以支配和控制像法庭审判这种工具性极强的活动。随着司法审判方式改革的深入，法庭审判越来越诉讼化，更加注重追求程序正义该有所改变"（廖美珍，2015：54）。

发表于 *Text & Talk* 的《中国刑事法庭话语打断的研究》一文以中国四个刑事法庭的庭审笔录为语料，考察了中国刑事法庭话语中的打断现象。本文主要探讨打断的数量、功能、原因、分布及其与中国法律制度和法律文化的关系，指出中国法庭审判中的打断在数量、功能和原因上存在实质性的不对称，即检察官打断最多，辩护律师最少，法官处于中间。廖美珍从中国的司法制度和法律文化来解释这种不平衡，并将中国刑事审判中的打断现象与美国法庭的打断现象进行比较。发表于《当代语言学》的《国外法律语言学研究综述》（2004c）是一篇综述性文章，从历时的视角较全面系统地梳理了国外（尤其是美国和澳大利亚）法律语言学的代表性人物及研究领域和成果，重点介绍了 Mellinkoff 及其代表作《法律语言》（1963）。廖美珍将其称为"法律语言本体研究的经典之作"，并指出该书在法律语言研究史上的重大意义：（1）这是第一部系统地、全面地而且具有相当深度地论述英美法律语言的鸿篇巨制；（2）该书对法律的"简明英语运动"（Plain English Movement）起到了巨大的推动作用。20 世纪 70 年代以后，法律语言研究在英美等国显然进入了一个新的阶段，研究焦点转向法庭话语或法律活动的口头互动，这个时期法律语言研究者的兴趣和重点集中在三个方面：（1）法律语言作为过程（language as process）；（2）法律语言作为工具（language as instrument）；（3）语言学家介入法律互动的语言证据应用研究。廖美珍对这一时期的主要研究者和研究领域分门别类，进行了详细的综述，如对"陪审团的指示"的研究（Charrow & Charrow，1979），对法庭话语策略、话语风格、话语结构的研究（Levi & Walker，1990；O'Barr，1982），还有对法律语言作为过程的研究（Atkinson & Drew，1979；Bennett & Feldman，1981；Stygall，1994）。法律语言作为工具的研究主要包括对强奸案和离婚案审判中男人对女人和律师对被害人支配权的研究（Conley & O'Barr，1988；Matoesian，1993）、对澳大利亚原住民土地权的诉讼和涉及原住民犯罪的审判话语的研究（Eades，1994；Walsh，1994）、对证人（被告）权利的研究（Luchjenbroers，1997）。语言证据在法律审判中的应用研究主要综述了法律语音学研究（Jones，1994）、书面拼写、用词、语法形态和句法结构的证据研究（Eagleson，1994），在话语层面主要介绍了录音证据的话题分析（Shuy，1987）、法律翻译研究（Berk-Seligson，1990），以及对美国法律和法律实践中的视觉比喻和听觉比喻的研究（Hibbitts，1994）。文章全面梳理、客观综述了 20 世纪法律语言学的主要代表人物、主要研究和应用领域，为国内法律语言学研究者和爱好者，尤其是汉语界法律语言学学者提供了一篇很有价值的参考文献。美中不足的是文章过于偏重美国和澳大利亚学者，而忽略了英国法律语言学家的贡献，如本学科的创始人Coulthard 和他的研究。

廖美珍教授的另一大重要贡献在于主编了《法律语言学译丛》，将七本外国法律语言学经典著作翻译成中文，由法律出版社出版发行。这七部译作分别是：《法律、语言与权力》（Conley & O'Barr，2007）、《法官语言》（Solan，2007）、《法律话语》（Goodrich，2007）、《法律、语言与法律的确定性》（Bix，2007）、《法律语言学导论》（Gibbons，2007）、《法律的语言》（Mellinkoff，2014）和《彼得论法律语言》（Tiersma，2014）。七部译作的出版无疑开拓了中国法律语言学界的视野，推进了该学科的研究和发展，为汉语界不能直接读懂原著的法律语言学者提供了了解国外法律语言学的绝佳途径，促进了中外法律语言学者和国内汉语界和外语界法律语言学者之间的交流和相互借鉴。

在研究法庭话语过程中，廖美珍重视理论创新和升华，提出"语用和话语分析目的原则"，其核心观点是任何理性（正常）人的理性（正常）言语行为都是有目的的。具体内容包括：（1）目的表达（目的与话语形式的关系）；（2）目的追求（过程）；（3）目的关系；（4）目的互动（目的理解、目的认可、目的采纳、目的拒绝等）；（5）目的与话语连贯；（6）目的实现手段；（7）目的实现条件；（8）目的与权势关系；（9）目的实现与否；（10）目的与意义（廖美珍，2005）。目的原则和交际意义：交际如果要有意义和价值，必须有目的；没有目的的交际就没有意义，我们甚至可以说没有目的。没有对目的的追求，便不存在交际（廖美珍，2009）。该理论提出后的十余年间，廖美珍及弟子不断对其进行发展和完善，发表了多篇系列论文:《目的原则与语篇连贯》（廖美珍，2005）、《目的原则与交际模式》（廖美珍，2009）、《目的原则和语境动态性》（廖美珍，2010）、《目的原则和言语行为》（廖美珍，2012）和《目的原则和语境》（廖美珍，2013）、《庭审话语中的目的关系分析》（张清，2010）、《语用目的原则的诠释与应用》（黄萍，2013）等。

王振华，上海交通大学马丁适用语言学研究中心执行主任，博士生导师。他早年就读于悉尼大学，师从功能语言学大师 Martin，较早地接触到 Martin 提出的"评价系统"并将其引介到中国（王振华，2001），被誉为"中国评价语言研究第一人"。在悉尼读书期间，他还接触到澳大利亚法律语言学家 Gibbons 和 Walsh 等人，开始对法律语言学产生兴趣。潘庆云的《法律语言学》和王洁的《法律语言研究》对他影响颇大，他逐渐走上法律语言学之路。多年以来，他致力于功能语言学与法律语言学的"联姻"，运用功能语言学理论和方法，特别是语篇语义学理论，作为工具分析法律语篇/话语，主持完成国家哲学社会科学基金项目"司法话语的适用语言学研究"。项目组成员王品的论文《系统功能语言学的"三重视角"下的判决文书情理研究》是该项目的阶段性成果，运用系统功能语言学中"自上而下""层次内部"和"自下而上"三个视角，分析我国判决文书中体现的情理，是功能语言学运用于法律语言研究的佳作。

王振华的法律语言学研究和主要思想集中体现于"作为社会过程的法律语篇"系列论文，是上海交通大学文科科研创新项目（"作为社会过程的法律语篇——语篇语义学视角"）的研究成果。该系列论文均应用 Martin 的语篇语义学理论来研究不同类型的法律语篇，包括立法语言和司法话语。语篇语义学理论最初由 Martin 提出（Martin，1992），后进一步得到发展和完善（Martin & Rose，2003，2007）。该理论继承了 Halliday 的系统功能语言学经典理论，将词汇语法层的系统功能研究上升到语篇语义层，主要着眼点为构建语篇的各种语义资源。该理论提出了语篇语义层面的六大系统，包括协商(negotiation)、评价(appraisal)、概念（ideation）、联结（conjunction）、识别（identification）和格律（periodicity）。

在此系列论文中，王振华与合作者将社会过程定义为"人们在参与社会活动的过程中不断地进行理性或非理性选择，建立社会关系，结成同盟，形成不同帮派和团体的由互动而结盟的过程"（王振华、田华静，2017：200）。社会过程范畴化为竞争（competition）、冲突（conflict）、顺应（adaptation）、合作（cooperation）和同化（assimilation）等过程。人们在法律语境内所经历的竞争、冲突、顺应、合作和同化等社会过程往往以语篇的形式得以建构，实例化为各种类型的法律语篇。换言之，法律语篇是法律语境内各种被高度概括的社会过程类型的实例。通过对协商、评价、概念联结、识别格律和这六个维度的分析，该系列论文全面地研究了法律语篇中意义的呈现过程（概念角度）、协商过程（人际角度）和编织过程（语篇角度）。竞争、冲突、顺应、合作和同化等社会过程在意义的呈现、协商和编织过程中得以实现。语言使用者通过对上述六种语篇语义资源进行选择，实现这些社会过程。

该系列论文之一，王振华、刘成博（2014）初步阐释了"作为社会过程的法律语篇"的观点。该文在系统功能语言学范式下以个体化和评价理论为框架，从态度纽带与人际和谐的人际语义视角探索话语个体化意义建构社会关系的运作机制。研究表明个体识解态度的过程就是建构人际关系的过程。当不同个体建构起的态度互相冲突时，可能导致人际冲突；而当不同个体态度趋于一致时，较易达成人际和谐。选择合适的话语资源、建构态度、分享态度，并在此基础上形成态度纽带，建立和谐的人际关系。系列论文之二，王振华、张庆彬（2015）进一步论述了作为社会过程的法律语篇的观点，将法律语篇视为一种由竞争、冲突、顺应、合作和同化形成的社会过程。文章在系统功能语言学理论和语类理论的指导下，将语篇层的格律系统（periodicity）和识别系统（identification）作为法律语篇谋篇语义的分析视角，探索法律语篇中的竞争、冲突、顺应、合作和同化五种社会过程，以及它们在法律语篇中实现的规律。分析发现，在谋篇层面，立法语篇追求形式化简约化，司法语篇尤其是交叉质询等口头语篇追求复杂化主观化的特点。这些特点与不同类型的法律语篇实现的不同类型社会过程目标紧密相关。

该系列论文之三和之四分别研究作为社会过程的立法语篇和司法语篇。王品、王振华（2016）以《中华人民共和国婚姻法》为例，从概念语义的视角（概念系统和联结系统）研究法律语篇中竞争、冲突、顺应、合作和同化五种社会过程的实现，探讨了法律语篇如何通过概念语义来调节社会过程并最终促进社会和谐。文章指出，法律语篇作为社会过程，规范人们行事的选择，在个人、团体和机构之间调节竞争，解决冲突，促进顺应、合作及同化，以实现社会和谐。田华静、王振华（2016）分析汉语刑事辩护词中态度资源的分布，将刑事辩护词视为一种竞争类社会过程的法律语篇，承载着较重的人际语义负荷。该文从评价系统视角研究其中的态度资源分布特征，发现使用最多的态度资源是裁决，其次是鉴赏和情感。态度资源的分布特征是，论点中的必选资源是裁决，可选资源是鉴赏和／或情感；论证中的必选资源是以裁决为主并辅以鉴赏，可选资源是情感；结论中的态度资源分布与论点部分的相同。

王振华的"作为社会过程的法律语篇"思想在系列论文之五（王振华、田华静，2017）中得以升华，形成了系统功能语言学框架下的语篇语义观。该文首先将社会过程范畴化为分化类社会过程和融合类社会过程。分化类社会过程包括竞争和冲突；融合类社会过程包括顺应、合作和同化。接着，文章从系统功能语言学社会符号观的角度将法律语篇视为一种社会过程。在这个过程中，法律主体之间既有竞争、冲突，也有顺应、合作和同化。本文立足于系统功能语言学语境附生观，以语篇语义系统为分析工具，全面探讨了法律语境下不同社会过程的生成和实现，为探索作为社会过程的法律语篇提供了研究路径和方法。研究发现，考察作为社会过程的法律语篇，既要充分考虑语境的制约因素，又要重视对语篇语义资源的选择，以更好地揭示人们如何利用法律语篇实现交际目的和意图。总之，该系列论文在系统功能语言学框架下，根据附生性语境理论，从语篇语义的六个维度，探究法律语篇作为社会过程所实现的竞争、冲突、顺应、合作和同化，考察法律语篇如何在社会语境制约下通过语义选择实现不同的社会过程，为法律语篇研究提供一条以语篇语义学为视角的研究路径，为中国法律语言学研究作出重要贡献。

在中国，将功能语言学与法律语言学相融合并进行交叉研究的还有广东外语外贸大学袁传有及其团队。袁传有在攻读法律语言学方向博士学位之前，就广泛涉猎了功能语言学领域的著作和文献，尤其是Halliday 的系统功能语法，为博士研究奠定了一定的理论基础。读博期间，他得到当时供职于香港浸会大学的 Gibbons 教授的引导，开始接触 Martin 提出的评价理论并将其应用于中国警察讯问话语的研究，在杜金榜教授的指导下完成博士论文并出版了专著《避免二次伤害：警察讯问言语研究》（袁传有，2010）。博士毕业后，他继续钻研功能语言学的新理论并应用于律师话语（袁传有、廖泽霞，2010；袁传有、胡锦芬，2011）、公诉人话语的评价资源分析（袁传有、胡锦芬，2012）。他于 2012 年获得国家社科基金项目，并研究多模态普法话语，尤其侧重研究反腐话语和法治宣传话语（刘玉洁、袁传有，2022），多次参加国际法律语言学和功能语言学会议，宣讲中国的反腐和法治话语的多模态特征。袁传有教授 2013 年获得博士生导师资格，从 2014 年起，共招收了 11 名博士生，已培养了 7 名法律语言学博士。他的 7 篇博士论文均采用功能语言学的理论研究法律语言问题，如《社会符号学视角下中国反腐公益广告中"法治"的多模态建构》（刘玉洁，2019）、《无罪推定观念在法制新闻中的语篇建构》（陶君，2018）、《恢复性司法理念下社区矫正心理矫治话语研究》（郑洁，2019）、《法律推理的话语建构》（卢楠，2021）、《警察讯问话语的语类研究》（王帅，2022）、《正当防卫案媒体报道的评价研究》（郭静思，2023）和《社区矫正话语中的语旨磋商》（罗兴，2023）。

　　"社区矫正话语研究"是一项法律语言学服务社会的横向实践项目（袁传有，2015）。该项目借鉴 Martin 及其团队在澳大利亚新南威尔士州开展的"青少年司法协商会"（Youth Justice Conferencing）话语研究的实践经验，在广州搭建了"社区矫正话语研究和服务平台"，由广东外语外贸大学与广州市司法局合作共建。通过此平台，一批硕博士研究生深入到司法所和多家社区矫正服务机构进行调研，与一线司法社工协同工作，收集了大量有价值的一手语料。团队成员运用功能语言学的理论研究司法社工和受矫人员的语言和多模态话语的使用特征，向司法局提交了多份研究报告。团队成员共完成了十余篇硕士论文和两部博士论文，在国内外期刊发表多篇学术论文。其中，郑洁、袁传有（2021）采用人类学田野调查和功能语言学语篇分析的研究方法分析了社区矫正中司法社工身份的话语构建。该文基于合法化语码理论的"专门性"维度，结合评价系统，提出社区矫正司法社工身份话语构建的分析框架，并依此划分司法社工的四种身份；借助语料库软件，分析司法社工如何使用态度评价资源构建身份。研究表明，司法社工在社区矫正个别教育谈话中呈现出教育者、管理者、帮扶者和协调者四种身份。这四种身份经由司法社工使用的态度评价资源得以构建并加以强化。该文旨在为司法社工提供符合其身份的、有效的话语选择，从而提高社区矫正个别教育谈话的准确性与有效性，优化教育矫治工作。郑洁、袁传有（2018）在法学期刊发文，探讨社区矫正调查评估中被告人身份多模态话语建构。该文基于合法化语码理论、评价理论、耦合模式和纽带理论，结合多模态理论，采用人类学田野调查和语篇分析等质性研究方法，分析在社区矫正审前社会调查评估中，被告人如何运用多模态资源构建自身身份以及监督人如何运用语言和多模态资源构建被告人的身份。被告人在审前社会调查评估中呈现出的三种身份能够影响司法所出具对被告人有利的调查评估意见书，进而影响法院对被告人从宽量刑。此外，郑洁（2019）进一步阐释了社区矫正过程中监督人如何运用个体意库中的语言及身体语言构建自身身份，以影响法院作出犯罪人适用社区矫正的判决和裁定。罗兴、袁传有（2019）从功能语言学的语类结构和交换结构视角研究社区矫正初始评估话语，旨在揭示社工话语的交换结构特征和存在的问题，为社工提供更多有效的话语选择和理想的社工话语交换结构模型，从而提高初始评估的准确性与有效性。Yuan & Luo（2021）更深入地探讨了社区矫正风险评估话语的两种交换结构：K1^（K2f）和 K2^K1 模式。研究表明，司法社会工作者需要提高他们的语言意识，而受矫人员需要更有效的语言选择，以提高风险评估的准确性和有效性。本项目更多的研究成果将陆续发表，相信将有效地指导社区矫正的话语实践，有助于社区矫正总体水平的提升。

法律语言学是法学和语言学不断交叉融合后产生的新兴交叉学科，旨在研究、解决法律实践中出现的法律语言问题，服务司法实践。杜金榜（1999）指出，法律语言学的发展大致可以划分为三个阶段：法律语言学前应用阶段、法律语言学阶段、法律语言学应用阶段。这三个阶段的划分符合人类的认知规律，反映了人们对新生事物由浅入深的认知过程：从对事物本体的描写出发，逐渐过渡到过程的研究，最后才进入应用阶段的探索。在不同发展阶段，法律语言学对理论的需求和依赖程度不同。具体而言，初期的法律语言研究主要侧重于对法律语言的本体考察与描写，以句法和修辞分析为主。随着研究的不断推进，国内外的研究在 21 世纪初期逐渐进入第二阶段，侧重于语言和法律关系的讨论和探索（杜金榜，2004）。相比先前以书面语研究为主体的静态描写，这个阶段的研究对象更加宽泛，"以语言—法律关系为焦点，以法庭语言研究为热点"（杜金榜，2004：19），考察法律实践过程中的语言使用情况。因此，语言学相关分支理论如语用学和会话分析理论等被广泛应用于法律语言的研究，研究成果层出不穷。目前，国内外法律语言学的研究陆续出现应用转向，逐步迈入第三阶段。为了确保应用研究有据可循、分析结果更加可靠，法律语言学比任何时候都迫切需要系统的理论支撑。

2020 年 10 月 24—25 日召开的第十一届全国法律语言学研讨会暨中国英汉语比较研究会法律语言学专业委员会年会上，国际法律语言学家协会时任主席、美国西雅图大学法学院教授 Ainsworth 应邀作主旨发言，呼吁法律语言学研究者高度重视理论研发，共同培育跨学科和跨领域的研究方法（methodological cross-fertilization）。她以性骚扰话语为例，具体介绍了如何结合言语行为、会话含义和社会互动等不同理论来判断特定的语言是否构成性骚扰。她指出，研究者需要创造性地应用交叉学科的理论解决司法实践中的法律语言问题，推动法律语言学学科的理论发展。由于法律体系的差异，不同国家对法律语言学理论研究的重视程度不足。在英美法系国家，由法律语言专家出具的语言分析报告可以作为语言证据提交给法庭（刘蔚铭，2010）。如前文所述，1993 年，法律语言学家 Coulthard 参与了"本特利案件"的翻案工作，其出具的法律语言分析报告被法庭采纳，成为成功翻案的主要证据之一，引起社会轰动。这是法律语言分析直接服务司法实践的早批经典案例之一。此后，欧美法律语言学专家以语言学理论为依据，根据法律语言问题的不同选择不同的语言学理论作为分析工具。Couthard 把法律语言学家在分析具体案件时用到的各种语言学理论统称为"语言学家的'工具包'（linguist's 'toolkit'）"（Coulthard & Johnson，2007：121）。语言学家的"工具包"囊括语言学的众多分支理论，如语音学、音系学、形态学、语义学、句法学、语篇分析、语用学等。受"工具包"理念影响，国外研究者更热衷于对具体案例的应用研究，对法律语言学的理论研发缺乏热情。本书第 3 章将重点介绍英美法系国家法律语言学研究者在"语言学工具包"思想指导下展开的研究与取得的成果。

然而，杜金榜坚持认为，法律语言学作为一门独立的学科，迫切需要成体系的理论。因此，杜金榜（2007）基于法律语篇的特点，率先提出了语篇信息理论，为系统研究法律语言学提供了强大的理论依据。该理论自提出以来不断发展完善。《法律语篇信息研究》（杜金榜，2014）系统阐述了该理论的主要观点、分析工具与应用实例，展示了中国法律语言学研究的成果，为法律语言学的发展作出了重要贡献。

2.2 中国法律语言学学术组织、学术会议及学术期刊

2.2.1 中国英汉语比较研究会法律语言学专业委员会

中国英汉语比较研究会法律语言学专业委员会（简称法律语言学专业委员会）（China Association of Forensic Linguistics，China Association for Comparative Studies of English and Chinese，CAFL）。前身为中国法律语言学研究会，是由全国从事法律语言研究的工作者和研究人员自愿组织起来的群众性学术团体，受中国英汉语比较研究会的领导、监督与管理，会址和秘书处设在广东外语外贸大学。法律语言学专业委员会的宗旨是：团结和组织全国从事法律语言研究的各相关行业的工作者和研究人员开展学术活动；促进法律语言学研究的繁荣与发展；促进法律语言学理论与法律语言研究实践相结合；促进法律语言研究与法律实践相结合；促进法律语言学学科人才的培养；宣传法律语言研究成果；为法治建设和社会全面发展做出贡献。

法律语言学专业委员会的发展历史为：1998 年 12 月，国内一批法律语言研究人员在海口举办了"法律语言在法律实践中的运用"的学术交流会。1999 年 6 月，"法律语言与学科建设"学术交流会在上海

举行。此前，国内法律语言研究人员通过学术研讨会和交流会等形式沟通，为形成一个固定的团体作了准备。2000 年 7 月，法律语言与修辞国际研讨会在上海举行。会议决定成立（原）中国法律语言学研究会并推选姜剑云先生为研究会会长，刘愫贞、王洁女士为副会长。从此，（原）中国法律语言学研究会正式成立。2004 年 12 月，（原）中国法律语言学研究会第二次理事会在广东外语外贸大学召开。此次会议推选了新的领导班子，并将研究会会址和研究会秘书处设在广东外语外贸大学，以广东外语外贸大学法律语言学研究所为依托，全面开展工作。此后，研究会先后在上海（2006）、广州（2008）、重庆（2010）、郑州（2012）、西安（2014）、广州（2016）举办了九届全国法律语言学研讨会。

2016 年 10 月 22 日，中国英汉语比较研究会在上海召开理事会和常务理事会，讨论通过吸收（原）中国法律语言学研究会为中国英汉语比较研究会的下属二级学会。2016 年 11 月 26 日，在第九届全国法律语言学研讨会上，中国英汉语比较研究会会长罗选民教授致辞并宣读了《中国英汉语比较研究会第六届常务理事会关于成立法律语言学专业委员会的决议》，（原）中国法律语言学研究会正式更名为中国英汉语比较研究会法律语言学专业委员会。2016 年后，本学会主办的年会均冠名"第 × 届全国法律语言学学术研讨会暨中国英汉语比较研究会法律语言学专业委员会年会"。其中，第十届于 2018 年在中国政法大学举行，第十一届于 2020 年由华东政法大学承办（线上），第十二届于 2022 年由广东外语外贸大学承办（线上）。

法律语言学专业委员会作为一个全国性的法律语言研究学术团体，团结全国各地的语言专家，尤其是法律语言专家，立足于中国的法律语言研究，积极组织、主办各种类型的法律语言研讨会和学术交流会，为国内法律语言研究人员交流成果提供一个大舞台，积极推进国内法律语言研究的发展，为我国司法实践、民主法治建设服务。此外，法律语言学专业委员会将充分发挥自身优势，加强与国外法律语言研究机构和研究人员的联系，在引进和借鉴国外法律语言最新研究成果的同时，积极向国外介绍中国法律语言的研究成果，让世界了解中国的法律语言研究，让中国的法律语言研究走向世界。

2.2.2 全国法律语言学学术研讨会暨中国英汉语比较研究会法律语言学专业委员会年会

2004 年 12 月 9—11 日，为期三天的中国法律语言学学科未来发展专家论证会在广东外语外贸大学举行。与会专家交流了我国法律语言研究取得的成果，共同探讨了目前面临的挑战及存在的问题，展望了中国法律语言学学科的未来发展。其间，大家一致认为广东外语外贸大学学术研究氛围浓厚，法律语言学教育科研力量雄厚，尤其是以杜金榜教授为学科带头人的法律语言学硕博士研究生的培养和法律语言学研究所的教材编写等科研工作都卓有成效，有助于搭建法律语言研究会的发展平台，推动中国法律语言研究的发展。大家一致同意在广东外语外贸大学设立法律语言研究会秘书处，负责研究会学术交流、成员沟通、活动组织等事宜。法律语言研究会秘书处落户广东外语外贸大学不仅有助于推动该校法律语言学的发展，而且有助于全国各地法律语言研究专家的学术交流，对于加强学术合作、促进中国法律语言研究会的成长壮大、加快中国法律语言学研究的蓬勃发展，都具有十分重要的意义。

自中国法律语言学研究会秘书处落户广东外语外贸大学以来，秘书处会聚中国法律语言学众多学者，在学术研究、专业教育和学会建设等方面促进了法律语言学在中国的快速发展。迄今为止，该协会共主办了十二届高质量的学术研讨会，由各会员单位轮流承办，其中，第四届法律语言学全国学术研讨会（2006）在华东政法大学举办，第五届在广东外语外贸大学（2008），第六届在西南政法大学（2010），第七届在中原工学院（2012），第八届在西北政法大学（2014），第九届在广东外语外贸大学（2016），第十届在中国政法大学（2018），第十一届在华东政法大学（2020），第十二届在广东外语外贸大学（2022）举办。历届年会的成功召开在国内外法律语言学界产生了重要影响，繁荣了中国的法律语言学研究。尤其是第五届法律语言学全国学术研讨会（2008）成功引入了国际元素，这次会议不仅是国内法律语言学学者的盛会，而且邀请了 Coulthard、Shuy、Ainsworth、Bhatia 等国际著名法律语言学家参会。此外，这次大会还吸引了来自英国、美国、意大利、日本、马来西亚等国的法律语言学学者，使中国的法律语言学研究与国际接轨，在国际法律语言学界产生了重大影响。

2.2.3　中国的法律语言学期刊

《语言与法律研究》是国内正式出版发行的法律语言学专业期刊，由中国政法大学主办，张法连教授任主编。本刊秉承高起点、高质量的定位，遵循基础研究与应用研究兼顾的原则，以语言学研究为基础，特别关注与法律相关的语言学研究成果。本刊着力推介原创性理论成果与具有可操作性的实践及改革成果，关注法律语言交叉学科中有价值的研究方向，主要发表有关语言学与法律、中西法律语言与文化对比、法律外语、法律翻译等方面的理论与实践研究成果，着重对法律语言与文化、法律外语教学与测试、法律翻译等从理论和实践的角度进行全方位和多层次的研究。《语言与法律研究》在推动"外语 + 法律"复合型国际化人才培养、加强涉外法律工作的新时代背景下，对于法律和语言的新兴交叉学科研究、法律外语的学科建设和专业建设以及法律外语理论知识与实务部门对接等方面具有重大的指导意义。本刊高度契合国家发展战略，积极发现培育新兴交叉学科增长点，努力推动"新文科"建设。本刊与国际学术前沿接轨，审稿制度和编辑体例严格遵从国际惯例，聘请国内外知名专家组成编委会，实行同行专家匿名审稿制度。目前每年出版两期。

中编
法律语言学理论研究
与应用

第 3 章
"语言学工具包"理念下的
法律语言学研究

3.1 引言

    法律语言学研究中的"语言学工具包"这一理念主要来源于法律语言学家的司法实践活动。在英美法系国家，语言学家的分析报告被采纳后有可能成为证据。为分析具体的法律语言问题，法律语言学家经常因案而异，在众多的语言学子领域中挑选合适的理论作为分析工具，如索要赎金的便条、自杀遗言等，据此出具分析报告。这一做法好比木匠在打造家具之前会翻找自己的工具包，挑选出合适趁手的工具。Coulthard et al.（2017）在《法律语言学导论：语言证据》中把可供语言学家挑选和使用的语言学子理论形象地比喻为"语言学工具包"。

    "语言学工具包"理念的产生、发展与应用得益于语言学和法学两个学科的发展与融合，更离不开法律语言学研究具体问题的实际需求。首先，随着 19 世纪与 20 世纪之交出现的哲学研究"语言转向"（linguistic turn），语言学迎来了发展的春天（潘文国，2008），包括语音学、音系学、句法学、语义学、语用学在内的各分支学科都取得了长足发展，语言学理论的发展与繁荣为"语言学工具包"理念的产生奠定了理论基础；其次，伴随哲学研究的发展，西方法学研究在 20 世纪下半叶也经历了"语言转向"，先后出现了语义分析法学、新修辞学法学、法律解释学、结构主义符号法学等学术派别（董晓波，2007），为语言学与法学的融合创造了条件，为"语言学工具包"理念的应用提供了可行性；最后，法律语言学研究对象和研究内容的不断细化及多样化使"语言学工具包"理念的应用成为必然。根据国际法律语言学家协会的官方网站，广义的法律语言学研究包括所有法律与语言相关的研究，大致可以分为四大类：法律与语言（如立法语篇、语言权利等），法律过程中的语言（如庭审语篇、警察讯问、证人证言等），语言证据（如文本识别研究、法律语音识别研究等），法律语言培训、教学与研究（如法律英语教学、警察讯问技巧培训等）。面对如此复杂多样的研究内容，新兴的法律语言学学科没有能力在短时间内发展出一套独有的完备理论，势必要借助已有的理论，尤其是语言学理论，解决具体的法律语言问题。

　　本章将结合法律语言学研究的热点话题，尤其是基于社会语言学、语用学、语篇分析、语料库语言学等语言学理论的法律语言研究思路、分析方法、研究成果，梳理近十年国内外法律语言学界"语言学工具包"理念下的法律语言研究进展。系统功能语法在法律语言学中的应用情况将在第5至第10章中详细阐述，本章不再赘述。

3.2　社会语言学视角下的法律语言学研究

　　社会语言学是研究语言与社会之间关系的一个语言学分支，试图透过社会文化现象分析言语行为，通过语言使用现象说明社会结构及其内在机制问题（杨永林，2001）。社会语言学的主要研究课题包括语言变异、语域、语码转换、言语社团、多（双）语现象、方言、语言性别差异、语言政策与语言规划等（Wardhaug & Fuller，2015）。作为社会活动的重要组成部分，法律运行过程的语言使用与语言问题逐渐受到关注。Conley & O'Barr（2005）指出，在纯粹的语言特征描写外，我们迫切需要研究语言和社会的关系，研究语言如何反映社会、如何影响社会。

　　作为法律语言研究的一个重要工具，社会语言学有助于揭示和解决法律运行过程中存在的法律语言问题，具体包括：证人如何更有效地讲故事、律师如何质疑证人证言的可信度、律师如何控制并利用证人的叙述、警察如何通过提问发现犯罪嫌疑人的作案嫌疑、如何评估第二语言使用者对警察讯问语言的理解程度、聋哑人使用手语时的交际障碍、文化差异如何影响人们参与法律活动、儿童是否适合接受警察讯问或出庭作证、律师如何向客户解释法律、调解过程中当事人是否享有法庭辩论的机会、原住民法庭与其他法庭的运行情况有何异同等（Eades，2008）。其中，法律"门外汉"由于缺乏相应的法律知识在法律活动中十分被动，而弱势群体因语言、文化、教育水平等差异面临更大的诉讼压力。因此，如何通过语言了解法律"门外汉"，尤其是弱势群体在诉讼过程中面临的困难，如何确保他们的合法权益成为研究的重点。下面将重点介绍诉讼中的语言权利、法庭口译与庭审权利、法律专业人士与法律门外汉之间的互动、法律活动中弱势群体面临的困境与出路。

3.2.1　诉讼中的语言权利研究

法律面前人人平等。《世界人权宣言》第 10 条规定："人人完全平等地有权由一个独立而无偏倚的法庭进行公正的和公开的审讯。"联合国《公民权利和政治权利国际公约》第 14 条对公正审判进行了具体规定，其中第 3 款明确指出："在判定对他提出的任何刑事指控时，人人完全平等地有资格享受以下最大限度地保证：（甲）迅速以一种他懂得的语言详细地告知对他提出的指控的性质和原因；……（乙）如他不懂或不会说法庭上所用的语言，能免费获得译员的帮助。"这些规定为保障诉讼参与人的合法语言权利提供了法律依据。已有的法律语言学研究主要从法庭口译的角度切入，考察如何通过翻译保障诉讼参与人的语言权利，研究成果非常丰硕（如 Berk-Seligson，2002；Hale，2004，2008；Ng，2018）。

随着中国对外开放的进一步深入，涉外案件数量不断增长，法庭口译研究（主要围绕汉语与外语的翻译）成果不断涌现，如重点研究我国法庭口译的现状（杜碧玉，2010）、作为机构守门人的法庭口译员角色（赵军峰、张锦，2011）、法官对法庭口译的认知（沈璐、张新红，2015）、概括口译现象的分类与成因（余蕾，2018）等。上述法庭口译研究主要研究法庭口译员的角色、资质、准入条件、工作环境、职业道德以及法庭口译质量评估等，旨在为不熟悉某一语言的涉外案件诉讼参与人提供更加优质的翻译服务。实际上，作为一个多民族、多语言、多文种国家，中国的诉讼语言权利保障研究范畴更为宽泛。除了涉外案件中汉语与外语的语言转换外，汉语与少数民族语言、普通话与方言之间的转换都是值得研究的议题，均涉及诉讼参与人的语言权利。

作为一个多民族国家，我国《宪法》第 4 条明确规定："各民族都有使用和发展自己的语言文字的自由。"这是宪法赋予人民的语言权利。在司法实践中，这项语言权利集中表现在诉讼过程中使用本民族语言的权利，确保法律面前人人平等，避免因为语言障碍影响合法权益。《刑事诉讼法》第 9 条规定："各民族公民都有用本民族语言文字进行诉讼的权利。人民法院、人民检察院和公安机关对于不通晓当地通用的语言文字的诉讼参与人，应当为他们翻译。"类似地，《民事诉讼法》第 11 条、《行政诉讼法》第 9 条、《人民法院组织法》第 6 条、《民族区域自治法》第 10 条都规定了各民族公民使用本民族语言文字进行诉讼的权利。这些法律规定充分体现了国家尊重和保护各族同胞的语言权利，体现了平等的语言政策。然而，少数民族同胞在诉讼过程中行使民族语言权利时仍然面临不少挑战。例如，那顺乌力吉（2018：122）对内蒙古自治区司法部门贯彻和落实蒙古族公民使用本民族语言文字进行诉讼的情况进行分析后发现，内蒙古自治区的人民法院多采用"蒙汉双语诉讼"形式，虽然"在司法实践中发挥了积极有效的作用"，但"法官同时扮演审判员和翻译人员的角色，从诉讼程序角度来说，不符合审判机关审理案件的程序原则"。吴东镐（2020）统计了延边州朝鲜族人口较为集中的三个市所在地法院 2016—2018 年的民事案件审理情况后发现，延边地区的法院具备了使用朝鲜语开庭审理的条件，但实际使用朝鲜语开庭审理的案件占比较少，"最高也不过 7.8%"（吴东镐，2020：133），而究其原因主要有三，包括没有相应朝鲜语版本的法律、法官缺乏朝鲜语法律语言能力、没有可操作的法律翻译制度。

白迎春（2020）从中国庭审公开网上选取少数民族聚居的西藏自治区、新疆维吾尔自治区、内蒙古自治区及青海省、甘肃省的人民法院 2018—2019 年的公开庭审视频，观察庭审活动中民族语言使用状态，发现"法院不同，案件不同，司法人员对民族语言文字诉讼案件中的语言使用程序和操作方法也不同，民族语言文字诉讼案件庭审程序混乱，有很多违反诉讼原理之处；法官、公诉人或书记员与翻译人员角色混同，审判长在一个案件中用民汉两种语言审理，没有专门的翻译人员或翻译环节不充分等，这些都是民汉双语诉讼程序保障欠缺的体现"（白迎春，

2020：96）。由此可见，民族语言法律翻译制度的欠缺是民族语言诉讼权利难以得到圆满落实的重要原因之一。然而，法院在聘请翻译的过程中也面临诸多困难，如由于缺乏专门的少数民族翻译机构，法院寻找翻译随意性大，对议员的资质和翻译质量缺乏有效的认定和监督机制（阿尼沙，2009；王欣，2011）。为此，理论界和实务界就提高法律翻译质量、切实保障诉讼参与人合法享有诉讼语言权利提出了建议，如在民族区域自治地方建立双语诉讼机制（爱如娜，2011），加强对少数民族地区双语法律人才的培养（肖晗，2011）等。王隆文（2014）对建立我国少数民族语言庭审翻译服务制度提出了比较详细的构想，涉及管理、操作、监督、追责、权利义务等一系列措施。吴东镐（2020）从资格条件、制度设想、人才培养等方面对建立少数民族语言法庭翻译员认证制度提出了建议。

此外，中国各地区的方言也千差万别，如何保障方言使用者的诉讼语言权利也是值得关注的课题。例如，汉语方言通常分为十大方言：官话方言、晋方言、吴方言、闽方言、客家方言、粤方言、湘方言、赣方言、徽方言、平话土话。而各方言区内又分布着若干次方言和许多种土语。因此，即便是汉民族的涉案当事人，如果他们只会讲当地方言、无法熟练使用普通话，他们有权使用方言参与庭审。杜碧玉（2016）基于个案调查研究发现，部分法官对诉讼参与人语言能力的评估存在随意性，导致诉讼当事人的合法语言权利无法得到有效保护，不利于司法公正。该研究表明，尽管法庭为使用客家方言的被告人聘请了法庭口译员，但是当法官发现被告人"普通话讲得不错"后，马上要求被告人用普通话，理由是"翻译占了很多时间"，致使法庭口译员"被沉默"，被告人艰难地用自己不熟悉的普通话支离破碎地表达观点。这种为了加快审判进度不惜牺牲当事人合法语言权利的做法严重违背了我国现行的语言政策，侵害了诉讼参与人的合法语言权利。究其原因是法院案多人少催生的"实用主义"（Zhang，2011）办案思路，如避免因为翻译浪费宝贵的庭审时间是一个主要原因，而法官对语言与方言的差异认识不足也是一个重要原因。尽管客家话属于汉语的一个方言分支，但是会说客家话，会讲几句简单的普通话，并不代表当事人可以用普通话参与诉讼。因此，在多民族和多语言的中国诉讼语境下，对于诉讼参与人的语言能力评估是一个迫切需要开展的研究课题。

3.2.2 法庭口译与庭审权利

理论上，为不精通诉讼语言的人提供翻译可以有效保障他们平等参与诉讼的权利，包括可以像其他诉讼参与者一样，准确地表达自己的想法、完整地接收庭审过程中的信息。正因如此，在法学界，很多法律从业人员（包括法官）都把译员视为"语言导管"（language conduit），认为译员可以把一种语言一字不落地转换成另外一种语言，就像水轻松地从管子的一端流向另外一端。这种错误的认识受到翻译界的抵制，但是局面依然没有扭转。轰动一时的"美国诉叶爱芳案"（United States vs Ye Case）（2015）就是一个典型的例子。在该案中，法院认定，被告叶爱芳在接受询问时使用的美国公民及移民服务局翻译热线属于"语言导管"。因此，叶爱芳无权要求传召翻译热线的译员出庭并接受质询。上诉法院的裁定引发法律翻译团体的不满，如马萨诸塞州法庭口译员协会撰写了"法庭之友"请愿书并提交到美国最高法院，请求最高法院认定译员并非导管，法律翻译并非机械、零误差的语言自动转换过程。遗憾的是，法庭口译实务界的请愿并没有得到美国最高法院的支持。

事实上，翻译是一个复杂的过程，翻译条件、译者水平、翻译风格、翻译策略、诉讼参与人的合作程度等都会影响译文的质量，进而影响诉讼参与人陈述的连贯性乃至可靠性。Angermeyer（2015）以美国纽约市三家法院的小额诉讼听证会为语料，重点考察了有译员在场的听证过程中，非英语为母语（Languages other than English，LOTE）的诉讼参与者是否能够获得公正的审判。通过分析，作者的结论是"或许吧"，但是"肯定不如直接用庭审语言参与诉讼来的公正"。主要原因如下：首先，小额诉讼法庭仲裁员的风格差异。小额诉讼法庭主要解决数额较小的争议，通过简易程序帮助纠纷双方化解纠纷。正如法官有规则导向、关系导向（Conley & O'Barr，1990），以及程序导向、庭审笔录导向（Phillips，1998）之分，仲裁员也有速裁、慢裁之分。面对速裁风格的仲裁员，非英语为母语的诉讼参与者基本没有机会完整地讲述自己的故事，让自己的想法得到充分的表达与理解。其次，译员的介入。Angermeyer 发现，译者以第一人称直接翻译或者以第三人称间接翻译非英语为母语的诉讼参与者的话语的做法会影响译文的接受度。此外，交替传译虽然可以提高译文准确性，却经常打断诉讼参与者的叙事，让他们的陈述支离破碎。同声传译虽然高效，但是在内容准确性方面仍然值得商榷。最后，非英语为母语的诉讼参与者的语码转换。Angermeye 指出，参与者有时候会通过语码转换陈述事实、发表意见，以便更好地参与诉讼。例如，对于简单的问题他们会直接用英语回答，直接引用专业术语等。但是这种语码转换有时候会给译员造成困扰。Ng（2018）也重点研究了语码转换对法庭口译的影响。她以中国香港地区的法庭口译活动为例，重点讨论了庭审参与者（法官、律师、证人）在庭审过程中不断地在英语和粤语之间进行语码转换给译员带来的负担。

3.2.3 法律活动中的弱势群体

法律上的弱势群体主要指法律"门外汉"，尤其是儿童、原住民、第二语言使用者、失聪者、性骚扰案件中的女性受害者等因各种原因而在法律面前处于劣势地位的人群（Gibbons，2003）。通过社会语言学视角的分析，法律语言学研究者为我们展示了弱势群体面临的具体语言障碍。例如，Walker & Wrightsman（1991）主要研究儿童证人的不利法律地位，分析了儿童证人出庭作证时的能力、可信度与语言权利问题。他们指出，我们有必要采取有效的措施避免让儿童在出庭作证时遭受言语伤害。Eades（2006）和 Walsh（2008，2011）等重点关注澳大利亚原住民涉案时的语言与文化困境。他们通过田野调查和语料分析发现，原住民普遍存在英语表达能力弱、语言表达习惯存在巨大文化差异的问题。潘庆云（2015，2019）深入分析了人民法院少年庭刑事案件被告人的涉案困顿，并研究了"山谷细民"，即山乡弱小百姓在法律面前的语言障碍，如他们无法理解法庭的告知事项和相关诉讼程序、被迫承认某些事实，呼吁学界和实务界开展弱势人群在法律面前语言权利保护问题的研究。Gibbsons（2003）认为，可以邀请精通法律且了解相关群体文化、心理、语言等特征的专家参与诉讼，提供合格的法律口笔译服务，修改并完善相关法律程序等途径，改变这些弱势群体在法律面前的不利地位。

在众多研究者中，Eades 是社会语言学视角下的法律语言学研究知名专家，她的研究成果被澳大利亚最高法院引用，实现了法律语言研究服务司法实践的目标，是社会语言学视角研究的成功典范。Eades 长期致力于澳大利亚原住民的法律语言特点、文化与交流障碍、不公待遇等问题的研究。早在 2000 年，Eades 注意到原住民在交叉询问环节往往处于"被沉默"状态，原因既包括语言方面的特点，如交叉询问中高度程式化的询问语言只允许证人回答"是"或"否"，无法完整讲述所知的故事，又包括文化上的差异，如原住民证人认为属于尊敬对方的表现（如避免眼神接触、保持适当的沉默等）在法律人士看来是心虚、不配合的表现。《法庭话语与新殖民控制》（*Courtroom Talk and Neocolonial Control*）（Eades，2008）以澳洲警方强行带走三个涉嫌违法的澳洲原住民男孩为例，从批判社会语言学的视角揭示了司法实践人员如何通过庭审话语实施新殖民控制，如何剥夺原住民的合法庭审权益。《社会语言学与法律过程》（*Sociolinguistics and the Legal Process*）（Eades，2010）重点介绍了社会语言学研究解释法律运行过程中的语言使用情况，并介绍了法律语言学专家利用社会语言学工具服务法律实践，包括作为专家证人提供法律语言分析报告、从事法律语言培训、研究法律运行过程中的语言问题与不平等现象等。

《庭审交叉询问阶段语言意识形态的社会后果》（*The Social Consequences of Language Ideologies in Courtroom Cross-Examination*）（Eades，2012）在 2020 年被澳大利亚最高法院援引，该研究以澳大利亚一个真实案例为例，是法律语言研究服务司法实践的一种重要形式。在该案中，三个未成年的澳大利亚原住民男孩在案发当天没有违纪行为，却被警察用三辆警车带到 14 公里以外的废旧厂房并被丢弃在那里，最后不得不自己走回家。为此，检方起诉警察绑架和非法剥夺他人自由，三个原住民男孩作为公诉方的证人共接受了六轮询问。以往的庭审话语不平等现象分析只关注话语结构与使用规则对诉讼参与人合法权益的影响，该研究转而关注语言意识形态对庭审活动以及后续相关活动的影响。Eades 列举了四种普遍存在却是错误的语言意识形态：多次叙述中存在不一致就是在撒谎、脱离语境理解具体的词或词组、说话人就是叙事内容的作者、重复提问可以了解证人是否撒谎。Eades 发现，在整个庭审过程中，警方的辩护律师充分利用程式化的庭审询问语言规则和四个语言意识形态，把事实上被剥夺自由、强行带走并被遗弃的原住民男孩塑造成满口谎言、四处流荡、危害社会的危险分子，认为他们出庭作证是在报复警察。随后的媒体报道也直接以"我撒谎就是为了让警察难堪"，直接把律师指责的"撒谎"当成了男孩自己的供述。Eades 分析了证人证言在不同法律阶段的"再语境化"过程，揭示了证人证言从最初的侦查询问，到庭审过程的交叉询问，再到终结辩论阶段的评价，最后到媒体（有偏差的）新闻报道经历的变化。该研究揭示了语言意识形态对澳大利亚原住民无所不在的新殖民主义控制。

2020 年 6 月 30 日，澳大利亚最高法院作出一致裁决，裁定根据检方"应全面、公正出示证据的原则"，检方有义务出示同时包含被告人认罪与无罪陈述内容的混合陈述（mixed statement）视频录像。该案虽然没有法律语言学专家作为专家证人出庭，但北澳大利亚原住民司法局提交了法庭之友书面陈词，里面援引了 Eades 关于语言、文化弱势群体出庭作证所面临的诸多语言、文化障碍与遭受的不公待遇等问题的研究成果。在最高法院的判决书中，法官援引了《庭审交叉询问阶段语言意识形态的社会后果》（Eades，2012）中的部分观点，认为视频录像可以全面呈现被告人语言和文化上的劣势，应该为其提供出庭作证的机会。该案表明法律实践部门在充分认识和理解诉讼中的语言与文化多样性，意识到在刑事案件中对处于"文化和语言弱势地位"的犯罪嫌疑人进行起诉时，在确保当事人的合法诉讼权益方面又迈出了重要一步。

3.2.4 法律专业人士与非专业人士的沟通差异

在英文中，"lawyer"一词指的是接受过系统法律训练的法律专业人士，包括法官、检察官、律师等，而在汉语中，"lawyer"专指律师这一特殊的群体。由此可见，英美法系主要区分了法律人（专业人士）和非法律人（"门外汉"），并很早就注意到两个群体在法律交际活动中存在的语言差异、障碍与解决办法。在法律语言学界，Heffer（2005）系统地研究法律专业人士与非专业人士的交际（legal-lay communication）问题。这一术语并非指法律专业人士单向和法律"门外汉"交流。事实上，这个术语既可以理解为作为交际双方的差异，也可以理解为一种机构性互动，还可以理解为一种认知或者语篇风格（Heffer，2013）。这种交流普遍存在于司法实践活动的各个环节，如报警电话中警员和报警人之间的对话、警察向犯罪嫌疑人宣读米兰达警告时询问对方是需要聘请律师的沟通过程（Ainsworth，2021），以及庭审过程中律师与证人之间的对话等。这种交流存在诸多障碍乃至不平等的现象，影响因素包括法律体系差异、语言障碍、法学素养、文化习惯等，在语言层面主要体现为问答环节的控制与反控制、答非所问等。下例将结合孙杨第一次仲裁听证会的语料，具体分析这一沟通差异。

> Wada counsel: "Mrs. Yang, looking at your statements in Tab 17, if I could have you to look at paragraph 12. And you say in that paragraph that the doping control officer initially agreed that Sun Yang could go to the bathroom alone?"
>
> Yang Ming: "是的，当时的情况是……我解释一下啊……当时的情况是这样的……"
>
> Wada counsel: "My question is that you say…"
>
> Yang Ming: "我还没有说完，我还没说完，还没说完……"
>
> Wada counsel: "That wasn't my question."
>
> Yang Ming: "你说我想把当时的情况说一下（to the interpreter）……"
>
> Wada counsel: "That was not a response to my question, my question was…"

这段对话取自孙杨母亲杨明女士作为证人接受世界反兴奋剂机构 WADA 律师的交叉询问（为便于分析，此处删去了译员的翻译）。Archer（2005）根据问句控制力的强弱和对回答限制力的高低，把问句分为六大类，并列出了期待的回答类型（见表 3–1）。

表 3–1　问句类型与期待的回答类型（Archer，2005）

问句类型	控制力	对回答选择力的限制	期待的回答类型
（1）宽式特殊疑问句	弱	低	开放式的回答
（2）窄式特殊疑问句			针对特定疑问词的回答
（3）选择疑问句			二选一
（4）是非疑问句			是或者否
（5）陈述句			预见回答
（6）陈述句＋反义疑问词	强	高	确认命题内容的回答

上述对话中包括五个话轮，都是由律师发起问话或者作出评论，证人答复。可以看出，作为法律专业人士的律师和法律"门外汉"的证人在话语权力上存在不均衡的现象。WADA 律师非常有经验，一开始便使用英美法系律师惯用的控制力非常强的陈述句问话，试图控制证人的回答，让证人不得不提供提问者可以预见的答复。证人提供了"是的"这一期待的回答后却试图开始解释，说明情况。然而，她的解释被律师直接打断，并通过重复刚才的陈述性问话试图再次控制证人。当证人表示"我还没说完……"努力争取话语权力的时候，律师直接给出一个"这不是对我问题的回答"，暗示法庭证人答非所问。

作为普通大众，我们或许能够体会证人尽力争取机会、把自己知道的情况告知法庭的心情。然而，和法庭审判一样，听证会属于机构性语篇，高度程式化，要求各方参与者严格按照各自的机构性角色行事。在这个例子中，作为法律"门外汉"的证人既不通晓听证会使用的工作语言（英语），也不熟悉英美法系的法律运作规律，更没有作为证人的法律自觉（即问什么答什么，让法庭参与者相信证言真实可信）。因此，从交叉询问的角度看，证人屡次抵制律师的问话控制是失败的，不但没有实现自己的交际目标（向法庭陈述事实），反而降低了自身证言的可信度。随着中国国际影响力的不断提升，中国对外交往的国际诉讼将不断增加。为了更好地维护本国公民的合法权益，我们有必要熟悉不同法律体系下法律专业人士与法律"门外汉"的沟通机制与具体要求，同时为法律"门外汉"提供必要的指导，帮助他们更好地适应诉讼中的机构性角色。

3.3　语用学视角下的法律语言学研究

语用学与法学有着密切的联系。Oppenheim（1942：11）指出："法律语言的一大特殊之处在于其句子的有效性（就其准确性而言）不仅取决于句法和语义，还取决于语用条件。"语用学旨在研究使用中的语言，而法律活动离不开语言，主要通过语言维持社会秩序、实现社会公正，涉及不同参与者在不同法律活动阶段的语言使用情况。以法律解释为例，字面解释是法律解释的一项最基本规则，但是在司法实践中仍然存在直接运用字面解释规则出现荒谬结果的情况，迫切需要新的理论和方法加以指导。Giltrow & Stein（2017）考察了语用推理这一基本概念在法律解释中的作用，为拓宽法律解释的理论基础与研究方法开辟新的道路。张斌峰（2014）通过将语用分析法或语用学范式引入法学方法论的研究，实现对法律的语用分析，语用学范式正成为法学方法论最为基本的方法论。

在语言学领域，《法律语用学》（Kurzon & Kryk-Kastovsky，2018）从庭审语用学、法律文书与法律文本中的语用学、法律语篇与多语言现象等三个方面讨论了语用学在法律运行过程中的最新应用情况，既包括从古代法庭到现代法庭的庭审语篇历时分析，也包括书面语与口语的法律语言分析，是法律语用学研究的一大里程碑式著作。语用学的相关子理论在法律语言中都有不同程度的应用，如关联理论（黄萍，2008；徐优平，2004）、顺应论（陈剑敏，2011；袁传有、胡锦芬，2011）。此外，语用学领域的热点话题，如身份建构与结构研究，在法律语言学研究领域也取得了很大的进展。例如，Xu（2019）以国内具有法律效力的电视调解节目为语料，分析观察团成员如何通过话语建构出"严厉的兄长""关切的朋友"话语身份，促使当事人达成合意。Grant & MacLeod（2020）重点分析了英国便衣警察如何在网络聊天室这一虚拟空间中通过话语建构出性侵案件中未成年受害人的身份，抓捕犯罪嫌疑人。下文重点介绍言语行为理论、合作原则、预设、会话含义、礼貌原则等重要理论在法律语言分析中的应用情况。

3.3.1　立法文本、庭审活动中的法律言语行为研究

最先被用于法律语言分析的是言语行为理论。Hatcher（1980）认为，言语行为理论与法律其实具有类似的构成要素，语用学中的重要概念，如权威、可证实性、义务等，也是法律领域的基本概念。正因如此，经典著作《如何以言行事》（Austin，1962）中就列举了不少法律语言的例子，如 "I give and bequeath my watch to my brother." 属于遗嘱中具有法律效力的典型遗赠行为。事实上，法律语篇中存在大量施为句，法律活动参与者正是通过这些句子实施法律行为（Danet，1980）。

这些具有法律效力、能够带来法律效果的言语行为属于法律言语行为（张新红，2000），普遍存在于法律活动的各个阶段。其中，阐述类言语行为表明说话人，尤其是证人，对其陈述内容的真实性负责。指令性言语行为用于发布指令，让其他人根据要求完成任务，如发出传票传唤证人出庭、签发逮捕令、给陪审团指示等；承诺类言语行为包括签订合同时平等主体之间作出的愿意遵守合同相关规定的承诺，遗嘱的内容就是立遗嘱人作出的遗赠承诺；表达类言语行为主要用于刑事案件庭审的最后一个阶段，即当事人向法庭作出的或忏悔或拒不认罪的情感表达，这是当事人在宣判前向法庭表达个人想法的最后一次机会；宣告类言语行为主要由法官实施，如宣布休庭、判决被告人无罪或宣布证据无效等。

与其他法律文本相比，立法文本的言语行为特征主要体现为立法过程的施为性，以及立法者的权威性和立法程序的规约性等真诚条件（Kurzon，1986）。例如，英文立法文本中"It is hereby enacted."属于典型的颁布式立法言语行为，宣告了具有立法资格的立法机关作出立法的决定。汉语立法文本中的言语行为可以细分为义务类、许可类、禁止类（Cao，2009）。其中，禁止类法律言语行为的实施过程涉及社会和心理两个领域中法律和法律主体间力的相互作用，通过法律主体的行为实现规范和调节的立法意图（吴淑琼，2019）。基于中英立法文本的言语行为对比分析，Ni & Sin（2011）认为，在法律移植过程中需要考虑语言手段、社会文化的差异。

除了立法文本，庭审语篇中的言语行为研究成果也十分丰硕。Charnock（2009）将英美法系国家上级法院作出的推翻下级法院的判决视为一种言语行为，重点考察了上级法院判决书的施为性和规范性的微妙关系。Charnock认为，尽管英美法系秉承"服从先例"的原则，但是原有的先例被推翻、新的先例不断出现也是常态。为了避免出现法官承担立法功能的嫌疑，法官在作出推翻已有判决的时候措辞都特别谨慎，倾向于使用间接的语言，把宣告推翻已有判决的行为视为英美法系的一种常态行为。Doty & Hiltunen（2009）重点研究不同法律活动过程中言语行为的程式化表达形式与功能之间的关系，分析法律活动各参与主体的表达形式使用偏好。研究发现，起诉和指控类言语行为主要在案件的早期阶段，否认或供述类言语行为则在后半段占主导地位。与程式化的言语行为表达方式不同，有些参与者更倾向于使用多样化的语篇策略。Kryk-Kastovsky（2009）基于 17 世纪英国法庭庭审笔录，从历时语言学的视角考察了庭审言语行为的具体表现（包括以言行事、以言成事以及作为间接言语行为的问答互动），提出了言语行为网络的概念。

3.3.2 庭审交际参与者对合作原则的遵守与违反

Grice（1975）指出，在日常会话中，人们倾向于根据公认的谈话目标或方向，作出应有的谈话贡献，确保会话顺利展开。Cheng et al.（2015）根据合作原则分析了香港法官给陪审团的指示。由于这一交际过程主要发生在作为法律专业人士的法官与作为法律门外汉的陪审团成员之间，为了实现高效、理性、合作的沟通，法官需要遵循合作原则做出指示，包括中立不偏袒（质的准则）、内容相关（关联准则）、清晰易懂（方式准则）、提供充足的信息（量的准则）。研究指出，理想的给陪审团的指示就是遵守合作原则，一旦违反了四个准则就有可能让一方抓住把柄提起上诉。尽管遵守合作原则是普遍现象，但违反合作原则的情况也不少见。警察讯问就是一个典型的例子。基于真实的警察讯问语料，Antaki & Stokoe（2017）重点研究了在犯罪嫌疑人根据要求作出回答后询问人员依然追问的原因。研究发现，即便犯罪嫌疑人的回答看起来完全符合合作原则的要求，询问人员依然会进行后续提问。例如，针对询问人员的提问"还有谁和你一起在车里"，犯罪嫌疑人直接回答了"我女朋友"。该回答完全遵守合作原则的各项准则，属于高度合作的回答。然而，讯问人员则不这么认为。因此，他们继续追问"就你和你女朋友？"在得到明确的答复"是的"之后才作罢。Antaki & Stokoe 认为，警察讯问阶段的这种后续提问主要有三个目的：收集尽可能多的信息，为庭审做好铺垫；为随后的讯问与质证打下基础；为将犯罪嫌疑人的行为描述为犯罪的事实。

为准确了解法律活动中当事人到底遵守了哪些准则或违反了哪些准则，Tajabadi et al.（2014）具体分析了纠纷解决会议中合作原则的遵守与违反情况。研究发现，在纠纷和解会议中，当事人双方高度遵守量和关联准则，但频繁违反质的准则和方式准则。然而，这些表面上的违反在实质上还是合作的。江玲（2010）以法庭辩论为例指出，尽管原被告双方表面上针锋相对，非常"不合作"，但是背后却体现了原被告通力合作、通过相互辩论这一合作形式实现各自的诉求。

3.3.3 庭审语篇中的预设与会话含义

庭审中如果律师使用预设，很快就会被对方律师识别并提出抗议。例如，在交叉询问中如果律师问被告"你何时停止殴打你的妻子"，另外一方律师很快会提出抗议，因为"停止殴打"预设了被告已经殴打妻子。与"停止做某事"这一比较直观的预设相比，否定预设比较隐晦，不容易被察觉。Johnson（2018）以 18 世纪英国强奸儿童案件的 36 份庭审笔录为语料，重点分析了辩护律师否定问句"你为什么不大声呼救？"（How came you not to cry out?）的语用效果，揭示了一直以来人们关于"强奸案件中受害者如果不同意一定会大声呼救，如果不呼救，就表明同意"的认识误区。研究表明，如果这一认识误区被辩护律师利用，很有可能造成不良的社会后果，让犯罪分子逍遥法外。Johnson 呼吁学界和实务界高度重视此类否定问句的语用效果，关注强奸案件受害人的实际心理认知状况，避免陷入认识误区。该研究对于现代庭审的语言分析也有启发意义。例如，强奸案件辩护律师对受害人的提问"在寒风刺骨的腊月，你为什么穿得那么清凉出门"就预设了女子意图吸引异性注意、很有可能不是被迫的情形，使受害人在法庭上遭受"二次伤害"（袁传有，2010）。

Kryk-Kastovsky（2018）分析了庭审语篇中的会话含义。通过三个真实案例的具体分析，她发现庭审活动中弱势的一方（被告人、证人等）由于担心自己的话被曲解，倾向于使用字面意思表达自己的想法，而处于强势的一方（如法官、律师等）则频繁使用借代、暗喻等具有会话含义的表达，增强话语的表现力，实现特定的交际目的。弱势一方的语言选择与米兰达警告中的内容有着密切的关联，因为"你所说的一切将成为呈堂证供，将做出不利于你的解释"。这一规定的初衷是要求犯罪嫌疑人讲真话，但在一定程度上也限制了弱势一方的语言选择权利。

3.3.4 法律语言的（不）礼貌现象

（不）礼貌现象是法律语用学关注的一个热点。庭审语篇作为一种典型的机构性语篇，呈现出话语权势差异明显的特点。法官作为庭审活动的组织者和案件的审理者处于话语权势的顶端，具有绝对的权威。因此，在日常庭审活动当中随处可见律师与其他庭审参与人员对法官尊敬有加，如英美法系的"法官大人"、中国古代的"青天大老爷"、现代的"尊敬的审判长"等礼貌称呼用语。然而，研究表明，法庭话语中也存在大量不礼貌的现象，如交叉询问中律师不断质疑证人的记忆力。Archer（2011）对法律语境中的面子与（不）礼貌现象的研究进行了细致的梳理，指出法律语篇中的礼貌与不礼貌并非两个极端，而是一个连续体，存在诸多交叉。此外，法律活动参与者为实现各自目的，往往会采用多种（不）礼貌策略。张丽萍（2014）以礼貌分类模型（Penman，1990）与制约礼貌表达的社会因素模型（Holmes et al., 2012）为理论基础，对比分析了清代讼师与中国当代律师起诉状中表达请求的礼貌策略异同。研究发现，在封建社会，受儒家传统思想，尤其是"无讼"思想的影响，讼师社会地位低下。为此，在请求衙门作出某项判决的提议时讼师会频繁使用礼貌策略，大量使用各种敬语。然而，在某些特定情况下，法律活动参与者的礼貌表达方式反而无法帮助他们行使应有的权利。Mason（2013）研究了看守所的犯罪嫌疑人如何用间接请求"我可以有律师吗？"表达诉求的结果与影响因素。研究表明，法院一般会拒绝这一类的间接请求，因为法庭习惯于用直白的、清晰无误的表达方式直接表明需要律师在场的需求。但是，法庭忽略了一个重要事实：在看守所这种特定场景中，为了不威胁看守所工作人员及其他执法人员的面子，犯罪嫌疑人一般会倾向于使用比较婉转的礼貌表达方式，如间接请求，降低对对方面子的威胁。

随着研究的深入，不礼貌现象也逐渐成为研究热点。在司法实践中，法庭经常需要判断某一言论是伤人的还是有害的，是否可以构成仇恨言论（hate speech）。在英美法系国家，煽动他人对某个特定种族、宗教、民族或地域的个人或群体歧视、敌意或暴力的言论属于仇恨言论，构成对人权的侵犯。Carney（2014）结合言语行为理论与礼貌原则分析仇恨言论案件中如何确定一个人的话是伤人的还是有害的。他认为，法庭需要综合考虑社会、文化、语言因素，分析有争议言论对受害人的面子影响，进而判定该言论是否属于仇恨言论。

从上面的分析中可以看出，由于权势等级差异，法律活动参与者的语用资源存在不均衡现象。例如，为了避免自己的陈述被误解，弱势方（如证人）倾向于使用字面意思进行陈述。再如，为了不威胁强势方（如询问人员）的面子，弱势方（如犯罪嫌疑人）习惯于使用礼貌策略，采用间接言语行为表达诉求，导致该诉求直接被忽略。此外，在司法实践活动中，由于弱势方无法直接用英语参与诉讼，需要借助翻译，而法律专业人士固有的认识，即只重视命题内容的翻译、忽略语用含义的传达，会造成庭审中的语用不平等。Hale（2004）指出，法庭口译涉及字面翻译、语义翻译、语用翻译三个维度，但是法官对语用翻译心存芥蒂。Angermeyer（2021）的研究也证实了这一点。他发现，尽管译员已经准确翻译出证人证言的命题内容，但是翻译后的证言支离破碎，缺乏连贯，导致证言的可信度大打折扣，无法达到原文应有的语用效果，造成语用不平等的现象。

3.4 语篇分析视角下的法律语言学研究

随着法学研究的语篇转向，越来越多的学者开始从语篇研究法律语言问题，突破了语义和句法研究的桎梏，从更加宏观的视角分析法律语篇。早期研究对文本与语篇进行了较为细致的切分，对立法文本、合同文本等书面语体特征展开了细致分析，并对庭审过程中的口语语篇进行了较为深入的研究，揭示了庭审语篇中权势、打断、重复、话轮分配等特点。随着研究的不断深入，学界对语篇的认识越来越成熟，现在普遍认为语篇是一个连续体，口语和书面语没有截然的区分。在这个横向的线性连续体里，位于最左边的是口语特色鲜明的语篇（如法庭辩论），最右边的是以书面语体为显著特征的语篇（如法律法规），而在两者之间，存在着很多交叉部分，呈现出复合特征（杜金榜，2010）。例如，刑事案件庭审过程中公诉人宣读的证人证言就经历了多次转换，从最初的办案人员和证人之间的问答活动（口语语篇），到书面证词（书面语篇），再到当庭宣读（口语语篇）。

3.4.1 语篇分析的流派

语篇分析包括多个流派，比较有代表性的包括：研究语言使用的英美学派、以福柯理论为基础关注社会秩序的学派、揭示权力不平衡和社会不公正的批评话语学派（Cook，1999）。黄国文、徐珺（2006）指出，尽管这三个学派的研究都与语言有关，但研究目标、研究方法、理论来源、研究重点仍有较大的差异，可以通过"语言—社会"连续体进行直观的展示。他们认为，在连续体的最左边是语言，最右边是社会，这是分析的两个重要维度。其间依次分布着英美学派、批评话语学派、福柯学派。英美学派研究的主要内容包括衔接与连贯、语篇结构、信息结构、语篇类型、篇章语法等，关注语言和语言的使用，更靠近左侧的语言本体研究；福柯学派的研究则侧重于话语秩序、意识形态、社会关系、社会联盟等有关社会实践和社会变革问题，最靠近右侧的社会问题探讨。位于中间的批评话语分析的核心议题则包括语篇中的语言选择如何反映说话人与受话人之间的权势差异、如何通过语言和语篇操控社会活动、如何通过语言发现不平等现象。施光（2014）以 Fairclough 的批评话语分析理论为基础，详细描写了中国庭审话语的形式结构特征，阐释了该话语生成、传播和接受的机制，揭示了话语与法庭审判诉讼主体的意识形态和权力互动关系。

作为法律的载体，语言是法律语言学研究者最为关切的对象。现有的法律语言学语篇分析主要以揭示语言特征和发现语言规律为主要目标。这一研究兴趣与英美法系国家的法律制度紧密相关。在英美法系中，语言证据可以作为重要的证据递交给法庭。因此，相比于社会秩序和权势平等，研究者更加关注语言使用，毕竟法律语境下的语言使用是否存在不公正和不平等这些结论需要由法庭得出，语言学家的首要任务是借助语言学工具把语言使用情况呈现出来。该研究路径被广泛应用于证人证言、律师询问、危机谈判、警察讯问的语篇分析中。

语言风格是语篇分析的一项重要内容。早期的证人话语风格研究表明，证人语言风格可以大致分为强势风格和弱势风格，而倾向于大量使用模糊语的女性证人往往呈现出弱势风格，不容易让陪审团认可证言的可信度。Conley & O'Barr（1990）分析了证人语言风格，指出语言风格影响证言可信度。Baffy（2015）分析了交叉询问中律师如何利用庭审程序赋予的询问权利，通过使用间接引言或转述观点不着痕迹地植入自已的观点，并通过"再语境化"重新建构话语意义，实现让陪审团作出不利于对方裁定的目的。Rubin（2017）重点讨论了反义疑问句，尤其是推进式和柔和式反义疑问词，在谈判活动如人质解救行动中缩小双方权势差异，寻求共情的重要作用。Gaines（2018）分析了警察讯问中导致虚假供述的语篇过程，包括"提示""堆叠""标记""讲述"等，为供词污染的深入研究奠定了基础。

3.4.2　基于倒金字塔形的语篇要素分析法

Shuy 提出的基于倒金字塔形的语篇要素分析法是语篇分析的重要方法之一。Shuy 为 600 多起案件提供法律语言咨询服务，为 75 个案件出具书面证言，54 次以专家证人身份出庭接受律师质询，积累了丰富的实案研究经验。自 2010 年开始，Shuy 结合自己参与的法律语言分析真实案例，在牛津大学出版社出版多部法律语言学专著，涉及诽谤语言（2010）、伪证语言（2011）、性侵案件中的犯罪语言（2012）、行贿受贿案件语言（2013）、谋杀案件中的罪名界定（2014）、诈骗语言（2016）、警察与公诉人的欺骗性语言（2017）等。这些专著沿袭了他的一贯风格，即以真实案件为例，以"语言学工具包"中的常用理论为分析工具，形成了一套特有的、用于法律语言分析的"成型范式"（well-established format）（Shuy，2016）。Shuy 称之为倒金字塔形的语篇要素分析法，自上而下包括言语事件、图式、议程、言语行为、会话策略、短语、词汇、语音八个层面（如图 3-1 所示）。

言语事件
图式
议程
言语行为
会话策略
短语
词汇
语音

图 3-1　倒金字塔形的语篇要素分析法（Shuy，2017）

Shuy（2017）认为这些语篇要素具有内在的联系，在分析时要从更大的语篇层面自上而下分析。具体而言，言语事件指的是谈话的主题与内容，是最大的分析单位，涵盖整个语篇，是分析的起点。法律语言分析需要从最顶层的言语事件分析开始，因为言语事件直接决定了参与者的图式，预示了议程，并影响参与者的具体言语行为与会话策略使用情况。他认为，下一层级的语篇分析内容都蕴含于上一层级中，并从中获取意义。图式贯穿于整个语篇，主要指会话参与者习惯于把已有的态度、信念、想法、知识带入新的对话，并按照已有的范式去理解、认识、组织正在进行的对话（Bartlett，1932），这有助于警察在刑事案件侦查过程中识别犯罪嫌疑人的犯罪动机、作案方式、作案手段等（Shuy，2017）。议程是言语事件的核心。与结构比较固定的商务会议议程不同，即时进行的法律会话（如警察讯问证人等）议程结构相对灵活，会话参与者（主要是警方）有机会增加或修改议程。议程不仅包括话语参与者自己引出的话题，也包括对他人话题的反应。因此，对议程的分析可以反映会话参与者的图式，了解其态度与倾向性。

接下来是稍小的语篇分析维度，包括言语行为和会话策略。言语行为服务于议程，包括道歉、承诺、邀请、请求或同意等行为；会话策略进一步强化图式与议程，包括当对方请求澄清的时候使用模糊语、阻碍对方作出应答、在关键节点打断对方、一个问题包含多个子问题、引诱对方给出自己期待的答案、通过操控录音时间让对方看上去有罪等策略（Shuy，2005）。对会话策略的分析可以有效揭示会话参与者对话题的认可度，了解其行为是否出于自愿。最后是对词汇、语法、语音的分析，这些具体的表层语言分析需要基于上述语篇层面的分析建构出的语境展开。这种自上而下的倒金字塔形的语篇要素分析法避免了从零散的词句分析出发，避免"只见树木不见森林"，避免提供"冒烟的枪"证据（"smoking gun" evidence）（Shuy，2014：8）。

下面以 Shuy 的专著《警察与公诉人的欺骗性模糊语言》（2017）为例，介绍倒金字塔形的语篇要素分析法在一宗邻居老太被杀案例中的应用情况。在该案中，一位老太在通话时突然被杀。警察调查后怀疑该案件属于年轻人的激情杀人案件，让住在附近的一个智力发展有障碍的15 岁男生 Rogers 配合调查。Rogers 智力发育缓慢，学业落后，但十分和善，他积极配合了警方的调查。但是后来警方把他作为首要嫌疑犯展开询问并让他签署了犯罪供述。在整个讯问期间，警方没有录音，询问笔录只记录了 Rogers 的陈述，没有记录警方的提问。Shuy 分析后发现该案所谓的 Rogers 的供述存在诸多疑点，警方利用具有欺骗性的模糊策略指控 Rogers 犯罪。

警察讯问是一个典型的言语事件，通常包括循序渐进的五个步骤：（1）了解事实；（2）对不准确的、有欺瞒的或有遗漏的信息进行提问；（3）就不准确的、有欺瞒的或有遗漏的信息与犯罪嫌疑人对质；（4）指控犯罪嫌疑人；（5）获得犯罪供述。Shuy（2014）指出，在真实的案件中，警察往往跳过前面两个步骤，直接进入第三或第四个步骤。因此，被讯问对象往往认为自己是无辜的，警察讯问的目的在于获取案件信息，但警察通常先假定被讯问对象是犯罪嫌疑人，这种理解上的错位就造成了言语事件的模糊。在 Rogers 的案件中，警方一开始只是说他有重大作案嫌疑，需要询问附近的几个年轻人了解案情。因此，Rogers 认为他只是配合调查，提供信息。这在理论上属于第一个阶段的收集信息的言语事件。但是，警方在讯问过程中却把他作为犯罪嫌疑人对他进行指控，模糊地把收集信息的言语事件直接转为第四阶段的指控言语事件。

由于 Rogers 与警方对事件认识不同，双方的图式各不相同，即双方带着不同的认识框架参与对话。Rogers 认为为了调查和协助破案，他需要提供尽可能多的信息，表现得十分配合，但警方却悄悄地转向对 Rogers 的指控，寻找他犯罪动机和作案方式等。鉴于该案没有录音，也没有记录警方的提问情况，我们无法得知具体的议程。但是 Shuy 基于 Rogers 的供述分析得知，Rogers 在整个讯问过程中基本都是对相应的话题作出回应，没有机会改变议程和引入新的话题。例如，Rogers 承认被害人曾因他用弹丸手枪打鸟而遭被害人的抱怨，也承认案发现场多处出现他的指纹。警方据此推断 Rogers 具有犯罪动机也有犯罪证据。而这些都是非常模糊的、具有欺骗性质的推断，因为 Rogers 经常到访邻居家，留下指纹实属正常。在言语行为层面，警察提供的证据也是模棱两可。由于警方从讯问开始没多久就转入指控的言语事件，他们倾向于认定 Rogers 有罪并且按照讯问犯罪嫌疑人的议程展开讯问。这直接影响了警方对言语行为的理解与认定。其中，警察认为 Rogers 的 "I am sorry for what I did." 是道歉言语行为，是为他自己的罪行忏悔；而 "I wish that it didn't happen." 表明 Rogers 为发生的悲剧感到懊悔，希望老太没有被害。但由于没有录音且缺乏必要的上下文语境，Rogers 的陈述缺乏最基本的时间参照点，警方所谓的道歉言语行为缺乏最基本的真诚条件。其中，句子中 "what I did"（我所做的事）与 "it"（它）指代不清，即 Rogers 究竟为他所做的哪件事情感到遗憾，又希望哪件事情没有发生。此外，警方把 Rogers 从二手渠道（同学转述、新闻报道）获取的案件细节的叙述作为只有犯罪嫌疑人本人才知道的一手信息，并以此为据推定 Rogers 就是杀人凶手。上述各种模糊策略与诱骗行为均通过警方的一个重要会话策略得以最终实现，即有意在讯问过程中不录音。在词汇、句法、语音层面，Rogers 不仅不理解专业术语，如"咨询"（consult）、"自愿"（voluntarily）、"明知"（knowingly）等的含义，使用的语言也不符合语法规范，语言能力和智商明显与年龄不符。尽管 Rogers 自认为听懂了米兰达警告关于"有权保持沉默"这部分的内容，认为这是"我什么也不说"（I ain't say nothing），但在其供述中他对引入的话题都进行了回答并且用了表示赞同的言语行为。综上，警方利用各种语篇层面的不确定性制造模糊，移花接木，最终获得了 Rogers 的有罪供述。

3.5　语料库语言学视角下的法律语言学研究

语料库语言学以语言使用为研究对象，旨在考察语言意义（李文中，2010）。基于计算机技术，语料库语言学"采用数据驱动的实证主义研究方法，从宏观的角度对大数量的语言事实、对语言交际和语言学习的行为规律进行多层面的研究"（桂诗春等，2010：422），为语言学研究提供了新方法。这种研究采用自下而上的归纳法，包括数据提取、观察、概括、解释四个步骤，在获得量化数据分布信息后对数据的总体特征和趋势进行观察和描述，并对研究对象进行概括和解释（卫乃兴，2009）。随着语料库技术的发展，Wools & Coulhard（1998）重点介绍了如何把计算机软件 WordSmith Tools、Vocalyse Toolkit 和 Abridge 应用于真实案件，分析有争议的法律文本，识别文本作者。此后，越来越多的研究开始基于关键词和搭配等分析法律语言问题，并逐步应用于真实的案件。

尽管英语国家语料库（BNC）、美国当代英语语料库（COCA）、COBUILD 语料库、中国英语学习者语料库（CLEC）、北大语料库（CCL）等语料库已经得到大规模的推广应用，我们依然比较缺乏专门针对法律语言的语料库。可喜的是，由广东外语外贸大学杜金榜教授牵头建成的法律信息处理系统语料库（Corpus for the Legal Information Processing System，CLIPS）已投入内部使用。该库以法律语篇信息理论为依托，专门服务于法律语言研究。关于该库的具体信息，参见《法律语篇信息研究》（杜金榜，2010）。除了法律信息处理系统语料库外，大部分法律语言学研究一般都基于自建的小型语料库，语料由研究者采集。

3.5.1 法律语言数据库

随着各国法律信息化的普及，很多法律数据库涌现出来，为基于语料库的法律语言研究提供了便利，下面扼要介绍法律语言学界高频使用的几个数据库。现有的 Westlaw 数据库和 LexisNexis 数据库主要提供英美法系主要国家的判例、法律法规、主流法学期刊、法学专著、教材、词典等资源检索，其主要服务对象是法律工作者，但也是法律语言研究者，尤其是从事法律文本研究人员的重要语料来源。国家法律法规数据库、北大法宝与北大法意等是研究中国法律法规的重要平台。中国裁判文书网是全国法院统一的裁判文书公开平台，现有超过1.2 亿篇裁判文书。除汉语外，该平台还提供蒙古语、藏语、维吾尔语、朝鲜语和哈萨克语五种少数民族语言判决文书的检索。法律法规和裁判文书研究一般都基于上述数据库，研究者可以根据需要下载语料，建设小型语料库。

英国、美国和中国等国家为研究庭审话语提供了丰富的文本、视频、音频资源。英国的 the Proceedings of Old Bailey 在线数据库自 2003 年开始，免费提供 1674—1913 年英国伦敦老贝利中央刑事法庭的庭审文本记录，为研究英国早期庭审语言提供了宝贵语料。美国联邦最高法院除了发布最终的判决书外，还提供了案件庭审过程中的辩论文本和音频。中国法院网的"现在开庭"板块通过图片和文字的形式直播案件的进展。尽管该文字直播不是庭审笔录，不具有法律效力，但是直播以庭审笔录的形式进行，详细记录了庭审参与各方在法庭上的发言。除了文本数据库，中国庭审公开网本着"以庭审公开提升庭审质量、效率和效果"的宗旨，把全国各地法院公开的庭审视频在第一时间自动汇聚到平台，并推送到各大主流可视媒体，为人民群众提供一个权威、便捷、可靠的庭审视频观看平台。该平台为研究中国庭审话语提供了宝贵的视频数据库。这些数据库提供多种检索方式，主要包括：关键词检索、人名检索、案由检索、裁定结果检索、判刑结果检索、时间检索、案号检索等。

3.5.2 基于语料库的庭审语言研究

由于没有现成专门的法律语言语料库，研究者一般会优选现有数据库，根据研究目的，检索并下载所需的语料后建成小型语料库。这方面的研究成果十分丰硕，如案件判决书中法官的归因策略对比研究（Cheng，2012）、欧盟与其他政府合作法律文件中的术语特征研究（Kast-Aigner，2009）、法律翻译研究（Xu，2014）、恐吓话语立场标记语研究（Gales，2010）、立法语言模糊性研究（Li，2017）等。《基于语料库的英语法律语篇变异研究》（Fanego & Rodríguez-Puente，2019）从外部变异、内部变异、时间、地域四个维度对法律语言变异情况展开了深入研究，比较全面地展示了英语法律语篇的历时和共时特征，以及在不同时间段和不同地域的变异。基于语料库技术，该书考察了英语法律语篇中的词性分布规律、语义块、that 从句、人称指示代词的使用情况。

Johnson 基于 the Proceedings of Old Bailey 数据库，对 18 世纪强奸案语料进行词频统计和词组观察发现，在儿童性侵案件中，did、not、you 这三个英文单词高频复现。从这一现象出发，Johnson 对语料进行深入挖掘发现，交叉询问中律师高频使用"你为什么不大声呼救？"

(How came you not to cry out?)这一否定性问句。结合相关语言学理论,Johnson 讨论了背后潜藏的民众对强奸案件的重大认识误区:如果受害人不同意,就应该大声呼救。律师正是利用这种误解攻击儿童受害者,试图让陪审团认定受害人没有呼救、没有反抗,就是自愿的,就不存在强奸。Johnson 指出,"How came you not to cry out?"这一否定性问句有两大特点:首先是否定,与一般的询问受害人做了什么事情的问句不同,律师直接问受害人没有做什么,言下之意就是"你也是有责任的";其次,直接使用"你",而不是常见的第三人称。如此一来,律师把问题和矛头直接对准儿童性侵受害者,让他们处于不利的境地。

3.6　其他研究

除社会语言学、语用学、语篇分析、语料库语言学等当下备受关注的语言学分支理论外,词形学、语义学、句法学、语音学等经典的语言学分支理论在法律语言分析中也发挥了重要的作用,是"语言学工具包"必不可少的内容。例如,在轰动一时的商标侵权案件"品质客栈连锁集团诉麦当劳案"(Quality Inns Int'l, Inc. vs McDonald's Corp. Case)(1988)中,Shuy(2002)基于词形学对比了 Mc 这一词素是否为麦当劳特有,其他连锁酒店是否可以使用 Mc 作为前缀命名旗下经济型快捷酒店 McSleep Inn。Shuy 分析后指出,Mc 这一词素在日常语言中的意思是"基础的、便捷的、低廉的、标准化的"(Shuy,2002:99),属于泛化的词缀。不过,法院最后判决麦当劳胜诉,理由是 Mc 这个前缀经麦当劳公司斥巨资推广后才成为一个家喻户晓的前缀,属于"McDonald's"一词不可分割的一部分。《法律语言学导论:语言证据》(第二版)(Coulthard et al.,2017)结合经典案例重点介绍了形态学、语义学、句法学等语言学分支理论在真实案件中的应用情况。限于篇幅,本节不再赘述。

语音学是一门具有悠久历史的语言学分支,是司法语音鉴定(也称声纹鉴定)的基础(张翠玲、谭铁君,2018)。成立于 1991 年的国际司法语音与声学协会一直致力于分析和研究司法领域中涉案的语音、话语与录音，该领域的主要研究内容包括：语音同一认定、语音人身分析、录音真实性（完整性）检验、音源同一认定、录音器材鉴定、噪声分析、提高录音信噪比和语音内容辨识等（王英利等，2012）。随着理论与技术的发展，司法语音鉴定的技术与方法也在不断丰富和完善，研究者在声谱图分析的基础上研究发展出了听觉—声学识别法、基于识别参数的计算机自动识别法、语篇信息分析法等（关鑫，2014，2019）。在这些新技术与方法中，语音学依然是分析的基础，且不断融合其他理论与方法。例如，在分析一份匿名威胁恐吓电话录音材料时，研究者会整合诸多子领域的理论成果，以便确定某个词的具体发音、语义以及使用者的意图，进而推测说话人的特征（如大致来自哪个地域、受教育程度等）。

在具体的司法实践中，司法说话人识别（forensic speaker identification）是当前研究的热点与重点，分析内容包括敲诈勒索录音、恐怖袭击录音、威胁性录音、骚扰电话录音、诈骗电话等。研究者需要对两个或多个涉案话语语音是否来自同一说话人出具鉴定意见（Rose，2002），协助有关部门及时侦破恶性案件、为法庭定罪量刑提供证据。由于司法语音鉴定涉及众多的专业术语和技术概念，限于篇幅，本章不再专门介绍，感兴趣的读者可以关注 *Forensic Speaker Recognition: Law Enforcement and Counter-Terrorism*（Neustein & Patil，2011）、《声纹鉴定技术》（王英利，2013）等专著，也可以登录英国约克大学官网了解司法语音科学（Forensic Speech Science）硕士研究生项目。

3.7 小结

本章重点介绍了目前学界比较流行的"语言学工具包"理念指导下的法律语言学研究成果，并结合相关案例对主要成果进行了较为详细的介绍。除了上述语言学子领域外，其他语言学子领域，如认知语言学、心理语言学等都具有重要的作用，在司法实践中具有巨大的潜在价值。尽管"语言学工具包"理念指导下的法律语言学应用研究取得了可喜的进步，但英美法系国家法庭对语言证据的可信度提出了更高的要求，法律语言学界也逐渐意识到必须提出自己的理论，探索适合法律语言分析的研究方法。

第 4 章
法律语篇信息理论

4.1　引言

　　尽管"语言学工具包"理念下的法律语言学研究取得了不少成果，但在司法实践中依然面临所用理论是否可靠的质疑与挑战。Grant & MacLeod（2018）认为，法律语言学研究要探索自己的理论，结合特定的法律语言素材建构出服务于法律语言研究的理论。在这方面，广东外语外贸大学的杜金榜教授率先作出了榜样。在多年潜心研究的基础上，杜金榜于 2007 年提出了"语篇树状信息结构模式"，并于 2014 年提出了更加完善的法律语篇信息理论。法律语篇信息理论是法律语言学领域的一项重大理论创新，为法律语言学理论建设贡献了中国智慧。本章将重点介绍法律语篇信息理论的主要观点和分析方法，厘清理论脉络，阐述核心术语与基本框架，概括法律语篇信息理论的理论创新。

4.2　概览

4.2.1　理论背景

　　理论是人们由实践概括出来的关于自然界和社会知识的有系统的结论（中国社会科学院语言研究所词典编辑室，2019）。法国著名微生物学家 Pasteur 曾说："没有理论，实践只是一种出于习惯的常规活动。尽管常规活动也可以取得进步，但是收效甚微，而理论却可以激发创新思维。"（Vallery-Radot，1923：76）理论在推动社会进步和学科发展方面的重要性不言而喻。事实上，不仅是自然科学研究，人文社会科学的发展也离不开系统的理论支撑。

法律语言学的发展大致可分为三个阶段：法律语言学前应用阶段、法律语言学阶段、法律语言学应用阶段（杜金榜，1999）。这三个阶段的划分符合人类的认知规律，反映了人们对新生事物由浅入深的认知过程：从对事物本体的描写出发，逐渐过渡到过程的研究，最后才进入应用阶段的探索。在不同发展阶段，法律语言学对理论的需求和依赖程度也不同。具体而言，初期的法律语言研究主要侧重于对法律语言的本体考察与描写，以句法—修辞分析为主。随着研究的不断推进，国内外的研究在21世纪初期逐渐进入第二阶段，"侧重于语言—法律关系的讨论和探索"（杜金榜，2004：18）。相比前一阶段以书面语研究为主体的静态描写，这个阶段的研究对象更加宽泛，"以语言—法律关系为焦点，以法庭语言研究为热点"（杜金榜，2004：19），考察法律实践过程中的语言使用情况。因此，语言学相关分支理论如语用学、会话分析理论等被广泛应用于对法律语言研究，研究成果层出不穷。目前，国内外法律语言学的研究陆续出现应用转向，逐步迈入第三阶段。为了确保应用研究的分析结果更加可靠，法律语言学比任何时候都迫切需要系统的理论支撑。

早在2003年，朱永生（2003：56）就犀利地指出，语篇分析"虽然走过了50年的历程，但在理论建设方面，它采取的依然是'拿来主义'的方法，……没有形成自成一体的理论体系。这个缺陷对于一个学科的进一步发展无疑是一种障碍。"他认为，我们迫切需要一种新的理论，"对话语的性质、结构、意义、功能和理解提出全新的看法，提供全新的分析方法"（朱永生，2003：57）。他的观点在一定程度上反映了学界对理论创新的期待。法律语言学作为语言学和法学交叉融合产生的新学科，以服务司法实践和解决法律活动中的法律语言问题为己任，但"一直缺乏系统的、专门的学科理论指导，长期依靠借鉴、引用相关学科的理论和方法解决本学科的问题"（徐优平，2016：36），制约了学科的长足发展。面对法律语言学学科建设的迫切需求，法律语篇信息理论构成了一个理论系统，为法律语言分析提供理论支撑和方法指导。

4.2.2　主要理论观点

法律语篇信息理论包括三个关键词：语篇、信息、理论，充分体现了该理论"以语篇为立足点，以信息为研究对象，以理论建设为目标"的特色（徐优平，2016：36）。该理论具有前瞻性、兼容性、可操作性，已被广泛应用于立法语篇、庭审语篇、法律翻译、法律英语教学、法律语音识别、文本作者识别等领域，成为法律语言学重要的理论。法律语篇信息理论的主要观点如下：

第一，"语篇作为一个完整的交际单位，能够承载完整的意义，独立完成特定的交际任务，是语言学研究者理想的语言分析单位。"（杜金榜，2014：1）此处，语篇应作广义理解，其内容形式多样、长短不一，包括话语、篇章，也包括口语和书面语语篇。尽管为了研究的便利，学者习惯于区分口语语篇和书面语语篇，但两者不能断然分开，处在同一个连续体中。在法律语篇中，除了典型的法律口语语篇（如警察讯问）和法律书面语语篇（如立法文本）外，还存在大量兼具口语和书面语语篇特征的语篇。例如，公诉人当庭宣读的证人证言就经历了口语（面对面的询问证人、宣读证词）、书面语（制作书面证词）等不同形式的表达过程。法律语篇信息理论以语篇为立足点，有助于从宏观角度寻找不同类型和不同语种法律语篇的共同特点，确保理论的兼容性。此外，法律语篇信息理论强调语篇具有社会性，是人类社会活动的产物。这有助于研究者确保在具体的分析中适应社会需求，以解决法律实践中的语言问题为己任，保证理论的实用性。

第二，语篇信息（简称信息）不同于语言信息，是"具有相对独立完整的结构且能构成用于交际的最小完整意义单位的命题"（杜金榜，2014：29）。尽管不同类型的语篇在词汇选择、句式结构、语气使用等具体的语言表现形式方面存在差异，但语言承载的信息相对稳定，具有共性，是语篇分析理想的切入点。"信息居于语言和认知之间，以认知为基础，以语言为载体。"（杜金榜，2015：36）对信息的分析往上直达语言层，可以考察具体的语言表现形式，往下直达认知层，可以探究人们使用语篇过程中的社会认知与心理。不同于系统功能语法把小句作为信息单位（information unit）的基本承载体，法律语篇信息理论认为命题就是信息的载体，有效突破了语言形式的障碍，为信息分析拓宽了思路。一个命题就是一个信息单位；例如，"其行为构成走私毒品罪"是一个命题，构成一个信息单位；又如，被告人在回答公诉人关于作案工具时回答的"水果刀"也可以根据语境补充完整，使其属于一个命题。由于命题在语篇中是可数的，信息单位的数量相对确定，可以进行量化分析。

第三，法律语篇在宏观上呈树状信息结构，可以形象地比喻为信息树。每个语篇包含一个核心命题（犹如树根），由下层信息（树干和树枝）不断发展，推动信息流动。一个语篇有且只有一个核心命题，核心命题是语篇的信息中心，通过下层信息得以发展。语篇中每个上层信息点（information dot）包含若干下层信息点，依次发展，直到信息最下层为止。除了上下层信息的纵向发展外，同层级的信息相互平行，横向发展。全部信息点构成一个层级系统，具有明显的树状结构。随着信息层次的不断发展，信息在语篇中得以流动，如水分和养分通过树干逐步输送到各级树枝，直至末梢的树叶。例如，民事案件判决书的核心命题就是对特定的案件作出判决，此核心命题下层包括首部、正文、尾部三部分内容，属于该语篇的一级信息点。正文部分的案件事实、判决理由、判决结果三部分内容构成该语篇的二级信息点。其中，案件事实部分可能包括"原告诉称……""被告辩称……""经法院审理查明……"三级信息点。因此，通过对民事判决书的语篇树状信息结构的分析，我们可以发现同类判决书的共性，研究法官推理论证，实现说理的目的。我们还可以对比不同类别判决书之间的信息树差异，研究判决书的写作与论证风格。其中，信息势能差是人们开始交际的主要原因，为语篇信息的流动提供了条件。当人们之间的信息差逐渐缩小，双方对信息的掌握达到基本均衡的状态时，信息不再流动，交际暂告一个段落。例如，在警察讯问中，警察与犯罪嫌疑人对案件事实的信息差促使警察开始讯问，并通过问答的语言形式从犯罪嫌疑人那里获取相关信息，如是否有犯罪动机、是否有不在场证据等。当警方已经基本掌握案件情况，信息停止流动，讯问结束。

第四，信息单位是最小的具有完整意义的交际单位，由不同的信息成分组成。这些信息成分的组合形成语篇的微观结构，是信息分析与语言分析的主要桥梁。语篇信息的宏观结构分析是基于命题展开的，一个命题就是一个信息单位，同一个命题可以有不同的语言表现形式。例如，当公诉人讯问被告人具体的作案时间时，如"你到底是什么时候回家的"说一下你回家的时间"和"回家的时间"都基于"请告知你回家的时间"这一个命题,但分别使用了疑问句、陈述句和名词词组,体现了公诉人不同的讯问风格。因此,为了探究具体的语言表现形式差异,信息单位被细分为不同的信息成分,实现与语言层的对接,某一信息成分的替换会影响命题的内容。例如,"张三在工作期间被货物绊倒""张三在工作期间不小心摔倒""张三在工作期间发生意外"属于三个命题,体现了说话者不同的立场。第一个强调"被绊倒",试图把责任推给工作单位;第二个"摔倒"则试图强调是张三自己不小心,与单位无关;而最后一个"发生意外"体现了一种中立的立场。因此,基于信息成分的语篇信息微观结构分析有助于透过语言层面的差异,挖掘语言背后的立场和态度,让分析更加深入和细致。

第五,"以揭示语篇信息的基本特点和规律为中心任务"(杜金榜,2014:374),旨在为法律语言学研究提供一套理论和方法论。法律语篇信息理论在理论设计阶段充分考虑了不同语种(尤其是汉语和英语)、不同类型(如立法、司法、执法等)法律语篇的特点和研究需求,积极探索法律语篇信息的基本特点和规律。该理论为法律语言学学科建立了一套完整的理论体系,提供了强大的方法论支撑。其中,语篇信息分析法包括诸多分析模式,如法律语篇宏观结构分析模式、信息成分分析模式、互动信息处理模式、信息功能分类模式等,为法律语篇信息树研究、信息流动研究、对比研究、语言特点研究、社会认知研究等奠定了基础。

4.2.3　理论基础

随着信息社会和大数据时代的到来,社会对信息体量、信息传播速度、信息应用深度提出了新的要求,对获取信息和处理信息的技能提出了新的挑战。因此,法律语言学理论需要紧跟时代发展的潮流,预见未来发展的趋势,满足社会信息化的需求。法律语篇信息理论的提出与发展离不开信息理论、语篇结构理论、传播学理论、社会语言学等理论的滋养。在吸收和借鉴上述理论精华的同时,法律语篇信息理论推陈出新,为法律语言学研究开辟了一条视角新颖的理论道路。

1. 信息理论

Shannon（1948）提出的信息论探索如何在通信过程中实现通信系统的最佳性能。其中的重要概念，如"信息量""信息提取"等，为语言学领域的信息研究提供了一些思路。语言信息的系统研究则始于布拉格学派关于信息主位—述位的分类（Mathesius，1929）。在此基础上，系统功能语法以小句为单位，把已知信息—新信息与主位—述位进行对应，研究小句承载信息的具体情况（Halliday，1967）。其中，主位一般承载已知信息，述位承载新信息。转换生成语法也从句子层面考察信息结构，提出预设—焦点两分法（Chomsky，1971），认为焦点是说话人与听话人尚未共享的信息，预设则是两者共享的信息（Jackendoff，1972）。此后，学者逐渐发现，信息两分法无法满足复杂信息的处理需求，于是尝试提出信息三分法，包括新信息、可推断的信息、唤起的信息（Brown & Yule，1983；Prince，1981）。信息两分法和三分法对信息的类别和结构进行了有益探索，但是基本以句子为单位，无法深入研究语篇中信息的宏观分布、排列、流动等情况。

针对通信领域的信息论和语言学领域的语言信息分类存在的不足，法律语篇信息理论提出了语篇信息的概念，从语篇视角出发，把信息交换作为语篇的重要功能。不同于基于小句的语言信息分析，法律语篇信息理论把命题作为信息的承载体，确保语篇信息的分析既可以突破表层的语言限制，又可以兼顾深层次的认知因素。

2. 语篇结构理论

学者从语篇的潜在发展规律、连贯、功能与宏观结构等方面对语篇结构进行了探索。体裁结构潜势理论（Hasan，1985）分析了体裁的必要成分和可选成分，关注语篇潜在的发展结构。基于词汇复现的语篇连贯研究（Hoey，1999）把语篇看作相互关联的信息模块，重在分析句子之间的连贯性。修辞结构理论从功能和结构两个方面考察书面文本语义连贯问题（Mann & Thompson，1986）。语篇宏观结构是由语言使用者建构的主观性结构（van Dijk & Kintsch，1983），体现了人类思维的多维性。研究者需要跳出句子语法或"序列"语法的桎梏，从语篇的宏观视角出发进行研究（van Dijk，2004）。Roberts（1996）对语篇层级关系进行了初步探索，认为语篇的主要功能在于探索事物的存在方式，与会话者分享有关世界的信息，并以"问题—回答"为基本构成要素。Büring（1999）在此基础上提出了语篇树模式，并用树形图形象地呈现语篇结构。他认为，语篇树由基本的子树构成，通过"问题—问题""问题—回答"等下层内容得以发展。此外，认知语言学对命题和命题网络的分析也为语篇宏观结构提供了参考。

学者对语篇结构进行的多领域和多层次的探索为法律语篇的结构研究提供了思路，尤其是语篇树和语篇层级等概念，有助于从宏观角度系统化和立体化的呈现法律语篇的结构特点。然而，基于词汇、语义或问答的分析都无法为不同类型和不同语种的法律语篇全面、系统、深入的结构分析提供指导。因此，语篇信息理论另辟蹊径，把命题作为信息的基本承载单位，提出了信息单位、信息节点、信息成分等概念，构建了法律语篇树状信息结构模式，研究法律语篇的宏观结构。

3. 传播学理论

语篇的主要功能在于交换信息。新信息—旧信息的划分虽然有利于对信息进行一定程度的区分，但是这种区别主要基于信息本身，尚未关注交际环节的其他相关因素。传播学的 5W 传播模式（Lasswell，1948）率先考察了交际中的各种因素，包括 who（谁）、says what（说了什么）、to whom（对谁）、in which channel（通过何渠道）、with what effect（有何效果）。Braddock（1958）在此基础上完善了该模式，增加了 under what circumstances（在何环境下）、for what purpose（为何目的）两个要素。传播学关于信息要素的分类引入了交际者、交际渠道、交际目的等因素，丰富了信息的分类，但是侧重于考察单向的交流，没有涉及交际者之间的互动情况。为全面反映法律语篇的特点，法律语篇信息理论以语料为基础，充分考虑信息在语篇中的功能与层级关系，对信息进行了多维分析，优化了信息分类，充分考虑了交际者互动对语篇信息的影响。

4. 社会语言学

人际交往离不开信息交换，包括寻求信息、提供信息、确认信息等活动，受相应规则的制约。例如，在刑事案件中，尽管公诉人已经全面掌握了案件的基本事实，但是在庭审阶段，公诉人依然通过问答方式让被告人提供信息。除了法律规定的"直言证词"要求（即让当事人亲口陈述）外，另外一个很重要的原因在于法官或其他旁听人员对案件情况并不知情。由此可见，除了已知—未知信息分类之外，有必要对信息的共享状态进行细致的划分。van Dijk（2008）把交际中涉及的知识分为个人特定知识、组间知识、共有社会文化知识。基于医患对话的真实录音语料，Labov（1977：73）研究了会话的语篇规则，指出"语篇基本规则的运用取决于参与人共享的特定知识"。其中，共享知识指的是会话参与人所掌握的背景知识。以此为衡量标准，会话内容分为五个子类别：A 事件（A 知 B 不知）、B 事件（B 知 A 不知）、AB 事件（AB 共知）、O 事件（在场人均知）、D 事件（双方有争议）。

上述研究对共享知识的具体分类充分考虑了交际双方的需求，为研究交际中参与者寻求信息、提供信息等行为提供了重要参考。遗憾的是，上述研究的主要着眼点是知识和事件，没有涉及具体的信息。基于此，法律语篇信息理论以法律语篇参与者的信息共享状态为参照，对信息进行了划分。综上，相关研究在信息理论、语篇结构理论、传播学理论、社会语言学等理论的指导下，对信息分类、语篇结构、交际因素、共享知识类别等进行了深入探讨，为法律语篇信息理论的建构奠定了坚实的理论基础。

4.2.4 **发展历史**

理论创新具有三个方面的主要特点，即实践性、开放性和有用性（严清华、尹恒 2000）。研究者对日常生活的细致入微的观察与思考是理论创新的灵感源泉。早在 2000 年，杜金榜在《从目前的研究看法律语言学学科体系的构建》中明确提出："既然法律语言学是一门独立的学科，就有一套它自己的理论原则。法律语言学有来自不同学科的丰富理论的支持，一旦形成独立学科，就不再是支离破碎的多种理论的混合体，完整理论的建立尽管旷日持久，但理论建设的原则一开始就应该是较为明晰的。"（杜金榜，2000：101）因此，在法律语言学学科体系构建初期，理论创新的种子已经播下并为理论的发芽、成长和壮大做好了铺垫。法律语篇信息理论从最初的思想萌芽、雏形形成，到完整的理论体系的提出，再到较大规模的应用研究，经历了不同的发展阶段，历时 20 余年。

2005 年，在英国卡迪夫大学召开的第七届国际法律语言学家协会双年会上，杜金榜作了题为 "Information Processing and Utilization in Courtroom Interactions" 的大会发言，重点探讨如何建构庭审语篇的信息处理模式，为语篇信息理论的宏观结构研究打下了基础。2007 年，《现代外语》刊发的《法律语篇树状信息结构研究》一文第一次阐述了法律语篇树状信息结构模式，对法律语篇信息理论的宏观结构进行了细致的描写，提出了 "树状结构" "语篇信息" "信息点" "信息单位" 等重要概念。此后，杜金榜率领研究团队通过内部研讨和学术交流等形式，深入挖掘语篇信息的宏观和微观特征，并对比研究了其他语篇理论的优劣。《语篇分析教程》（杜金榜，2013）是对这一对比研究的总结与梳理，也为法律语篇信息理论的提出做好最后的准备。《法律语篇信息研究》（杜金榜，2014）首次系统地推出语篇信息理论。

在理论研发的同时，应用研究也没有滞后，边研发边应用，在应用中修正理论，然后再去指导实践。在这个过程当中，硕博士研究生以及研究团队的教师为法律语篇信息理论的完善作出了很重要的贡献。早期应用研究偏向定性的描写分析，如控辩审关系建构中的语篇信息使用（陈金诗，2010）、法院调解中的说服语篇信息特征（徐优平，2011），属于法律语篇信息理论 1.0 时代。而在中期，研究团队开始结合实证研究方法，重点研究可用于文本作者识别（张少敏，2015）和司法语音鉴定（关鑫，2015）的语篇信息参数，属于法律语篇信息理论 2.0 时代。随着大数据和计算语言处理技术的发展，法律语篇信息研究逐步进入 3.0 时代，包括司法语篇信息自动查询（孙波，2016）、普法语篇自动评价（刘娟，2018）等。目前，团队成员以法律语篇信息理论为基础理论，承担三项国家社科项目，包括 "基于语料库的法律信息挖掘模式研究及应用研究" "基于语料库的电信诈骗话语鉴别研究及应用" "社交媒体用户语言指纹识别及语言指纹库构建研究" 以及两项教育部项目，包括 "基于文本挖掘的网络普法语篇自动评价研究" "语篇信息视角下的证人证言可信度评价研究"，极大地推动了语篇信息理论的应用研究。

4.3 宏观结构分析

　　法律语篇信息在宏观层面呈树状结构，是一个层级系统。该系统由一个核心命题以及该核心命题下的各个下层信息不断发展形成，可以形象地将其比喻为信息树。其中，核心命题是信息树的根，其他各层级的信息因层级不同依次充当信息树的树干、树枝和树叶。信息单位是法律语篇信息的基本分析单位，一个命题就是一个信息单位。上层信息单位和下层信息单位的相互关系称为信息点。信息点的差异体现了不同信息单位之间的纵聚合关系。下面将结合具体例子介绍法律语篇的树状信息结构、信息分类、信息树等基本概念。

4.3.1 树状信息结构模式

　　法律语篇信息的宏观结构呈树状，核心命题居于中心位置，由若干个一级信息单位加以发展。一级信息单位又分别由各自的下层信息单位不断发展，直至语篇末尾（见图4-1）：

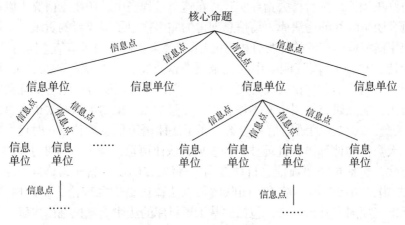

图 4-1 树状信息结构模式

　　从图4-1可以看出，树状信息结构模式包括了一系列重要概念，如核心命题、信息单位、信息层级、信息点等。其中，核心命题居于信息树的中心位置，体现了语篇的中心思想，并得到下层信息单位的不断发展。一般情况下，一个法律语篇的标题往往就是一个核心命题。例如，判决书的标题"庄某某诉烟台海基置业有限公司商品房预售合同纠纷民事一审民事判决书"就是一个核心命题，载明了案件双方当事人、案由（合同纠纷）、法院的审理级别（一审）、语篇类型（民事判决书）等具体信息。在图 4-1 中，核心命题位于信息树的首层，依次由第一层、第二层、第三层等信息单位进行发展。第一层共有四个信息单位。其中，第一个和第三个分别由第二层的信息单位具体展开。通过信息树我们可以快速准确地把握法律语篇的宏观结构与层级关系。信息单位以命题为基础，信息的数量是可以计算和统计的，为法律语篇信息的定量研究奠定了基础。

4.3.2　信息分类

对信息点的分析有助于呈现语篇的基本特点，如语篇类型、侧重点、语篇信息发展的走向、信息安排疏密、信息的先后顺序，甚至可以发现是否存在重要信息的遗漏问题（杜金榜，2014）。本节将重点介绍信息点类别、信息层次、信息知识共享分类等特征在法律语篇分析中的作用。

1. 信息点类别

信息点体现了上下层信息单位之间的关系，在语篇信息分析过程中用疑问词表示。法律语篇主要包括 15 个类别的信息点（见表 4-1）：

表 4-1　信息点类别

信息点	信息点符号	说明
何事	WT	包括客观事物、事件、行为
何据	WB	所依据的法律或一般参照标准
何事实	WF	纯粹性的事实，不含主观性的推断
何推断	WI	主要指人对事物的判断
何处置	WP	所采用或建议的处置方法

续表

信息点	信息点符号	说明
何人	WO	专用于人
何时	WN	包括各种时间概念
何地	WR	包括方位、趋向、来源等
何方式	HW	事情进行或解决的方式
何因	WY	事物由何导致
何效果	WE	事情进行的结果成何状态
何条件	WC	事情如何存在或变化
何态度	WA	态度、评价、倾向性意见
何变化	WG	事物在某过程前后状态的对比
何结论	WJ	结论性意见或总体性结论

从表 4–1 可以看出，15 个类别的信息点体现了下层信息从哪个方面发展了上层信息。准确判断上下层信息间的关系能更清晰地反映语篇信息的宏观特征，如"何事"（WT）表明下层信息列举的事情是对上层信息的细化，"何事实"（WF）表明下层信息是上层信息所依据的客观事实，"何效果"（WE）表明下层信息反映的上层信息涉及的行为或态度产生的效果。例 4–1 取自最高人民法院的 2019 年工作回顾与总结，为了分析便利，我们在信息单位前加了序号，并标注了信息点类别。

例 4–1

（1）（WT）始终保持对严重危害社会治安犯罪高压态势；

（2）（WF）严重暴力犯罪案件 4.9 万件；

（3）（WF）多发性侵财犯罪案件 27.2 万件；

（4）（WF）涉枪涉爆、涉赌涉黄犯罪案件 6.5 万件；

（5）（WE）严重暴力犯罪案件连续十年呈下降态势；

（6）（WE）社会治安保持平稳有序。

上述内容共一句话，包括六个信息单位，具体介绍了人民法院在严厉打击严重危害社会治安犯罪方面开展的工作、审结的案子和取得的成效。从信息层级看，第（1）个信息单位处于信息上层，概括介绍了审理严重危害社会治安犯罪的工作内容，属于"何事"信息，是对其上层信息"2019 年工作"的具体展开。该信息由第（2）—（6）相互平行的信息单位加以发展。其中，第（2）（3）（4）个信息单位属于"何事实"信息，通过客观具体的案件数量为上层信息提供事实依据。第（5）（6）个信息单位属于"何效果"信息，具体展示了上层信息所提及的事情（即审理严重危害社会治安犯罪）取得的效果。

　　在刑事案件庭审过程中，辩护词是辩护人当庭发表的辩护意见。辩护词的主要功能在于通过对事实和法律的分析，提出有利于被告人的观点和意见，以证明被告人无罪、罪轻，或者应当减轻，甚至免除刑事责任。图 4-2 呈现了律师辩护词的法律语篇信息宏观树状结构。

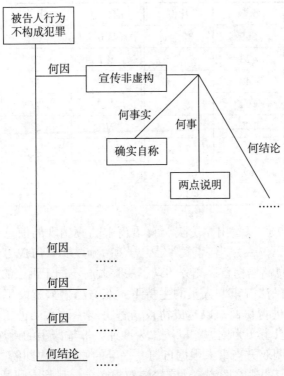

图 4-2　律师辩护词的法律语篇信息宏观树状结构（杜金榜，2007）

从图 4-2 可以看出，在这一份辩护词中，律师紧紧围绕"被告人行为不构成犯罪"这一核心命题，为被告人做无罪辩护。该核心命题由五个一级信息支撑，前四个属于"何因"信息，提供具体的理由，最后一个为"何结论"信息，旨在得出无罪的结论。其中，第一个一层信息又由多个下层信息展开，通过"何事实"信息摆事实，讲道理，增强辩护意见的说服力。图 4-2 方框中的关键词提示了该信息单位的主要内容，便于快速掌握该语篇的主要内容和观点。

由于法律语篇类型、特征等差异，15 个信息点的使用情况、频率均不同。因此，通过对信息点的类别的定量考察可以在一定程度上发现语篇的内容特征。徐优平（2013）以 20 场当庭进行的法院调解为语料，统计分析了调解语篇中信息点的使用情况（见表 4-2）：

表 4-2　法院调解语篇信息点使用情况

信息点	次数	比例	信息点	次数	比例
WA	669	30.3%	WB	63	2.8%
WF	423	19.1%	WI	63	2.8%
HW	247	11.2%	WG	57	2.6%
WT	194	8.8%	WN	37	1.7%
WP	159	7.2%	WR	5	1.2%
WY	154	7.0%	WO	3	0.1%
WC	69	3.1%	WE	2	0.1%
WJ	66	3.0%			

从表 4-2 可以看出，法院调解语篇中高频出现的信息点类别分别是"何态度"（WA）、"何事实"（WF）和"何方式"（HW）。其中，"何态度"类信息高居榜首，充分体现了法院调解不同于诉讼的特点。法院调解指在人民法院审判人员的主持下，双方当事人就民事权益争议自愿和平等地进行协商，以达成协议，解决纠纷的活动（江伟，2000）。因此，与"以事实为依据、以法律为准绳"非输既赢的诉讼方式不同，调解活动强调双方当事人根据自愿、平等的原则解决纠纷，强调双赢。对于当庭进行的法院调解，法官扮演双重角色，尽管审判员的角色依然存在，但是在具体的调解环节，调解员的角色是显性的、主导的（Xu,

2017）。在法院调解过程中，法官时不时地询问当事人的态度和意见，了解他们对纠纷解决方案的意见。由此可见，对于信息点类别的定量分析可深入研究语篇的特征。

除了使用频率不同外，在法律语篇中，15 个信息点的内容和功能各异，为便于分析可以划分成不同的大类。首先，根据内容不同，信息点可以分为三大类：状态类、过程类和态度类（杜金榜，2009a）。状态类信息指对情况和状态等的描述，包括何事、何事实、何人、何时和何地五个信息点；过程类指对事物发展变化的表述，包括何方式、何因、何效果、何条件和何变化五个信息点；态度类指对人们价值取向、态度、意愿、立场、看法等的描述，包括何据、何推断、何处置、何态度和何结论五个信息点。其次，为更有效地分析争议解决语篇，如法律语篇，特别是法庭语篇，信息点还可分为处置类和表述类（杜金榜，2010c）。处置类信息点与依据法律、根据事实、作出推理、提出意见以及作出结论等过程密切相关，主要包括何据、何事实、何推断、何处置和何结论五个信息点。相较之下，其他十个信息点更多的是表述类信息，用于描述事物的状态、发展过程以及与之相应的主观态度变化。表述类信息能为处置类信息的使用打下坚实基础（杜金榜，2014）。信息点的不同分类能满足不同的研究需求，为研究语篇的宏观信息结构提供多种视角。

2. 信息点层次分析

信息点分析具有很大的灵活性，研究者可以选择在语篇的不同层次进行分析。一般而言，在较高层次进行的语篇信息分析可以呈现语篇的总体特点，判定语篇的类别与特征。例如，分析中美民事案件判决书的前几层信息点，可以直观反映出英美法系和大陆法系判决书的结构异同。又如，尽管民事、刑事、行政类案件各有特点，但庭审过程基本包括庭前准备、法庭调查、法庭辩论、当事人陈述、宣判等部分。因此，对庭审语篇的较高层次进行分析后可以总结出中国庭审语篇的宏观结构特点。相比概括性较强的高层次的语篇信息分析，在较低层次展开的信息点分析有助于把握语篇的具体内容，发现语篇的具体特征。例如，尽管刑事案件庭审阶段都包括公诉人询问被告人这一环节，涉及犯罪动机、作案工具等具体细节，但是在询问犯罪动机的时候，不同案件的信息排列组合大不相同。对这些下层信息的分析有助于总结公诉人的询问风格，对比询问技巧的优劣。又如，通过对律师辩护意见的下层信息的具体分析，我们可以总结辩护律师的说理方式。

虽然不同类别的法律语篇信息层次与信息点数量存在显著差异，但也具有一定的规律性。法律法规虽然内容丰富，但是信息层次的数量相对稳定。根据《中华人民共和国立法法》第 61 条的规定，法律一般由编、章、节、条、款、项、目组成。然而，除了《中华人民共和国刑法》等大部头法律外，其他法律内容相对比较单一，信息层级也比较少。例如，2021 年 11 月 1 日起开始施行的《中华人民共和国个人信息保护法》共八章七十四条，只有第二章下面细分了三个小节的内容。因此，该法律主要包括四个层级的信息，其中，第一层（章）共有 8 个信息点，第二层（节）3 个信息点，第三层 74 个信息点。不少条款细分了内容，出现若干个第四层信息点。因此，法律法规在信息层次与数量分布上具有比较典型的金字塔结构。

表 4-3 重点考察了不同类别的法律语篇信息层次分布的特点。总体看来，以书面形式呈现的法律语篇（如法律法规、代理词、起诉书、普法语篇等）信息层次相对较少，而具有明显口语特征的语篇（如询问笔录、庭审语篇）信息层次比较丰富。其中，与法律法规语篇相比，庭审语篇的信息密度大，层次多，发展不均匀。从表 4-3 可以看出，篇幅为 4,280 个汉字的民事庭审语篇包含七个层级的语篇信息，每个层级的信息点数目跳跃较大。具体而言，第一层只有 7 个信息点，第二至第五层内容丰富，信息点可能多达 19 个，有些信息一直发展到第七层，尚且有数个分支。庭审语篇的信息层次与信息点数量呈现出典型的"橄榄球"形状，这与信息点主要集中在底层的金字塔型法律法规语篇的信息分布形成鲜明的对比。

表 4-3　不同类别法律语篇信息结构层次分布（杜金榜，2007）

类别 层次	法律法规	代理词	起诉书	普法语篇	询问笔录	民事庭审
第一层	6	6	5	7	6	7
第二层	94	17	17	10	15	15

续表

类别 层次	法律法规	代理词	起诉书	普法语篇	询问笔录	民事庭审
第三层	178	12	15	4	7	16
第四层			12		8	17
第五层					2	19
第六层						13
第七层						4
字数	11,224	2,056	1,771	1,211	2,441	4,280

3. 信息共享分类

　　信息交换是语篇的主要功能。首先，人们通过语篇交换信息，分享自己掌握的信息，索取自己未知的信息，并通过语篇处理有争议的信息。按照交际参与者各方对知识的共享情况不同，信息可以分为以下六大类：A 信息（A 知 B 不知）、B 信息（B 知 A 不知）、C 信息（AB 共知）、D 信息（有争议的信息）、E 信息（双方均不知）、O 信息（所有人均知）。对信息共享分类的分析有助于发现交际双方的认知差距，为扩大共识、解决法律问题提供思路。例如，法院调解的一大重要职责在于询问双方当事人的调解意向，包括是否愿意调解、是否愿意接受调解方案等。表 4-4 列出了法院调解过程中法官（A）和当事人（B）对信息的共享情况。

表 4-4　法院调解中的信息共享分类（徐优平，2013）

信息共享分类	A 信息	B 信息	C 信息	D 信息	O 信息
次数	650	1,101	337	81	42
比例	29.4%	49.8%	15.2%	3.7%	1.9%

　　从表 4-4 可以看出，法院调解过程中以 B 信息为主，约占 50%。这表明当事人双方在调解活动中非常活跃，他们在法官的主持下能够积极充分地交换各自掌握的信息，包括对纠纷的经过和原因的认识以及自己对纠纷解决方式的期待。其次，A 信息占比也不小，将近 30%。这表明法官在调解过程中扮演积极的角色，主动提供专业信息和调解方案供当事人参考。C 信息和 O 信息属于共享信息，是调解的基础。D 信息虽

然比例很小，但这是双方当事人的争议点，是整个语篇试图解决的问题。因此，从一定程度上讲，法院调解的过程就是交换各种信息的，帮助当事人缩小信息差距，扩大共识。

例 4–2

法官：……（WT,A[1]）法庭有义务告知你们全国近几年关于医疗纠纷案件的胜诉率。（WF,A）根据最高人民法院的统计，全国医疗纠纷案件胜诉率在 8% 左右。（WA,A）法庭提醒你们考虑一下整个诉讼风险。

原告：（WF,C）但是被告确实给我们带来不少的精神伤害，（WA,B）我们坚持让被告进行赔礼道歉，并且赔偿精神损失费。（WG,B）至于具体数额，双方可以商量一下。

例 4–2 取自围绕医疗纠纷展开的法院调解，括号里的内容标注了信息点和信息共享分类情况。在该案的调解过程中，原告索要高额赔偿金，遭到被告拒绝，调解陷入僵局。为打破僵局，法官及时提供了具有丰富审判经验的法律专业人士所掌握的信息，提示原告考虑诉讼风险。"胜诉率在 8% 左右"这一"何事实"信息对当事人双方而言都是未知的新信息。从原告的反应"双方可以商量一下"可以看出，该信息发挥了一定的作用。原告的自我修正，即从"他们"到"双方"的转化，体现了原告开始认识到自己原有主张存在的风险，愿意和被告重新讨论赔偿金额。因此，提供当事人未知且法官掌握的 A 信息有助于打破调解僵局，缩小认识差距，改变当事人的认知（Xu，2014）。

4.3.3 信息树形态分析

法律语篇在宏观结构上具有树状结构。由于语篇形式和内容的差异，语篇信息树的形态丰富多样。对单一信息树的分析有助于呈现某一语篇的具体结构特点，而对不同类别的语篇或者同一类型的多个语篇进行批量分析则有助于揭示法律语篇的整体特点与规律。法律语篇信息树的分

1　根据语篇信息理论的标注规范，英文字母表示不同场景下的信息共享类别：A 表示此信息仅为法官所知，B 表示此信息仅为原告所知，C 表示此信息为双方共知。

析主要包括信息树的整体形态、树干、树枝、树叶的构建与分布。根据树干（语篇的主干信息）形态的不同，信息树可以分为直干型、曲干型、丛生型、侧生型四类（杜金榜，2014）。具体而言，直干型语篇围绕一个特定的中心展开，信息发展流畅、直接；曲干型语篇的中心不突出，话题交替变化多，信息发展比较曲折、迂回、含蓄；丛生型语篇存在多个主干信息平行的情况，缺乏信息主线，多个信息罗列；侧生型语篇主干信息发展不平衡，某些信息得到深入发展，而其他一些信息并未得到有效发展，致使信息布局失衡。

图 4-3 是十篇命题议论文的树状信息结构图，可以看出，尽管围绕同一个话题，即同一个核心命题展开，十篇语篇呈现的信息树形态各异。其中，第（1）（2）（7）（8）四篇语篇虽然在第一层包含若干个信息单位，但是并非所有一级信息单位都能得到全面均衡的发展，存在信息发展不均衡的问题，这四篇语篇的信息树呈侧生型。具体而言，第（1）（2）篇的第一个一级信息单位缺乏下层的支撑，第（7）篇的第六和第七个信息单位以及第（8）篇的第三和第四个一级信息单位也存在同样的问题。相比之下，在其余六篇信息树中，信息围绕核心命题逐层发展，分布均衡，属于典型的直干型语篇。研究者（杜金榜，2001）邀请了两位资深的英语专业教师对这十篇作文进行评分。对比评分和树状结构后我们发现，两名教师给直干型语篇的评分高于侧生型，第（5）篇更是拿到了最高分。这表明，通过对语篇信息树的观察可以了解语篇的发展情况，及时发现遗漏信息和不充分信息，进而了解语篇的总体质量，发现写作存在的问题。

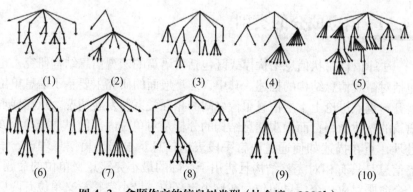

图 4-3　命题作文的信息树类型（杜金榜，2009b）

此外，按照信息树树枝和叶的形态，法律语篇可以分为优生型、弱生型、对生型和非对生型四类。优生型语篇的下层信息比较充分地发展了上层信息，各部分信息发展深入、均衡、详略得当。相比之下，弱生型语篇存在下层信息发展不丰富和不均衡的问题。对生型语篇的上层信息往往由成对的下层信息支持，较为典型的是规律性的对话，话轮分布均匀，信息均衡发展；非对生型语篇的上层信息没有下层信息支持，发展不均。从图 4-3 可以看出，第（5）篇作文属于典型的优生型语篇，上层信息通过下层信息得到全面深入的发展，犹如枝繁叶茂的参天大树，充满生机与活力；第（4）和第（9）篇作文虽然在信息主干发展上比较平衡，属于直干型，但是下层信息稀薄，属于稀稀拉拉的弱生型语篇。

值得注意的是，根据树干形态、树枝和树叶分布多寡的情况进行的信息树分类有助于在宏观层面展现语篇信息的特点。这些分类相互交叉，研究者可以根据研究目的选择切入点。如果希望大致了解语篇的宏观结构，我们可以以树干形态分类为主，把语篇分为直干型和曲干型两类，其余分类作为信息树的兼有形态；反之，如果重在考察下层信息的排列组合与说理论证，我们可以根据树枝和树叶的形态，把语篇按优生型和弱生型进行归类，其他树型分类则可以作为优生型和弱生型的兼有形态。

4.4 信息成分分析

4.4.1 信息成分的类别

法律语篇树状信息结构模式既包括对语篇的宏观信息结构研究，也包括对微观信息结构的描述。其中，宏观层面的研究主要基于信息单位展开，重点讨论上下层信息单位之间的相互关系与发展情况，重在展现语篇的整体脉络；而微观信息结构的分析是对单位内部信息成分的深度处理，重在描述如何通过语言手段表达信息。根据语篇信息理论，语篇信息是具有相对完整结构且能用于交际的最小完整意义单位的命题，一个命题对应一个信息单位。在这个定义中，最小完整意义单位有两层意思：首先，信息单位是最小的完整意义单位，是宏观结构分析的基石；其次，具有完整意义的信息单位是由若干个下层的内容组成的。

语篇信息理论基于命题划分信息。在吸收逻辑学关于命题结构（主项—谓项）、语言句法结构（主语—谓语）等相关成果后，语篇信息理论把信息单位细分为个体（entity）、过程（process）、环境（condition）三类信息成分。其中，个体主要对应主项/主语所提起的人或事；过程是谓项/谓语表述的具体过程；环境不一定普遍出现，但是作为一个辅助项，有助于更加具体、全面地呈现个体和过程的具体条件。个体、过程和环境三类信息成分是构成信息单位的重要元素，每一类包含若干子类（见表 4-5）。

表 4-5　信息成分类别及符号（杜金榜，2014）

过程 P（Process）		个体 E（Entity）		环境 C（Condition）	
状态	S（State）	施事	1（Agent）	工具	I（Instrument）
性质	Q（Quality）	经受	2（Dative）	方位	L（Location）
出现	A（Appear）	客体	3（Patient）	来源	S（Source）
关系	R（Relation）	使成	4（Factitive）	目标	G（Goal）
行为	B（Behavior）	归附	5（Attribute）	伴随	C（Committive）
生成	C（Cause）			时间	T（Time）
改变	T（Turn）			影响	A（Affected）
否定	N（Negation）			借助	W（With）
				情景/语境	S（Situation）
				依据	B（Basis）
				方式	M（Manner）
				详陈	E（Elaboration）

对信息成分子类别进行细分有助于更加全面地描写信息单位的语言特点。从表 4-5 可以看出，过程类信息成分具体包括 8 个子类：状态表示事物的存在和表现，如"他在实施犯罪行为的时候意识清醒"；性质表示事物本质和对特性的判断，如"双方签订的买卖合同是无效合同"；出现表示事物从无到有的形态变化，如"一个邪恶的念头在他的脑海里一闪而过"；关系指事物间的联系，如"A 是 B 的控股公司"；

行为是指生物体或其他事物的活动，如"被告人收受大量现金贿赂"；生成指一事物致使他事物产生、存在，如"两家公司合并重组后成立了新公司"；改变指导致事物的存在、性质、活动等发生变化，使其不同于过程之前的形态，如"原告方证人当庭翻供"；否定表示对状态、性质或者行为的否认，如"被告人主动投案但并未如实供述自己所有犯罪事实"。

个体信息成分主要包含施事、经受、客体、使成和归附 5 个子类。施事是行为动作的执行者；经受指行为动作间接涉及的对象，如在"广东省广州市人民检察院指控被告人恩某某犯走私毒品罪"中，"广东省广州市人民检察院"是施事，"被告人恩某某"是经受；客体是行为动作涉及的直接对象，如在"公诉人当庭宣读了起诉书"中"起诉书"是客体；使成涉及由行为、动作或情况所促成的事物，与生成过程密切联系，如在"全国人民代表大会颁布了新的法律"中"新的法律"属于使成；归附是对另一个个体的说明，如在"主审此案的法官是全国十大杰出青年法官"中，"全国十大杰出青年法官"属于归附，是对主审法官的补充说明。

环境信息成分主要包括 12 个子类。具体而言，工具指行为或活动得以进行或完成所借助的物质实体；方位涉及事务所处的位置和范围；来源表示过程所涉及事物的出处；目标包括对象、目的地、指向、目的；伴随指与信息焦点的事物一并发生；时间是过程所涉及的事物所处的时间点或时间段；影响包括原因、结果、限制，强调被动性；借助表示受到的帮助，强调主动性；情景/语境指过程所处的情景、条件；依据指信息所依仗的具体事物；方式指事物或行为发生、发展的具体形式；详陈指的是对事物所作的说明或限定（杜金榜，2014）。过程、个体、环境这三大类信息成分是处理信息单位内容和厘清具体信息属性的核心，同时也是从微观层面探讨语篇信息特征的主要手段。

4.4.2　信息成分分析的具体应用

语篇信息的微观结构以信息单位分析为立足点，而信息单位所承载的具体内容复杂多样，需要深入处理信息成分。因此，通过对过程、个体和环境三大类信息成分的分析能有效呈现信息单位的实质内容，对信息成分子类的对比与分析有助于透过表层的语言使用差异，发现语言使用者背后的认知与心理。这种细微差异一般无法通过基于信息单位的整体分析发现，如：

例 4–3

（1）法官：……（WA,B）双方是否同意调解?（1S3[1]）

（2）法官：……（WA,B）双方当事人是否接受法庭调解?（2B1）

（3）法官：……（WA,B）原告是否申请调解?（1B3）

例 4–3 取自法院调解语篇。根据法律规定，调解必须是当事人自愿进行的。因此，在启动法院调解前，法官需要询问当事人的调解意愿。以上三个句子都属于"何态度"类信息，旨在了解当事人的态度。如果细分这三个信息单位，区分信息成分，可以发现其中的微妙差异，并通过语言差异探究语言使用者的心理与认知状态。

与基于小句的系统功能语法分析不同，法律语篇信息理论是基于命题来分析语篇信息，并吸收了格语法的观点对信息成分进行了细致的分类。格语法认为，人或事物在具体的过程可以有多种角色，称为"格"或"底层格"，不会因为在语言表层出现的位置差异而发生变化。例如，在"张法官主审这个案子"与"这个案子由张法官主审"这两句话中，尽管"张法官"在前后句的位置不同，但是同属于施事，是"主审"这个行为的发出者，而"这个案子"属于经受。在例 4–3 中，每个信息单位后面的括号标注了具体的信息成分。通过对比分析可以发现，尽管在语言层面，双方、双方当事人或者原告都是句子的主语，但是他们在命题中扮演不同的角色。第（1）句询问是否愿意调解的心理状态；第（2）句强调法庭是调解行为的施事（施行者）。双方当事人作为行为经受（被调解对象）；第（3）句则侧重于原告作为一方当事人发起调解的申请行为。"同意""接受""申请"三个过程不仅体现了当事人的不同角色，也在一定程度上反映出法官对调解的态度，分别建构出走程

1　括号里显示的是基于语篇信息标注规范进行标注后的信息成分内容，大写英文字母表示过程，数字表示个体，两者组合后具体展现了信息单位的个体和过程。其中：S 表示状态过程（State），B 表示行为过程（Behavior）；1 表示施事，2 表示经受，3 表示客体。

序的法官、积极介入的法官和扮演消极角色的法官。在语言、信息、认知三者之间，信息处于中间层，是相对稳定的桥梁纽带，往上可以直达表现形式丰富多样的语言层，往下则可以触及内在的认知与心理。其中，对信息单位具体内容的微观结构分析正是实现信息与语言对接的重要接口。目前，信息成分分析已经被广泛应用于公诉人讯问（杜金榜、潘小珏，2011）、法庭口译（田静静，2008）、指导性案例生成过程研究（黄慧，2021）、法官争点整理等的具体分析（郭王茵，2022）等。

与西方具有造法功能的"判例"制度不同，我国最高人民法院2011年开始发布的指导性案例是中国特色的案例指导制度的体现，旨在解决"同案不同判"的问题。为增加原始案件的示范引领作用，指导性案例编写团队需要在保留原始案件判决精神的基础上，总结基本案情、裁判结果、裁判理由，提炼裁判要点。指导性案例的生成过程涉及信息的遴选、组织与再加工，裁判要点的提炼更是离不开对信息成分的处理与调整（黄慧，2021）。例如，第 18 号指导案例[1]的裁判要点明确指出：劳动者在用人单位等级考核中居于末位等次，不等同于"不能胜任工作"，不符合单方解除劳动合同的法定条件，用人单位不能据此单方解除劳动合同。其中，裁判要点中的"劳动者""用人单位"取代了原始裁判文书中的"王鹏""中兴通讯（杭州）有限责任公司"，属于信息成分中个体要素的替换。通过个体类信息成分的语义扩张，指导性案例将作为解决某一个具体的合同纠纷的判决结果进行推广，为其他类似劳动合同纠纷的解决提供指导与参照。

此外，民事诉讼中的争点归纳也体现了以信息成分为基础的语篇信息加工过程（郭王茵，2022）。所谓争点归纳，即法官根据当事人的诉辩主张，归纳出当事人与之意见相反、影响案件处理结果的事实证据和法律适用问题。从当事人提出诉辩主张到法官归纳争议焦点这一过程，涉及各类信息成分的改变，因此适用于信息成分分析。

例 4–4

上诉人：上诉人认为，招银租赁基于原有的判决，对于它所判决的所有权不能作为本案的抗辩事由，上诉人国家开发银行应当拥有对诉争设备的抵押优先权。

1　中兴通讯（杭州）有限责任公司诉王鹏劳动合同纠纷案（2013–11–08）。

　　被上诉人：从程序上而言，招银租赁对于诉争设备享有所有权已经
　　　　　　经过了上海市第一中级人民法院和上海市高级人民法院
　　　　　　的有效判决文书予以确认。
　　　　法官：根据《最高人民法院关于适应中华人民共和国民事诉讼法
　　　　　　的解释》第 226 条的规定，结合上述人的上诉意见和被上
　　　　　　诉人的答辩意见，本庭对二审争议焦点归纳如下。一、国
　　　　　　开行对诉争设备的抵押权能否对抗招银租赁返还请求权。

　　例 4-4 选自上诉人国家开发银行（以下简称"国开行"）与被上诉人云南东源煤电股份有限公司（以下简称"东源煤电"）等多主体金融借款合同纠纷一案。在上诉人与被上诉人的诉辩主张中，双方均使用了"所有权"这一个体类信息成分。而在法官随后归纳的争点中，该个体类信息成分变为了"返还请求权"。从定义上看，该项请求权是由所有权派生而成，并且是所有权效力的直接表现。由"所有权"至"返还请求权"的信息成分变化，体现了法官在争点归纳中对于被上诉人诉辩主张的信息加工，使得该争点更准确地概括了上诉人与被上诉人对于诉争设备享有的不同权利以及随之产生的纠纷。

4.5　信息流动研究

　　语篇信息具有动态性，通过信息的流动体现。在语篇的线性发展中，信息自始至终处在不断变化的过程中，语篇的每一步进展都在为信息的增加提供条件，信息从开始提出便在语篇中存在，随着语篇的发展逐渐完善、丰满、成熟（杜金榜，2014）。语篇信息犹如液体，从高处流向低处，特别是流向信息空白处（Piwek，1998）。这是一个动态的变化过程，在这个过程中，已有信息和新信息不断碰撞，相互影响，相互结合。语篇中的信息随着语篇表层朝着一定方向发展并得到传递，信息的发展和传递构成信息流动（杜金榜，2009）。信息流动是语篇信息的突出特征，能形象清晰地反映语篇信息的发展变化。本小节将从信息流动的条件、信息流动的变化形式以及信息流动的调控方式三个角度分析语篇信息流动的特点。

4.5.1 信息流动的条件

影响和制约信息流动的因素有很多，包括主观因素和客观因素。主观因素与交际活动有关，涉及交际者的交际动机、交际方式以及交际者。其中，交际动机是影响信息流动的最主要因素（杜金榜，2014）。出于不同的交际目的，交际各方对信息交换持有不同的态度、进行不同的处理，从而影响信息的流动。例如，警察讯问的主要目的在于获取犯罪嫌疑人的作案动机，作案时间、作案工具等。因此，讯问人员通过变换提问方式控制信息的流动。其中，一开始的讯问主要采用开放式提问。这类问题允许犯罪嫌疑人进行大段的自由叙述，为信息的自由流动提供了条件。随着讯问逐步推进，讯问人员会交替使用封闭式问题确定具体的内容，期待犯罪嫌疑人就特定问题提供有针对性的回答。然而，犯罪嫌疑人的交际动机也会发挥作用，影响信息的流动。如果犯罪嫌疑人意识到自己犯了罪，认罪态度好，会主动配合警方，提供所需的信息，信息流动顺畅。但是，如果犯罪嫌疑人有意回避一些不利于自己的信息，对所提的问题支支吾吾，或者答非所问，信息流动受阻。

交际方式也制约信息流动。在日常会话中，交际双方能自由地控制话语，交际方式相对随意。这时，信息流动较为自由。然而，受特殊语境的影响，交际者有时并不能自由地交换信息，导致信息流动受限。例如，在英美法系的交叉询问环节，证人尽管掌握着大量信息，但是由于庭审制度与文化的限制，只能律师问什么答什么，并且在绝大多数场合下只能如实回答"是"或者"否"。此外，交际者个人社会背景、文化程度、身份、认知能力、情感类型也会影响其对信息处理的态度，进而影响语篇信息的流动（杜金榜，2014）。例如，不了解法律、对庭审要求和流程不太熟悉的证人首次出庭作证时，容易把日常生活的思维和话语习惯带到法庭上。十几年前，笔者在一基层人民法院旁听了一起对土地纠纷案件的审理。其中，一位农村妇女作为原告证人出庭。当法官问她"你何时看到被告把标识两家地界的石头拔出来的？"，该证人开始了大段的叙述："我每天早上差不多五点半左右就起床，然后呢，先去小河边洗衣服。洗完衣服后我去喂猪，喂完猪了就去自留地里干活。那天还没到我家的自留地，就远远地看到老刘头，对，就是那个被告，鬼鬼祟祟地在他们两家的旱地交界的地方挖出一块长条的大石头。"其间，法官多次打断证人，提醒她直接回答具体的时间。然而，证人会接着没说完的内容继续陈述。最后，当证人叙述完毕，在法官的一再追问下才说了个"大概七点左右吧"。这种答非所问的情况是由证人的社会背景、文化程度与认知能力决定的。十几年前手机在农村并不普及，普通老百姓也不会戴着手表去地里干活。因此，他们自然无法提供具体的时间。事实上，他们对时间的计算主要基于对自己活动轨迹的估算。在那位证人看来，如果她只给出"大概七点左右吧"这个回答是不可信的。因此，为了增加自己证言的可信度，她有必要、有义务告诉法庭自己估算时间所依据的活动轨迹。

除了主观因素，制约信息流动的条件还涉及客观因素，即信息势能。其中，信息势能的大小取决于信息位差，即信息源和信息归宿的盈余度差（杜金榜，2009b）。盈余度过低会产生信息空缺，需要通过信息流动得到填充。当信息归宿处的信息盈余度逐渐增长，最后与信息源的信息盈余度持平时，有关本信息点的信息流动将会终止，但新的流动将会在其他具有足够信息位差的信息点展开。例如，律师首次会见当事人时，双方的信息位差最大：当事人掌握基本案情，律师掌握法律知识。因此，彼此都有交际的需求：律师希望知道到底发生了什么、当事人有何诉求，而当事人则希望知道自己的诉求能否实现，以及有何诉讼风险。在这种情况下，信息开始流动。然而，即便没有信息位差，特定场合下的交际依然可以进行。这种情况经常出现在课堂语篇和庭审语篇中，如课堂上教师的提问。尽管教师已经知道问题的答案，但是依然会问学生。这种交际行为并非寻求答案，而是为了检查学生对知识点的掌握情况。从某种角度看，教师提问也是为了获取信息，但该类信息并非答案本身，而是透过答案反映出的知识状态。类似地，在交叉询问环节，律师并非没有掌握案件的情况，相反，律师的所有诱导性问题都是基于自己已经掌握的案件情况精心设计的。所以，在某种意义上，交叉询问的律师是无疑而问的。在英美法系的陪审团制度中，律师通过发问让证人亲口回答问题，潜在的听众并非自己，而是法官和陪审员。由此可见，除了交际双方之间的信息位差外，潜在交际者之间的信息位差也是促使信息流动的重要条件。

4.5.2 信息流动的变化形式

受多种因素影响，信息流动呈现出不同的形态。根据信息处理的强度、密度或信息流向，我们可以把信息流动的变化形式进行大致区分：信息缓流、信息激流、信息旋涡、信息涌流和信息回流（杜金榜，2014）。表 4–6 展示了五种信息流动的具体变化形式并对每种流动形式的特点进行了描述。信息流动的具体形式随着交际因素和信息势能大小的改变而变化，有助于形象清晰地反映语篇信息发展和变化的情况。例 4–5 取自浦东法院审理的一起诈骗案。在开始法庭调查前，法官在核对被告人信息后讯问了相关信息。对于法官的问题，被告人一一作答，信息流动顺畅，属于信息缓流。

表 4–6　信息流动的变化形式及特点

变化形式	特点
信息缓流	信息流动顺畅，交流不多，基本上沿着主体线路行进，信息点之间用力平均。
信息激流	信息密度大，详细信息多，交流多，双方话轮更替频繁，但内容围绕主体信息，每一个话轮内容简洁。
信息旋涡	信息也会向前发展，但经常纠缠于某一具体信息，信息总是回溯到原处，回归到原来的话题。
信息涌流	信息发展不平衡，有的信息有丰富分支，有的信息简略，呈现出比较有规律的强弱交替。
信息回流	信息向反方向流动，对已经处理过的信息再次陈述。

例 4–5

审判长：被告人，你的姓名、性别、出生年月日、民族、出生地、
　　　　文化程度、职业、家庭住址？

被告人：我叫黄某某，男。

审判长：你以前被司法机关处理过没有？

被告人：没有。

审判长：因本案何时被关押？何时被刑事拘留？何时被逮捕？

被告人：2020 年 2 月 7 日被刑事拘留，2020 年 2 月 17 日被逮捕。

审判长：被告人黄某某，本院向你送达的起诉书副本收到了吗？

被告人：收到了。

例 4-6 取自 2019 年广东省潮州市中级人民法院审理的一起故意杀人和拐卖儿童的团伙犯罪案件，呈现了公诉人讯问第三个被告人（以下简称被 3）的犯罪动机以及在团伙作案中所起的作用。被 3 为一名越南籍妇女，被拐卖到中国嫁人后，企图卖掉自己在中国刚出生几个月的双胞胎男婴，并伙同其他被告人残忍杀害在中国的丈夫和婆婆。讯问过程中的信息流动呈现多种形态，包括信息回流、信息截留、信息开源（马玉荣，2021）。为了清晰地呈现讯问过程，例 4-6 中公诉人的发问标为 Q，被 3 的回答标为 A，并标明了问题和回答的序号。

例 4-6

Q01：刚才说到你是被拐卖的，是吧？

A01：对。

Q02：既然你是被拐卖的，你为什么不去报警，或者去自首？你偷渡过来，可以到派出所去自首。如果想回越南的话，你完全可以去自首。为什么要去卖小孩，要去杀死家人？

A02：那时候，因为我被关在家里出不去，语言也不通。

Q03：出不去？你有手机啊，你完全可以报警啊。

A03：没有手机，我开始没有手机。　　　　　　　　　　　信息回流

Q04：没有手机你怎么跟何某某联系的？你怎么跟岩某某联系的？那都是通过手机啊。

A04：那时候语言不通，我不懂。因为我不懂，如果懂得话，知道得话，我肯定要报警。

Q05：因为不懂，所以你就要把孩子卖掉？把家人杀掉吗？　　　　　　　　　　　　　　　　　　　　　　信息开源

A05：没有。我是说我想回家，但是我没有想把别人杀死，或者说把孩子卖了，还是怎么样。

Q06：那就是说，同案人在掐你婆婆脖子的时候，你是不是在旁边当帮凶？你有没有压住你婆婆的脚，不让她动？

A06：有，但是我没看到。

Q07：那你知不知道，掐人的脖子会死人的？

A07：我不知道是用掐脖子这个方式。

Q08：当时你在场目睹了这一切吗？

A08：我没看到，那里面没有开灯，很暗。再说他们不让我看，还没有做好之前，他们就把我推出去了。当时虽然我是在场的，但是那里面的灯很暗，我前面的那个人已经把我的视线给遮住了，我根本看不到他们要干吗。

Q09：他们按住你婆婆脖子你也看不到吗？

A09：我看不到，我是在后面的。　　　　　　　　　　信息截留

Q10：你认为那个人对你婆婆在干什么呢？

A10：我不知道啊。因为他们是亲自跟我说只需要……

Q11：（打断）我们现在问你，何某某等这三个人是不　　　信息截留
　　　是你用手机联系他们，然后把他们引到你们家的？

A11：是他们先联系我。　　　　　　　　　　　　　　信息开源

Q12：他们先联系你，你告诉了他具体的位置是不是？

A12：具体的位置，没有说具体的位置，是岩某某自己……

Q13：（打断）你还挂了一把扫把在门口给他们指引具体的位置是不是？是，对吧？

A13：（沉默）

在确定被3是被拐卖的这一事实后，公诉人用常理分析普通人被拐卖后的想法，并引出被3违反常理的行为，即卖小孩、杀死家人，据此讯问被3具体的动机，确定了信息流动的大方向。从后面的问答可以看出，信息基本在这个大框架内进行流动，但是信息流动并不顺畅。被3以自己被关在家里和语言不通为由，解释自己不去自首的原因，直接略过公诉人Q02提到的报警问题。因此，公诉人引入共享信息，即有手机可以联系人，反驳被3的回答。由于被3无法反驳，在A04的回答中又重复A02自己所称的语言不通，信息出现回流。顺着回流的信息，公诉人在Q05直接把话题引回到最初的讯问目的，即讯问被3卖

小孩和杀家人的动机。被 3 对 Q05 作出否定回答，表示自己"想回越南"，从而把信息进一步带回到 Q02 提及的被拐卖后普通人的第一反应是想回家，借此试图表明自己只是想回家，并没有卖小孩和杀家人的念头或动机。从 Q06 开始，公诉人换了一个方向，属于信息开源。公诉人具体讯问了被 3 参与卖小孩和杀家人的行为，即 Q06 的掐脖子事件（无动于衷或按住婆婆脚不让动），以及 Q11 引路事件（团伙作案中的作用以及表现主动想卖小孩和杀家人的意图）。Q07 和 Q08 从常识（掐脖子会死人）和事实（在场目睹）来确认被告人的犯罪意图，但A06—A10 中，被 3 一直在逃避，即"我不知道""我没看到"，且在A10 中被 3 企图把公诉人的注意力引向其他作案团伙。因此，公诉人在 Q11 直接打断被 3，开始了新的分支，即引路事件。同时在 Q13 主动提出新信息"挂扫把引路"，确认了被 3 在团伙作案中的作用和犯罪动机。

从例 4-6 可以看出，庭审讯问活动中的信息流动出现了旋涡。通过信息开源和信息截留等信息调控方式，公诉人掌握着信息流动的整体方向，确保讯问活动紧扣犯罪动机这一中心议题展开。然而，被告人在讯问过程中经常避重就轻、答非所问，试图为自己开脱。被 3 的信息回流就是一个典型的例子。因此，通过信息的具体流动情况，我们可以深入具体地了解庭审活动参与者之间的互动情况。

4.5.3　信息流动的调控方式

语篇的主持者或其他交际者出于各自的交际目的和需求，通常会利用不同的调控方式改变信息的流向。例如，庭审中，法官作为庭审活动的主持者，需要借助不同的调控手段控制和影响信息流动，使语篇信息朝着预期的方向发展，推动庭审顺利进行。此外，交际活动的其他交际者尽管无法对语篇主持者所做的整体调控产生较大影响，但还是能引起信息流动的局部变化（杜金榜，2014）。信息流动的调控方式主要包括开源、截流、疏导和终止四种（见表 4-7）：

表 4-7　信息流动的调控方式

调控方式	特点
开源	开始新话题，发展新信息。
截流	将正在流动的信息截断，使其停止发展或退出信息流。
疏导	提出相关的新信息以便对正在流动的信息施加一些影响，使其流动更为顺利。
终止	使信息停止发展，结束交际。

表 4-7 列举了信息流动的四种调控方式。其中，开源旨在提供新信息，开辟新话题，引导后续的信息发展；截流重在打断现有的信息发展，防止信息偏离主题；疏导主要通过提供新的信息，让僵持或停滞的信息流动变得顺畅；终止则使失去势能的信息结束。在交际活动中，如果主持者或其他交际者能根据语篇的实际情况，灵活运用这四种调控方式，往往能有效地把控信息流向，使信息顺利地向既定的目标发展。例如，在庭审过程中，法官宣布"法庭调查结束。下面进行法庭辩论，先由公诉人发表公诉意见"。其中，"法庭调查结束"属于信息阶段性的终止，主要原因在于通过法庭调查，双方当事人已经进行了充分的信息交换，了解了案件的事实和证据，信息位差逐渐缩小，在涉及案件事实与证据方面的信息流动终止。"下面进行法庭辩论"则开启了新的庭审阶段，为新话题的展开做好了铺垫。

信息流动的调控方式为交际者在语篇中实现交际目标提供了一定的便利。例如，在赡养案件的调解过程中，法官的主要职责在于为调解创造良好的氛围。当被告故意岔开话题，数落老母亲如何偏心、自己如何穷苦的时候，法官通过"被告，不要把陈年旧账都扯进来"这一信息及时打断被告的抱怨，避免好不容易营造的较为和谐的调解氛围被打破。又如，调解中除了原被告双方自行提出调解方案外，法官也可以根据需要，适时提出意见，供双方参考。法官的参考方案如果一开始就提出，容易有"以判压调"的嫌疑。但是，当双方僵持不下，各执一词的时候，法官就有必要通过提供新信息，疏导和缓解受阻的信息流动，推动调解的发展。

例 4-7

法官：被告，法庭提醒一下，有欠条在，债务关系不管怎么样都是客观事实，欠款总额怎么也得还个六七万吧？

被告：就是，去掉 10%，还是太多了，实在没有能力呀。

原告：既然法官都这么说了，要不我们就再退让一点，80%，不能再少啦！

例 4-7 中，原被告双方尽管有调解意向，但对究竟能够归还多少欠款还存在分歧，双方陷入僵局，信息流动停滞不前。为此，法官通过引入"欠款总额怎么也得还个六七万吧"这一新信息，为双方提供了新的调解思路。从原告的反映"我们就再退让一点"可以看出，法官的信息疏导发挥了一定的作用，原被告重启讨价还价的商议阶段，信息继续发展。

4.6 小结

法律语篇信息理论旨在为法律语言学学科提供一个专门的理论框架。经过二十多年的发展，法律语篇信息理论已经形成了一套完备的理论体系。限于篇幅，本章首先重点介绍了理论提出的背景，梳理了理论的主要观点、理论基础和发展历史；接着结合具体的案例对该语篇信息理论的宏观结构与微观结构展开了讨论；最后介绍了信息流动的相关研究。

法律语篇信息理论兼具理论性和实用性。宏观信息结构分析、微观信息结构分析和信息流动等相关观点是法律语篇信息理论的主要组成部分，能从信息的不同层面呈现语篇的内容与结构，也能清晰形象地反映语篇的发展和变化。法律语篇信息理论应用范围广、实用性强，在庭审话语、翻译、语言教学、语音处理和文本识别等研究领域有重要贡献。而应用领域的多元化也体现了法律语篇信息理论的可行性和灵活性，多元应用领域的研究成果推动理论不断深入、不断完善。随着法律语篇信息理论的不断完善，语篇信息处理过程自动化逐渐成为可能。利用语篇信息分析探讨不同类型司法语篇信息的相似性和差异性，并以此归纳语篇的三组信息处理规则，为自动识别司法语篇信息奠定基础（孙波，2016）。利用语篇宏观和微观信息分析方法，结合扎根理论对普法语篇的评价标注进行探索，通过归纳普法语篇的信息特征，并借助多元线性回归统计方法建构普法教育语篇的自动评价模型，为普法教育语篇的撰写提供思路，同时也推动了法律语篇信息理论的自动化（刘娟，2018）。语篇信息处理过程的自动化趋势展示了法律语篇信息理论在实际发展过程的适应性和包容性，同时也为扩大法律语篇信息理论的应用范围做好了铺垫。

第 5 章
语篇信息理论的应用

5.1 引言

　　语篇信息理论从语篇信息的角度分析各类语篇的宏观和微观结构，并以命题为载体研究语言、信息、认知之间的互动关系。语篇信息理论提出的宏观结构模式、信息成分模式、信息交互处理模式、信息功能分类模式、庭审交际目标分类模式等这一套分析模式为各类语篇的分析提供了基础。此外，学者以语篇信息理论为基础理论，融合语用学、认知语言学、心理学等相关研究成果，提出了英汉法律语篇对比分析模式（赵军峰，2011）、法律语篇框架分析模式（陈金诗，2011）、法律语篇说服模式（徐优平，2013）、法律语篇信息挖掘模式（杜金榜，2022）等，用于解决司法实践中的具体问题。

　　语篇信息理论兼具理论性和实用性，能为语言研究、交际研究、技术研发、教学研究、翻译研究和认知研究等提供理论支撑。目前，语篇信息理论已广泛应用于法律语言学各个分支的相关研究中，取得了重要的进展。限于篇幅，本章将从庭审话语、法律翻译、法律语言教学、法律语音识别、文本作者鉴别五个方面重点介绍语篇信息理论的具体应用，并结合具体的例子展示语篇信息理论如何从信息视角挖掘法律语篇的信息结构、信息内容、信息流动特征及其影响因素。

5.2 庭审话语的语篇信息分析

　　按照法律文本的内容不同，法律语篇可以分为立法语篇、司法语篇、执法语篇、普法语篇和其他可能进入法律实践活动的语篇（如用于与勒索赎金的便条进行文本作者比对的日常书信、用于与匿名诈骗电话进行比对的日常会话录音）。由于庭审是整个诉讼环节中的核心一环，是当事人依法行使诉讼权利、人民法院依法行使审判权、普通百姓了解审判活动的最集中和最生动的体现，司法语篇中的庭审话语一直是法律语言学研究的热点与重点。庭审话语在一定程度上影响着法的适用，对法律语言的分析有助于呈现正义和平等的法治理念的具体执行。广义的庭审语篇既包括在法庭调查、法庭辩论和法庭裁决等阶段的话语活动，也包括为庭审准备的起诉书、辩护意见以及当庭宣判的判决书等。本节重点介绍语篇信息理论在法律事实建构、庭审问答、法官话语、证人证言可信度、无律师代理的辩护意见以及判决书等方面的应用情况。

5.2.1 法律事实建构研究

"法律事实介乎客观事实和裁判事实之间，由庭审各方参与人共同建构，具有客观性，也具有主观性，较之客观事实和裁判事实都更为复杂。"（杜金榜，2010a：84）基于语篇信息的层级分布规律、信息点之间的相互关系以及语篇宏观结构特征，学者重点研究了法律事实构建的过程、特点和规律，探讨了影响庭审各方构建法律事实的因素和具体的语言实现手段。基于角色分配，杜金榜（2010a）把庭审活动分为自述、交互、言他三种交际方式，分析法律事实建构在呈现、共建、认定三种模式下的表现。研究表明，事实呈现主要通过自述方式进行（即各方分别阐述和展示己方掌握的事实和证据，发表自己的观点）。在事实共建过程中，庭审参与各方通过激烈的讨论论证事实，以交互方式为主。在事实认定过程中，言他成为主要的交际手段，由法官对事实进行认定。

例 5-1

辩护人：（WF）被告人杨某某认罪态度好，坦白了基本犯罪事实；（WF）礼花弹不是杨某某自制的……；（WF）他只是……是竖着放的，不是正冲着木门……（WA）主观恶性较小；（WF）爆炸的对象……不是不特定的多数人。

审判长:（WA）公诉人有什么不同意见吗？

公诉人:（WF）烟花、爆竹等均有杀伤力，均系爆炸物。（WF）……
方向不影响危害后果，（WF）……危害的对象均是不特定
人群和公众。

在例 5-1 中，原被告双方围绕礼花弹伤人事件，通过对话形式展开讨论，属于事实共建过程。尽管辩护人和公诉人均使用了"何事实"信息阐明事实，但是这些事实的具体内容和说服效果有很大差异。具体而言，辩护人提出礼花弹不是被告人制作的，是竖着燃放的，试图证明被告人没有主观恶意，也没有造成大的社会危害。然而，辩护人列举的事实缺乏深入的说明与发展，其建构的事实，即被告人"主观恶性较小"，可信度很低。相比之下，公诉人的论证内容则具有较强说服力，采用的信息都是普通百姓都知道的客观事实，如礼花弹属于烟花爆竹，具有杀伤力，其具体摆放位置不影响造成的后果，燃放后会对不特定人群造成伤害。在例 5-1 中，诉辩双方通过信息交互，积极参与事实的建构，对事实建构施加影响。其中，庭审参与者在事实建构过程中的信息选择至关重要。一般而言，具有客观性、相关性、一致性、直接性的信息符合事实的基本要求，可信度高（杜金榜，2010），更容易被法庭采纳。

张鲁平（2017）从信息、社会和认知层面对庭审参与者话语的语篇信息特征、影响案件事实建构的因素和语篇控制策略进行了分析。语料分析表明，庭审参与者主要借助三类信息建构案件事实：提出诉求类信息（包括 WA、WI、WJ 和 WP 信息），主要用于提出赔偿要求、认定过错和认定违法行为；选取要件类信息（包括 WF、WB 和 WE 信息），为诉讼当事人的诉讼请求提供理据；达成合意类信息，通过细节说明、关联阐释和消除不确定性等支撑当事人的观点，提高诉讼请求的合理性。庭审参与者的信息组织和控制能力在一定程度上直接影响建构出的法律事实的可信度。信息控制主要包括控制语篇信息流动的方向、介入语篇信息的转述活动（张鲁平，2017），可以通过四组信息处理策略实现，包括提出和总结、详述和利用、忽略和转移以及压制和破坏（黄燕，2007）。在此过程中，原被告双方积极寻求并呈现对己方有利的事实，通过信息的交换和处理说服法官接受己方建构的法律事实，实现庭审说服目标（林映迎，2011）。

5.2.2 庭审问答研究

庭审的目的在于通过诉讼参与各方的充分信息交换，查明事实，解决纠纷。问答是庭审活动的一种重要话语形式，包括公诉人讯问被告人、律师询问证人等。在庭审活动中，问答双方的话语权势并非完全均等。提问者（法官、公诉人或律师）经常通过问题控制答话人（当事人或证人），进而控制信息流动。潘小珏、杜金榜（2011）基于法律语篇信息成分分析法，在句子层面分析了庭审问答过程中的信息流动现象，发现信息成分的改变影响了信息流向，影响了控制效果。

例 5-2
（1）公诉人：行政部门处理过你，**你**为什么还要看病？
（2）被告人：老乡找我。
（3）公诉人：给什么人看病？
（4）被告人：×× 老乡看病。
（5）公诉人：看病收费吗？
（6）被告人：看病不收费，就收药费。
（7）公诉人：**你**到 ×× 地方依靠什么生活？
（8）被告人：给人看病。一月收入几百元。

例 5-2 取自非法行医案件的当庭讯问。首先，公诉人在话轮（1）中把被告人作为主语，讯问"你为什么还要看病？""你"属于施事类信息成分，是行为的主动发出者。公诉人借此指出被告人在非法行医中处于主动地位。然而，从被告人的回答可以看出，其行为是因为"老乡找我"。此处，"我"是经受，被告人把自己的非法行医行为说成被动地帮助老乡，为自己开脱。在首轮控制失败之后，公诉人再次发问。在话轮（3）（5）中，公诉人选用了无主句。这两个句子都省略了"你"这一施事信息成分，表明公诉人试图通过这种间接的方式控制被告人。但是话轮（4）中，被告人的第二次回答直接省略了"给"某某人看病，再次延续话轮（2）的策略，让自己处于经受的地位。这表明，公诉人的控制再次遭到被告人的抵制。直到话轮（8），被告人才终于交代自己"给人看病"这一犯罪事实。

从例 5-2 可以看出，公诉人掌握了发问的权利，在话语权分配上占据主动。然而，问话的信息成分选择至关重要，直接影响问话的控制力。当答话人进行抵制的时候，如何通过信息成分的调整与替换再度进行问话控制并获取有效的信息也是值得研究的一个话题。针对庭审回答过程中出现的闪避现象，即顾左右而言他、避重就轻、答非所问等，问话人可以充分利用信息点的分布和信息结构的差异，有效排除干扰信息，找出有用信息，提高庭审中信息获取和信息调控的能力和效率（朱黎立，2011）。

5.2.3　法官话语研究

　　法官是庭审活动的组织者与纠纷的裁判者，扮演了举足轻重的角色。庭审中法官的话语使用情况对推动庭审发展、维护法庭秩序、实现司法公平正义起着重要作用。语篇信息理论为法官话语分析提供了崭新的视角，为全面、深入研究法官话语的特征、规律和影响因素提供了重要的理论支撑。

　　在刑事案件的审判过程中，法官、检察官、律师构成了审判活动的三个主要参与方。控辩平等是现代刑事诉讼的一项基本原则，要求控诉方和辩护方"在形式上保持平等对抗的格局"（宋英辉，2003：69）。换句话说，在法官不偏不倚、居中裁断下，控诉方和辩护方享有对等的诉讼地位和平等抗辩的权利，形成控、辩、审"等腰三角形"的诉讼结构（万春、高景峰，2007：128）。陈金诗（2011）重点分析了法官如何通过语篇信息建构合理的控辩审关系。研究发现，法官在庭审中扮演"语篇实践者""语篇作者""语篇委托者"三种角色，其语篇立场的改变通过信息层次降级、信息层级移位或信息共享知识分类修改等语篇信息手段实现。针对庭审互动过程中偶尔建构出的控辩审不合理的"倒三角"关系，法官需要通过合理的语篇信息处理手段进行调整和重构。陈金诗认为，再框定策略包括框架紧缩、框架延展和框架合意，有助于实现控辩审关系的重构。具体而言，框架紧缩主要通过信息单位增补或信息单位合并等手段以实现框架的具体化；框架延展是通过冗余信息删除或信息单位融合等手段来完成；框架合意则通过信息点更换、信息单位重复或信息单位共享等手段来实现。这些策略和具体的语篇手段有助于建构良性互动的控辩审正三角关系，实现司法公正。

例 5-3

（1）被告人：（WF）当时是他们几个人先打我，（WF）我没办法，
（WF）我还是个残疾人……

（2）审判长：（WT）（声严厉色地）被告人，你不要说别的，你现
在只能回答是与不是！

（3）审判长：（WF）他跟其他被告人都是该传销组织成员，并被安
排看守被害人。

（4）辩护人一：（WF）但是……

（5）审判长：（WT）（不耐烦地）好了，你不用再说了！

庭审过程中的公正与平等与否在很大程度上与话轮分配情况、打断
现象有关。受法庭这一机构性语篇的影响，尤其是庭审制度的影响，庭
审参与各方在话语支配权和控制权方面存在不平衡和不均等的情况。法
官作为庭审活动的组织者与调控者，有必要确保各方均等的发言机会。
然而，在例 5-3 中，法官两次不耐烦地打断被告人和辩护人的发言。在
话轮（2）中，法官第一次的打断情有可原，因为被告人对于公诉人的
提问答非所问，顾左右而言他。因此，法官通过打断及时制止被告人，
有助于提高庭审的效率。然而在话轮（5）中，法官第二次的打断主要
针对辩护人的辩护意见，除了发出"你不要再说了"这一指令外，法官
并未提供相关的理由与证据阐明辩护人不能继续发言的理由。例 5-3 在
一定程度上反映了法官未能充分尊重辩护人的辩护权利，未能给予辩方
与控方同等的话语权利，在一定程度上建构了不合理的控辩审关系。更
为严重的是，法官似乎已认定被告人的犯罪事实，不希望辩护人辩护，
致使被告人的辩护权利难以得到保障（陈金诗，2012）。

调解是中国民事诉讼制度的一个伟大创设，在西方被誉为"东方经
验"。除了承担裁判者角色外，在民事案件审判过程中，法官有时候也
需要扮演调解员的角色，主持法院调解。徐优平（2013）从语篇信息
的视角研究法官如何通过语篇信息的交流说服当事人改变态度、达成
合意。基于构建的"语篇信息为中心的说服模式"（DICMP），她重点
研究了法院调解说服的语篇信息特点、影响说服的主要语境因素以及
说服的实现情况。研究发现，语篇信息呈现不同的分布、组合、发展

等特点，实现不同的功能。根据法院调解"事实清楚""自愿""合法"的三个法律原则，徐优平（2013）把语篇信息分为三类：事实性信息（WF/WT）、态度性信息（WA/HW）、程序性信息（WB/WP/WJ）。其中，事实性信息是法官说服的客观依据。通过何事实—何结论与何事实—何态度等的信息组合，法官可以有效认定当事人的法律责任，给出法庭的态度与建议。态度性信息主要涉及态度与调解方案。法官可以通过开放式和闭合式询问予以呈现并获取所需信息，可以通过单独呈现的询问或与其他信息组合的非独立询问增强说服力，并通过不同层次的发展选取合适的信息单位。程序性信息保证法院调解得以合法进行，为调解提供法律基础，对调解过程中的法庭秩序进行调整，对调解结果予以公布。

　　基于当事人的认知反应，首先，法官可以推测出当事人的真实目标与意图，找出双方调解方案的差距，并采取不同的语篇信息说服策略，包括语篇信息的涉入、呈现、回合结构等，说服当事人。具体而言，语篇信息的价值观关联、印象关联、结果关联三种涉入方式与当事人的心理导向和物质导向的目标大致对应。通过不同的语篇信息涉入方式可以说服当事人调整其目标，作出让步。其次，法官的说服意图可以通过态度性信息显性呈现，也可以通过带有互文性、预设等功能的非态度性信息隐性呈现。最后，不同回合结构的语篇信息有助于实现信息的单向和多向流动，帮助法官获取所需的信息。徐优平（2013）认为，法院调解的过程是一个说服的过程，是一个法官结合当事人的认知反应，激活和凸显说服语境中的影响因素，通过有效的语篇信息呈现方式传递说服意图，以缩小当事人之间的信息差，影响当事人的认知、态度或行为的过程。在具体的法院调解过程中，法官需要随时询问当事人对调解方案的意见。一旦当事人答非所问或没有明确表态致使法官无法获得需要的信息，法官就需要通过信息重构方式重述问题，调整信息干流的流动。

例 5–4

法官：（WA）原告是否同意被告的意见？

原告：（WF）被告之前支付了 6,000 元，（WY）根据被告的诚意，（WA）我方也愿意进行和解，且希望通过法庭主持将调解结果确定下来。

法官：（WA）原告对被告陈述的调解意见有何异议？

原告:(WF)我们就是这样私下协商的。

法官:(WA)原告对被告调解意见的数额 10,910 元有何异议?

原告:(WA)无异议。

例 5-4 中,因原告无法对法官的询问给出直接的回答,法官通过信息重构不断调整其问题,三次询问原告的意见。重构可以控制话题内容的走向(Hobbs,2003)。针对法官的第一次询问,原告没有像预期中的那样直接在第三层信息层给出同意或不同意的回答,而是发展了法官的信息,在第四层列举事实、表明原因与态度。为有效地控制调解内容的走向,法官通过信息重构,使其问题进一步细化,从笼统的"被告的意见"到"被告陈述的调解意见"再到具体的数额"10,910 元",从而引导原告直接处理上层的询问信息并明确其态度。从原告的回答可以看出,通过信息重构,原告明白了法官的询问意图,最后直接表明态度。由此可见,在法院调解活动中,信息重构有助于帮助法官传递更加明晰的信息,进而明确双方当事人的真实想法(徐优平,2012)。

5.2.4 证人证言可信度研究

可信度评价是法律实践中的重要课题之一,其目标是对司法过程参与人比如嫌疑人、受害者或证人的言辞真伪进行判断。林焕星(2015)结合宏观层面的信息点和微观层面的信息成分研究,对警察讯问中犯罪嫌疑人的供述可信度进行了研究。余新兵(2017)从语篇信息视角研究中国司法实践中书面证言的可信度。该研究采用模拟实验方法,两组被试者分别担任真实证人和虚假证人,真实证人观看一个街头暴力视频后书面描述其所看到的事件,虚假证人则在没有观看视频的情况下仅依据所提供的事件梗概书面描述该事件。通过对两组证人证言语篇信息分析后发现:两组证言在证言文本长度、信息量、信息具体 / 抽象比率、核心信息密度、信息修饰度等方面存在显著差别,这些指标均可以量化,可以作为证言可信度的区分性指标。该研究为可信度评价开辟了新思路,为证据信息的多学科多维度构建补充了新的内容,还能为侦查实践和法庭科学提供来自语言学角度的参考。余新兵(2019)按照语篇信息分析的体系和规范对两组证人证言进行信息成分标注和统计后发现，对于真实证人组，其认知资源源于耳闻目睹，较为具体生动，记忆和语言加工这些过程易于再现，故在语篇组织上倾向于使用更为具体的信息成分；虚构组被试者的认知资源主要来自其过往的类似经历，这些资源与语篇形成的时空距离或心理距离更为遥远，故在语篇组织上往往以更为抽象的信息成分体现。

5.2.5　无律师代理的辩护意见研究

根据《中华人民共和国民事诉讼法》相关规定，律师、当事人的近亲属、有关的社会团体或者所在单位推荐的人以及经人民法院许可的其他公民都可以被委托为诉讼代理人。一般认为，当事人自己或者与当事人相关的其他非律师的公民代理人直接参与到诉讼中来有利于法官直击事实真相。但现实中，特别是基层庭审没有律师代理的复杂民事案件庭审中，法官在推进诉讼程序和保障当事人合法权益、维护程序正义等方面往往面临着难言的困境。张少敏（2011）重点分析了民事案件中无律师代理的案件辩护情况。图 5-1 呈现了上诉代理人（非律师）辩护意见的树状信息结构及被辩驳的情况。其中，上诉人的两个委托代理人都不是律师，而被上诉人的两个委托代理人其中一个是律师。

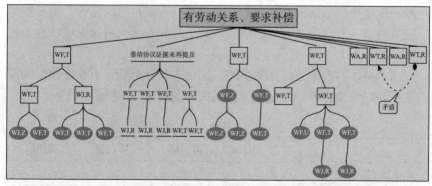

图 5-1　上诉代理人辩护意见的树状信息结构及被辩驳的情况

（说明：树状信息结构中，方框中的信息单位是上诉人辩护意见的信息发展情况，椭圆中的信息是被上诉人针对上诉人的论点或论据进行辩驳的信息发展情况）

从图 5-1 可以看出，上诉人在信息发展方面处于劣势。首先，上诉代理人的信息点仅两层，主要集中在第一层，有七个。其中，只有第一个和第三个信息点发展到第二层。信息发展不充分，层级比较单一。这说明信息处理不够深入，即尽管代理人提出的用于支持论点的论据种类比较多，但是都没有充足的下层论据加以支撑。因此，辩护意见内容显得干巴、不丰满。其次，从信息点类别以及共享知识分类看，第一层七个信息点中有三个是"何事实（WF）"以及会话中"双方共知信息（T）"，另外两个是"何态度（WA）"以及"A知（R）"信息，还有两个是"何事（WT）"以及"有争议（U）"信息。第二层四个信息点中，有三个是"何态度（WA）"以及"A知（R）"信息，另外一个是"何结论（WJ）"和"A知（R）"信息。从这样的分布状况可以看出，上诉代理人只是简单列举了一些双方共知的事实和自己的态度，然后就下结论，没有就事实的细节进行充分分析和推理的过程。再次，在第一层的信息点中，第五个和第七个信息点是前后矛盾的。作为上诉人的两个诉讼代理人是作为一个整体出现的，这样的自相矛盾状况很容易影响到听众对其他内容的接受度，即使造成矛盾的原因可能是因为记不清楚等，但法官对其整个辩护意见的真实性会产生怀疑。另外，上诉人在举证中提出了一个十分重要的证据，而在法庭辩论中却未再提及，其中原因不得而知。最后，从被上诉人对上诉人的辩论给予回应可以看出，被上诉人针对主要论据从上诉人最底层的信息点开始，用共享度比较高（T 或 Z）的事实（WF）一步一步来推翻上诉人最上层的论点，最终得出自己的结论，由于很多反驳类的信息点自身又有下层信息点的支持和发展，可接受度较高（张少敏，2011）。

基于具体的案例分析，张少敏（2011）统计分析了五份非律师的辩护意见和三份律师辩护意见的信息层次及发展情况（见表 5-1）：

表 5-1 信息层次及信息的发展情况

序号	第一层	第二层	第三层	第四层
非律师的辩护意见 1	7（2，5）	4		
非律师的辩护意见 2	2（1，1）	1		
非律师的辩护意见 3	3（3，0）	7（6，1）	2	

序号	第一层	第二层	第三层	第四层
非律师的辩护意见 4	3			
非律师的辩护意见 5	4			
律师的辩护意见 1	3（2，1）	6（4，2）	11（8，3）	10
律师的辩护意见 2	2（2，0）	7（2，5）	4	
律师的辩护意见 3	3（3，0）	6（3，3）	6（1，5）	2

从表 5–1 可以看出，律师的辩护意见信息层次更为丰富，信息点内容更为充实。相比之下，非律师的辩护意见信息发展不充分，有一些（如4 和 5）仅仅停留在第一层信息。由此可见，在民事案件中，律师代理人处于明显的优势，这在一定程度上让非律师代理人处于明显的被动地位。因此，非律师代理人若想在庭审辩论中摆脱被动获得平等话语权，必须具有信息发展的意识，从信息的层次和信息层次的发展、信息点类别的分布、共享知识类别的分布、针对分歧焦点进行辩驳等四个方面改进辩护意见。

5.2.6　判决书研究

通过观察判决书和起诉状信息分布的特点，孙波、郭亭亭（2017）从信息深度、信息种类、高低频信息点、信息点分散程度等层面研究不同类型司法语篇的异同，考察书面司法语篇的信息特征，为司法语篇的写作提供借鉴。该研究从中国裁判文书网以及律师事务所的存档卷宗中共收集刑事一审判决书和民事起诉状各 100 篇，并根据案由，采用分层随机抽样和机械抽样方法，每类语篇各抽取 30 篇作为样本语料进行信息对比分析。研究发现，在信息层次上，两类语篇均少于七层，在信息深度上基本一致，但在信息点的使用上具有较大的差异（见图 5–2）：

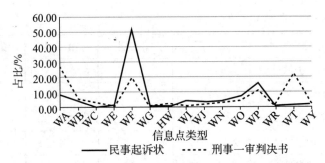

图 5-2　刑事一审判决书和民事起诉状信息点频数分布图

从图 5-2 可以看出，刑事一审判决书和民事起诉状这两类语篇中信息点的分布呈现出"三多三少"的特点，即"何事实""何态度"以及"何处置"的频数较多，而"何变化""何地"与"何效果"的频数为 0（孙波、郭亭亭，2017）。研究指出，之所以出现这一特征与司法语篇的基本特点有关，即司法语篇主要由事实、评价、结论三个部分组成。通过运用何事实、何态度、何处置信息，司法语篇作者可以完整地陈述案情经过，具体阐释各方的观点和看法，最终提出解决纠纷的方案，确保起诉状的诉求具有说服性，判决书的说理过程合理可靠。

5.3　语篇信息分析与法律翻译

法律翻译涉及不同语言、不同文化、不同法系之间的转换，译者不仅要处理语言表层的差异，还要兼顾法律意图的传递，确保译文的忠实性。法律翻译理论建构、立法文本翻译、司法语篇翻译以及翻译质量评估是语篇信息理论的主要应用方向。在理论建构方面，赵军峰（2011）以语篇信息理论为理论基础，通过英汉语篇对比的方法探讨法律语篇信息结构及其语言实现的规律，构建了法律翻译"四桥"模型。该模型设置了明确有效的分析参数，从信息单位和信息成分等多维度对比英汉法律语篇的异同，对法律翻译实践，尤其是法律翻译质量评估，具有重要参考价值。

立法文本作为具有高度规约性的法律文本，旨在通过有限的法律语言调整，规范无限可能的社会行为。因此，立法意图的传递至关重要。

翻译法律法规时，译者为了传递同等的法律意义，需要对语篇的信息结构进行调整，包括命题中信息的分布、信息成分或信息点的增加或删减（赵华，2010）。信息成分的改变主要通过改变命题的格形式和格关系实现（张蝶花，2007）。其中，命题的格形式改变仅局限于命题内部，具体表现为词性的改变、语态的改变和限定词的增加，而格关系的改变主要通过句子结构重组的方式体现，包括命题中格的增加、部分格的替换和命题内或命题间格关系的彻底改变。

随着中国对外开放的不断推进，涉外案件逐年增多，法庭口译在实现司法公正、确保当事人合法权益方面具有重要作用。基于真实的法庭口译语料，田静静（2008）对口译过程中信息成分的改变进行了研究。研究发现，在法庭口译过程中，由于语言差异，信息成分的改变是不可避免的，但也是有规律可循的。通过比较原文和译文的信息成分，作者总结了三类信息成分的变化，包括信息丢失、信息补充、信息重组。

例 5-5

审判长：广东省广州市中级人民法院刑事审判第二庭，今天依法对
　　　　广州市人民检察院提起公诉的被告人史密斯敲诈勒索一
　　　　案，进行公开审理。（1tw31B2B）

Judge：The Second Criminal Division of the Guangzhou Intermediate People's Court of Guangdong now holds a public trial of the case of extortion filed by the Guangzhou People's Procuratorate against the accused Smith. (1tB3B12)

例 5-5 来自一起涉外敲诈勒索案。审判长在核对当事人与诉讼参与人到庭情况，确保双方不申请回避后宣布开庭。原文与译文最后一部分括号里的内容标注了这句话的信息成分。阿拉伯数字表示个体类信息成分：1 表示施事（即行为主体），2 表示经受（有生命的动作对象），3 表示客体（无生命的动作对象）。大写英文字母表示过程类信息成分：B 表示行为，小写的英文字母表示环境类信息成分，t 表示时间，w 表示借助。对比原文和译文，我们可以迅速发现漏译现象，即译文中缺少了"依法"的概念，属于信息丢失。然而，该信息成分的缺失在一定程度上是由于译文信息重组之后造成的（见图 5-3）：

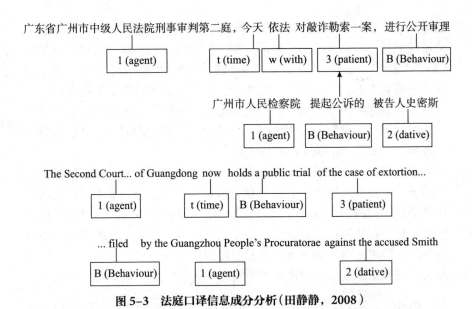

图5-3　法庭口译信息成分分析（田静静，2008）

从图5-3可以看出，原文与译文的信息成分尽管没有变化，但是位置发生了较大的改变。就原文而言，第一行是句子的主干，第二行是典型的"对"字句引出的修饰成分。译文根据英文习惯，把动词提前，把原文中的修饰语作为由过去分词filed引导的定语。译文经过信息重组后更加通顺和地道，但是忽略了"依法"这一表达。如果译者机械地把"依法"直接在原位置翻译出来，即"the court... now in accordance with law"，非常不地道，不符合英文开门见山的习惯，即什么人做了什么事。因此，译者试图按照英文的表达习惯把"依法"放在全文最后面，但是由于位置隔得很远，在翻译完主要内容后丢失了。

此外，语篇信息理论还能为法律翻译质量评估提供理论依据。李华毅（2009）以法律语篇信息分析模式为基础构建了一个翻译质量评估模式。在此模式下，作者从三个信息层面，即命题信息、体裁信息和语用信息，对比了《中华人民共和国劳动合同法》两个英译本在传递法律意义和法律意图方面的差异。研究表明，在翻译过程中，相比微观层面的信息，译者更易于忽视位于宏观层面的信息。译文中任何一个层面的信息缺失均有可能导致译文与原文的法律意义或法律意图的不对等。

5.4　语篇信息分析与法律语言教学

　　语篇信息理论在教学领域已经被逐步应用于法律翻译教学和法律文书写作两个领域。通过语篇信息理论分析视角进行法律翻译教学，培养学生的语篇信息意识，能让学生快速了解原文的语篇结构和内容，掌握原文语言特点，从而实现翻译的功能对等（杜金榜，2010b）。从语篇信息结构视角学习写作，能快速定位题目的核心命题，在写作中不断强化关键要点，避免离题。陈金诗（2017）选取法律信息处理系统语料库中的案情摘要，根据语篇信息理论的标注规范进行标注后，呈现了英文判决书案情摘要的语篇树状信息结构（见图 5-4），帮助学生掌握宏观结构，把握信息重点。

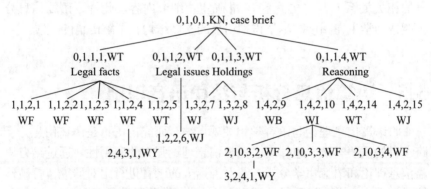

图 5-4　案情摘要的语篇树状信息结构（陈金诗，2017）

　　从图 5-4 可以看出，典型的案情摘要包括四个部分，即案件事实（Legal facts）、争议焦点（Legal issues）、裁决（Holdings）、推理（Reasoning）。它们是一级信息，得到下层信息的发展与支撑。但是，从下层信息点的数量和信息层次可以看出，这四部分内容的详略各不相同。其中，推理部分最为具体，包括四层信息和八个信息点，案件事实的信息也得到了比较充分的发展。究其原因，这与英美法系的判例法息息相关。根据遵循先例原则，在案件具有相似性的情况下，同级或下级法院可以参照既往类似案例的判决。因此，对关键事实的列举十分重要。这也是为什么案件事实部分一共五个信息单位，其中四个就是"何事实"信息。相比之下，争议焦点只包含一个信息单位。这与法律文书的要求离不开。根据写作规范，争议焦点只能是一个是非问句。上述语篇树状信息结构不仅有助于学生掌握宏观的语篇结构，还有助于帮助学生了解各部分的详略要求。最主要的是，学生可以通过范文中各部分信息点的配置情况，从原文中相应地识别、提取、整合有用的信息。

除了法律翻译和法律文书写作课程外，语篇信息理论对其他法律英语课程的教学也具有指导作用。例如，语篇信息理论的宏观结构和微观信息分析模式可以运用到法律英语听力、会话、阅读和写作等方面的教学中。尽管新闻听力都遵循"倒金字塔形"的语篇布局模式，但是尚无具体的研究呈现新闻听力的语篇树状信息结构模式。因此，以语篇信息理论中命题的观点对学生进行听力训练，能让学生更好地识别听力内容的层次性，快速掌握核心命题（主旨大意），在众多信息中识别不同信息的相关关系（上下文关系），准确定位细节内容。此外，语篇信息分析能帮助学生在阅读时尽早识别语篇的整体结构，了解语篇的主线。

5.5 语篇信息分析与法律语音识别

将语篇信息理论与语音学相关观点结合研究话语，是语篇信息分析跨学科的重要尝试，也体现了语篇信息理论强大的实用性。通过结合语篇信息理论和语音声学分析方法对说话人的录音进行比对研究，打破传统只利用语音学分析手段处理语音的方法，借助双重角度探讨自然话语，一定程度上提高了说话人比对研究的说服力（马悦，2016）。再者，语篇信息理论的信息点、信息成分和信息流等观点还能成为分析语音画像的重要参数，对获取语音画像说话人的生理和社会特征起着重要作用，在实际应用中，对办案人员缩小侦查范围，锁定犯罪嫌疑人有很高的实用价值（张燕，2015）。

关鑫（2019）基于81位话者的233段自然会话，采用语篇信息分析法分析会话语篇信息的宏观结构和微观结构，挖掘可能具有潜在话者识别能力的个人话语风格信息特征。该研究设计了四个实验：首先筛选出高话者间差异性的信息特征；其次从中筛选出低话者变异性的信息特征；再次在似然率框架内检验所筛选出的具有潜在话者识别能力的个人话语风格特征的总体性能和效度，构建话者识别系统；最后检验所构建的话者识别系统的性能和效度。识别系统的 Tippett 图以信息特征为识别特征的话者识别系统的等误率约为 30.5%，Cllr 值为 0.775，性能和效度都优于以（au214）共振峰轨迹特征为识别特征的对比话者识别系统（见图 5-5）。图 5-6 以（au214）共振峰轨迹特征作为识别特征对比话者识别系统的 Tippett 图，等误率约为 46%，该识别系统的 Cllr 值为 3.145，远大于 1。

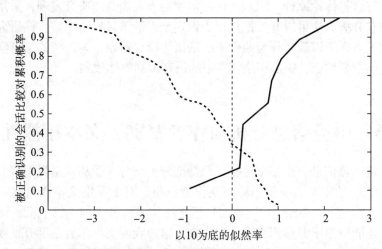

图 5-5　基于信息特征的 Tippett 图（关鑫，2019）

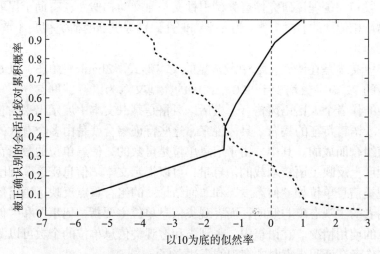

图 5-6　基于共振峰轨迹特征的 Tippett 图（关鑫，2019）

以上实验数据和分析一方面证明语音学特征话者识别参数受现实环境诸多因素影响，话者内自身变异性大；另一方面也说明本实验挖掘的信息特征经验证体现话者的个人话语风格，受现实环境诸多因素影响小，话者内自身变异性小，可以作为话者识别特征。

在司法实践中如果非语音学的个人话语风格特征能与话语行为其他层面上的高性能和高效度识别特征尤其是语音学特征相互印证、互为补充，符合整体论原理，识别结论的信度会大大提高。研究发现，采用语篇信息分析方法可以有效挖掘用于识别个人话语风格的参数。该研究的一大亮点在于以现实环境条件下的话语为研究对象，为传统的语音学特征提供重要佐证，提高司法实践中的语音识别整体效果。

5.6 语篇信息分析与作者鉴别、文本相似性

将语篇信息分析和个性化言语特征分析结合，能从双重视角研究争议文学作品和匿名举报信的真实作者身份，对于鉴别文本作者有重要意义（翁金翠，2013）。语篇信息理论的文本作者识别不仅包括英语文本，还能应用于非英语文本，如中文，这对我国文本作者鉴别有重要意义（张少敏，2015）。在文本相似性方面，借助宏观和微观信息结构分析手段和评价理论研究抄袭案例中抄文与原文的相似性，有助于提取鉴别语篇相似性的有效参数，为文本相似性识别提供新的研究视角（黄凯，2013）。

短文本是在语言犯罪中最常见的文本形式。Zhang（2016）以6位作者的72篇字数均少于500个汉字的微博文章为语料，重点分析短文本中的作者个人话语风格。个人话语风格是某一文本中展示出来的独特的个人语言特征的集合。具体说来，这些特征集合就是由多个有效的特征值组合而成的。其中，由于信息单位是可数的，信息单位的数量在一定程度上反映了语篇承载的信息量，可以揭示文本"信息密度"。此外，主观类信息单位如"何态度"和"何结论"的组合重点反映了语篇信息使用者的主观态度与倾向，而客观类信息单位主要指"何事"和"何事实"的使用情况。在语篇中，主观类和客观类信息单位的个数可以测量文本作者在证明观点时主客观的表达喜好。

5.7　小结

本章结合具体案例重点介绍了语篇信息理论在庭审话语、法律翻译、法律语言教学、法律语音识别、文本作者鉴别与文本相似性研究等领域的应用情况。基于语篇信息理论，法律信息处理系统语料库已经完成二期建设。该语料库基于语篇信息理论的标注规范，对立法、司法、执法、普法、翻译、教学、法律交流等各种法律文本进行了标注，为定量的法律语篇信息研究提供了便利，为后续的信息型法律语料库建设提供了参考。

从已有研究可以看出，语篇信息理论已经被广泛应用于法律语言学的相关研究并取得了较为显著的成效。作为一套系统的、完整的理论，语篇信息理论应用性强，既可以分析法律语篇的宏观结构，通过语篇信息树呈现语篇内部的信息层级关系和内在逻辑关系，把握法律语篇的总体特征，也可以针对语篇的局部内容，分析信息单位、信息成分与语言实现手段，探究语言、信息、认知的关系，分析语言使用与社会关系建构之间的互动情况。随着信息技术的不断发展，语篇信息理论将在新的领域发挥更大的作用。例如，在国家大力推动智慧司法、数字法治的进程中，类案推送系统、智能语音庭审系统、合同合规性智能审查系统等产品已经逐渐崭露头角。然而，新型智慧司法产品的研发应用迫切需要理论的支撑。例如，关键词提取技术是否可以充分满足类案的遴选需求？如果不能，如何从语篇的宏观视角寻求关键词之间的内在逻辑联系，提高类案遴选、推送的效率和效果？类似地，合同的智能审查重点审查哪些内容？如何判定内容之间的相互联系？如何建设个性化定制的合同文本语料库？这些问题的有效回答都离不开对法律文本的语篇分析，对语篇宏观和微观层面的信息分析离不开语篇信息理论的应用。我们相信，语篇信息理论在大数据时代将迎来新的重大发展。

下编
法律语言学应用研究

第6章
司法公正的语言进路——中英判决书中的介入资源探析

6.1　引言

　　最高人民法院前院长、大法官肖扬（1999：16）在1998年的全国高级法院院长会议上指出："要加快裁判文书的改革步伐。现在的裁判文书千案一面缺乏认证断理，看不出判决结果的形成过程，缺乏说服力，严重影响了司法公正的形象。"裁判文书的缺陷主要表现在"判决书公式化，判决理由普遍过于简单，缺少甚至没有法律论证和推理"（苏力，2001：3）。法学界专家对此批评纷纷发表看法，献言献策。多数学者将问题归咎于法官的自身素质，认为我国法官缺乏理论思维能力，难以写出质量上乘的判决书（洪浩、陈虎，2003）；也有学者认为是司法制度问题，中国的大陆法司法制度限制了法官撰写判决书的自由度，解决问题的办法是"人的进路"和"制度的进路"。关于"制度的进路"，有学者倡导"借鉴大陆法系国家的相关经验"（苏力，2001：5），而有的主张应该向普通法系的判决书学习（潘荣伟，1998；詹仲清，1999；左卫民，1992）。然而，十几年过去了，问题依然存在。

　　本章提出解决判决书问题的"语言进路"，判决书的语言运用反映并建构司法实践，"语言进路"可以补充"人的进路"和"制度的进路"，促进司法公正。洪浩、陈虎（2003：425）援引Weisberg指出，"判决意见中所使用的语言和修辞比判决结论更加重要，……为了理解法律正义，我们必须考察隐藏在语言和修辞之中的法律主观领域的'内部世界'"。在语言学界，王培光（2006）、杨海明（2006a，2006b）等分别就香港和内地判决书的法律语言、刑事判决书语言程式度和情感度作了较深入的对比研究，对于解决该法律问题有一定的借鉴意义。近年来，随着法律语言学研究的深入，判决书及其语言使用也受到中外学者的关注（如 Körner，2000；Heffer，2007；张琛权，2007 等）。本章运用评价系统理论，对比分析中外民事案件司法判决书在运用评价资源上的异同，探讨判决书背后的"评价"。

6.2　理论框架

6.2.1　判决书语类结构

我国民事诉讼法第 138 条规定："判决书应当写明：（1）案由、诉讼请求、争议的事实和理由；（2）判决认定的事实、理由和适用的法律根据。"据此条款，周道鸾（1999：2）指出判决书的结构"分首部、正文和尾部，正文又分事实、理由和判决结果"。本文认同并接受 Maley（1985）提出的判决书语类结构。判决书作为一个特殊的语类，其结构主要包括五项要素，即事实、争点、推理、结论和裁决。其中，前三项要素具有证成功能，后两项具有宣告功能（见图 6-1）。

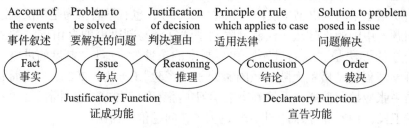

图 6-1　判决书的语类结构（Maley，1985）

6.2.2　评价资源概要

Martin & White（2005）提出评价系统理论（Appraisal System），将语言的评价资源依语义分为三个系统：态度，介入和级差。每一系统又包含若干子系统（见图 6-2）。关于态度、介入和级差各系统及各自包含的子系统，国内外学者（姜望琪，2008；王振华，2001；袁传有，2008；Martin，2000；Martin & White，2005；White，2003 等）多有引介和导读，限于篇幅，本章不再赘述。

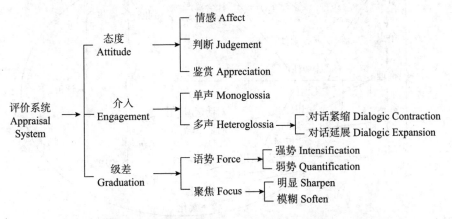

图 6-2 评价系统（Martin & White，2005）

6.2.3 判决书评价资源分析框架

基于判决书的语类结构和评价理论，本章建构了判决书评价资源分析框架（见图 6-3）。判决书的各构成要素与评价系统的各种评价资源之间存在一定的对应关系，各要素都不同程度地使用多种评价资源。事实陈述不可避免地要使用态度系统中的判断和鉴别资源，因为事实的认定不仅要考虑当事人行为的常态、能力和韧度，还要判断事实或证据的真实性和适切性，将日常生活中的纠纷概括为法律问题／争议必须建立在多声的事实基础上。推理会更多地运用多声资源，如接纳、归属、赞同、反对等，以表达各方不同的主张和立场。此外，推理部分也不可缺少判断和鉴别资源来表明法官的判决理由。通过推理，法官通常在结论中采用对话性紧缩策略，或赞同一方或反对一方。在最后的判决部分里，法官运用介入系统的单声资源和级差系统的强化和锐化资源来表现判决的权威性和严肃性。当然，在此分析框架中，判决书的各要素与各种评价资源的对应关系是假设，需通过语料分析加以证实。限于篇幅，本章仅讨论事实和推理部分的评价资源运用。

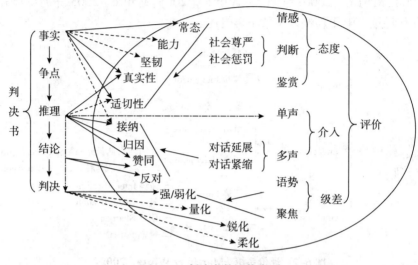

图6-3　判决书的评价资源

6.3　描写与分析

本节运用上节中所建构的分析框架，对两案判决书各构成要件中的评价资源进行标注和描写，进而展开深入的分析。本节语料选自两例中英知识产权案民事判决书，一是中国的钱锺书和人民文学出版社诉胥智芬和四川文艺出版社著作权纠纷案（下文称《围城》案）（陈旭，2000）；另一个是英国的斯文尼对麦克米兰出版公司侵权案（下文称《尤利西斯》案）。

6.3.1　陈述"事实"

判决书的"事实"部分包括当事人的事实主张和法院认定的法律事实。在民事判决书中，当事人的事实主张通过"原告诉称"和"被告辩称"

来表述，而法院认定的事实通常表述为"经法院审理查明"。

1. 判断与鉴赏资源

《围城》案的事实部分首先以"原告钱锺书诉称""原告人民文学出版社诉称"和"两被告辩称"开始，表面上体现了双方当事人"平等"的原则，但如何引用双方当事人所使用的评价资源却显示出法官的立场和倾向。例如在"原告人民文学出版社诉称"中，原告多处使用判断资源（见例 6–1）。

例 6–1

被告胥智芬未经钱锺书同意对《围城》进行汇校，擅自 [A:JU:SOE:NORM][1] 授权四川文艺出版社出版《围城》汇校本……侵害 [A:JU:SOS:PROP] 了原告对原作享有的专有出版权。被告四川文艺出版社明知 [A:JU:SOE:CAPA] 胥智芬未向钱锺书取得《围城》的汇校权，将侵权作品一再 [A:JU:SOE:TENA,G:FO:INT:REPE] 重印和销售……

例 6–1 中标注的评价资源是原告对被告的行为作出的负面判断，其中"擅自"是违反规则的，应受到社会谴责，而"侵害"则是违法的，应受到法律制裁。"明知"表明被告的认知能力，隐含被告违法的故意，而"一再"一方面说明被告违法行为的惯性，另一方面加重违法行为的严重程度。尽管以上负面判断由原告作出，法官照单全收写进判决书则反映出法官对被告及其行为负面判断的背书。在"被告辩称"中，被告更多使用鉴赏资源为自己的作品辩护（见例 6–2）。

例 6–2

《围城》首次发表于杂志，《围城》汇校本使用的底本是载于《文艺复兴》杂志上的连载小说。《围城》汇校本体现了作者的创造性劳动，具有文献价值和学术价值 [A:AP:VAL]，是与原作品《围城》不同类型 [A:AP:COM] 的演绎作品。

1　见附录"评价资源标注符号表"。

此处，被告运用两个鉴赏资源对其作品予以正面的评价，前者强调其价值，后者说明其构成。法官予以客观陈述，表明其"中立"立场。而在"经法院审理查明"中，法院认定的事实所使用的判断和鉴赏资源则表明法官的立场并非中立（见例 6-3）。

例 6-3

上海市中级人民法院经公开审理查明：原告钱锺书历时两年 [G:FO:QUA:NUMB] 创作了 [A:JU:SOE:TENA] 长篇小说《围城》……其间，钱锺书曾多次 [G:FO:QUA:MASS] 对作品作过文字增删和润色 [A:JU:SOE:CAPA]，使作品更为完善 [A:AP:VAL]。

四川文艺出版社还表示愿意 [A:AF:DES] 赔礼道歉 [A:JU:SOE:NORM]、赔偿损失 [A:JU:SOS:PROP]，保证今后不发生类似事件。1991 年 8 月以后，四川文艺出版社又继续 [G:FO:INT:REPE] 出版发行了《围城》汇校本一书，总数达 8 万册 [G:FO:QUA:NUMB]。

例 6-3 中的审理不惜判断和鉴赏资源对钱锺书的创作毅力和才能给予积极判断，对其作品作出高度鉴赏，辅以级差资源，更加强了法官对原告的正面评价。而对被告的行为则主要通过判断资源作出负面评价，"赔礼道歉"是道德规范的要求，"赔偿损失"是法律正当性的制裁。虽被告"表示愿意"（情感资源）道歉和赔偿，但"又继续"（级差资源）侵权且"达 8 万册"（级差资源），进一步揭露了被告言行不一、出尔反尔的品行，同时也隐性地反映出法官对被告及其行为的反感。

《尤利西斯》案的事实部分则更多使用鉴赏资源来认定和推断事实，很少使用判断资源来评判当事人及其行为的对与错（见例 6-4）。

例 6-4

I should say that his **evidence** on this was criticized by Mr Baldwin, for the Claimants, as being **inherently implausible** [A:AP:VAL] and **inconsistent** [A:AP:COM]…

在例 6-4 中，法官指出原告代理律师批评被告的证词不合情理，前后矛盾，均属于鉴赏资源，没有使用判断资源来评判被告的人格和行为。

2. 介入资源

从介入的角度看，《围城》案一审判决书的事实陈述部分采用间接投射（王振华，2001），归于多声介入，蕴含对话性，其结构见例 6-5：

例 6-5

原告人民文学出版社诉称 [E:HE:DIE:ATTR:ACKNO] →被告胥智芬、四川文艺出版社辩称 [E:HE:DIE:ATTR:DISTA] →上海市中级人民法院经公开审理查明 [E:HE:DIC:PROC:PRONO]

首先，法官运用多声介入中的对话性延展策略，分别使用归属资源"承认"和"疏离"（Attribute: acknowledge; Attribute: distance）（Martin & White, 2005：112–113）来间接投射原告的诉称（例 6-1）和被告的辩称（例 6-2）。接着，法官运用对话性紧缩策略和宣告资源（Proclaim: pronounce）来宣布法院查明的事实（例 6-3）。然而，在法院查明的事实中，原告的事实主张通过正面的判断和鉴赏资源得到法院的认定和互文，而被告关于"创造性劳动"的事实主张（例 6-2）未得到任何回应。上述分析表明，法官对原告和被告是区别对待的，即保持与原告的对话性，排除与被告的对话性，让被告和读者很难听出或读出法院认定事实的依据和过程。正如洪浩、陈虎（2003：436）所言："由于判决书中仅仅表述法院的认证，而对双方举证质证情况不加反映，双方的主体性地位……受到了损害。"尽管本案中原告的主体性得以体现，但被告的主体性却受到很大损害。由此看出，通过对话性延展到对话性紧缩策略所认定的事实难以令当事人信服，所以才会引起上诉。

《尤利西斯》案的介入模式则不同。例 6-4 除了使用鉴赏资源明示原告律师对被告证据的批评态度外，法官还运用对话性紧缩策略的宣告资源（"I should say"）和对话性延展的疏离归属资源（"was criticized"）来明示或暗示法官对于该证据的立场，指出对该证据的批评是原告律师单方的态度，是否采信还有待认定。例 6-6 和例 6-7 是对该证据的认定过程。

例 6-6

In his introduction to the Reader's Edition **he spoke of** [E:HE:DIE:ATTR:ACKNO] by-passing the 1922 text. He **explained**

[E:HE:DIE:ATTR:ACKNO] the process as consisting of three elements. First, he constructed a text... "in which all the manuscript-attested textual operations are described and critically evaluated and prioritized" [E:HE:DIE:ATTR:ACKNO]. Next he "condensed this into a text free of apparatus" [E:HE:DIE:ATTR:ACKNO], by which **I understand** [E:HE:DIE:ENTE] that he eliminated **all but one** of any variant readings, and **all** the descriptive and critical material.

例 6-6 是法官援引被告本人对其证词（改写过程）的解释及法官对该解释的理解。法官首先运用对话性延展策略，采用间接和直接投射，即归属资源，说明被告对其创作过程的解释虽是一面之词但有合理一面；其次，法官也不失时机地运用接纳资源（"I understand"）和级差资源（"all but one"）表达自己对被告及其创作过程的正面判断和鉴赏。

例 6-7

Mr Baldwin is **right to say** [E:HE:DIE:ATTR:ACKNO] that there are inconsistent versions from Mr Rose of what he did, in a number of respects. **However** [E:HE:DIC:DISC:COUNT], I **am satisfied** [E:HE:DIE:ENTE] that I **should** [E:HE:DIE:ENTE] accept his account given in the witness box. **It seems to me** [E:HE:DIE:ENTE] to be **inherently probable** [A:AP:VAL], and **although** [E:HE:DIC:DISC:COUNT] he did from time to time previously use phrases which convey a different impression **I find** [E:HE:DIC:PROC:PRONO] his account in the oral evidence to be **credible and reliable** [A:AP:VAL].

例 6-7 是法官对原告代理律师就被告所陈述事实提出质疑的回应。他首先肯定原告代理律师的质疑，即被告证词不一。其次，他运用对话性紧缩的反驳资源（"however"）和三个对话性延展的接纳资源（"am satisfied""should""It seems to me"）来表达自己的不同看法，对被告的陈述给予肯定的鉴赏，即证言是"完全可能的"（"inherently probable"）。接纳资源，如"should"和"It seems to me"同时表明法官愿意接纳不同的立场来增强协商性和对话性。最后，法官再次使用反驳资源（"although"）表明尽管证词有瑕疵，法官仍然认定（"I find"）被告证言真实可靠。上述两例证明，英国法官能够比较公正地对待原告和被告双方当事人，充分保障他们的主体性。评价资源，尤其是介入资源的合理使用更加彰显了司法公正。本案的判决结果虽然是原告方胜诉，但被告关于其证词的事实主张还是得到了法官的认定，而原告的质证也遭到驳回。从某种意义上说，本案的司法公正恰恰是用看得见的评价资源实现的。

6.3.2 建构争点

争点指事实争议的焦点，较为宽泛的解释认为"当事人之间的争议往往表现为事实争议，这就是事实争点，法律处理上的争议则属于法律争点。诉讼争点是由事实争点和法律争点构成的"（陈桂明，2004：10）。中国民事判决书样式并没有要求写明争点，并不把争点作为必备的事项。《围城》案一审判决书根本没写争点，更谈不上评价资源的使用了。二审判决书虽然指出了被告方对一审判决的态度，但没有建构起争点。《尤利西斯》案则在事实陈述后清晰地阐明法律争点和所适用法律（见例6–8）。

例 6–8

I can now turn to consider the **legal issues**, and how the relevant principles apply to the facts... **It is therefore necessary** to establish what was so published, and what it was that Mr Rose copied. If and insofar as Mr Rose copied material which had been published while Joyce was alive, two sets of questions then arise, alternatively, under the regulations. The first turns on *whether what Mr Rose and Macmillan have done falls within regulation 23*, in which case it is not a breach of copyright at all. If their acts are not immune from the estate's claim on that ground, the second question is *whether what they have done is covered by the compulsory licence provisions of regulation 24*. If, however, what they have done is not limited to material published in Joyce's lifetime, the next questions concern *whether their acts constitute an infringement of copyright in other material.*

此例中，法官用一个较长的段落来建构本案的三个争点（斜体部分）。首先，法官使用元语言（metalanguage）点明要考虑法律争点及相关原则的适用；其次，争点的建构凸显了高度的协商性、互文性和对话性，体现在三个"If"假设句的运用。这里用"If"来假定真实事件及与之相匹配的法条，与持有不同看法和立场的听众/读者（包括当事人和法官同行）协商、对话。

曹博和郭修江（2003：76）认为，"凡是当事人争议的法律问题，不论是有利于判决结果的，还是不利于判决结果的，都应当有交待。"冯文生（2005：45）也指出，"诉讼的本质就是恢复当事人的理性对话，而对话的前提必须首先明确问题"，即争点。在这一点上，法官应学习借鉴西方判决书，明确争点。

6.3.3 解释判决理由

判决理由"是支撑认定事实和适用法律的理由"（李亮，2009：102）。当事人和判决书受众期待司法公正，不仅期待法官公正判决，而且期待法官公开说明判决理由，对判决结果进行论证。王培光（2006：40）指出："中国大陆的判决书写得都很简略，判决理由往往只有寥寥数语。很多判决书只有几百字，其中判决理由所占的字数就更少了。"王永杰（2007：127）也指出："作为一种八股式的文体，我们的判决书在'本院认为'之后，便是成套的'武断判语'：不予采纳、应予支持、应视为、抗辩理由不成立等，其中缺乏充分的论证，让人看不出判决或改判的理由。"笔者认为，两位学者指出的只是形式和逻辑上的问题，更重要的问题在于评价资源应用的缺位和错位。本节重点考察态度资源的错位和介入资源的缺位。

1. 态度资源的错位

与事实陈述部分相似，在分析论证判决理由时，两案均运用了不少判断或鉴赏资源，但各有不同。《围城》案多采用显性和定性的判断资源评价当事人及其行为（见例 6–9、例 6–10）。

例 6–9

　　四川文艺出版社将最初刊载于《文艺复兴》杂志上的《围城》版本连同胥智芬的汇校文稿一起，以汇校本的名义出版《围城》，是不适当的 [A:JU:SOS:PROP]。大量复制发行《围城》一书的行为违背 [A:JU:SOS:PROP] 了民法通则第 4 条规定的诚实信用原则，不利于 [A:JU:SOS:PROP] 出版界正常的出版秩序，侵害 [A:JU:SOS:PROP] 了已经由人民文学出版社享有的对《围城》原著的专有出版权。

例 6–10

　　该社当时承认其行为属于侵权 [A:JU:SOS:PROP]，并认为是在纯属过失的 [A:JU:SOE:NORM] 情况下出版了《围城》汇校本，愿意赔礼道歉 [A:JU:SOE:NORM]、赔偿损失。可是在 1991 年 8 月以后，该社仍继续大量出版《围城》汇校本，数量达 8 万册之多。

例 6–9 和例 6–10 分别取自上海市中级人民法院和上海市高级人民法院的判决理由部分，从态度资源的标注可以看出，两个法院都较多地使用明示的负面判断资源来判定被告的行为侵权。左卫民（1992：66）指出："判决书有关法律理由部分既注意依法对争端作出评价，也强调对行为的社会、道德和政治评价。"此处的判断资源多为"社会惩罚"类，意味着被告的行为应受到法律和道德的惩罚。《尤利西斯》案通篇难以找到法官对当事人正面或负面的直接判断，而基本都是对当事人举证和质证的鉴赏。法官使用鉴赏资源来评价证据或事件，对事不对人（见例 6–11、例 6–12）。

例 6–11

　　Mr Baldwin submits... that regulation 23 as regards revived rights must not be construed **too widely** [A:AP:COM]... I may mention at this point that Mr Burkill sought to rely, in aid of his **wider** [A:AP:COM] interpretation of the regulation, on Parliamentary materials.

例 6-12

I therefore reject the defence that the publication, so far as it would otherwise **infringe** [A:AP:REA] the revived copyright in the 1922 edition text, does not do so because it is within regulation 23.

例 6-11 中，法官援引原告律师的举证，主张法条不能过于宽泛地解释。此处评价的是法条被宽泛解释这件事，而不是评价解释法条的人。随后法官表明的立场也是针对释法，而不是针对被告律师本人。同理，在例 6-12 中，法官评价的是出版物是否侵权问题，而不是人是否侵权。中文判决书中态度资源的错位表现在法官大量使用判断资源对当事人的品质和行为进行武断的评判，或高度赞美，或极度贬损，而不是使用鉴赏资源对当事人所做的事情加以客观的评价。因而，判决理由显得缺乏说服力，影响了司法公正的形象。

2. 介入资源的缺位

如果说态度资源的错位只是影响到司法公正的形象，那么介入资源的缺位会真正影响到司法公正的实质，因为缺失了某些介入资源可能造成法院说理的一言堂，或是法院偏袒一方而忽视另一方。《围城》案的判决理由表面上是多声介入，如"上海市中级人民法院认为"和"上海市高级人民法院认为"，而实际上，在"法院认为"之后展开的是一家之言，压缩甚至排除对话性（见例 6-13、例 6-14）。

例 6-13

上海市中级人民法院认为，原告钱锺书对其创作的小说《围城》享有著作权。被告胥智芬未经著作权人同意，对《围城》进行汇校，被告四川文艺出版社出版《围城》汇校本，其行为违反了《中华人民共和国民法通则》第 94 条、第 118 条的规定，共同构成了侵害钱锺书著作权，应当依照民法通则第 134 条第一款的规定，承担停止侵害、赔偿损失、赔礼道歉的民事责任。

例 6-14

上海市高级人民法院认为 [E:HE:DIE:ENTE]：……该行为已经违背了诚实信用和尊重社会公德的原则，扰乱了正常的出版秩序，构成对人民文学出版社专有出版权的侵害。

在一审法院的判决理由中，法官首先使用接纳资源"认为"，给人一种法院愿意接纳不同声音、扩大对话性的表象。然而，细读"法院认为"后的理由陈述却发现，法官只是刻意"互文"原告诉称（例 6-1）来重述查明的事实，除了指出被告的行为违反了相关法条规定外，对查明的事实和该事实如何用作判决理由不加分析和论证，简单地对被告的行为予以定性。然后强硬地拉入象征权威的法条，进一步压缩可能存在的不同意见的对话空间。至于被告诉称的事实主张（例 6-2），判决书则只字不提，意在排除与其的对话性。二审法院的判决理由（例 6-10 和例 6-14）与一审如出一辙，只与一审查明的有利于原告的事实（例 6-3）互文，而不理会被告有利于己方的主张，拿事实当理由，缺乏充分论证，分不清哪是事实哪是理由。《尤利西斯》案则完全不同。法官论证判案理由时大量使用多声介入的各种资源，有对话性延展，也有对话性紧缩，如接纳、归属、赞同、反对等，借以表达法官及各参与方的不同声音、立场和主张（见例 6-15、例 6-16）。

例 6-15

None of these passages **seem to me** to lead to any other conclusion than that which **I have expressed above** about the successive stages of Joyce's creation of Ulysses. *Black vs Murray* has passages which are **clearly relevant** to the separate copyright in a later edition of a work already published. **It does not seem to me** to bear on the **rather different** question of the progress of a literary work... **What Nourse LJ said in *LA Gear* supports directly** the view **I have expressed**.

本例第一句使用否定资源（"None"）和宣称资源（"I have expressed above"）来表明法官的立场，即对当事人提交证据有效性的否定，压缩对话性；但同时又使用接纳资源（"seem to me"）来表明这只是法官的个人观点，增强对话性。本例还引用两个先例，但采用不同的介入资源来处理。对于不能支持本案判决的先例（"Black vs Murray"），法官先予以承认（对话延展），接着加以否定（对话紧缩），指出此先例不能适用于本案的理由。对于支持本案的先例（"LA Gear"），法官予以肯定和赞同。

例 6-16

Mr Baldwin submits [E:HE:DIE:ATTR:ACKNO] that what Mr Rose was doing was copying the preparatory material, not the 1922 edition at all... **Mr Baldwin put to him** [E:HE:DIE:ATTR:DISTA] that he was essentially copying the Rosenbach manuscript. **He denied** [E:HE:DIC:DISC:DENY] that and, **in my judgment** [E:HE:DIC:PROC:CONCU], **rightly** [A:JU:SOS:VERA] so. **Of course** [E:HE:DIC:PROC:CONCU] the Rosenbach manuscript does contain, in Joyce's hand, most of what appeared in 1922...

例 6-16 围绕第一个争议焦点展开论证说理。法官首先使用归属资源（"submits"）呈现原告的举证，进而使用疏离性的归属资源（"put to him"）隐性地表达自己不赞同原告的证据。法官还使用显性的否定资源（"denied"）来呈现被告的质证，并明确地赞同被告的质证，表明自己的立场（"in my judgment" "rightly so" "Of course"）。以上二例分析论证不同来源的声音，包括先例的声音、当事人的声音以及法官的声音，有赞同，有驳斥，充分展示了互文性、对话性和主体性，具有较强的说服力。但一些学者持不同观点，他们认为多个声音会使人们看到法院内部的不同意见，从而怀疑判决的权威性和正确性。

6.3.4 得出"结论"和作出"裁决"

《围城》案二审判决书的结论部分地采用单声介入，显示结论的权威性，排除对话性。裁决采用的是对话性紧缩的背书和宣称资源，旨在加强判决的合法性（见例 6-17）。

例 6-17

一审法院对本案主要事实认定清楚 [A:AP]，法律适用正确 [A:AP]，但对《围城》汇校本精装本部分定价的认定有误 [A:AP] [E:MON]，应 [E:MODALITY] 予纠正。……上诉人的其他上诉理

由不能 [E:HE:DIC:DISC:DENY] 成立，应 [E:MODALITY] 予驳回。

本例第一句使用断言对一审法院判决作出评价，不具多声性。虽在断言后加上情态词"应"意在弱化断言，增加对话性。但在法律语境下，"应"意味着高量值的"必须"，而不是"应该"。至于"上诉人的其他上诉理由"直接用了否定资源"不能成立"，而"其他上诉理由"是什么，为什么"不能成立"则不加解释。值得肯定的是，结论中使用的态度资源"清楚、正确、有误"均为鉴赏类，是对事实认定、法律适用和定价认定的正面或负面评估，而非对一审法院作为机构的行为的判断。

例 6–18

据此，依照《中华人民共和国民事诉讼法》第 153 条第一项、第三项之规定，上海市高级人民法院于 1996 年 12 月 25 日判决……

例 6–18 中，"据此"和"依照……之规定"均属于对话性紧缩的背书资源，体现了判决遵循"以事实为依据，以法律为准绳"的原则，但压制了对话性。《尤利西斯》案则仍然采用多声介入的多种资源来保持裁决结论的多声性和对话性。

例 6–19

In summary, **therefore**, **I hold** that the Reader's Edition **did** [G:FO:INT:MAXI] involve copying of the 1922 edition text… and that it involves an infringement of copyright owned by the Claimants… **If** the publication of the Reader's Edition had **only** related to copyright material published during Joyce's lifetime, **I would have held** that the Defendants could not claim to be able to publish free under regulation 23, but that their publication was lawful, but gave rise to an obligation to pay a reasonable royalty or other remuneration, to be determined if not agreed, under regulation 24.

很明显，一方面，此结论的前半部分也采用了对话性紧缩资源，如"基于此"（"therefore"）和"我裁定"（"I hold"），借以明确宣告法官的裁决，并表明法官愿意为自己的结论负责；另一方面，"我裁定"也暗示该结论只是法官个人的意见，给不同意见留有对话空间。此外，结论的后半部分中，法官还运用对话性延展资源，即虚拟语气（"if""I would have held"）来回应或互文争点（例 6-8）中的不同声音并论证不同声音不能成立的理由，充分体现了判决的对话性。

6.4　讨论

本章到此对中英判决书中评价资源的运用进行了充分描写和实证分析。分析表明，中英判决书在评价资源的运用上存在较大差异，尤其是态度系统中的判断资源和鉴赏资源，介入系统中的单声与多声和对话性紧缩与对话性延展资源。我们认为可以从三个方面阐释和解释这些差异。

第一，中英所属不同法系及各自的诉讼模式在很大程度上制约着评价资源的运用。中国属于大陆法系，诉讼模式采用职权主义的纠问制，法官被赋予至高无上的权力；而英国是英美法系的典型代表，采用当事人主义的抗辩制，当事人是法庭上的主角。在判决书的语言尤其是评价资源的选择上，中国法官可凭借权力使用单声的嬗断（monoglossic bare assertion）和对话性紧缩资源以及判断资源评价当事人的人格及其行为，排除不同声音，压缩对话性，判决书中几乎没有"反对意见"。而英国法官则更多使用多声资源和鉴赏资源，展示当事人、先例和法条、法官和其他法官等主体的不同声音，对事实和证据（而不是对人）加以评判，凸显当事人的主体间性和对话性。正如焦宝乾（2006:88）所言，"法律论证中的对话就不仅包含了读者与文本之间的交流，而且更重要的还有主体跟主体之间的对话。"

第二，国家文化、法律文化和法律传统也不同程度地影响着评价资源的运用。著名文化学家 Hofstede（2001）赋予中国文化浓重的"集体主义"（collectivism）色彩，而英国是"个体主义"（individualism）典型代表。国家文化无疑影响法律文化，表现在判决书的评价资源运用上，中国判决书无一例外的"本院认为"与英国判决书中的"In my judgment""In my opinion""I hold"等形成鲜明对比，凸显了共性与个性、主/客体性与主体间性、权威性与对话性的差异。季卫东（1999: 131）主张，"容许每个人叙述自己的故事并在这一过程中逐步实现理性的对话。"在法律传统上，中国自古重道德轻法律，如孔子在《论语》中说，

"道之以政，齐之以刑，民免而无耻；道之以德，齐之以礼，有耻且格。"表现在判决书的语言上，法官借助道德力量，按照道德规范使用判断资源进行论证说理的案例较为常见，并且"往往可以起到意想不到的效果"（洪浩、陈虎，2003：435）。

第三，判决书的功能也对评价资源的运用起着不可低估的作用。中国法没有"遵循先例"原则，判决书只对个案产生法律效力，而对其他案例，即使是相类似的案例，也没有约束力。法官在撰写判决书时无须顾及语言问题，往往自说自话，排除"杂"音。判决书的单一功能致使本已简略的判决书还需"简化"，要求"在制作民事判决书时，写明原告或上诉人主张的事实和请求后，简要陈述当事人承认诉讼请求的情况，无须陈述案件事实及展开论理，即可写明判决主文。"（见《广东省法院关于简化民事裁判文书的规定（试行）》）。相对而言，英美法采用"遵循先例"原则，法官要与先例"对话"。考虑到自己的判决有可能成为先例，法官还要与后来的法官对话，努力去说服现实的和潜在的对话者，这就要求法官特别重视判决书的互文性、主体间性和对话性。

6.5　小结

本章运用系统功能语言学评价理论，对比分析中外同类民事案件司法判决书在运用评价资源上的异同，探讨"事实""道理"背后的"评价"。通过对判决书中评价资源的描写，揭示判决书背后的法律传统、法律文化和法律制度等制约因素。洪浩、陈虎（2003：425）曾指出："判决书的正当修辞能在相当程度上强化法律的正当性。"笔者赞同此观点并将修辞具体化为评价资源，认为合理运用评价资源可以增强判决书的说服力，重构判决的司法实践，最终促进司法公正目标的实现。

第 7 章
司法意见书中语法隐喻的语义效用——合法化语码理论视角

7.1 引言

　　法律职业者，尤其是法官和律师，是我国法治建设和司法改革的推进者。在司法实践中，法律职业者的语言能力，如法官撰写司法意见书的能力关乎着当事人的个体利益，影响着司法正义的实现，也体现着法治思想的弘扬，而对语法隐喻的运用则更能体现法律职业者的语言能力。

　　本章探讨司法意见书中的语法隐喻。语法隐喻是语义在词汇语法层的非一致式表达（Halliday & Matthiessen，2014），包括概念隐喻（经验隐喻、逻辑隐喻）、人际隐喻（语气隐喻、情态隐喻和评价隐喻）（孙笑怡，2003；张大群，2020；赵民，2014；Halliday & Martin，2003；Halliday & Matthiessen，1999，2004，2014；Simon-Vandenbergen，et al.，2003）和语篇隐喻（董娟等，2017；Martin，1992；Thompson，1996）。在语篇生成过程中，语法隐喻的使用会对语义的表达带来一定的影响，如概念隐喻促成概念意义的压缩凝练，生成术语，增加技术性（technicality），使经验意义的表达更加抽象；概念语法隐喻也改变了主述位结构和信息结构，增加说理性（logical reasoning）（Halliday，2004；Halliday & Martin，2003；Halliday & Matthiessen，2014；Simon-Vandenbergen et al.，2003）。语义的词汇语法实现同时也服务于语篇的交际目的，实现语篇的宏观社会功能。我们把语法隐喻对语义表达的影响及其实现的社会功能称为语法隐喻的语义效用（semantic efficacy）。

在系统功能语言学框架下，研究者围绕语法隐喻对语义表达的影响开展了一些研究，但多是在 Halliday 等人的研究基础上结合实例的分析，多关注语法隐喻对概念意义的影响，而关于语法隐喻对人际意义、语篇意义影响的论述则明显不足。另外，目前的研究主要关注科技语篇中的语法隐喻，对人文学科语篇，尤其是法律语篇的分析相对欠缺，仅有零星研究论及司法意见书中语法隐喻的使用（翟燕斌，2007）。

鉴于此，本章基于合法化语码理论的语义性（sesmantics dimension）维度，结合 Martin 等人在系统功能语言学框架下对语义性维度的重述（Martin，2014；Matruglio et al.，2013），以司法意见书为研究对象，全面探讨语法隐喻的语义效用，包括语义效果和社会功能，阐释这种语言现象的合法化建构，以期为提升法律职业者的语言能力提供借鉴，同时也在一定程度上深化对语法隐喻的认识。

7.2 合法化语码理论语义性维度

7.2.1 分析框架

合法化语码理论是关于知识建构的深层指导原则，是一种多维方法论，包括四个维度，专门性、语义性、自主性（autonomy）和时间性（temporality），每个维度都包含一套合法化实践的组织原则，指导主体从事实践活动，使其符合一个领域知识实践"成功"的标准（Maton，2019）。语义性维度关注知识建构的语境依赖性（context-dependency）和语义复杂度两个方面，关涉语义引力（Semantic Gravity，SG）和语义密度（Semantic Density，SD）两个核心概念（Maton，2014，2019）。系统功能语言学研究者 Martin 等人（Martin，2014；Matruglio et al.，2013）在系统功能语言学框架下对上述概念进行了重新解读，相应地提出了质量（mass）和存在（presence），分别对应语义密度和语义引力（汤斌，2014；朱永生，2015；罗载兵，2017；等）。语义密度探讨语义压缩带来的语义复杂度变化，话语意义由更复杂到更简单，构成一个连续体。当更多的意义被压缩进一个概念时，语义密度增强（SD↑）；

一个概念的意义被解压缩，语义密度减弱（SD↓）（Maton，2014，2019）。Martin（2017）使用质量对接语义密度，包括技术性、图标性（iconization）和内聚性（aggregation），分别由概念意义、人际意义和语篇意义的变化体现（罗载兵，2020a，2020b）。技术性分析知识结构在多大程度上提纯特定语场中的分类、阵列、序列和复合体中的意义，生成技术术语；图标性分析知识结构在多大程度上赋予意义价值观念，使参与社团的实践活动合法化；内聚性分析语篇发展中通过回溯性或前瞻性手段增强意义的程度。语法隐喻所产生的语义密度变化也相应体现为三个方面，就语义复杂度而言，我们把语法隐喻的语义效用划分为专业化、图标化和内聚化。本章使用专业化代替技术化，是因为司法意见书作为人文学科语篇，其技术性不同于自然科学语篇，专业化更加符合其特点。

语义引力指知识的语境依赖度，由语境依赖程度强到弱构成一个连续体。当由具体细节变化为一般概括时，语义引力减弱（SG↓）；当由抽象的概念变化为特定的实例时，语义引力增强（SG↑）（Maton，2014，2019）。Martin（2017）提出了"存在"概念，细化为象似性（iconicity）、可协商性（negotiability）和隐秘性（implicitness），分别对应概念意义、人际意义和语篇意义（罗载兵，2020a，2020b）。象似性指在多大程度上运用过程以及参与者和环境的一致式建构语义，一致式程度越高，象似性越高，也就是说语法隐喻会降低语义表达的象似性，使其更加脱离语境，更加抽象；可协商性指命题或者提议在多大程度上在言说时是可争议的，争议性越大，可协商性也就越强；隐秘性指借助衔接手段与外界发生联系并进一步搭建不同层级的主位系统或者信息系统以建构更高一级的格律，发生联系越少，层级越高，隐秘性就越强。Martin特别强调了语法隐喻对语义引力的影响机制（Martin，2017）。语法隐喻能够使用名词化干预象似性，调用引语调整可协商性，架构高层级主位和信息增强隐秘性。语法隐喻带来的语义引力变化也体现为以上三个方面。据此，就语义的语境依赖性而言，我们把语法隐喻的语义效用细化为抽象化、可协商化和隐秘化。语法隐喻的使用整体而言是使其脱离语境，更加抽象，因此我们使用"抽象化"代替"象似性"。

综上，语法隐喻作用于概念意义、人际意义和语篇意义，引起语义复杂度和语境依赖性的改变，改变语义密度和语义引力，实现不同的语义效果（见图 7-1），不同语义效果的运用进一步实现不同的社会功能，这些不同功能视具体语篇类型而定，这也是本章重点探讨的问题。我们将运用此框架分析司法意见书中语法隐喻的使用。

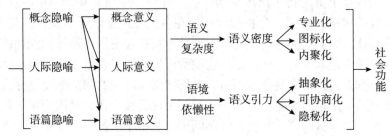

图 7-1　语法隐喻语义效用的语义性维度合法化分析框架

7.2.2　研究语料

本章分析的案例是美国最高法院 1978 年审理的"斯坦普诉斯帕克曼案"（Stump vs Sparkman Case），本案关涉法官的司法豁免权，基本案情如下：印第安纳州一位母亲向法院提交了一份请愿书，请求法院授权对她未成年的弱智女儿进行绝育手术，Stump 法官单方面批准了申请。女儿结婚后发现自己做过绝育手术不能生育。因此，她和丈夫向联邦地区法院提起诉讼，起诉包括她的母亲和法官在内的一众人和机构，指控被告侵犯了她的宪法权利并要求赔偿。本案的争议焦点是 Stump 法官是否享有司法豁免权，包括法官对申请绝育事由的管辖权和法官批准此申请的司法行为的合法性。本章讨论司法意见书语法隐喻运用的语义效果和发挥的社会功能。

本案作为司法先例再次确认了司法人员的司法豁免权原则，其司法意见书作为语言素材具有一定的代表性。本案经历了三次审理，法院不同法官之间存在很大分歧，各级法院之间以及终审法院不同法官之间的"对话"使得该意见书的语言比较具有代表性，较好体现了司法意见书作为论辩性语篇类型的特点。另外，本意见书由美国最高法院的知名大法官撰写，也确保了其语言的代表性。

7.3　语法隐喻语义复杂度的语义密度阐释

本节从语义复杂度角度，结合语义密度，从专业化、图标化和内聚化三个方面论述司法意见书中语法隐喻的语义效用。

7.3.1　语义专业化：增强诉讼过程及事实呈现的专业性

专业化指把意义提纯为专业术语的趋势，用于重构与话语组织、分类和活动等相关的概念意义（朱永生，2015）。概念语法隐喻将小句复合体级转移为小句、小句级转移为词组或者短语、词组级转移为词。随着级阶的下移，语义复杂度逐渐增强，生成的语言单位的专业性逐渐增强。概念语法隐喻，尤其是名词化语法隐喻的使用越多，语篇的语义越趋复杂，语义密度也就越强。借此法官把诉讼过程中不同参与者错综复杂的行为及其与法律的关系等准确客观地呈现出来（见例 7-1）。

例 7-1

The statutory authority for the *sterilization* of institutionalized persons in the *custody* of the State does not warrant the *inference* that a court of general jurisdiction has no power to act on a petition for *sterilization* of a minor in the *custody* of her parents, particularly where the parents have authority under the Indiana statutes to "consent to and contract for medical or hospital *care* or *treatment* of (the minor) including surgery."

例 7-1 中，"sterilization" 和 "custody" 两组名词化概念隐喻分别表示 "绝育" 和 "法定监护权"，经名词化过程都具备了专业术语所特有的地位和意义，比其对应的动词 "sterilize" 和 "care/take care of" 语义密度更强，更加具有专业性，也便于法官固定诉讼过程及相关事实。同样，本意见书中使用的 "consideration" 和 "authorization" 也具有法学专业意义，指母亲作为监护人依法可以申请授权为其未成年女儿做绝育手术，具有明确的法定意义。意见书的 "法院意见" 部分认为巡回法院没有被限制禁止审议授权的申请，"consideration" 指法院对申请授权进行的审议。这些词的意义与相应的一致式表达相比，由于在专业领域与其他意义发生了更多的关联，专业性明显增加，专业化的趋势是可逆的。上文提到的四个概念语法隐喻在语篇发展过程中，在生成隐喻式后，都会再次以一致式动词出现，并且在一致式和隐喻式之间反复转换。这种去专业化的过程是为了降低语义密度，增加可读性。专业化趋势的终点是专业术语，专业术语是"死隐喻"（dead metaohor）（Halliday & Matthiessen，1999），一旦专业术语生成，通常保持隐喻式，如本案例中的"judgement"专指法院作出的判决，在意见书中并未出现对应的一致式，专业化程度较高。

7.3.2 语义图标化：隐含传递并共享价值观念

图标化指把一些情态意义和评价意义等人际意义附加到一定语言单位的语义中，从而增强其蕴含的价值观念的趋势。语义图标化可增强人际语义复杂度，增强价值语义密度（Maton，2014）。

人际隐喻包括语气隐喻、情态隐喻和评价隐喻（孙笑怡，2003；Lemke，1998；Martin，1992，1993；Thompson，1996）。其中情态隐喻指通过显性主观和显性客观的形式体现的情态，包括概率（probability）、频率（usuality）、义务（obligation）和意愿（inclination）。以概率情态为例，显性主观形式"I think"和显性客观形式"it is likely that..."都是表示 probably 意义的情态隐喻，两者都由小句复合体中投射小句实现情态意义，这些情态意义在一致式情况下由小句内的情态成分表达。在司法意见书中，情态隐喻能够把一定的人际意义附加到概念意义中，并传递相应的价值观念。情态隐喻能够借助小句复合体的投射小句把评价意义附加到命题或提议上（见例 7–2）。

例 7–2

It is true that the statutory grant of general jurisdiction to the Indiana circuit courts does not itemize types of cases those courts may hear, and hence does not expressly mention sterilization petitions presented by the parents of a minor.

印第安纳巡回法庭具有法定的普通管辖权，但是该管辖权并没有明确列举法庭可以进行听证的案件类型，因此也就没有明确提到未成年父母为其子女提交绝育申请这种情况。"It is true that" 投射小句突出了作者对于 that 小句表述的命题效度（validity）的评价（Thompson, 1996），明确客观的情态意义增强了命题的价值语义密度。此外还有 "it appearing that…、it was a general principle of the highest importance" 等。同样，表达明确主观情态意义的情态隐喻，如 "But the scope of judicial immunity is limited to liability for 'judicial acts', and I think that what Judge Stump did on July 9, 1971, was beyond the pale of anything that could sensibly be called a judicial act." 中的 "I think"，也明确把作者对其后命题的效度的评价赋予被投射小句中的命题，增强了其价值语义密度，此外还有 "I cannot believe that、we agree、there is no reason to believe that" 等。

评价隐喻指用一种评价意义暗指另一种评价意义的隐喻性转移（metaphorical transference）（张大群，2020；赵民，2014）。评价隐喻显然实现了人际意义的增值。司法意见书的语类特质决定了其态度资源以判断资源为主，对相关诉讼参与者的行为进行评价。其次为鉴赏资源，用于对相关事物和事件进行评价，情感资源不宜出现在这种语篇中，以免有失公允。我们发现相当多的鉴赏资源也隐喻性表达了判断意义，这种评价隐喻在上下文中实现了判断意义的扩展，是服务于诉讼活动的实际，如 "untrue/unsound（ground/reason）、inaccurate（statement）、unsound（test）、false（illusion）、invalid（the Court's test depends upon the fact that Judge Stump said he was acting in his judicial capacity）、invalid（standard）"，虽然这些都是对相关事物不同方面的鉴赏，但也隐喻性表达了对相关方（如法官）行为的评判，符合司法意见书主要就相关行为进行判决的语类实际。此外，人际意义也可以通过名词化概念隐喻的形式与一定的概念意义耦合（Martin，2017：129）。

例 7-3

　　Mr Justice Brennan took no part in the *consideration* or *decision* of this case.

例 7-3 中的 "consideration" 和 "decision" 作为名词化语法隐喻，除了常规的 "考虑" 和 "决定" 概念意义外，在司法意见书中，还附带了更重要的人际意义：由法官作出的、客观公正的、具有法律权威性。这些态度意义在上下文语境中，逐渐被附加到相应的概念意义上，并被社区成员所接受。司法豁免权是一项重要的法律原则，是法律赋予执业法官或律师的一项权益保障权利。

例 7-4

… the Circuit Judge, the only state agent, was absolutely immune from suit under the doctrine of judicial immunity. The Court of Appeals reversed, holding that the "crucial issue" was whether the Circuit Judge acted within his jurisdiction, that he had not, that, accordingly, he was not immune from damages liability, and that, in any event, he had forfeited *his immunity* "because of his failure to comply with elementary principles of procedural due process".

本例中的 "his immunity" 作为 "he (the judge) is immune from suit" 的隐喻式，通过名词化，该司法理念连同其价值观念被固化为司法原则而进入法律体系。这些名词化所建构的事物就是 Tann（2010）所说的 "圣人、神谕（Oracles）"，蕴含着社团需要接受的价值观。Tann 还提到另一种图标，即信念（Doxa），指的是 "根据'物哀'构建能使社区成员团结一致的集体价值观念"（朱永生，2015：18）。这在法学领域主要表现为一定法律观念的法律概念，如司法豁免权。在司法意见书中，另一种常见的情况是评价意义与概念意义耦合（couple）在一些固定的语言表达中，隐喻化的评价意义蕴含了作者一定的价值判断等人际意义，并与社区共享。隐喻化的评价意义是法官在说理过程中传递价值观念、预示判决结果必不可少的手段。

7.3.3 语义内聚化：增强司法论证的逻辑性

内聚化指通过衔接手段或语篇信息格律的构建，把意义压缩，实现意义阶段性聚合的趋势。内聚化的信息由于复杂度的增加，语义密度增强。内聚化可以是前瞻性的，也可以是回溯性的。这种内聚推进了语篇的发展，为作者提供了清晰论证和进行逻辑推理的手段。

语篇隐喻包括两大类（董娟、张德禄，2017）：一类发生在小句或者小句复合体内部，包括主位等价结构（thematic equative pattern）、主位谓化结构（thematic predication pattern）（Martin，1993）；另一类发生在超越小句的语篇片段内，包括元信息关系（meta-message relation）、语篇指代（textual reference）、磋商语篇性（negotiating texture）和内部连接（internal conjunction）（Martin，1992）。语篇隐喻可以实现语篇意义内聚化的目的，在司法意见书中，语篇指代包括 it、this 以及大量由 the 引出的名词词组，如 the following、the above 等，指代上下文的语篇部分，把语篇不同部分连接成结构紧密、前后衔接的整体。Martin 还提出了格律系统（periodcity），用于分析语篇信息的发展模式（Martin & Rose，2003/2007）。语篇存在不同层次的主位和新信息（Martin & Matruglio，2013），包括小句的主位和新信息、语篇片段的超主位（hyperTheme）、超新信息（hyperNew）以及语篇整体的宏观主位（macroTheme）、宏观新信息（macroNew）。司法意见书使用了大量的元信息关系（如 factors、facts、reasons、point、conclusion、consideration、opinion），以及一些内部连接（如 for example、as a result of…、on the other hand、in sum）。

例 7–5

The relevant cases demonstrate that *the factors* determining whether an act by a judge is a "judicial" one relate to the nature of the act itself, i.e., whether it is a function normally performed by a judge, and to the expectations of the parties, i.e., whether they dealt with the judge in his judicial capacity. Here, *both factors* indicate that Judge Stump's approval of the sterilization petition was a judicial act.

例 7–5 中作为元信息关系的 "factors" 用在语篇片段的超新信息中，汇聚了语篇片段的信息。以上这些语篇隐喻基本上都属于增强语义密度的组句转换工具（clausing translation device）和连句转换工具（sequencing translation device）（Maton & Doran，2017），通过语篇隐喻增强语篇的语义密度。此外，名词化概念隐喻，如本意见书中的"absence、agreement、argument、statement"也参与了语篇信息格律的建构，在建构概念意义的同时实现了语篇语义的汇聚。

例 7-6

Not one of the considerations thus summarized in the Pierson opinion was present here. There was no "case", controversial or otherwise. There were no litigants. There was and could be no appeal. And there was not even the pretext of principled decision-making. The total *absence* of any of these normal attributes of a judicial proceeding convinces me that the conduct complained of in this case was not a judicial act.

例 7-6 中的名词"absence"回溯性地内聚了以上五个小句的"not"和"no"的内容，"absence"属于衔接系统中的词汇链接手段。通过"absence"把前文的意义打包，用于概括符合司法程序要义的特点：Pierson 意见书所概括的考量、案件争议点、起诉人、上诉和进行决议的托词等，这些特点都是缺失的。前文的意义经过内聚后进一步被用于作出论断：由于这些因素的缺失，此案中的行为不是司法行为，因此法官不享有司法豁免权。法官的论证更加清晰，逻辑思路也更加清晰。从分析中可以看出，"absence"由于与其他意义关系的增加，语义密度得以增强。

例 7-7

Because Judge Stump performed the type of act normally performed only by judges, and because he did so in his capacity as a Circuit Court Judge, we find no merit to respondents' *argument* that the informality with which he proceeded rendered his action nonjudicial and deprived him of his absolute immunity.

例 7-8

The petition was approved by Judge Stump on the same day.

He affixed his signature as "Judge, DeKalb Circuit Court", to the *statement* that he did "hereby approve the above Petition by affidavit form on behalf of Ora Spitler McFarlin, to have Tubal Ligation performed upon her minor daughter, Linda Spitler, subject to said Ora Spitler McFarlin covenanting and agreeing to indemnify and keep indemnified Dr. John Hines and the DeKalb Memorial Hospital from any matters or causes of action arising therefrom."

例 7-7 和例 7-8 中的"argument"和"statement"把下文多个小句的信息汇聚在一起,语义密度增强,组织信息可以进一步进行概念意义和人际意义的耦合。"argument"隐含指具有争议的信息,而 statement 则指事实或者观点的陈述,是客观可信的。这些词语隐含的价值评价内聚化信息进一步用于推理论证,获得司法论证的结果。语篇隐喻和名词化把信息内聚化,用于推理论证,有助于获得公正的司法判决结果。因此,用于内聚化的语法隐喻和一些名词化概念隐喻构成了法官清晰推理论证的一个环节。

7.4　语法隐喻语境依赖性的语义引力阐释

本节从语义的语境的依赖性角度,结合语义引力,从抽象化、可协商化和隐秘化三个方面讨论司法意见书中语法隐喻的语义效用。

7.4.1　语义抽象化:建构复杂现象及其关系

抽象化指使语言表达去语境化的趋势。在系统功能语言学看来,语法隐喻把语义重新映射到词汇语法层,序列(sequence)实现为小句,图示(figure)实现为词组 / 短语,过程成分(element)实现为名词词组或者副词组 / 介词短语等,不同的级转移使得对经验的识解进一步脱离物质世界,更加抽象。抽象化的趋势满足了法官建构更加复杂的现象、树立司法权威的目的(Halliday,1990)。但过度的抽象化也会构筑一道知识的藩篱，在一定程度上把法律职业者与普通大众隔离，不利于司法公正的实现。

例 7-9

This Court has not had occasion to consider, for purposes of the judicial immunity doctrine, the necessary attributes of a judicial act; but it has previously rejected the argument, somewhat similar to the one raised here, that the *lack* of *formality* involved in the Illinois Supreme Court's *consideration* of a petitioner's *application* for *admission* to the state bar prevented it from being a "judicial proceeding" and from presenting a case or controversy that could be reviewed by this Court.

例 7-9 中 的 "formality、consideration、application、admission、lack" 体现了法官对法律事实的高度概括，与实际的语境比较疏远，语义引力也较弱，一定程度上增加了普通读者的阅读难度。另外，动词词组 "prevent... from" 作为语法隐喻，由动词词组表达了前后两组事实之间的逻辑关系，因果关系被抽象化为动作过程，部分实现了法律论述的抽象化。抽象化能不同程度增加普通大众理解法律事实之间关系的难度，虽然能够保证法官作为司法机构代言人的权威，但过度的抽象化会加深法官与普通大众之间的隔阂（Halliday，2004）。

概念语法隐喻的抽象化趋势也成为法官撰写意见书的重要策略之一，但过度地使用概念隐喻也会带来负面影响，如不利于受众接受相关案件事实和价值观念。司法意见书是需要呈现给社会大众的，一方面展示司法公正，另一方面教化大众（余素青，2013），必须在保证司法权威的同时保证社会大众能够理解案件的主要事实以及法院的判决，所以法官不能过量地使用语法隐喻，且有时要将隐喻式还原为一致式，以增加语义引力，增加读者的可接受性。因此，法官在撰写意见书时应在隐喻式和一致式之间不断转换，以便在保证司法权威的同时，确保社会大众能够理解和接受法院的意见和判决。例如，在呈现本案案件事实时，法官使用了较多的一致式动词 "approve"，但在阐述意见环节则倾向于使用语法隐喻 "approval"。法官使用一致式是为了增强语义引力，更加贴近实际，清晰再现客观事实，但在发表意见时则使用隐喻式，拉开与现实的距离，降低语义引力，与一般读者保持距离，构建一个更加复杂的逻辑现实，在一定程度上保证其权威性。

7.4.2　语义可协商化：构建和谐司法实践共同体

可协商化指增强小句可论辩性的趋势。人际语法隐喻可调整语境依赖性，调节语义引力，进而调整可协商性。在司法意见书中，法官需要基于事实发表司法意见，尤其是经过一审、上诉和再审且存在不同意见时，撰写意见书时需要与不同的意见进行对话，更加充分地阐释观点。人际语法隐喻为法官撰写司法意见书提供了丰富的意义潜势进行对话性协商（Halliday & Matthiessen，2004），不同意义生成资源将带来社交距离的变化（Halliday & Matthiessen，2004），调整语义引力的强弱。

在司法意见书中，情态隐喻比较常见，用于表达介于肯定和否定之间的意义。作为情态隐喻的显性主观形式，如 "we agree、I think" 为第一人称的投射小句复合体，凸显观点的表达。第一和第二人称相对第三人称来说，语境依赖性更强（Martin & Matruglio，2013）。意见书反对意见部分（dissenting）使用了较多的情态隐喻表达持有异议法官的意见。持有异议的法官在作出意见时，会明确与本案"多数法官意见"（opinion of the court）或者一审和二审意见进行对话。情态隐喻的选择可显著增加协商性，通过显性客观形式呈现。

例 7-10

As early as 1872, the Court recognized that *it was "a general principle of the highest importance to* the proper administration of justice that a judicial officer, in exercising the authority vested in him, [should] be free to act upon his own convictions, without apprehension of personal consequences to himself."

例 7-10 属于义务（obligation）型情态隐喻，由于义务被表述为一个独立的命题 "it was 'a general principle of the highest importance'"，形式上是完全客观的。与显性主观情态隐喻相比，拉远了与潜在对话者之间的社交距离，语义引力虽然比显性主观的略低，但依然是一种高值（high value）情态，可协商性仍然高于一致式，此外还有"It is true that"等。在司法意见书中，情态隐喻以"可能性"隐喻类型为主，如"we agree、it is not clear to me whether、I think"等，通过这些可能性情态隐喻，法官就案件争议点在明确表达观点的同时，也为不同观点留有余地，与不同方展开对话，逐渐呈现自己的观点，通过情态隐喻增强语义引力，提升意见书的对话性。

例 7-11

We **agree with** the District Court, **it appearing that** neither by statute nor by case law has the broad jurisdiction granted to the circuit courts of Indiana been circumscribed to foreclose consideration of a petition for authorization of a minor's sterilization.

例 7-12

When the Court says that Judge Stump was acting in "his judicial capacity" in approving Mrs. McFarlin's petition, **it is not clear to me** whether the Court means that Mrs. McFarlin submitted the petition to him only because he was a judge, or that, in approving it, he said that he was acting as a judge. But however the Court's test is to be understood, it is, **I think**, demonstrably unsound.

例 7-11 和例 7-12 中的"we agree、it is not clear to me、I think"都是主观显性可能性情态，其中例 7-12 中的"to me"使得似乎是客观显性的情态成为主观显性情态。通过情态隐喻提升意见书的对话性，语义引力的增强带来了可协商性的增强。此外，概念隐喻，包括介词短语（如"in my view"）、名词化（如"probability"）、动词短语（如"join the opinion"）等也参与调整语义的可协商性。

例 7-13

But, **in our view**, it is more significant that there was no Indiana statute and no case law in 1971 prohibiting a circuit court, a court of general jurisdiction, from considering a petition of the type presented to Judge Stump.

例 7–14

While I *join the opinion* of Mr Justice Stewart, I wish to emphasize what I take to be the central feature of this case——Judge Stump's preclusion of any possibility for the vindication of respondents' rights elsewhere in the judicial system.

在司法意见书中，人际语法隐喻在不同部分的可协商性也存在明显差异。不同意见部分的可协商性与法院意见部分的相比更强。这是因为法院意见部分呈现法庭的最终判决意见，法官倾向于直接发表意见，持反对意见的法官需要在与法院意见进行辩论的过程中逐渐推出不同的观点，论辩性更强。就每个法官个体而言，在发表意见后，法官总是使用隐性的情态，尝试在一定程度上降低语义引力，进而降低可协商性，希望在读者不知不觉中表达自己的观点。

7.4.3　语义隐秘化：提升司法意见书的语言组织

隐秘化指降低语篇与语篇外世界（主客观世界）之间的联系并增加语篇组织性的趋势。语篇隐喻的一个重要作用就是实现语篇语义的隐秘化。

前文分析的语篇隐喻中，语篇指代（如 it、this、the following、the above）多是语篇内指，相比外指而言，更加脱离语境，语义的表达和理解更加不依赖于语境。内部连接（如 for example、as a result of...、on the other hand）在增强语篇组织性的同时进一步拉远了语篇世界与语篇外世界的距离。同时，各种元语言关系（如 factors、facts、reasons、point、conclusion、consideration、opinion）和内部连接在更大的语篇片段内用于组织语篇。如 "Mr Justice White delivered the opinion of the Court." 中的 "opinion" 作为元语言关系出现在法庭意见部分的开头，作为超主位统领法官作出的意见。与之相呼应的是法庭意见结尾的 "It is so ordered" 的超新信息，"so" 是语篇指代，指代上文的司法意见。这些语篇隐喻以及中间出现的内部连接，大大增强了这一部分的组织性。语篇隐喻的使用体现了作者对语篇的谋划，建构了一个更加脱离语境的语篇世界。另外，一些名词化概念隐喻在表达一定概念意义的同时也被用于组织语篇。

例 7-15

　　Those factors were accurately summarized by the Court in Pierson vs Ray，386 US at 386 US 554. Not one of the *considerations* thus summarized in the Pierson opinion was present here.

　　例 7-15 中的 "consideration" 是这个语篇片段超新信息的一部分，通过对上文信息的汇聚组织了语篇。实际上，任何语篇都是识解经验、语篇建构的结果（Halliday & Matthiessen，1999）。语篇建构中，作者对主客观世界的经验作现象识解并生成语篇，然后为了推进语篇的发展，重新生成语篇内成分间的联系。一致式可以看作是对各种现象及其成分在语言内的语义映射，而隐喻式则是语义的再映射，从一致式到隐喻式的变化可在一定程度上用隐秘语言表达与经验世界的联系。但是语法隐喻在与一致式保持相似的同时，由于其丰富了修饰关系，可以实现语篇成分之间更好的衔接，在降低语义引力的同时，提升了语言的组织性。语法隐喻的抽象化功能降低了语义对于语境的依赖性，增加了隐秘性，因而导致与语境的疏远，语义引力也随之降低。

7.5　司法意见书语法隐喻语义效用与司法正义的建构

　　在司法意见书中，语法隐喻的运用在表现出不同语义效果的同时实现了不同的社会功能，包括客观再现诉讼事实、传递共享价值观念、逻辑化司法推理、树立司法权威、建构和谐司法社区和提升司法语言组织性。概括来说，在司法意见书中，语法隐喻的语义效用最终都是为了实现公正的司法判决（见图 7-2）。

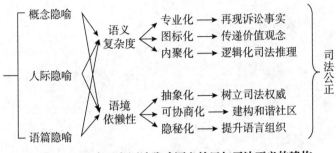

图 7-2　司法意见书语法隐喻语义效用与司法正义的建构

7.6　小结

本章论述了语法隐喻的使用在司法意见书中带来的语义效用。总体而言，概念隐喻可以增加语义密度，降低语义引力；人际隐喻可以降低语义密度，增强语义引力。语义密度的增加具体体现为专业化、图标化和内聚化的增强，语义引力的降低具体体现为抽象化和隐秘化的增强，而可协商化体现的语义引力变化则更为多样化，通常可协商化先增加后减少。语法隐喻的语义效果更好地实现了司法意见书作为一种法律语类的社交目的：作出公正的司法判决。本章既拓展了我们对语法隐喻的认识，也加深了我们对司法意见书作为一种语类在语义重构中的特点的认识。本章的分析初步提出了一个分析框架，进一步的研究需要开展定量分析，归纳总结司法意见书语法隐喻语义效用语类特点，并与中文判决书进行对比研究。

本章拓展了对语法隐喻语义效用的认识，加深了对司法判决书语言特点的把握，对司法语篇的阅读和撰写也具有一定的指导意义。本章构建了一个语法隐喻语义效用的分析框架，融合了前期关于自然学科科技语篇语法隐喻的相关研究成果，通过人文社会学科语篇实例分析验证了模式的可行性，为进一步进行多学科语篇对比分析提供了基础。虽然不同学科语篇的交际目的不同，其使用语法隐喻实现的社会功能也不尽相同，但本章的研究可提供借鉴。

第 8 章
社区矫正谈话中司法社工身份的话语构建

8.1　引言

　　社区矫正是指"对被判处管制、宣告缓刑、假释和暂予监外执行的罪犯"所实施的非监禁刑罚执行活动（《中华人民共和国社区矫正法》第 2 条）。在社区服刑过程中，社区服刑人员往往存在着诸如服刑态度、认知、行为、心理、家庭、社会交往偏差等问题，这时就需要专业的社会工作方法和理念来解决社区服刑人员的问题（费梅苹，2014）。个别教育谈话是社区矫正中司法社会工作的一项重要内容。通过个别教育谈话，司法社工可以利用其专业知识对社区服刑人员提供心理疏导、行为矫治、社会救助等。尽管《中华人民共和国社区矫正法》第 11 条规定社区矫正机构可以根据需要，组织具有法律、教育、心理、社会工作等专业知识的社会工作者开展社区矫正相关工作，但是司法社工在社区矫正工作中的身份定位比较模糊，不利于司法社工有效地开展社会工作。虽有学者从法理学的角度对司法社工的法律身份和地位进行界定（李岚林，2016；Dhavaleshwar，2016），但未涉及司法社工的教育矫治话语与其身份之间的关系。为考察社区矫正司法社工如何使用话语建构身份，本章尝试搭建合法化语码理论视角下司法社工身份构建和话语实现的分析框架，研究司法社工如何在个别教育谈话中实现其身份建构。

8.2 身份建构的理论基础

8.2.1 身份的社会建构主义研究

身份的研究是社会学、心理学、语言学、刑事司法等领域研究的热点之一。随着身份研究的话语转向和后现代转向，身份观经历了从本质主义到社会建构主义的转变（陈新仁，2014）。社会建构主义身份观认为身份来自磋商过程和语境化，需要通过话语来实现，是一个始终嵌置于社会实践中的过程。对身份的语言学研究多集中于语用学视角（陈新仁，2018；冉永平，2018；Blitvich，2009；Spencer-Oatey，2007），一般都反映了社会建构主义的基本观点。系统功能语言学视角下的身份研究关注身份建构的语义资源和语境特征，探索交际互动中的身份建构（Hasan，2004），强调价值观协商与身份建构的密切关系（Martin，2010），也体现了社会建构主义身份观。尽管研究重心逐渐从语言的使用转向语言使用者，然而以上研究未涉及社会活动中知识—知者结构在个体身份建构中的重要作用，忽略了不同主体对专门知识和社会知识要求程度的不同。

8.2.2 合法化语码理论与个体身份构建的融合

合法化语码理论这一新的教育社会学理论由社会学家 Maton 通过传承与拓展语码理论与知识结构理论（Bernstein，1996）创立而成，并将关注焦点落在知者身上。合法化语码理论的"专门性"维度是知识的获取和实践与客体和主体之间的关系。知识实践是由认识关系（epistemic relations，ER）和社会关系（social relations，SR）两方面构成的。知识建构行为与专业（客体）的关系为认识关系；知识建构行为与知识建构者（主体）的关系为社会关系（Maton，2014：29）。它们共同形成了该类知识建构行为的合法化语码。根据这两类关系的强弱（ER+、ER−、SR+、SR−），Maton（2014）将知识建构行为划分成知识语码、知者语码、精英语码和相对语码（见图 8-1）。

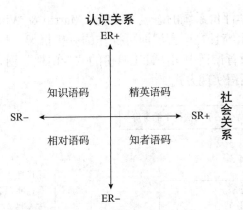

图 8-1　"专门性"维度基础上的合法化语码（Maton，2014）

近年来，系统功能语言学个体化研究关注社会个体如何使用话语社团所共有的表义资源，体现个人的特点，完成个体身份的建构（石春煦，2019；朱永生，2012；Martin，2009）。Martin 融合了合法化语码理论和个体化理论来分析澳大利亚青少年犯在司法调解协商会中的身份（Martin，2009；Martin et al.，2013；Zappavinga & Martin，2018）。旷战、刘承宇（2017）从认知关系与社会关系两个维度考察了精神科医生话语身份在词汇语法、语篇语义和语境三个层级的示例化表征，揭示了知识在个体编码取向划分中的重要作用。郑洁（2019）基于合法化语码理论，结合多模态理论，分析在社区矫正适用前调查评估中，被告人的监督人如何运用多模态资源构建自身身份。以上研究为从合法化语码的视角研究说话人身份奠定了基础，但却未提出一个可行的身份分析框架来考察个体身份"专门性"建构的特点与话语实现方式。为此，本章基于合法化语码理论的"专门性"维度，建构社区矫正个别教育谈话中司法社工身份分析的框架，将司法社工身份假定为四种，在分析中加以验证，并试图回答核心研究问题，即司法社工的四种身份如何通过态度资源得以构建。

8.3　司法社工身份分析框架

基于合法化语码理论的"专门性"维度（Maton，2014），并结合系统功能语言学评价系统的态度子系统（Martin & White，2005），本章搭建了较为系统且在语言层面可操作的分析框架（见图 8-2），包含社区矫正个别教育谈话中司法社工身份的"专门性"划分，以及司法社工各种身份的话语实现方式。

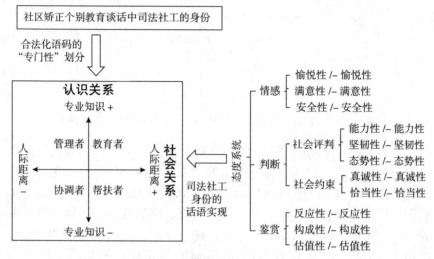

图 8-2 司法社工身份分析框架

首先，基于合法化语码理论"专门性"维度中的认识关系与社会关系，构建社区矫正个别教育谈话中司法社工身份的拓扑图。在个别教育谈话中，一方面，社区矫正工作的专业性要求司法社工拥有扎实的专业知识，并熟知社区矫正监督管理的相关规定，综合运用法学、社会学、心理学、教育学、犯罪学等专业知识开展有针对性的帮教工作；另一方面，司法社会工作以"助人自助"为基本价值取向，遵从"平等、尊重、接纳"的价值观。司法社工为社区服刑人员提供专业服务的过程也是司法社工与社区服刑人员之间人际交往的过程。鉴于此，以司法社工专业知识运用的多少为纵轴，以司法社工与社区服刑人员人际距离的远近为横轴，可以划分司法社工在个别教育谈话过程中呈现的四种身份，即教育者、帮扶者、协调者和管理者。

其次，结合系统功能语言学评价系统的态度子系统，分析司法社工身份的话语实现。从司法社工专业知识的运用以及与社区服刑人员的人际距离两方面考察司法社工如何使用情感、判断和鉴赏三种态度资源构建不同的身份。

8.4　司法社工身份的话语建构

8.4.1　态度资源在个别教育谈话中的分布

Martin（2010）认为，语言的使用可以构建人们不同的身份。因此，统计司法社工在谈话中针对不同评价对象所使用的态度评价资源的差异，可以为后续分析司法社工不同身份的话语构建提供支持。本章使用语料库分析工具（UAM CorpusTool 3.3k）对司法社工在个别教育谈话中使用的态度资源进行标注，并统计其分布规律，步骤为：（1）将个别教育谈话中司法社工的 10 篇话语按照评价对象的不同分为 7 个 TEXT 文本，即服刑经历、所犯罪行、犯罪后果、工作和生活、服刑人员、家人 / 朋友和受害人和司法社工，载入 UAM；（2）设计标注系统。以系统功能语言学评价系统的态度子系统作为标注系统，包括情感、判断与鉴赏，并有积极与消极之分；（3）在 UAM 中对 7 个 TEXT 文本中司法社工使用的态度资源逐一进行标注；（4）通过 UAM 对 7 个 TEXT 文本中标注的态度资源（数量和百分比）进行数据统计。表 8-1 中数据表明司法社工在个别教育谈话中针对不同评价对象所使用的情感、判断和鉴赏资源的类别、特征和分布差异。

表 8-1　态度资源在个别教育谈话中的分布

评价对象	服刑经历		所犯罪行		犯罪后果		工作和生活		服刑人员		家人 / 朋友和受害人		司法社工	
分布特征	数量	百分比	数量	百分比	数量	百分比	数量	百分比	数量	百分比	数量	百分比	数量	百分比
态度类别	N=94		N=110		N=76		N=132		N=154		N=115		N=97	
情感	N=57		N=31		N=21		N=44		N=45		N=61		N=29	
积极情感	3	3%	0	0%	0	0%	36	27%	28	18%	17	15%	26	27%

续表

评价对象	服刑经历		所犯罪行		犯罪后果		工作和生活		服刑人员		家人/朋友和受害人		司法社工	
分布特征	数量	百分比	数量	百分比	数量	百分比	数量	百分比	数量	百分比	数量	百分比	数量	百分比
消极情感	54	57%	31	28%	21	27%	8	6%	17	11%	44	38%	3	3%
+ 愉悦性	0	0	0	0			12	9%	8	5%	7	6%	11	12%
− 愉悦性	21	22%	9	8%	12	16%	3	2%	4	3%	22	19%	3	3%
+ 满意性	2	2%	0	0			15	11%	19	12%	2	2%	9	9%
− 满意性	17	18%	18	16%	4	5%	2	2%	7	5%	13	11%	0	
+ 安全性	1	1%	0	0			9	7%	1		3	3%		
− 安全性	13	14%	4	4%	5	6%	3	2%	6	4%	9	8%		
+ 意愿性	0	0	0	0			0		0		5	4%	6	6%
− 意愿性	3	3%	0	0			0		0		0		0	
判断									N=109		N=54		N=68	
积极判断									97	63%	19	17%	64	66%
消极判断									12	8%	35	30%	4	4%
+ 能力性									36	24%	4	4%	30	31%
− 能力性									5	3%	20	17%	0	
+ 坚韧性									31	20%	0		7	7%
− 坚韧性									1		0		0	
+ 态势性									7	5%	0		0	
− 态势性									0		8	7%	0	
+ 恰当性									20	13%	15	13%	25	26%
− 恰当性									6	4%	7	6%	4	4%
+ 真诚性									3	2%	0		2	2%
− 真诚性									0		0		0	
鉴赏	N=37		N=79		N=55		N=88							
积极鉴赏	30	31%	9	8%	0	0%	72	55%						
消极鉴赏	7	9%	70	64%	55	73%	16	12%						

续表

评价对象 分布特征	服刑经历		所犯罪行		犯罪后果		工作和生活		服刑人员		家人/朋友和受害人		司法社工	
	数量	百分比	数量	百分比	数量	百分比	数量	百分比	数量	百分比	数量	百分比	数量	百分比
＋反应性	7	8%	0		0		16	12%						
－反应性	3	3%	17	16%	12	16%	4	3%						
＋构成性	1	1%	3	3%	0		6	4%						
－构成性	0		5	4%	7	9%	2	2%						
＋估值性	22	24%	6	5%	0		50	38%						
－估值性	4	4%	48	44%	36	48%	10	8%						
积极/消极态度	N=94		N=110		N=76		N=132		N=154		N=115		N=97	
积极态度	33	35%	9	8%	0	0%	108	83%	125	81%	36	31%	90	93%
消极态度	61	65%	101	92%	76	100%	24	17%	29	19%	79	69%	7	7%

说明："＋"表示积极态度；"－"表示消极态度。

8.4.2　司法社工身份的态度资源实现

下文从司法社工专业知识的运用以及与社区服刑人员人际距离两个方面考察司法社工如何使用情感、判断和鉴赏三种态度资源构建自身教育者、帮扶者、管理者和协调者的身份。

1."教育者"身份之话语构建

司法社工身份分析框架（见图 8-2）中的拓扑图纵轴上端"专业知识＋"和横轴右端"人际距离＋"共同构成司法社工"教育者"身份。司法社会工作服务的顺利开展在很大程度上依赖于多学科的全面发展和工作者对相关领域知识的良好把握（Dhavaleshwar，2016）。司法社工利用其社会学、社会工作、法学、心理学等专业知识对社区服刑人员进行个别教育谈话，需要走近社区服刑人员，与他们建立良性非审判性关系，才能更好地开展教育矫正计划。社区服刑人员唯有认识到自己的罪行对自身、家人、被害人及社区所带来的危害，才能真正认罪伏法，产生悔罪赎罪的心理，从被强制执行到自愿执行社区矫正。在个别教育谈话中，司法社工使用的消极鉴赏资源在对社区服刑人员所犯罪行的态度评价中占 64％，在对犯罪后果的态度评价中占 73％。司法社工对社区服刑人员犯罪亦作出消极判断。

例 8-1
社区服刑人员：我手臂被砍了那么长一道口子，我反击还不算正当防卫？
司法社工：你们双方打起之后，有没有哪个中途停下来？
社区服刑人员：那个场面根本就停不下来啊，我停了要被他砍死啊。
司法社工：《刑法》规定斗殴过程中在两种情况可以正当防卫：一是一方明示并且中止了斗殴，另一方仍然进行攻击时，中止一方可以正当防卫；二是一方的攻击急剧加重时，另一方可以进行正当防卫。对方打了你，你完全可以跑开啊，然后报警，没有必要一定要动手还击（消极判断：-恰当性）。

在例 8-1 中，社区服刑人员表达了自己遭受法院判决不公的愤懑心情，认为自己的行为是正当防卫、不构成犯罪。认罪伏法是社区服刑人员接受矫正、全面回归社会的前提。因此在例 8-1 中，司法社工援引刑法法条来纠正社区服刑人员对罪名的错误理解。司法社工对社区服刑人员犯罪行为的消极评价，如"没有必要一定要动手还击"（-恰当性）强化了其"教育者"的身份，引导社区服刑人员时刻注意自己的在刑身份。作为"教育者"，司法社工法学专业知识的运用纠正了社区服刑人员对定罪的错误理解。

在教育矫治的过程中，国外学界研究的重新融合性羞耻（reintegrative shaming）（Braithwaite，1989；Zappavinga & Martin，2018）也常常出现在司法社工的话语里。强化家庭成员之间天然的情感联结是教育矫治的有效手段（Zappavinga & Martin，2014）。司法社工使用消极情感资源来讲述社区服刑人员犯罪对家人带来的伤害，使其产生羞耻感，进而真诚地悔罪，最终重返社区。

例 8-2

司法社工：你能不能想象刚才你的妈妈坐在这儿谈到你犯的事
情的时候难过地掉眼泪（- 愉悦性），当着这么多人。
你能想象到这个画面吗？

社区服刑人员：很感动，真的很感动。十多年了，我觉得她为我掉
过一滴眼泪。

司法社工：除了感动，还有别的吗？

社区服刑人员：我妈很要强，她哭成这个样子我很难受。我再也不
会犯事了。

司法社工：你是个明白事理的孩子（+ 恰当性），今后真的不
能再做错事，不能再让妈妈伤心了。

例 8-2 中，司法社工使用消极情感资源"难过地掉眼泪"（- 愉悦
性）来谈论社区服刑人员犯罪给妈妈带来的伤痛，并强调"当着这么多
人"，这实际上是对社区服刑人员施加了重新融合性羞耻。Braithwaite
（1989：83）认为"犯罪人亲朋好友的情感反应可以作为情感杠杆来实
施重新融合性羞耻。一个感受到羞辱的亲人可以将这种羞耻感以有利于
犯罪人重新融合的方式传递给他"。妈妈因儿子的过错流泪，其所传达
的道德谴责远大于法官判决所承载的道德谴责。对家人的愧疚之情能够
有效避免社区服刑人员二次犯罪。

Braithwaite（1989：100-101）强调"重新融合性羞耻要避免给
犯罪人贴上消极标签，在谴责犯罪人行为的同时包含支持、鼓励、接
纳与帮助"。司法社工在对社区服刑人员耻辱重建的过程中需要拉近与
社区服刑人员的人际距离，发现他们的积极价值。从对社区服刑人员
的积极判断占比高达 63％可以看出，司法社工是本着恨其罪、爱其人
的思想，通过重新整合社区服刑人员的羞耻心而非侮辱其人格的方法，
教育其悔过自新。司法社工话语中积极的判断资源，如"你是个明白
事理的孩子"（+ 恰当性），传递着对社区服刑人员的关心和鼓励，支
持其重新融入社区。

2. "管理者"身份之话语构建

司法社工身份分析框架（见图8-2）中，纵轴上端"专业知识+"和横轴左端"人际距离-"共同构成司法社工"管理者"这一身份。身为"管理者"的社区矫正工作者"要密切关注矫正对象的行为和思想动态，及时给予管理、教育和帮助"（丁寰翔、陈立峰，2007：583）。在个别谈话中，司法社工基于自己掌握的社区矫正规章制度知识，就社区服刑人员必须履行的义务作细致讲解。鉴于刑罚执行的强制性与严肃性，司法社工协助司法所工作人员的管理工作时，与社区服刑人员的人际距离比较远。在个别谈话中，司法社工使用消极鉴赏和判断资源来构建了其"管理者"身份。

例 8-3

　　司法社工：你在缓刑期间，刑满释放是五年，社区矫正是三年。

社区服刑人员：怎么刑满释放变成五年了？

　　司法社工：从监狱里面出来的，刑满释放五年内再犯，就没有缓刑可判的（消极鉴赏：－估值性）。在缓刑过了之后这三年之内属于安置帮教，安置帮教这三年之内也不能犯相同的错误或者说其他的罪，这个到时候是没有缓刑可判的（消极鉴赏：－估值性）。

社区服刑人员：那个我知道。

　　司法社工：你属于重犯、累犯这种了（消极判断：－恰当性）。

社区服刑人员：如果重犯会怎样呢？

　　司法社工：那就没有缓刑可判了，直至收监执行（消极鉴赏：－估值性）。

《中华人民共和国社区矫正法》第28条规定了对违反法律法规或监督管理规定的社区服刑人员应依法予以处罚直至收监执行。在例8-3中，司法社工保持与社区服刑人员较远的人际距离，严肃告知其违反社区矫正监督管理规定再犯罪的后果，并对后果严重性如"没有缓刑可判"（－估值性）作出消极鉴赏。在例8-3中，司法社工使用"缓刑、刑满释放、安置帮教、重犯、累犯、收监"等正式的法律术语，一方面利用其专业知识告知社区服刑人员违反规定再犯罪的后果，另一方面使用含有隐性评价意义的专业术语保持与社区矫正人员较远的人际距离，体现"管理者"身份。"那就没有缓刑可判了，直至收监执行"（－估值性）是对社区矫正人员再犯罪作出的消极鉴赏。消极估值性占对犯罪后果的态度评价的 48%。司法社工以"管理者"的身份要求社区服刑人员严格服从各项管理规定，防止其因不当举动对自己、他人和社会造成更严重的危害。"你属于重犯、累犯这种了"（－恰当性）是司法社工对社区服刑人员再次犯罪的消极判断。Martin & White（2005）把社会约束分为真诚性和恰当性。恰当性的评价标准是某人的行为是否合法，是否符合社会道德，是否应受到社会谴责。作为"管理者"，司法社工使用消极恰当性资源明示社区服刑人员的行为将构成犯罪，督促他树立在刑意识，加强接受司法所日常管理的自觉性。

3. "帮扶者"身份之话语构建

司法社工身份分析框架（见图 8-2）纵轴下端"专业知识 －"和横轴右端"人际距离 ＋"共同构成司法社工"帮扶者"身份。司法社会工作坚持利他主义的价值理念，帮助罪错者、受害人以及相关利益人中的受助者等弱势群体解决他们的问题（何明升，2014）。在社区矫正实践中，司法社工也贯彻"平等、尊重、接纳"等社会工作价值理念，帮助社区服刑人员发现自身的能力和资源，重建再社会化的社会支持网络，并提供安置帮教工作。在司法社工的话语中，态度资源的使用凸显其"帮扶者"的身份。在个别教育谈话中，司法社工通过使用情感资源深入社区服刑人员内心去体验他们的情感和思维，把共情传递给对方。在评价社区服刑人员的服刑经历和所犯罪行时，司法社工使用的消极情感资源分别占 57% 和 28%。司法社工往往使用消极情感资源去感知社区服刑人员的愤懑、不安与难处，与社区服刑人员建立信任是构建司法社工"帮扶者"身份的前提。

例 8-4

司法社工：那个人出了什么事情，怎么会牵连到你呢（消极情感：－满意性）？

社区服刑人员：我怎么知道？如果我知道……

　　　司法社工：你是不知道情况的（消极情感：－安全性）？
　　　社区服刑人员：如果我那么清楚的话，我就不是这个罪名了。

　　在例8-4中，司法社工通过使用隐性消极情感资源（－满意性、－安全性）对社区服刑人员产生共情。当社区服刑人员感到自己被理解、被悦纳时，负面情绪得以释放，对司法社工增加信任，并作出更多积极反馈。此时个人谈话的助人效果得以实现。

　　司法社工"帮扶者"的身份是社会工作"助人自助"价值理念的体现。社区服刑人员作为特殊社会群体，自身价值感较低，难以融入社会生活（Martin & Zappavigna，2016）。司法社工要帮助他们发现自身的能力和资源，促进自我发展，恢复他们的社会功能（何明升，2014）。在个别谈话中，司法社工使用积极判断资源和鉴赏资源挖掘社区服刑人员的内在潜能，使他们感受到自己不是一味地接受服务，也是服务的提供者，从而实现自助。当评价对象为社区服刑人员时，积极判断资源占态度资源的63%。当评价对象为他们今后的工作和生活时，积极鉴赏资源占55%。

　　例8-5
　　　司法社工：我觉得你有两个非常大的闪光点（积极鉴赏：＋积极判断：＋估值性）。一个是你的语言表达能力真的挺好的（积极判断：＋能力性），逻辑感也好（积极判断：＋能力性）。你很会把自己的想法表达出来。这是一个很大的优势（积极鉴赏：＋估值性），在你今后的工作中很有用（积极鉴赏：＋估值性）。另一个是我觉得你是一个挺狠的人（积极判断：＋坚韧性）。这不是一个贬义词，你不是那种退缩型的人，不是那种逃避的人（积极判断：＋坚韧性）。

　　在例8-5中，司法社工使用积极判断资源（＋恰当性、＋能力性、＋坚韧性）肯定社区服刑人员的价值、解决问题的能力和坚持不懈的意志品格。相较于消极自卑或自暴自弃，自食其力的社区服刑人员多了对自我价值的肯定，就业谋生能力的提高可以促进社区服刑人员更好地适应社会。司法社工帮助社区服刑人员发现并肯定其潜在的积极价值，撕掉"犯罪分子"标签，成为自食其力、对社会有益的人。

4. "协调者"身份之话语构建

司法社工身份分析框架（见图 8–2）纵轴下端"专业知识 –"和横轴左端"人际距离 –"共同构成司法社工"协调者"身份。社区矫正中的司法社会工作涉及的部门包括政府职能部门、群团组织和社会团体。为了有效助人，司法社工需要主动与检察院、法院及公安机关沟通合作，开展服务，积极对接福利服务机构、志愿组织与社会各界。相较于"教育者"和"帮扶者"的身份，司法社工充当社区服刑人员与各种外部资源的"中间人"（Dhavaleshwar，2016），与社区服刑人员的人际距离相对较远。"协调者"身份可以通过司法社工态度资源的使用得以构建。特别是司法社工积极判断资源（＋能力性）的使用。积极能力性在司法社工评价自己的态度资源中占比达 31%，展现了司法社工在整合多方资源，协调司法部门、机构组织、社区等方面作出的努力，凸显了其"协调者"的身份。

例 8–6

　　司法社工：我现在主要是了解你的情况。有困难的话，你一定要提出来，不用过多隐瞒。我们这边不同，我们是民间组织，是社工。

社区服刑人员：我知道，我知道。

　　司法社工：所以呢，我可以帮你协调（积极判断：＋能力性）司法所那边，看你有什么困难。

社区服刑人员：现在最大问题是没收入。

　　司法社工：我们有几个长期合作的安置帮教基地。之前我联系了东桦农场帮助菜某某就业安置（积极判断：＋能力性）。你这边我会再去协调（积极判断：＋能力性）。

刑罚执行的强制性使部分社区服刑人员面对司法所工作人员时产生畏惧心理，不愿意交流自己的难处和需求。李岚林（2016：150）认为，"刑罚执行和司法社会工作具有相互嵌入的特点"。在例 8–6 中，司法社工表明自己不隶属于政府机构，并运用积极判断资源"帮你协调"（＋能力性），展示自己作为中间人将社区服刑人员的需求与社区矫正机构的资源连接起来的能力。此外，择业、就业的艰难使社区服刑人员自我价值感低下，收入锐减很容易导致二次犯罪。司法社工使用积极能力性资源，如"我联系了……帮助菜某某就业安置"和"我会再去协调"，表明其多部门联络为社区服刑人员寻求工作机会的能力，强化其"协调者"身份，这有助于增强社区服刑人员重返社会的信心，实现预防犯罪、稳定社会秩序的专业司法社会工作服务目标（Lynch & Brawley，1994）。

8.5　小结

　　本章将合法化语码理论的"专门性"维度运用于社区矫正司法社工身份的界定，并运用语料库分析工具明晰司法社工针对不同评价对象所使用的态度资源的差异，凸显司法社工的不同身份。研究发现，结合司法社工的专业知识及与社区服刑人员的人际距离，司法社工呈现出"教育者、帮扶者、管理者和协调者"四种身份。作为"教育者"，司法社工在运用专业知识进行谈话时，要拉近与社区服刑人员的人际距离。使用消极鉴赏资源评价社区服刑人员的罪行与犯罪后果，对其犯罪作出消极判断。在运用消极情感资源批评社区服刑人员犯罪时，使用积极判断资源鼓励其正向改变。

　　作为"管理者"，司法社工基于自己掌握的社区矫正制度与规定要求社区服刑人员接受监督管理，与其维持较远的人际距离。消极情感、判断和鉴赏资源的使用向社区服刑人员明示了违反社区矫正监督管理规定的严重后果。作为"帮扶者"，司法社工较少使用专业知识，维持与社区服刑人员较近的人际距离。在评价社区服刑人员的服刑经历、罪行和生活时，司法社工使用消极情感资源产生共情，同时使用积极判断资源肯定社区服刑人员的价值。作为"协调者"，司法社工较少运用专业知识，与社区服刑人员的人际距离较远。积极判断资源的使用表明司法社工对自己协调多方资源能力的肯定。本章为后续开展社区矫正司法社工话语与身份的适切性研究奠定了基础。后续研究将考察司法社工的话语是否符合其身份预期，并从话语策略维度为完善司法社工的话语提供改进建议，使司法社工更具法律意识、红线意识与底线意识，言行符合社区矫正司法社会工作"司法本位"的功能定位。

第 9 章
法治的多模态建构——反腐公益广告的语类分析

9.1 引言

现代意义的法治被认为是西方文明的产物，公元前 3 世纪，亚里士多德对法治作出的论断中，法治的含义包括两个方面：一是已成立的法律获得普遍的服从，二是大家所服从的法律应该是已经制定得良好的法律，强调法律的权威性和道德性，即"良法之治"（王人博、程燎原，2014）。然而作为治国理政方式，法治已超越一时一地成为人类文明共享的观念。人们对法治的追求从未止歇，关于法治含义的讨论亦不绝于耳。我国先秦法家亦主张法治，强调法的工具性，法律为统治者所服务，其权威性处于君主之下。发展至今，在全面推进依法治国的背景下，法治更强调法律对公权力的制约和规范，防止权力腐败（张志铭、于浩，2015）。反腐败是我国目前建设法治国家、维护社会公平正义的重要内容和领域。

随着新媒体的发展和运用，在推进反腐败和宣传法治的过程中，互联网成为法治宣传工作不可或缺的重要渠道，网络媒体和视觉资料正发挥着日益重要的作用。2001 年，司法部办公厅和法制宣传司与法制日报社联合创建了中国普法网（现更名为"智慧普法平台"），利用网络扩大普法宣传的影响力；2013 年，中央纪委国家监委网站正式上线，履行权威信息发布、宣传教育、网络监督的职责。这些官方门户网站发布的材料不再局限于文本这种单一模态，增加了漫画、微电影、动画等更为形象的多模态宣传材料。"在对社会行为和意义表征进行解读时，应当将非语言符号等表意资源考虑在内。"（Jewitt，2009：55）因此，本章将采用多模态语篇分析方法，以系统功能语言学为理论基础，对 50 个发布于官方网站的反腐公益广告进行分析，并结合语类分析方法，探索反腐公益广告中反腐法治文化的多模态建构方法及过程。

　　学界对反腐法治宣传的探究多从法学、政治学、传播学等视角进行讨论。王永杰（2007）提出法治宣传应由过去的话语霸权转化为理性对话，并主张将情感呼吁和道德教化引入法治宣传的范式之中，认为通过情感对话、提升公民的道德素质能够帮助他们更进一步地把握法治所蕴含的伦理价值。刘捷（2016）回顾了自战国时期以来关于廉洁的文化根基，指出廉洁的文化内涵为当今反腐倡廉提供了道德基础，也进一步充实了当前中国法治的含义。从语言学角度入手的反腐宣传分析则多着墨于新闻报道，侧重探索反腐话语中"廉洁"的建构。于琴（2017）运用语料库方法对人民日报有关反腐倡廉的话语进行了研究，通过对官媒报道中有关"不敢腐""不想腐""不能腐"等词频的统计分析，揭示反腐廉政话语秩序的建构。随着多模态话语研究理论的充实，反腐多模态语篇亦得到学者的关注，其中反腐话语中使用的隐喻和转喻得到了最多的讨论。通过对反腐漫画中转喻和隐喻的识别和解读，张辛未、赵秀凤（2016）归纳了构建腐败和反腐败的典型源域，探讨了转喻和隐喻之间的互动，并阐述了转喻和隐喻在构建反腐语篇宣传反腐观念中的积极作用。刘银、杨文彬（2017）探究了反腐倡廉平面广告中多模态隐喻和转喻现象，指出反腐倡廉主题建构的基本策略为合法己方立场并由此使对方非法化，对隐喻和转喻机制的研究弥补了反腐话语多模态研究的空缺，从认知的角度揭示了腐败以及反腐败观念的构建。以上对于反腐话语的分析涉及词汇、语言以及多模态修辞策略，然而却并未以语篇这一宏观视角来分析反腐话语，在分析时也并未将反腐话语作出语类的区别。针对以上研究的启示和空缺，本章聚焦反腐公益广告这一特定语类，从语境连续系统中的语类入手，揭示法治在这种语类中的多模态建构，以期对中国反腐的普法教育以及法治宣传研究有所启示。

9.2　理论基础

9.2.1　多模态语篇分析

多模态语篇分析受到系统功能语言学的启示，Halliday（1978,
1994）曾指出语言与非语言符号是特定语境下建构意义的"资源"。
Kress（2010：79）将这些"创造意义的符号资源"定义为模态，并指出
任何模态（如图像、手势、表情等）都跟语言一样，是完整的"表意系
统"。在多模态语篇分析中，多种符号系统被纳入统一的分析范畴，其中
非语言符号系统与语言符号系统一样，被视为表意资源（冯德正，2017）。
多模态研究自受到学界关注以来得到迅猛发展，其研究对象从单张、静态
的图片到动态、连续的视频，如广告和电影（Bateman & Schmidt, 2012），
再到课堂教学、庭审等即席对话（Hood, 2011；Yuan, 2018）。

对各种语篇形式的探讨推动着多模态理论的建设和应用分析的拓
展，学者并不满足于描述和分析单个多模态语篇的细节建构，而是开始
从更为宏观的角度来思考多模态语篇，将多模态语篇视为一种语篇类型，
并关注其建构与社会现实间的关系和互动。Ventola（1988）认为语类
成分亦是如此，若不考虑非语言特征的作用，则无法全面认识语类成分
和语类结构，用多模态分析方法对语类进行探讨是十分必要的。丁建新
（2007）指出，体裁分析的热点问题是体裁的权力与政治。

9.2.2　语类

Martin（1997：306）将语类定义为"分阶段、有目标导向的社会过
程"，其语境模式始于对系统功能语境模型的重新探讨（张德禄，
2010）。语类被定位在文化层，体现了某一文化中的社会惯例，是该文
化下社会选择的结果，并被视为文化分析的基本单位（Martin & Rose,
2008）。在这一层次化的语境模型中，语境作为内涵符号，需要通过内
容层面和音系层面等外延符号体现，这些外延符号是语境层的表达形式。
语类制约语域变量（即语场、语旨、语式）的选择，并由语域体现；语
域则由语篇语义层体现，然后进一步由词汇语法层体现；分层的内容层

面则由音系层体现（见图 9-1）。

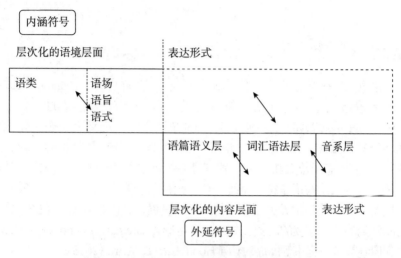

图 9-1 层次化的语境模型（Martin，2001）

在探讨具体的语类时，Martin & Rose（2008）首先阐述了故事语类，并认可故事在社会生活中的核心作用：它们对社会成员有着极大的吸引力，同时又常被用来解释这个世界、评价事件和他人、娱乐和教育我们的后代。Bruner（1997）认为，经典叙事学理论过于偏重成分结构而忽略了评价的人际功能以及故事的结构变体。为此，悉尼学派以系统功能语言学为基础，通过对大量口语和书面故事的识别与分析，对 Labov & Waletzky（1967）的叙事分类和结构进行了扩充和更为精细化的描述（Macken-Horarik，2003；Rose，2006）。最终，依据行文是否按照时间顺序、故事中是否有曲折冲突、冲突如何得到解决以及故事的结尾是否有反应方式等标准，故事语类被细分为六种类别，分别是新闻故事、讲述文、叙事文、轶事文、说教文和观察文（见图 9-2）。

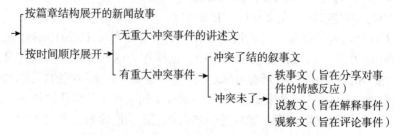

图 9-2 故事语类系统（Martin & Rose，2008）

反腐公益广告多使用故事语类来讲述并评价与腐败或廉洁相关的事件、概念以及个体，其目的是教育和劝诫观众杜绝腐败。本章对反腐公益广告这一语类进行探索，试图通过对反腐公益广告语篇的三个语域变量的分析和讨论，以期窥见中国反腐进程中的法治文化。

9.2.3　多模态评价分析

Martin & White（2005）在系统功能语言学人际意义的基础上发展了评价系统，将人际功能在语篇语义层的实现方式拓展为态度（attitude）、级差（graduation）和介入（engagement）三个子系统。其中，态度是评价系统的核心，级差和介入皆为态度服务（袁传有，2008）。在评价系统创立之初，Martin & White（2005：69）就指出："如果我们转向社会符号学视角，副语言（手势、表情、音量）和其他模态的交际（图像、音乐、肢体动作）将成为评价研究的焦点。"之后，许多学者对多模态评价系统的实现机制、资源及评价策略进行了探讨，如Economou（2009）对新闻图片进行了系统的评价研究，并阐释了多模态语境下评价意义建构的理论框架；Unsworth（2015）进一步探索了多模态评价意义的实现手段。本章将以Economou（2009）提出的多模态评价框架为基础，对反腐公益广告中出现的多模态评价的意义进行识别和分类，将评价的意义作为子语类划分的标准之一。除了作为语篇的人际意义，对评价在语类分析中的考察还将涉及其在反腐公益广告中的分布，以及在实现语类总目标时起到的作用和功能等方面。

9.3　反腐公益广告分析框架

本研究采取定性分析方法，研究对象为反腐公益广告。我们选取了2012—2017年中央纪委国家监委网站和各省级检察院官网发布在"视频学习"专区的优秀案例，以及中国普法网（智慧普法平台）视频资源库中以反腐为主题的公益广告。为方便视频的撰写分析，我们选择的公益广告时长均在1~2分钟，共计50个。本研究对反腐公益广告的描述和分析分为四个层级（见表 9-1）。这四个层级分别是镜头（shot）、场景（scene）、小段（phase）和阶段（stage）。镜头是未经剪辑的连续拍摄图像，是描述和分析的基本单位，一个镜头中的图像也有可能发生变化，这种变化不是由剪辑造成的，而是由摄像头的平移、推进或缩放导致的；场景由在同一时间和空间内所拍摄的不同镜头组成；小段不局限于某一组镜头或某一个特定的场景，而是从语义和叙事角度出发，将语类分析放到更大的精密阶中；阶段则是对整体结构进行的划分，是故事发展的指标（Rose，2006）。在本研究的分析过程中，我们将首先以镜头为单位对视频进行分解截屏，对多模态评价进行人工标注和分析，然后以此为基础划分出反腐公益广告的语类阶段。

表 9-1　反腐公益广告分析的四个层级（Iedema，2001；Rose，2006）

序号	层级	描述
1	镜头	未经剪辑的连续拍摄图像
2	场景	在同一时间和空间中拍摄的不同镜头
3	小段	构成叙事要素的一系列场景
4	阶段	叙事阶段由小段组成，用于预测故事发展

9.4　分析与讨论

9.4.1　作为语类的反腐公益广告

经典叙事理论将叙事语篇的结构分为六个部分：开场、指向、进展、评价、结局和回应（Labov & Waletzky，1967）。反腐公益广告的篇幅通常较为短小精悍，在这样的语类中，故事的矛盾往往得不到具体的发展。因此，我们识别了事件、评价、泛化三个必要阶段。通过再现和描述与腐败或廉洁相关的事件过程，视频制作者对该事件及当事人进行评价，并进一步将评价泛化，将观众重置于该评价的语境之中，深化其对腐败危害严重性的认知，并促使其在现实工作中做到廉洁自律，与反腐公益广告中所倡导的观念相匹配。

Martin & Rose（2008）延续了经典叙事理论中将评价作为核心阶段的认知，并提出评价是进一步区分故事家族子语类的标准之一。如表 9-2 所示，基于情感（affect）、判断（judgment）和鉴赏（appreciation）三种不同的态度，我国反腐公益广告又可以被区分为轶事文、说教文和观察文。其中，轶事文评价阶段的主要目的是倡导观众秉持对腐败的负面情感态度，由小段"情感反应"实现；说教文侧重于强调对腐败者的道德批判和法律判断，由小段"判断阐释"实现；观察文则旨在表述对廉洁这一美德的鉴赏，由小段"鉴赏评论"实现。下节将分别对反腐公益广告三个子语类的语场、语旨和语式进行描述和分析。

表 9-2　反腐公益广告故事子语类

子语类	事件	评价	泛化
轶事文	事件描述	情感反应	命令
说教文	事件描述	判断阐释	劝诫
观察文	事件描述	鉴赏评论	号召

9.4.2　反腐公益广告语场

语场是指以语类整体目的为导向的活动序列，对语场的描述和分析有助于人们掌握社会活动的本质。在对反腐公益广告的语场进行描述的过程中，本研究采用了 Neumann（2013）提出的"主题"和"目的"两个维度。通过分析我们发现，尽管反腐公益广告的主题都与反腐相关，然而三个子语类具有明显的主题倾向性，这使得各子语类具有不同的目标，从中可以全面反映出我国当下反腐法治文化中所蕴含的价值观念。

第一，轶事文聚焦家庭内部，将腐败官员的家庭成员刻画为腐败事件的受害者，以此凸显腐败事件的影响。由腐败官员或其家属讲述因腐败事件而造成的情感创伤，目的是引起观众的情感共鸣，进而达到反腐倡廉的效果。如表 9-3 所示，生活场景在轶事文中出现的频次最高，其次为司法场景。这些场景通常都展现了腐败官员被捕前的幸福生活和被捕后的追悔莫及，以及家庭成员的悲痛不堪。家庭成员，尤其是腐败官员的女儿是主要的社会活动参与者，"家"和"回家"是轶事文中使用频次较高的词汇。

表 9-3　轶事文各场景占比

子语类	生活场景	司法场景	工作场景	空白场景
轶事文	52%	20%	16%	12%

第二，说教文通常以第三人称叙事视角展示官员接受贿赂、权钱交易以及被法律制裁的过程，从更为理性的角度普及腐败官员所必须承担的法律后果。对话中反复出现的"给"和"要"等动词以及伸手的特写镜头占比较大，主要的社会活动参与者是中年男性，旁人对他们的称呼常为"局长""县长"等官职名。在这一类故事中，工作场景通常被用以展示权钱交易的腐败活动；而司法场景则多用于再现检察院、法院对腐败行为的调查和裁决，以及对腐败行为的司法判断和解释。这两个场景是说教文中最主要的场景（见表 9-4）。

表 9-4　说教文各场景占比

子语类	工作场景	司法场景	生活场景	空白场景
说教文	40%	28%	19%	13%

第三，与前两种子语类相比，观察文的高频关键词最为明确，即"廉洁"，它通常与传统文化符号紧密相关，侧重于展示廉洁的历史根基和文化内涵。如表 9-5 所示，此类故事中生活场景和工作场景占比最高，参与者往往涉及各类社会成员，社会活动包括茶道、书法等中国传统文化活动。不仅如此，值得关注的是，观察文中出现了生态这一新场景，通过对自然环境的拍摄，生态场景将廉洁的社会与健康的生态联系在一起，在建构政治生态隐喻的同时展示了廉洁社会的美好（见表 9-5）。

表 9-5　观察文各场景占比

子语类	生活场景	工作场景	生态场景	空白场景	司法场景
观察文	39%	20%	17%	17%	7%

在多模态语篇建构的推进过程中，三种子语类也显示出了不同的结

构特征。为了在更大的精密阶上考察语类的建构情况，Martin & Rose（2008）引入了小段的概念，通过对小段的描述以及对小段之间关系的分析，能够清晰地展示叙事阶段的推进过程。本研究分析显示，在轶事文和说教文中，小段之间的逻辑关系为"问题—反应—解决办法—反应—结果"，语类结构呈现以活动为导向的线性结构；而在观察文中，小段较为独立，"背景"和"判断"等小段重复出现，形成并列的逻辑关系，共同为泛化阶段服务。

9.4.3　反腐公益广告语旨

语旨探讨交际者之间社会关系的本质，是分析反腐公益广告的第二个指标。在视觉语篇中，话语的参与者有两种：一是图像所表征的人、事、物；二是通过图像进行互动沟通的观看者和参与者，如图像的制作者等（Kress & van Leeuwen，2006）。这两种参与者的互动催生了三种社会关系：反腐公益广告中各参与者之间的关系；制作者、观看者与公益广告中人物之间的关系；制作者与观看者之间的关系。在考察反腐公益广告中的社会关系时，我们更关注观看者与公益广告中人、事、物之间的关系。在多模态语篇中，这种关系体现在摄像镜头的移动方式（水平移动或垂直移动）上，不同的运镜方式呈现的图像视角能够充分表征人物与观众之间的社会距离与权力关系。在反腐公益广告中，垂直方向的机位选择与视频中人物的社会身份和地位相对应。反腐公益广告通常以低位拍摄的角度来呈现检察官和法官、执法人员所佩戴的警徽、法庭中悬挂的国徽等，目的在于建构其权威的地位（如图 9-3a 所示）。这些人和物是法律制度和司法系统的代表，在语篇中赋予其崇高的地位有助于传递法的至高无上性和权威性。然而，在呈现违法的腐败官员时，机位在垂直方向的选择会随语类结构的展开而发生变化。在叙事阶段，尤其是"背景""问题""解决方法"等小段，多选用低机位拍摄，以此彰显这些腐败分子作为官员的权力地位（如图 9-3b 所示）；而在评价阶段和"结果"这一小段中，当描写这些官员受到惩处时，则由低机位转向高机位拍摄（如图 9-3c 所示）。

a 低位角度   b 低位角度   c 高位角度

图 9-3 反腐公益广告中垂直方向的机位选择示例

视频中人物与观众之间的距离通常由机位在水平方向的选择来建构。与现实中面对面的真实沟通不同，多模态语篇建构出想象中的社会关系。Kress & van Leeuwen（2006）指出，距离的使用在特定语类中具有常规性。在反腐公益广告中，距离在特定的小段和子语类中呈现出不同的模式。与其他两个子语类相比，轶事文中特写镜头（close-up shot）出现的频次更高，尤其在"反应"和"结果"这两个小段，往往采用特写镜头描述人物的内心活动和情绪。此外，表征同一人物所使用的社会距离也十分值得探讨。在呈现同一人物时，不同叙事阶段的拍摄距离也体现出规律性。图 9-4a 的特写镜头出现在叙事阶段初期，建构出私人的亲密交际距离，往往用于表现人物的外貌细节；由对话框展示其思想活动，其中出现的游艇、豪宅和美酒等形象代表了不符合普通官员工资收入水平的生活方式，代替语言表征了官员腐败的动机，预示着后续小段中将要发生的问题；图 9-4b 的中景镜头出现在事件阶段，用以展示官员受贿的腐败行为；图 9-4c 的远景镜头出现在"结果"小段，呈现了官员被检察院逮捕的画面，建构了该官员与观众之间的公共社交距离。随着叙事结构的展开，这位官员逐渐远离镜头以及观众。这种水平的镜头移动意味着对人物的疏远，建构了观看者与人物之间相对疏离的社会关系，使观众能够不与之为伍。在这个故事中，通过对该官员腐败动机和受贿行为的描写，他被刻画为负面的不道德的反派人物。当这样一个角色从镜头中走开时，他与观众之间便建立起一种"保护距离"，叙事阶段前期所累积的紧张感因而可以得到释放（Giannetti，2013）。

| a 特写镜头 | b 中景镜头 | c 远景镜头 |

图9-4 反腐公益广告的拍摄距离示例

9.4.4 反腐公益广告语式

语式关注交际的渠道,在这里主要指交际模态的渠道。在一些语类中,语言、视觉资源和声音在表意过程中具有同等重要的功能(Painter et al., 2013),而反腐公益广告正属于这类语篇。在意义的表征过程中,语篇的制作者拥有更广泛的选择范围,依据具体的目的选择某一种或者同时选择多种模态来表意。在反腐公益广告中,我们识别了三种模态间互动表达意义的方式:视觉符号和语言符号可分别作为单独的表意方式,二者亦可共同分担语义量建构意义。

首先,视觉资源可以作为单独的表意方式,在表征一些特定的小段和场景时,制作者倾向于选择只使用视觉表意资源。尤其在"腐败"以及"结果"的小段中,视觉资源成为表达意义的主力,其目的是引发情感参与。Joffe(2008)指出,视觉的表达方式经由观众的情感路径,比文字更能激发强烈的个人关注。而语言资源作为单独的表意方式多出现在泛化阶段。相对于图像来说,语言更具有确定性,泛化阶段的主要目的是呼吁观众改变对腐败的观念并作出不腐败的行为,因此需要更为确定和直接的语言模态来表达。

而在更多的情况下,这两种模态被用来共同建构语篇意义,二者之间的语义逻辑关系包括重复(repetition)、详述(elaboration)和分歧(divergence)三种。重复是指语言和视觉资源同时被用来表征同样的概念意义,如在图9-5a中,图像是语言的视觉化。详述指在由一种模态承担语义量时,另一种表意符号系统负责提供细节信息,在反腐公益广告中，详述多用于探讨如廉洁、失职、滥用职权等抽象概念。如在图 9-5b 中，一位白发苍苍的长者和儿童一起望着毛笔写就的"廉"字，这不仅是对字幕"廉洁是千年的传承"的图示（visualization），而且还提供了更多可解读的信息，如代际间的传承。分歧用于描述同时运用两种模态来建构不同甚至相反语义的情况。如在图 9-5c 中，挪用公款的官员记账时，旁白表明金额为 10,000 元，而画面中账本显示的数额仅有 8,000 元，此时的语言与画面两种模态便产生了语义上的背离。不同模态在建构意义时的互动和互补能够促使读者进入到主体的阅读立场（agentive reading stance），从而使观众对议题产生更多的参与感和关注度。

a 画外音：廉洁是一轮明月；
字幕：廉洁是一轮明月。

b 画外音：廉洁是千年的传承；
字幕：廉洁是千年的传承。

c 旁白：这里是 10,000；
画面：8,000。

图 9-5　反腐公益广告中语言资源和视觉资源的语义逻辑关系示例

9.5　反腐公益广告中法治的多模态建构

作为一种语类，反腐公益广告使用了大量的态度资源，评价不再仅仅是语类的其中一个阶段，还是评价事件阶段并预示泛化阶段、分散于整个语篇的人际资源。在轶事文中，官员白发苍苍的父母和孩子作为腐败事件的受害者，流着眼泪表达由刑罚带来的家庭缺失和痛苦；而说教文中，铁窗、手铐甚至预示着死刑的枪和子弹被用来激发观众的恐惧感。这使得反腐公益广告中的事件和人物更具有逼真性，由此引发观众的情感参与和个人关注。法治的最终目的是实现社会的公平正义，而腐败是对公平正义的最大威胁，从这一意义来说，对反腐价值观的推广本身即是对法治的推广。然而我们的反腐故事中更多强调的是腐败带来的对个人利益和家庭利益的损害，至于腐败对公平、正义的损害则着墨过少。

　　法的至高无上性是法治最基础的理念之一，在反腐公益广告中，所有涉及腐败行为的官员都受到了法律的制裁，法律最终都取得了胜利。在"结果"的小段中，特写镜头被用来表征腐败官员接受处罚，使法的威慑性和强制性得以增强。在增进公众的法律意识和信仰方面，法院起着至关重要的作用，在故事中腐败官员的罪行在法院当庭宣判，尤其在"判断"判决这一阶段中，庭审场面的使用普及了法律，彰显了法律的权威性和普遍性。除了对法律的强制性、权威性观念的培育，反腐公益广告还展示了对守法背后道德与价值内涵的推广。尤其在观察文中，将廉洁、守法的含义与象征中国传统文化的符号（如茶、书法、剪纸、粽子）紧密联系起来，将廉洁守法表征为美德和修养，并为其提供坚实的道德依据。由此也展示了我国目前的法治文化：法治不仅仅是强调单一的规则之治，更重视的是具有品德和道德性质的规则之治。

9.6　小结

　　语类作为一种复现的语义模型，在语篇中由语域实现。本章通过对语场、语旨和语式三个语域变量的考察，对反腐公益广告进行了描述和分析。小段作为语篇层面的分析单位，能有效地阐释语类与语域之间的互动。各个类别的反腐公益广告通过不同的阶段和重复出现的小段来实现其具体目的，并因此呈现出不同的语类结构。然而，不同的子语类仍具有家族相似性，这体现为在所有类别的反腐公益广告中均包含叙事、评价和泛化三个必要阶段。而依据评价这一阶段，本章识别了三种反腐公益广告的子语类——轶事文、说教文和观察文，它们分别建构了法的至高无上性、强制性和道德性。语类是文化的构成单位，通过对反腐公益广告这一语类的分析，可以了解我国当前反腐话语中所蕴含的法治文化：法治不仅是单一的规则之治，也是强调具有品德和道德性质的规则之治。

第10章
警察讯问话语的语类研究——从以侦查为中心走向以审判为中心

10.1 引言

本章研究新时代"以审判为中心"的警察讯问话语。警察讯问作为一种机构性话语和特别语类，一直是法律语言学研究的重要领域。本章首先界定核心概念"以侦查为中心"和"以审判为中心"；然后，梳理国内外警察讯问的研究现状，重点综述警察讯问的不同研究视角；最后，本章运用系统功能语言学的评价系统理论重点研究警察讯问话语的态度与意义。

10.2 核心概念界定

10.2.1 以侦查为中心

以侦查为中心多指我国的刑事诉讼构造或诉讼模式。何家弘（2015）将我国刑事诉讼过程中分别负责侦查、起诉和审判的公、检、法之间的关系形象地比喻为"做饭、卖饭、吃饭"。一起刑事案件发生后，公安机关通过收集各种证据形成侦查结论，就好比做"一顿饭"。公安机关将准备好的"饭"交由"卖方"检察机关"卖"给"顾客"审判机关。根据市场经济规律，市场经济中存在两种市场，即买方市场和卖方市场。在卖方市场中，生产决定销售，销售决定消费。以侦查为中心相当于卖方市场，公安机关形成的侦查结论决定了检察机关起诉和审判机关审判的结果。因此，在以侦查为中心的诉讼模式下，法庭审判被虚化，变成走形式、走过场，甚至可有可无。

朱玉玲（2016）认为以侦查为中心实际上是指以侦查阶段为中心。侦查阶段形成的笔录、卷宗对检察机关起诉、人民法院进行审判起着至关重要的作用。检察机关可根据公安机关在侦查阶段收集的证据直接起诉，法院则根据公安机关收集的证据，按照侦查结论直接审判。因此以侦查为中心又被称为侦查中心主义。陈瑞华（2017）指出，侦查中心主义就是一种诉讼构造，也是一种诉讼理念。他对侦查中心主义的概念、特征及影响进行了分析，指出在侦查中心主义的诉讼构造中，侦查机关收集的证据和认定的案件事实是检察机关起诉和审判机关审判的重要根据。在一定程度上，检察机关和审判机关只是对侦查机关侦查结论进行复核和确认，并没有对案件事实进行探究。侦查中心主义在刑事诉讼程序内主要体现为侦查人员对犯罪嫌疑人人身自由的限制、对涉案物品的强制处置（查封、扣押、冻结等）等措施对审判机关裁决的影响。在刑事诉讼程序外主要体现为侦查人员通过网络、新闻媒体的宣传（对犯罪嫌疑人公开逮捕、对侦查人员公开褒奖、对侦查破案的新闻报道等）造成"既定案件事实"，对审判机关裁决产生影响。侦查中心主义诉讼构造使法庭审理形式化，容易造成刑事误判，带来程序上的非正义，致使刑事诉讼效率下降。

陈卫东（2019）认为以侦查为中心是一种诉讼模式。他指出，在我国的刑事诉讼制度中，刑事案件的办理呈现出阶段性的特点。公安机关负责案件侦查，检察院负责案件起诉，法院负责案件审判。公、检、法三部门分工负责，互相配合，互相制约。然而，在司法和执法实践中，作为案件办理开始的侦查程序成为整个诉讼过程的中心环节。公安机关通过侦查作出的侦查结论主导整个案件的走向和结果，以至于违法的侦查行为得不到制约，错误的侦查结论得不到有效纠正。三部门间的互相配合、互相制约的关系演变为配合有余、制约不足，检察院和法院的作用被弱化、形式化，出现"未审先定"的局面。

无论将以侦查为中心视为一种诉讼构造和诉讼模式还是一种理念，学者都持有相似的观点，认为以侦查为中心是公安机关在侦查阶段已经认定了案件事实，其侦查结论成为检察机关起诉和法庭审判的重要根据，起诉和审判流于形式，没有发挥实质性的作用。在过去相当长的一段历史时期内，以侦查为中心的诉讼模式在惩治犯罪方面功不可没，我国的犯罪率一直较低，破案率较高（樊崇义、范培根，2001），但以侦查为中心的诉讼模式存在有罪推定的司法理念，在人权保障方面不尽如人意。在有罪推定的司法理念驱使下，容易出现滥用强制措施，出现超期羁押、刑讯逼供、非法取证等现象，难免滋生冤假错案。

10.2.2　以审判为中心

　　以侦查为中心容易导致对人权的侵犯。与以侦查为中心不同，以审判为中心则有利于实现对人权的保障，它是指将刑事审判环节作为整个刑事诉讼过程的中心环节，侦查和起诉等审判前环节被视为审判程序开始的准备（朱玉玲，2016）。

　　朱玉玲（2016）对以审判为中心进行了界定，首先她强调以审判为中心特指刑事公诉案件的审判，而不是民事案件或刑事自诉案件的审判；其次以审判为中心是从刑事诉讼过程中侦查、检察、审判三个诉讼阶段的外部关系考察三者间的关系；最后审判包括三种，分别为第一审程序审判、简易程序第二审程序审判和审判监督程序中的审判。第一审普通程序又分为庭前审查、庭前准备、法庭审理三个环节。以审判为中心是以第一审普通程序的审判为核心，第一审普通程序中的法庭审理程序是核心的核心。何家弘（2015）认为，与以侦查为中心是"卖方市场"不同，以审判为中心是"买方市场"的刑事诉讼制度。在这种制度下，法庭审判是刑事诉讼的中心环节，侦查和起诉均服务于审判。作为"买方"的法官占据主动地位。案件事实经由法官法庭调查作出裁定，不能由警察和检察官认定。控辩双方收集的证据也需经过法官的裁定才能作为认定案件事实的根据。他特别指出，以审判为中心需要控诉、辩护、审判三方完成。尽管法官享有对案件事实认定的最终决定权，但以审判为中心并不是以法官为中心，法官并不能随心所欲裁定案件事实。陈卫东（2016）和胡云腾（2022）也明确指出，以审判为中心绝不是以法院为中心、以法官为中心，而是以所有的诉讼参与人为中心。虽然法庭审理程序是以审判为中心的核心内容，但以审判为中心并不是只有法官才有说话的权利，而是所有诉讼参与人都有说话的权利；不是只认可审判程序的重要，否认审前的侦查程序和起诉程序的重要性，而是侦查、起诉、审判程序同样重要。因此，以审判为中心不仅是一种制度，也是一种理念，一种自觉。参与刑事诉讼过程的所有司法人员都应该树立以审判为中心的司法理念。陈卫东（2016）建议以审判为中心就是要对审前程序进行重构，将检察机关作为公安机关的指导和监督机关。陈卫东（2019）提出要反思和重构侦查、起诉、审判的职能关系，指出以审判为中心要发挥审判的关键作用，法院不但在庭审中要发挥审判的实质性作用，还要对检察院提起的公诉给予符合法律标准的审查。他进一步分析了以审判为中心的客观阻碍，指出以笔录等书面材料为主要证据的庭审模式是致使以审判为中心诉讼制度改革面临困境的重要原因。这些书面材料中存在的错误难以通过有效的途径进行质疑和辩驳，使冤假错案的发生成为可能。他还对以审判为中心的实践路径进行了探讨，提出要确立并贯彻直接言词原则，要求裁判信息直接来源于庭审活动，法官要加强对证据材料进行实质性审查，不得仅以书面审理等间接方式进行裁决。

如何推进以审判为中心的刑事诉讼制度改革，学者对此持有不同的观点，何家弘（2015）提出需要改变观念，改变过去有罪推定，提倡无罪推定的司法理念；何家弘（2015）、朱玉玲（2016）、吴可（2019）均提出完善有关刑事诉讼的规则、完善相关制度，如陪审制度（何家弘，2015）、司法审查制度（吴可，2019）。总之，学者普遍认为，以审判为中心就是要推进庭审实质化，改变之前的侦诉关系，不能出现只要侦查人员认定有罪的案件，公诉人员就要起诉和公诉人员决定起诉的案件，审判人员就要定罪的流水线诉讼模式。以审判为中心还意味着，侦查阶段和起诉阶段所得出的结论不具有权威性，侦查结论有待于审判的检验，接受控辩双方的质证、质疑。

10.3　警察讯问话语研究概述

警察讯问话语是一种机构性的特殊语类，警察讯问在我国更多地被称为侦查讯问，是侦查人员面对面地对犯罪嫌疑人进行提问和审查的一项侦查措施，目的是听取犯罪嫌疑人的供述和辩解，从而查明案件事实真相（魏鹏，2003）。根据案件性质和适用法律的不同，问话笔录分为刑事案件问话笔录和行政案件问话笔录。根据对象的不同，问话笔录又分为询问笔录和讯问笔录。询问笔录是指针对违法嫌疑人和被害人、证人的问话制作的笔录；讯问笔录是针对犯罪嫌疑人的问话制作的笔录。由此可见，我国作为大陆法系国家，对于讯问和询问有严格的区分。而英美法系国家存在警察讯问或警察审讯（police interrogation）、警察会见或警察面谈（police interviewing）之分（袁传有，2008）。对于何为警察讯问，何为警察会见，学者持有不同的观点。O'Hara & O'Hara（1988）认为警察讯问是针对犯罪嫌疑人展开的问话，警察会见（警察面谈）是针对证人和被害人展开的问话。Buckwalter（1983）认为两者都是为了收集信息，区别在于回应者的态度。警察讯问是针对犯罪嫌疑人或者是不配合、充满抵触情绪的证人，或者是任何不主动提供信息的人；警察会见是针对愿意配合、主动提供信息的人。毕惜茜（2020）指出，在美国，警察讯问强调指控性，特指侦查人员对确信有罪的犯罪嫌疑人进行的提问活动，而警察会见则强调非指控性，主要针对被害人、证人以及尚未确信有作案嫌疑的犯罪嫌疑人而展开的提问活动。本章将警察讯问定义为是公安机关侦查人员依法分阶段实施的、以获取查明案件事实真相为目标导向的机构性语类。下文将梳理警察讯问的研究视角。

10.3.1　侦查学视角

在警察讯问中，犯罪嫌疑人通常采取逃避或对抗的方式以逃避处罚。因此，讯问具有对抗性的特点。在侦查实践中，侦查人员需要借助讯问策略方法以获取犯罪嫌疑人的陈述和辩解（毕惜茜，2013）。一般而言讯问策略方法分为两大类：问责法和信息收集法（Hartwig，2005；Vanderhallen & Vervaeke，2014）。

问责法以里德技巧（Reid Technique）（又称九步讯问法）为代表。此种讯问方法常见于美国、加拿大和包括我国在内的众多亚洲国家（蔡士林、任杰鹏，2020）。Inbau et al.（1986）详细描述了九步讯问法。

他们指出，九步讯问法是指由九个步骤构成的讯问策略：第一步明确告诉犯罪嫌疑人实施了犯罪；第二步推测犯罪嫌疑人实施犯罪的原因，并从道德上为其寻找开脱的理由，借以获得犯罪嫌疑人的信任，减轻其负罪感；第三步中断犯罪嫌疑人否定犯罪的陈述；第四步克服犯罪嫌疑人的异议，无论是指控的事实，还是情感上，抑或是道德上；第五步确保不让处于被动状态的犯罪嫌疑人沉默不语；第六步对犯罪嫌疑人表示同情或理解，鼓励其说出真相；第七步向犯罪嫌疑人提供有关指控罪行的体面的解释；第八步让犯罪嫌疑人讲述犯罪细节；第九步将犯罪嫌疑人的陈述转换为书面供述。Kassin & McNall（1991）将九步讯问法归纳为"夸大"和"缩小"两个主要策略。Gordon & Fielsher（2010）在九步讯问法的基础上进行改进，并提出了十步讯问策略。Hess（2010）则根据九步讯问法进一步归纳，提出由六个步骤构成的侦查讯问策略体系。九步讯问法注重从语言上影响嫌疑人的心理，通过心理审讯技巧让嫌疑人坦白。该讯问法既可以有效避免刑讯逼供，也可以获得犯罪嫌疑人的有罪供述。然而，不可否认，九步讯问法只是直觉总结，缺乏经验数据和科学方法。为此，基于心理学理论，侦查实践中形成了另一种讯问方法——信息收集法。

信息收集法以 PEACE 警察会见模型为代表，PEACE 是警察会见五个阶段的英文首字母缩写，这五个阶段分别为：准备和策划（Preparation and Planning）、参与和解说（Engage and Explain）、陈述（Account）、结束（Closure）和评估（Evaluate）（毕惜茜、梁嘉龙，2020；Heydon，2012；Green，2012）。准备和策划阶段是在讯问之前，其主要目的是掌握所有有关证据和信息，准备好访谈的主题、提问的问题以及将要查证的要点。参与和解说、陈述、结束三个阶段是访谈过程中的主要阶段，其主要目的是保持整个讯问逻辑流畅，每一个阶段都鼓励侦查人员使用开放性的提问。评估阶段是指侦查人员对访谈的内容和质量进行评估（Williamson et al.，2012）。以 PEACE 会见模式为代表的侦查访谈技术（信息收集法）彰显了一种非对抗的模式获取犯罪嫌疑人供述的价值追求，有着诸多优点。侦查访谈技术是基于心理学，重点是通过沟通和交流改变对方的态度，它能够将被访谈人的对立情绪控制在最低水平，让双方建立融洽关系（毕惜茜、梁嘉龙，2020）。但侦查访谈技术也存在一定的局限性，如采取这种方法的前提是需要犯罪嫌疑人配合。对于富有反侦查经验并且一开始就不打算认罪的犯罪嫌疑人而言，这一方法的效果大打折扣。

在我国，侦查人员并没有像英美国家一样有切实可行的讯问模型可以遵循，主要是一些控告式的审讯技巧，比如毕惜茜（2013）总结的常见传统讯问方法：重点突破、使用证据、分化瓦解、说服教育、造势用势、揭露谎言；刘文强（2019）提到的利导型、冲击型、迷惑型、迂回型的讯问策略，以及说服教育、情感影响、适用证据等基本讯问方法。这些传统控告式审讯技巧有助于侦破案件，打击违法犯罪，在实践中发挥了巨大的作用。然而，由于其容易致使无辜者错认，致使冤假错案而备受诟病。随着我国法律制度的不断健全，越来越多的学者关注到现有警察讯问技巧中存在的问题（毛建军，2017；刘文强，2019 等），建议汲取PEACE 会见模型的优势，采用以信息收集法为主的讯问方法。

毕惜茜是我国侦查讯问研究的杰出代表之一，多次介绍了心理学方法在实际讯问中的重要性。为了避免警察与犯罪嫌疑人双方的对抗和僵局，毕惜茜（2005）建议侦查人员在讯问中采用情感法和理性说理法等心理策略，转变犯罪嫌疑人的态度，让其在供述自愿性的情况下作出自愿供述的选择。毕惜茜（2009）认为，倾听可以让犯罪嫌疑人获得尊重，能让侦查人员与犯罪嫌疑人建立良好的人际关系。因此，毕惜茜从倾听的重要性入手，着重分析了倾听的技巧。毕惜茜（2019）也指出，近五十年来我国的侦查讯问理论和实践发生了较大的调整和变化，讯问从仅注重口供的获取到获取口供与人权保障并重，基于心理学的信息采集法已经在警察讯问中得到广泛应用。此外，毕惜茜等人也从语言角度分析了讯问策略的语言特征，并建议以会话式沟通的方式进行讯问（毕惜茜、陈小明，2014；张宏、毕惜茜，2016）。

10.3.2　心理学视角

尽管九步讯问法和 PEACE 会见模型均是在讯问实践中总结出来的行之有效的讯问方法，但在其形成的过程中，心理学研究也提供了大量的实证基础（Moston & Engelberg, 1993; Pearse & Gudjonsson, 1996; Williamson, 1993）。除了对讯问策略的研究，心理学视角的研究兴趣主要集中在识别谎言（Vrij，2000；Vrij et al.，2007）和获取有罪供述（Gudjonsson，2003；Gudjonsson，2014；Kassin & Gudjonsson，2004；Kassin et al.，2007；Leo & Liu，2010）。

在警察讯问中，侦查人员需要时常判断犯罪嫌疑人是否在说谎，因此警察和刑事司法系统中的工作人员对讯问中的谎言识别格外感兴趣，希望掌握犯罪嫌疑人何时说谎的方法（Carter，2014）。在过去，大部分研究人员尝试发现犯罪嫌疑人说谎与否的语言和非语言线索（DePaulo et al.，2003）。例如，Vrij（2005）研究发现语境嵌入（contextual embedding）和话语重述（conversational reproduction）是区分犯罪嫌疑人说谎与否的两个语言线索。近年来，研究人员也开始关注讯问风格对犯罪嫌疑人说谎与否的影响。Vrij et al.（2007）发现，当警察使用信息收集法时，犯罪嫌疑人的陈述内容越多，识别犯罪嫌疑人说谎与否的语言线索就越多，而以问责法为讯问策略时，犯罪嫌疑人只是进行简单的肯定或否定，包含说谎与否的语言线索很少，误判的概率大。

尽管警察和刑事司法系统中的工作人员热衷于识别谎言，但是实证研究表明普通人识别谎言与否的准确率只有54%，而且受过专门训练的警察群体在谎言识别上并不比其他群体强，甚至还不及心理学专业的学生（蒋勇，2013；Kassin et al.，2007），因此研究人员建议讯问的目的不应该是判断犯罪嫌疑人是否说谎，而应该是获取犯罪嫌疑人有罪的供述（Leo，2008）。针对有罪供述，研究人员从心理学角度进行了大量的研究（乐国安、李安，2008；Gudjonsson，2003；Gudjonsson et al.，2004；Moston et al.，1992）。在对有罪供述的研究中，研究人员着重探讨了虚假供述。研究者认为，与真实供述相比，虚假供述更加复杂。Kassin & Wrightsman（1985）和 Wrightsman & Kassin（1993）从心理学上将虚假供述分为三种类型：主动型（voluntary）（犯罪嫌疑人在没有外力作用下作出虚假供述）、强迫顺从型（coerced-compliant）（犯罪嫌疑人在外力作用下作出虚假供述）、强迫内化型（cocerced-internalized）（犯罪嫌疑人在外力作用下作出虚假供述，并相信自己的供述是真的），并分析了各种类型的虚假供述原因。他们认为犯罪嫌疑人在没有外力作用下主动作出虚假供述的主要原因包括：（1）渴望出恶名；（2）自我惩罚，弥补过错；（3）无法区分事实与幻想；（4）包庇同伙或藏匿真正的罪犯;(5)希望宽大处理。Ofshe & Leo（1997）认为 Kassin & Wrightsman（1985）对强迫的定位太过宽泛，除了警方的强制以外，也可能由其他因素所导致。他们将"强迫"改成更合适的术语，进一步将虚假供述分为五种类型，分别为主动型（voluntary）、压力顺从型（stress-compliant）、强迫顺从型（coerced-compliant）、非强迫说服型（non-coerced-persuaded）、强迫说服型（coerced-persuaded）。Gudjonsson（2003）认为犯罪嫌疑人不自愿供述是屈服于讯问人员的要求和压力，或者在紧张、疲倦、迷茫等情况下，讯问人员进行诱导的结果。他建议用压力替代强迫，并对压力的来源进行区分，其将压力的来源区分为自我一方、监护一方和非监护一方，并通过具体的案件研究详细讨论了这三种心理学类型的虚假供述。

10.3.3　语言学视角

　　对警察讯问的语言学视角研究属于法律语言学的研究范畴，法律语言学是一个应用学科，是语言学的分支，主要研究法律语境下的职业和机构性对话（Coulthard et al.，2017）。法律语言学研究的对象是法律语言，包括立法、司法、执法所用语言和文本及其他与法律相关的语言（杜金榜，2004）。法律语言学的定义有狭义和广义之分。狭义是指在法律环境下提供专业的语言证据；广义则包括所有关于语言和法律的研究（Haworth，2009）。虽然法律语言学家的研究兴趣主要集中在法庭话语，但警察讯问话语也一直是法律语言学家的研究重点。从语言学视角对警察讯问话语的研究中，最有影响力的学者是美国社会语言学家、法律语言学家 Shuy，他从社会语言学的视角，通过对上百名犯罪嫌疑人和被告人的个案分析，对警察讯问话语做了细致研究，内容涉及讯问和询问的区别、告知语言结构、讯问语言与权力、有效讯问和合法供述等。本节尝试梳理警察讯问话语研究的主要语言学路径（话语分析、语用学、系统功能语言学），探讨现有研究的局限和不足，为引出系统功能语言学视角基于 Martin 语类观的警察讯问话语研究作出铺垫。

1. 警察讯问话语研究的话语分析视角

Bhatia et al.（2008）认为，源于跨学科的话语分析方法很多，包括会话分析、批评话语分析、互动社会语言学、辩论分析、交际民族志方法、语类分析、基于语料库的分析、多模态话语分析、修辞语法分析等。关于警察讯问话语的研究也非常丰富，涵盖了多种话语分析方法（Yoong，2010），研究的焦点涵盖警察讯问话语的整体结构、讯问策略与技巧、警察与犯罪嫌疑人的权力关系等。在警察讯问话语的整体研究方面，Heydon（2004）运用社会语言学的参与者框架（Participation Framework）（Goffman，1974）描述了澳大利亚东南乡镇的警察讯问话语结构，指出根据机构目的和讯问目的，讯问参与者在讯问开头、信息获取和结尾三个部分中扮演了不同的角色。讯问开头和结尾部分的机构目标是保证讯问符合法律程序，这使得警察只承担了"发声者"的角色，将"作者"和"责任者"角色赋予警察。在信息收集阶段，警察讯问的目的是收集信息。理想状态下，犯罪嫌疑人供述犯罪事实，承担"发声者""作者"和"责任者"三种角色。但在实践的讯问过程中，侦查人员需不断调整自己的角色以获取犯罪嫌疑人的供述。

Heydon（2005）综合社会语言学和会话分析对警察讯问话语提供了批判性的分析框架，指出理想的参与框架会使警察处于无权势的地位，但在实际讯问中警察并没有放弃自己作为"讯问者"身份的权力，而是通过运用预先分配的话轮类型（提问话轮预先分配给警察，回答话轮预先分配给犯罪嫌疑人）、话题管理等方式扭转理想参与框架下的无权势地位。曾范敬（2008，2011）也综合社会语言学和会话分析方法，分析了我国的警察讯问话语结构。首先，他借助参与角色理论，对警察讯问进行了参与框架描述，指出在讯问的不同部分，侦查人员与犯罪嫌疑人承担不同的参与角色。如开头和结尾部分，侦查人员承担发声者和作者的角色。信息收集部分，犯罪嫌疑人同时承担"发声者""作者""责任者"的角色。他在此基础上提出了我国警察讯问话语的理想参与框架。其次，他借助言语行为理论和相邻对概念，分析了侦查人员的问话形式和类型，并对各问话类型体现的权力进行解释。最后，他运用会话分析方法分析警察掌握的语言互动控制资源，揭示侦查人员为了实现自己的交际目的，如何运用互动控制资源支配犯罪嫌疑人。曾范敬通过分析指出，虽然犯罪嫌疑人会在讯问中对侦查人员的权力进行抵制，但两者之间的权力严重不平等，犯罪嫌疑人仍旧处于无权力状态。要实现警察讯问机构目的的理想参与框架，侦查人员就要适当地削弱自己的权力，以一种"会话式"的模式开展问话。Walton（2003）运用辩论理论将讯问过程看作从协商型对话（deliberation dialouge）到寻求信息型对话的演变过程，将警察讯问分为四个阶段：开始阶段（构建收集证据的方法）、预备阶段（制定问题）、辩论阶段（讯问犯罪嫌疑人时的回答互动）、结尾阶段（针对性收集信息）。Mason（2016）运用会话分析详细描述了在辩论阶段警察如何管理互动，并指出预备阶段在构建对抗和个人兴趣主题中起了关键作用。

在讯问话语策略方面，为了改善警察的讯问技巧，Heydon（2012）提供了一个区分自愿供述和非自愿供述的分析模型。自愿供述是犯罪嫌疑人同时承担"发声者""作者"和"责任者"三种参与角色；非自愿供述则是警察承担"发声者"和"作者"的参与角色，犯罪嫌疑人只承担"责任者"的参与角色。Carter（2014）运用会话分析方法分析了英国的一起盗窃案件，发现在讯问中犯罪嫌疑人会对警察的提问进行偏离回答。这种偏离回答使得其答话形式上遵守了回应的话轮结构，显示出自己配合警方调查，同时又避免自我归罪的陈述。然而，当警察不断地对其进行否定和挑战时，犯罪嫌疑人就会说谎。因此，Carter 建议警察在讯问中应当寻找避免犯罪嫌疑人说谎的提问策略，而不是寻找发现谎言线索的策略。Heydon（2019）从话题管理出发，运用会话分析法区分了英美讯问策略（PEACE 访谈法和九步讯问法）。她通过分析指出，PEACE 访谈法中警察运用开放性问题进行提问，犯罪嫌疑人可以通过逐步转移话题的方式进行自由陈述，而九步讯问法中警察使用包含特定目的的封闭性问题进行提问时，犯罪嫌疑人则无法通过逐步转移话题的方式提供新信息。

在警察与犯罪嫌疑人权力关系方面，大量研究表明警察在讯问中占主导优势（Haworth，2017），警察经常使用诸如会话话轮转换、打断、引导型问题类型或陈述等各种语言手段构建自己的机构权力，影响犯罪嫌疑人的话语选择，以获得供述（O'Shaughness，2016）。Haworth（2006）就英国著名的 Shipman 案的警察讯问，综合运用会话分析和批评话语分析等方法，从话题、提问类型、话轮转换、参与者的机构地位四个方面分析讯问中警察与犯罪嫌疑人间权力和控制的动态变化，发现参与人的机构身份、语境中的话语角色、参与人本身所具备的知识是分配话语中权力和控制的重要因素。Johnson & Newbury（2006）也从犯罪嫌疑人入手研究讯问中权力不对等的现象，分析犯罪嫌疑人 Shipman 如何运用话语资源抵制警察的强制提问。Heydon（2005）指出，警察讯问话语的研究往往倾向于揭示侦查人员的"控方偏见"，即侦查人员通过控方驱动的议程——讯问对犯罪嫌疑人进行追责。然而，也有研究揭示侦查人员如何运用语言特征引导犯罪嫌疑人进行自我保护。Haworth（2017）运用会话分析方法，对英国一起被指控有强奸嫌疑的警察讯问中证据的建构进行了个案分析，具体分析了侦查人员在建构犯罪嫌疑人话语的语言特征，如话题选择和控制、中断与重叠、话语标记、话语重述、提问类型、叙述结构等，指出话语互动机制在建构犯罪嫌疑人案件事实中的重要作用，用相反例证证明了在警察讯问话语等机构性话语中讯问人与被讯问人之间不平等的权力关系。Zeng et al.（2020）运用批评话语分析方法，通过考察我国东部五省十起刑事案件警察讯问的录音和录像材料，从问题的比例、话轮、毗邻对和类型等语言资源角度分析了我国警察讯问话语中侦查人员与犯罪嫌疑人的权利互动。研究发现，在警察讯问过程中，98% 的问题由侦查人员提出，99.4% 的话轮由侦查人员发起，93.8% 的相邻对为问—答毗邻对；在侦查的问题类型中，62.7% 的问题类型为窄的开放性问题。这进一步证实，在我国的警察讯问话语中，侦查人员处于高权势的地位。

此外，还有一些研究分析了讯问话语本体的语言特征，如 Gibbons（2003）分析了警察讯问语言的整体特征，丁世洁（2002）探讨了警察使用语言的修辞现象，Edwards（2006）分析情态动词 would 的互动实践意义。也有研究将警察讯问作为司法过程阶段，分析警察讯问对庭审的影响，如 Coulthard（1996）运用话语分析的方法分析警察讯问记录的内容和方式对司法过程中法庭和陪审员的影响 Carter（2009）分析了法庭中法官和陪审员等对警察讯问话语的影响。

2. 警察讯问话语研究的语用学视角

语用学是语言学中以语境为依托，以动态意义为研究对象的学科，探讨特定语境中的语言使用和语言理解（冉永平，2011）。警察讯问话语语用学视角的研究主要关注告知语言以及讯问互动过程中语言的使用和功能。

"警察告知（英国称之为 Police Caution；美国为 Miranda Rights，米兰达规则／权利）是侦查讯问期间警察向犯罪嫌疑人告知其享有权利的司法程序"（袁传有，2005：12），目的是确保犯罪嫌疑人充分意识到自己享有的权利。但是法律语言学家认为米兰达规则并没有确保犯罪嫌疑人的权利。Shuy（1998）运用语用学的言语行为理论和个案分析法，通过分析法庭中百名被告人的口供，指出警察与犯罪嫌疑人间的不平等权力极易导致犯罪嫌疑人丧失享有的权利。他建议在讯问中，警察应当采用"好警察"策略，让讯问在非正式和轻松的环境下进行，告知语言也应该简明化，然而米兰达规则中的警告顺序、多层内嵌现象（multi-level embedding sentences）、连贯性（cohesivness）以及抽象词语都会影响犯罪嫌疑人的理解。

Ainsworth（1993，2008）通过对美国现行法律条款中处于无权势地位的犯罪嫌疑人模糊寻求律师帮助话语的语用分析，指出虽然米兰达规则规定犯罪嫌疑人有拒绝回答警察强制讯问并寻求律师帮助的权利，但犯罪嫌疑人并没有合适的语言资源诉求米兰达规则，以致其无法享有规定的权利。Edwards（2008）也认为沉默权不但无法让犯罪嫌疑人享有规定的权利，反而将其置于更加不利的处境。他将前景化的意图与犯罪意图联系起来，发现警察讯问中法律专业术语的使用就是为了获取犯罪嫌疑人实施犯罪行为的证据，而犯罪意图是犯罪嫌疑人有罪证据关键的要素。在这种话语环境下，沉默对犯罪嫌疑人更加不利。Heydon（2011）运用语用原则和会话原则分析了澳大利亚维利亚州的 13 例警察讯问，聚焦警察指责犯罪嫌疑人时的言语行为偏好，发现犯罪嫌疑人在面对警察的指责或归罪陈述时，一般不正面回答或直接进行否定。从语用意义上讲，沉默权就是犯罪嫌疑人不正面回答或直接否定警察的提问。然而，不进行正面回答（给出另外一种解释）会让法官或陪审员认为其默认警察的指责或归罪陈述，使其处于更加不利的处境。因此，Heydon 指出，不论犯罪嫌疑人的社会文化背景或性别，任何犯罪嫌疑人在警察讯问中援引沉默权都有相当大的语用障碍。

Ainsworth（2012）从语用学的角度进一步探讨了沉默的意义，指出虽然米兰达规则赋予犯罪嫌疑人沉默的权利，但在司法实践中，沉默经常被用来作为证明有罪的证据，理由是犯罪嫌疑人面对指责时应立即反驳，如果没有立即反驳则表示认同警察指责的内容。然而，在实际案例中面对指责时，人们并不能毫不犹豫地及时反驳，原因是：第一，所谓的指责并没有直接告知被告知人，被告知人只是作为旁听者；第二，指责比较含糊、间接，被告知人听不出来是指责；第三，即使不是指责，沉默也暗含有罪；第四，即使已经明确反驳，但没有重复反驳也有可能被作为认罪的证据。因此，沉默权并没有从真正意义上保障犯罪嫌疑人的权利。

除了警察告知话语，语用学家也关注警察讯问话语互动过程中的语用义。比如，Johnson（2002）通过关注警察对儿童和成年证人的问话过程中以"so"为开端的问句的作用，指出"so"作为话语标记在警察问话的叙事背景中的语用含义，即对成年证人来讲，警察使用以"so"为开端的问句的功能是对成年证人所讲话语进行重述和评价，使其交代有关证据的细节；对儿童证人来讲，警察使用以"so"为开端的问句的功能是支持儿童所讲话语，并对其所讲内容重新排列，使其连贯（Johonson，2002：97）。

黄萍（2014）认为，受法律法规的限制，在侦查讯问中，侦查人员与犯罪嫌疑人的话轮被预先分配。侦查人员被分配为问话人的角色，犯罪嫌疑人被分配为答话人的角色。在这一问一答中，双方作出直接言语行为和间接言语行为的选择。他运用言语行为理论分析了侦查人员与犯罪嫌疑人问答背后作出的一系列直接言语行为和间接言语行为的选择。她指出，警察与犯罪嫌疑人在履行提问和回答的行为的同时，也通过语言使用间接选择了表示断言、责备、指令的无疑问话行为和表示反驳、质疑、回避、辩解和承诺的应对行为，这些言语行为以问话或答话的形式实现。黄萍的研究进一步证实了侦查讯问的语用行为除了填补信息空缺外，还推进了讯问进行，实现讯问的目的。姚云（2017）以某基层派出所100例治安案件讯问录像的撰写材料为语料，利用会话分析方法从语用学视角研究警察讯问中警察与犯罪嫌疑人在问答互动过程中如何运用语言资源构建、协商和管理身份，从而构建或拉近或疏远的人际关系。她建议，警察在讯问过程中可以采用各种语言资源弱化自己的权势身份，缓解与犯罪嫌疑人的冲突，实现和谐社会下的"会话式"讯问。

Johnson（2020）以英国两起警察讯问的录像材料为语料，从多模态的角度分析了警察讯问话语中戏剧化重述（dramatized formulation）（主要是以"say"为标记的语言和伴随手势）现象，指出以"say"为标记的戏剧化重述具有重要的语用效果，主要体现为：让犯罪嫌疑人聚焦自己所陈述故事中的问题细节；将案件涉及的人员或事物对抗性地或有说服力地引入到两者的互动中；标记对犯罪嫌疑人的不信任；转换或挑战犯罪嫌疑人陈述的内容等。

3. 警察讯问话语研究的系统功能语言学视角

功能语言学认为，语言使用者在传递信息中对语言进行选择和组织，以实现交际目的（Halliday & Hasan，2001）。因此，系统功能语言学视角的警察讯问话语研究多关注话语的建构方式和实现交际目的的效果。

Gibbons（2001）从系统功能语法角度详细分析了澳大利亚南威尔士警察告知话语的语法复杂性对犯罪嫌疑人理解的阻碍，不利于司法公正。这种复杂性主要表现为：在简单的语句中使用被动语态或双重否定；在复杂的语句中使用多个并列关系的小句或多层级从属关系的小句；级阶转移，如由从属句变为名词词组，或小句变为主语等；名物化处理。简而言之，这种复杂性是由小句间或小句内部的组织关系和语法隐喻的使用造成的。为了便于犯罪嫌疑人理解，Gibbons进一步提出了警察告知话语的修改意见，建议使用单一的小句，并尽可能避免使用语法隐喻。叶宁（2010）以讯问笔录为样本，分析了警察讯问话语的语篇结构和特征。他运用系统功能语言学的语类理论，在基于语料库分析的基础上，确定了警察讯问语篇的宏观结构，指出警察讯问语篇的宏观结构由主事实阶段和案件事实核心组成。他进一步运用系统功能语言学的三大元功能理论分析了宏观结构的内部特征，并运用语境理论解释了告知语篇与语境之间的联系。他根据Halliday和Hasan的语境构成要素分析了开场语篇的情境语境特征，又从及物性系统和情态系统分析了开场语篇中告知语篇的概念意义和人际意义，随后运用主述位理论分析了案件事实重构语篇的概念意义。Yang & Xie（2014）运用系统功能语言学的三大元功能理论对比分析了日常会话和警察讯问中话语标记"honest phrases"

的使用。研究发现，在日常会话中，该话语标记后续小句类型可以是关系过程、心理过程或行为过程等；而在警察讯问中，该话语标记后续都是心理过程小句。尽管日常会话与警察讯问有着不同的交际特点，但两种语境下"honest phrases"话语标记也有相似功能。概念功能上，它主要是表逻辑功能，表明前后两个小句的语义关系；人际功能上，它的主要作用是通过陈述句提供新的信息；语篇功能上，它主要是表衔接功能，不能作为单独主位。Yang & Xie（2014）为日常会话中话语标记的研究提供了一个新的方向，也为警察讯问话语研究提供了一个新的视角，有助于深入了解警察讯问话语的特征。

近年来，评价系统的提出为系统功能语言学视角下的警察讯问研究指出了新的方向。袁传有（2008）认为侦查人员可以借助介入系统调节其与犯罪嫌疑人间的人际意义。他以介入系统为视角从词、句、篇三个层面对比分析三起与家庭暴力有关的刑事案件讯问笔录。研究发现，针对不同的犯罪嫌疑人，侦查人员介入模式不同，不同的介入模式表达不同的人际意义。袁传有（2008）指出，传统紧缩型的警察讯问并不适用于遭受家庭暴力的犯罪嫌疑人，容易造成二次伤害，不利于程序正义的保证，建议以对话延展的警察会见模式讯问该类嫌疑人。该研究有助于用语言学理论解决讯问中的实际问题。在袁传有（2008）的基础上，袁传有（2010）从社会、问话和心理等维度系统分析了警察讯问言语，并构建了"多维度言语转变模型"。研究发现，如果在讯问遭受家庭暴力的犯罪嫌疑人时，侦查人员多使用普通词汇、表示探寻功能的疑问句和带有反馈的三步会话结构等言语趋同的语言策略，犯罪嫌疑人则有机会进行充分自我辩护，可以最大限度地避免对嫌疑人的二次伤害。该研究提出的"多维度言语转变"为分析警察讯问话语和解决相关法律问题提供了语言学思路和方法。

纵观国内外三四十年的研究，我们看到学者从不同的视角对警察讯问进行了深入研究，取得了丰硕的成果，但仍旧存在一定局限和不足，主要体现为：第一，侦查学、心理学视角的研究较多，语言学视角的研究相对较少，而系统功能语言学视角的研究则更少，对警察与犯罪嫌疑人间的话语互动缺乏详细的描述；第二，语言学视角的研究多侧重于警察讯问的形式结构、语言特征、交际策略等某一特征的描述性研究，过于强调语言的形式，而多层级对语言功能的阐释性和解释性的研究则相对较少，没有真正使用语言学的理论方法来解决司法实践中问题的研究不足；第三，系统功能语言学作为一门适用语言学，对机构话语有强大的解释力。这一方法已被国内外学者广泛应用于法律话语分析（程微，2015；郭飞、王振华，2017；施光，2016；王振华，2004b，2006；Bartley，2020；Cotterill，2003；Gales & Solan，2017；Martin，2012；Martin & Zappavigna，2016；Rocye，2012；Zappavigna & Martin，2018），但专门从系统功能语言学视角研究警察讯问话语的成果并不多。因此，下文将运用功能语言学的评价系统理论考察警察讯问话语中的评价资源和态度意义。

10.4　警察讯问话语中的态度资源和评价意义

根据评价系统理论，态度系统包括情感、判断、鉴赏三个子系统。情感涉及正面及负面的感情；判断涉及对人们行为的态度；鉴赏涉及对语篇、过程和自然现象的评价。本节将呈现警察讯问话语中侦查人员使用的态度各子系统资源，并对各个子系统资源进行详细分析。在分析过程中，警察讯问话语和评价相关的评价对象、评价激发者、正面和负面、铭刻和引发等因素也被纳入考察范围。

10.4.1　情感资源

情感是说话人对事物和现象的情感反应，包括意愿 / 非意愿、愉悦 / 非愉悦、满意 / 非满意、安全 / 非安全四个情感维度（Martin & White，2005）。在警察讯问话语中，情感通常被侦查人员以引发的方式抒发个人的感情，也被用来描述案件相关人员的感情，如犯罪嫌疑人、犯罪嫌疑人家属、被害人及被害人家属等。这类情感既可以帮助侦查人员与犯罪嫌疑人共情，促使犯罪嫌疑人消除抗拒心理，自愿供述案件事实，也可以对犯罪嫌疑人进行情感施压，迫使犯罪嫌疑人交代罪行。在本文收集的语料中，侦查人员使用的显性情感资源仅出现 4 次，均为愉悦 / 非愉悦型情感类型，如：

例 10-1

答：我心情不好，我就叫他走。

问：心情不好？（情感：−愉悦）

例 10-2

问：你父母的情况？

答：我妈跟着我，我父亲死了。

问：嗯，不好意思（情感：−愉悦）。你母亲叫什么名字？

例 10-1 中侦查人员通过讯问确认犯罪嫌疑人的犯罪动机，"心情不好"是犯罪嫌疑人实施故意伤害行为的心理状态。在讯问中，侦查人员极少表达自己的情感，这是因为公安机关代表国家查明案件事实，侦查人员要体现客观公正，不偏不倚，不带入个人感情色彩，避免情绪化。然而，面对犯罪嫌疑人，侦查人员难免会"感情用事"。而用显性的方式表达态度显得太情绪化，侦查人员往往以隐性的方式间接地表达个人情感。所谓隐性的方式是指使用中性词汇表达，但小句的概念意义包含了评价意义，如：

例 10-3

问：你因为什么事情被公安机关带回来问话？

答：说实在的，我现在还搞不懂。

问：我不是告诉你了吗。（情感：−满意）

答：客户叫我拿一两个表就给带回来了，以前没有事。

问：你是不想跟我说清楚是吗。（情感：−满意）

答：我想把整个过程讲给你听。

例 10-3 中，侦查人员明知犯罪嫌疑人是因为销售假冒注册商标的商品被传唤到派出所调查，但依旧讯问"你因为什么事情被公安机关带回来问话？"。这属于寻求供认式提问（袁传有，2010），用来检验犯罪嫌疑人的供罪态度，侦查人员希望犯罪嫌疑人回答因为涉嫌销售假冒注册商标。然而，犯罪嫌疑人并没有按照侦查人员预设的思路进行回答。侦查人员先后使用"我不是告诉你了吗。""你是不想跟我说清楚是吗。"否定形式的"吗"字是非问句很容易变成反问句（邵敬敏，2013）。刘松江（1993：47）认为，"反问具有相当浓厚的感情色彩。话语人使用反问句实质上是对自己情绪的宣泄。"根据例 10-3 的上下文语境，两个否定形式的"吗"字是非问句演变为修辞问句。侦查人员使用修辞问句并不期望犯罪嫌疑人回答，而是以隐性的方式表达了对犯罪嫌疑人不配合调查的不满情绪。

10.4.2　判断资源

根据态度系统，判断分为社会评判和社会约束。Martin & White（2005）指出社会评判是对一个人的个性和行为从常规、能力、韧性三个角度作出判断，其范围内的共享价值有助于社会网络（家庭、朋友、同事）的形成，而社会约束是建立在民事责任和宗教教义基础之上，对一个人的个性和行为从诚信和正当的角度作出判断。在警察讯问话语中，判断是侦查人员根据刑法中的罪名，对犯罪嫌疑人的行为进行评估。这类评估既可以鼓励犯罪嫌疑人对未来充满希望，借助一些社会常识和道德标准对犯罪嫌疑人说理，促使其主动承认一时糊涂所犯下的错误，也可以对犯罪嫌疑人进行打击，逼迫其认罪伏法，如：

例 10-4
问：你是卖毒品的？（判断：–正当）

例 10-5
问：你打人（判断：–正当）了呢，打（社会约束：–正当）了几巴掌的人就是你。

例 10-4 包含了侦查人员对犯罪嫌疑人行为的显性判断。侦查人员发现犯罪嫌疑人有涉毒前科，有贩卖毒品的嫌疑。侦查人员在一开始讯问时，便开门见山地问"你是卖毒品的？"贩卖毒品[1] 是犯罪行为，"卖毒品"是侦查人员在被查获的贩卖毒品案件中对犯罪嫌疑人行为的负面评价，是想表明犯罪嫌疑人实施了犯罪行为。例 10-5 中侦查人员基于所掌握的证据和线索，形成案件事实认知。当犯罪嫌疑人与侦查人员的

1　《中华人民共和国刑法》第 347 条规定，贩卖、运输、制造毒品，无论数量多少，都应当追究刑事责任，予以刑事处罚。

案件事实认知不符时，侦查人员便用负面词汇对犯罪嫌疑人进行谴责，认为犯罪嫌疑人说谎。在讯问中侦查人员还常借助法律术语暗含其负面评价，如：

> 例 10-6
> 问：你涉嫌（判断：－正当）抢劫罪，根据《中华人民共和国刑事诉讼法》第 66 条规定，现在要求你在 ×× 派出所进行调查。

例 10-6 中的"涉嫌"属于表示负面判断意义的法律术语。这些术语源自法律文本。警察讯问话语属于法律话语，其语场决定了法律术语存在的必然性。我们通过观察语料发现，除了"涉嫌"之外，还存在诸如"讯问""前科""拘留""戒毒"等词汇表达负面判断义。这种负面判断义附着于词语的基本意义，由基本意义派生。比如，讯问的基本意义是"责问""指责""审问"，给人太多与"犯人"有关的联想（余承法、廖美珍，2006），因此多含有某人实施了某种犯罪行为的意义。"涉嫌"基本意义是"被怀疑与某件坏事有牵连"，是对行为人的负面判断。警察讯问中，社会评判从常规、能力、韧性三个角度对一个人的个性及行为作出判断，如：

> 例 10-7
> 问：其他人不知道，是不是？我跟你说啊，一个很平常（判断：＋常规）的道理，你 8 点钟跟阿正去喝酒，你都不认识吗？

常规性是说明一个人的行为是否符合常理。侦查人员使用"正常""平常"这种显性、正面的常规性评价词汇，告诉犯罪嫌疑人什么样的行为符合常理。例 10-7 中侦查人员通过"平常"表明认识一起喝酒的人是常识性的问题，即使之前不认识，在酒桌上也会互相介绍来彼此认识。侦查人员使用正面的常规性资源是为了突出犯罪嫌疑人行为的非常规性。显性的评价资源，特别是显性负面的评价资源让侦查人员与犯罪嫌疑人间的对话"火药味"十足。虽然讯问呈现出对抗的特点，但侦查人员也常采用隐性的判断方式来降低"火药味"，如：

> 例 10-8
> 问：你所说的帮忙是什么意思？

答：我觉得帮我，跟他说等下过来打我。打我的话，就是过来打我的时候，过来关档口，你给我抓住就行。

问：是不是这么说？（判断：－真诚）

答：是，在场的都听到了，那女孩也听到了。假如我说不是真的，很简单，你问她。假的，判重点都可以了。

问：像你这么说抓住对方，治保会就行了（判断：－真诚）。

该案中，犯罪嫌疑人邓××涉嫌故意伤害。侦查人员讯问时，邓××只承认叫人帮忙，并不认为自己有教唆斗殴的行为。侦查人员针对邓××所谓的"帮忙"进行追问"是不是这么说"表面上是有疑而问的是非问句，实际功能是斥责，并不需要回答。首先，邓××在回答中使用负面的可靠类判断词汇"不是真的""假的"强调自己言语的真实性。侦查人员提问的目的不是让其强调所讲内容的真实性，而是表示质疑。其次，在后续的问话中，侦查人员说"像你这么说抓住对方，治保会就行了"，这更加表明侦查人员怀疑其撒谎。因此，"是不是这么说"是疑问句的语用嬗变，属于修辞疑问句。侦查人员通过修辞问句隐性表达了对犯罪嫌疑人的陈述"就是过来打我的时候，过来关档口，你给我抓住就行"真实可靠的负面判断。如果脱离语境，只看例 10-8 中的问句"是不是这么说？"，我们无法断定它就是修辞疑问句，可能是有疑而问的疑问句。但结合上下文语境，侦查人员并不是有疑而问，而是通过问句形式隐性地表达了其对犯罪嫌疑人邓××的负面真诚可靠类判断。

10.4.3　鉴赏资源

根据态度系统，鉴赏子系统分为反应、构成和价值三个方面，可以是正面或负面的评估。根据收集到的语料，在警察讯问话语中，侦查人员采用价值类鉴赏资源对证实犯罪嫌疑人有罪或无罪证据的有效性进行显性或隐性评价，如：

例 10-9
答：我推断毒品是阿×的。

问：……那包东西在你车上发现的，所以你要说清楚你的问题，是吧？你的推理是不成立的（鉴赏：－价值），是不是？

例10-9中，显性价值性鉴赏资源"不成立的"被侦查人员用来评价犯罪嫌疑人的辩解，表明了侦查人员认为犯罪嫌疑人辩解的苍白无力。通过观察发现，侦查人员鉴赏资源的使用主要出现在案件调查语类中的延展阶段。在延展阶段中，侦查人员与犯罪嫌疑人的言词冲突最为激烈。通过描写可以看出，态度系统为侦查人员态度的表达提供了策略，如侦查人员运用情感资源显性或隐性地表达对犯罪嫌疑人的不满或者肯定犯罪嫌疑人实施了某种行为；运用判断资源对犯罪嫌疑人的行为进行隐性或显性的评价，表明相信或者不信的态度；运用鉴赏资源对涉及案件的证据进行评价来暗含自己认为犯罪嫌疑人有罪的态度。

10.5　警察讯问话语的评价策略分析

侦查人员投入什么样的情感、运用什么样的判断和鉴赏资源、通过何种方式介入自己的态度都会产生不同的人际意义，体现不同的权势和亲疏关系。例如，侦查人员使用情感资源并不只是为了展示自己的情感态度，是要与犯罪嫌疑人在态度立场上进行协商，或拉近或疏远。态度的表达需要作用于话语参与人，而概念系统则用于表达经验的构建，涉及社会活动、顺序、参与人、场地、品质（Martin & Rose，2007）。在警察讯问话语中，参与人包括侦查人员、犯罪嫌疑人及家属、被害人及亲属。每一类参与人均可作为评价对象。由于评价对象或评价触发物的选择会影响评价资源的选择，下文将从评价与概念耦合角度讨论侦查人员在以侦查为中心的警察讯问话语中的评价策略。

10.5.1　以侦查为中心警察讯问话语的评价策略

以侦查为中心的警察讯问话语中侦查人员要凸显自己的权势地位。由于人类趋利避害的本能，实践中绝大多数犯罪嫌疑人会选择各种应对方式进行逃避，对抗现象普遍存在。在以侦查为中心的警察讯问话语中，面对犯罪嫌疑人的对抗，处于主导和支配强势地位的侦查人员往往带入个人的情感色彩，对犯罪嫌疑人存在偏见，多采用负面的评价资源，具体表现为：通过负面情感与概念耦合对犯罪嫌疑人施压；通过负面判断与概念耦合对犯罪嫌疑打击；通过负面鉴赏与概念耦合形成讯问的有罪偏向。

1. 施压：情感与概念耦合

情感的实现可以被侦查人员用来对犯罪嫌疑人施压，使其迫于压力进行有罪供述。如例 10-10 所示，在警察讯问话语中侦查人员明显倾向于使用负面的满意型和负面的安全型情感资源。这些情感资源的表达对象通常是犯罪嫌疑人拒绝供述的行为，如：

例 10-10

问：刘 × 认不认识？

答：不认识。

问：不认识？（情感：－满意）只认识胖子？那么（级上升）狡猾（判断：－真诚）干吗？

答：我不是狡猾。

问：人在做天在看。（判断：－真诚）资 ×× 不认识？麻子是谁？麻子在，那天也在喝酒，你那天也在喝酒啊。

答：没有，没有麻子，麻子没有在这里。

问：那天你在喝酒啊。

答：没有喝酒，那天我没有去。

问：你打人（判断：－适当）了呢，打了几巴掌（判断：－适当）就是（级上升）你。

答：没有，我没打。

问：没有（打），没有（打）（级上升），你这样子，我把你拘留（判断：－适当）起来（判断：＋能力），最（级上升）不老实是你。

答：我真的没打人，没打（人），我没去跟他们打人。

例 10-10 摘选自资 ×× 涉嫌寻衅滋事罪一案。该案发生后，犯罪嫌疑人已离开现场。侦查人员根据侦查线索将涉嫌寻衅滋事的资××传唤到公安机关进行调查。由于不是在案发现场当场抓获，犯罪嫌疑人资××拒不供述，既不承认有寻衅滋事的行为，也不承认认识该案件的其他参与人。侦查人员没有使用显性的情感资源，但并不乏侦查人员的情感表达。"不认识"相当于"你怎么可能不认识"，是修辞疑问句，是侦查人员对犯罪嫌疑人的谴责，隐性表达了侦查人员对犯罪嫌疑人的不满。这里的情感表达者是侦查人员，情感对象是犯罪嫌疑人"不认识刘×"的陈述。侦查人员通过"不认识"对资××表达不满的情感后，情感再次加强，通过词汇"狡猾"对犯罪嫌疑人的人品进行负面真诚类判断，从而引发侦查人员更强的不满。之后，侦查人员又使用习语"人在做天在看"再次引发了其对犯罪吸纳一人拒不供述的不满态度。最后，侦查人员通过级差资源，重复再一次突出自己的不满。可以看出，侦查人员对犯罪嫌疑人进行的情感施压逐渐增强，先将不满的情感与犯罪嫌疑人的陈述进行耦合，又将不满的情感与对犯罪嫌疑人人品的否定耦合，再与习语"人在做天在看"耦合实现。

2. 打击：判断与概念耦合

在实践中由于犯罪嫌疑人拒供心理突出，侦查人员根据各种常规原则对犯罪嫌疑人的行为或品德进行显性或隐性的负面判断。在例10-10中，侦查人员使用显性的负面诚实度评价资源"狡猾""不老实"，表明犯罪嫌疑人撒谎。级差资源"那么""最""就是""没有（打）"增强了侦查人员对犯罪嫌疑人负面判断的力度，显性的负面适当性评价资源"打人"明示犯罪嫌疑人的违法行为。犯罪嫌疑人是否诚实、行为是否适当属于社会约束型判断，这类判断往往与合法性和道德性有关。从法律角度讲，对社会约束的违反会被看成是罪行（胡壮麟等，2005）。因此，当侦查人员对犯罪嫌疑人进行负面的约束型负面判断时，实则是将犯罪嫌疑人看作是罪犯。这类判断容易引起犯罪嫌疑人的对立，不利于讯问开展。侦查人员与犯罪嫌疑人的对立关系还表现在对犯罪嫌疑人进行显性或隐性的社会评判型负面判断。在警察讯问中，侦查人员的职责是查清罪行，而犯罪嫌疑人则希望逃避惩罚。警察讯问最终会形成笔录，作为证据用于起诉犯罪嫌疑人。因此，就讯问结果而言，与犯罪嫌疑人有着切身的利害关系。犯罪嫌疑人往往通过编造谎言、避重就轻、矢口否认等策略来实现逃避与减轻罪责的目的。侦查人员根据生活常识指出犯罪嫌疑人回答的矛盾性，以此批驳犯罪嫌疑人，如：

例 10-11
问：那是谁放的？
答：我不知道是他们两个谁放的，他们两个坐后面。
问：你那台是小汽车不是大货车，就这个几十公分的距离，谁放你不知道啊，是不是？车内的空间那么小，比你和我之间的距离还要短，短到三分之二，怎么会不知道呢？（判断：-常规）

例 10-11 摘选自陈 × 涉嫌贩卖毒品案。侦查人员使用语言隐性表明犯罪嫌疑人无视生活中的基本常识。侦查人员在犯罪嫌疑人陈 × 驾驶的轿车驾驶位旁的扶手里查获毒品，而陈 × 辩称不知是谁放的毒品。侦查人员提供了两个客观事实：一是"小汽车扶手到驾驶位的距离只有几十公分"；二是"车内的空间小，比侦查人员与犯罪嫌疑人之间的距离还短三分之二"。同时，侦查人员在每一个客观事实后都使用了修辞疑问句：一是"谁放你不知道啊"，句子本身是否定形式，实际上表达的意思是"你知道谁放的"；二是"怎么会不知道呢"是特指反问句，属于典型的修辞疑问句。两个修辞疑问句都隐性表达了犯罪嫌疑人陈 × 在毒品存放位置距离自己非常近的情况下仍称"不知道谁放的"负面常规类判断，认为犯罪嫌疑人的说法不合理。

3. 偏向：鉴赏与概念耦合

犯罪分子在实施犯罪时通常会遗留各种痕迹，如作案工具、赃款赃物等，这些物品能反映一定的案件事实，统称为物证。讯问中侦查人员不可避免地会对物证作出一定的判断。通过观察语料发现，在讯问中侦查人员对物证进行负面的判断，表现为负面反应类和负面估值类鉴赏，如：

例 10-12
问：吸什么毒品（鉴赏：-反应）？
答：这个冰毒，原本我没有吸冰毒的。

问：是不是冰毒、海洛因（鉴赏：－反应），两种都有？

答：后来就搞点。

"冰毒""海洛因"在中国是违禁品，属于"毒品"，代表不好的东西，因此"冰毒""海洛因""毒品"属于显性的反应型鉴赏资源。侦查人员通过承载负面反应型鉴赏资源对犯罪嫌疑人进行有罪预设，隐性表达了认为犯罪嫌疑人存在违法行为的态度。对物证进行负面估值性鉴赏，也包含有罪预设。Martin & Rose（2008）认为，语域由语篇语义实现。从评价系统角度讲，警察讯问话语中侦查人员的讯问模式由评价资源实现。根据以上分析，我们从评价对象和极性出发，总结了以侦查为中心的警察讯问话语中侦查人员的评价范式（见表 10-1）。

表 10-1　以侦查为中心的评价范式

体现权势地位的评价范式		
	正面	负面
	评价对象：参与人	
态度 犯罪嫌疑人		不满，愤怒，不合理行为，不当行为
侦查人员	强大、自信	
	评价对象：案件	
涉案物品		负面反应，负面估值
客观证据		可信
犯罪嫌疑人的供述和辩解		不可信

表 10-1 呈现了警察讯问中体现侦查人员与犯罪嫌疑人权势地位可能存在的耦合模式。在这些耦合模式中，侦查人员营造了犯罪嫌疑人有罪的负面韵律。在态度概念耦合上，侦查人员对涉案物品进行负面鉴赏，对其设置负面属性，暗含有罪预设；对客观证据进行正面估值，以此证实犯罪嫌疑人有罪；对犯罪嫌疑人进行负面判断，当犯罪嫌疑人不供认时谴责犯罪嫌疑人撒谎，指明犯罪嫌疑人在案件中的有罪行为和不合理行为。侦查人员对犯罪嫌疑人营造的有罪的负面韵律还表现在对自己的能力进行正面判断，强调自己限制犯罪嫌疑人人身自由的能力，以此对

犯罪嫌疑人进行恐吓威胁。当犯罪嫌疑人拒绝供述或不供认罪行时，侦查人员在情感上表现出易怒和不满情绪。

10.5.2　以审判为中心的警察讯问话语评价策略

在以审判为中心的警察讯问话语中，侦查人员运用评价资源削弱自己的机构地位，拉近与犯罪嫌疑人的社会距离，确保犯罪嫌疑人在自愿、知情、自由意志的状态下表达和自我辩护，具体表现为：通过正负面情感和概念耦合与犯罪嫌疑人共情，通过正面的判断与概念耦合鼓励犯罪嫌疑人积极乐观，通过正面鉴赏与概念耦合肯定嫌疑人的付出。此外，侦查人员还通过对话扩展的介入方式拓展犯罪嫌疑人的话语空间。

1. 共情：情感与概念耦合

侦查人员巧妙地运用情感资源，动之以情，有助于拉近与犯罪嫌疑人的距离，有助于犯罪嫌疑人真实、自愿地供述。从显性角度看，侦查人员在讯问中使用的有利于与犯罪嫌疑人形成情感共鸣的情感资源较少，侦查人员倾向于使用愉悦 / 非愉悦型情感资源表达犯罪嫌疑人的情感，如：

例 10–13
问：没什么大碍吧？
答：头晕（情感：– 愉悦）。
问：啊？
答：头晕（情感：– 愉悦）。
问：背部痛不痛（情感：– 愉悦）？
答：啊？
问：有点红肿吧？
答：这里有一点痛（情感：– 愉悦）。

例 10–13 中，侦查人员在讯问开始便从犯罪嫌疑人的伤势着手，通过 "没什么大碍吧" 让犯罪嫌疑人表达 "头晕" 的负面愉悦类情感，又通过"背部痛不痛"让犯罪嫌疑人表达"有一点痛"的负面愉悦类情感。
侦查人员引导犯罪嫌疑人表达情感，让犯罪嫌疑人感受到侦查人员不是
通过强硬的语气逼自己供述，而是放低姿态，主动对犯罪嫌疑人进行关
怀。这让犯罪嫌疑人更容易接受侦查人员，而不采取对立的方式抗审。
愉悦／非愉悦的情感资源也常被侦查人员用来表达犯罪嫌疑人亲属或被
害人亲属的情感，如：

例 10-14

问：你是一个男人，你有父母、妻子，你父母养育你不容易（情感：
－愉悦）。自从你呱呱坠地，到你长大成人，你的父母付出的
太多了（情感：－愉悦）。你父母的付出无非是让你成人后的生
活幸福（情感：＋愉悦），希望（情感：＋意愿）你能过上好日
子，到他们老了以后，得到你的照顾（情感：＋安全）。你现
在这种情况怎么尽孝？你拍拍胸脯想一想吧！你以前是受过公
安机关处理的人，你的妻子罗某深深地爱着（情感：＋愉悦）你，
对你的过去从不计较（情感：＋愉悦）。一个女子从外地来京，
现在无依无靠（情感：－安全），只有你是她在京唯一的亲人，
你的亲人盼着（情感：＋意愿）你早日回到家中，希望（情感：
＋意愿）你能过一个普通人的生活。你再想想，被害人也有父
母，也有子女，他们也盼着（情感：＋意愿）亲人早日回家，
失去亲人的感觉（情感：－愉悦）如何，你自己应该清楚。

例 10-14 中侦查人员使用大量显性的情感资源描写犯罪嫌疑人的
父母、妻子以及被害人的父母、子女，情感资源多为正面的，其中包括
正面意愿性情感资源"希望""盼着""让"，正面的愉悦性资源"幸福"
和正面安全性资源"照顾"。侦查人员希望通过犯罪嫌疑人父母及妻子
的正面情感唤起其对生活的希望，也希望通过被害人父母和子女的正面
情感唤起其对父母和妻子的愧疚。在该例中，侦查人员只是用了一处显
性的负面情感资源"无依无靠"，其情感者为犯罪嫌疑人的妻子。侦查
人员希望借用其妻子的负面情感，使其体验妻子的无助，而妻子的这种
无助正是由他犯罪造成的，以此引起犯罪嫌疑人的愧疚并如实供述。除
了显性的情感资源外，侦查人员也使用大量引发的情感资源："你父母
养育你不容易""你父母付出的太多了""对你的过去从不计较""失去

亲人的感觉"。这些话语中并没有显性的情感词汇，但通过其概念意义激发了犯罪嫌疑人悲伤的情绪。父母的养育和付出与犯罪嫌疑人的表现形成鲜明对比。妻子的"从不计较"增强了显性资源"爱"的程度，妻子的爱与犯罪嫌疑人给自己造成的"无依无靠"形成对比。侦查通过运用以上情感资源与犯罪嫌疑人共情，拉近距离，唤起其悔意，从而如实供述。

2. 鼓励：判断与概念耦合

侦查人员以协同的方式获取犯罪嫌疑人的供述和辩解，在判断方面，侦查人员倾向于对犯罪嫌疑人使用适当的正面判断，如：

例 10–15

问：在这项工程上，你起早贪黑，整个人都扑在工地上。为了节约用钱，你跑市场压价格为国家节约了大量的资金（判断：＋适当），这是你的贡献（鉴赏：＋估值）……

答：……

问：你有功劳（鉴赏：＋估值），有成绩（鉴赏：＋估值），别人为什么非要整你呢？

答：……

问：你是聪明（判断：＋能力）人，工作能力强（判断：＋能力），有事业心（判断：＋韧性），引起别人的忌妒是难免的……

答：（点头不语）。

问：……只希望你能够认识问题，改正错误。你刚才不是说脑袋掉了也不过碗大的疤吗？死都不怕还怕承认错误吗？（判断：＋韧性）

例 10–15 中，犯罪嫌疑人抵触情绪强烈，侦查人员在负面评判的同时，引入适当显性或隐性的正面判断，如"聪明人""能力强"肯定犯罪嫌疑人的能力，用"有责任心"对犯罪嫌疑人的可靠性进行正面判断。此外，侦查人员的陈述中还包括对犯罪嫌疑人行为详细的物质过程描写，如"起早贪黑""整个人都扑在工作上""为国家节约了大量的资金"。这些精确的描述激发了侦查人员对犯罪嫌疑人行为正当性和可靠性的正面判断，对犯罪嫌疑人的行为进行正面判断，表明社会对其并没有完全否定，以此拉近与犯罪嫌疑人的距离，从而化解其抵触和对抗的心理状态。

3. 肯定：鉴赏与概念耦合

对犯罪嫌疑人的行为进行正当性判断可以鼓励犯罪嫌疑人，让其对未来充满希望。在协同关系下，侦查人员也倾向于运用鉴赏资源对犯罪嫌疑人在某件事情中的表现予以肯定，借此获得犯罪嫌疑人的认同，拉近双方距离。这些正面的鉴赏资源表明侦查人员主动弱化自己的权威性特征，肯定犯罪嫌疑人的付出，而不是一昧地指责。这种策略有利于双方进行良性沟通，获取犯罪嫌疑人真实和自愿的供述。以审判为中心的讯问模式要求侦查人员在证据确凿的情况下，充分发挥其在话语中的支配地位，同时也要突破话语主体间既定的权势关系，主动降低机构身份，拉近距离。通过以上分析，我们总结了以审判为中心的警察讯问话语中侦查人员评价模式（见表 10-2）。

表 10-2　以审判为中心的评价范式

以审判为中心警察讯问话语中侦查人员的评价模式			
		正面	负面
态度	评价对象：参与人		
	犯罪嫌疑人及亲属	能力强，为人可靠，行为适当	伤心，行为不当，行为不合理
	侦查人员		伤心
	被害人及亲属		伤心
	评价对象：案件		
	涉案物品		
	客观证据	可信	
	犯罪嫌疑人的供述和辩解		
	犯罪嫌疑人的表现	肯定其部分表现	

　　从态度系统角度讲，在情感和概念耦合上侦查人员应该采用愉悦/非愉悦的情感资源与犯罪嫌疑人共情。在判断和概念耦合上，当犯罪嫌疑人不配合时，侦查人员可以通过对犯罪嫌疑人的能力性和行为进行适当的正面评判，以此鼓励犯罪嫌疑人，让其对未来充满希望，愿意供述自己的罪行，获得从轻或减轻的处罚。此外，从法律的角度讲，对社会约束的违反被看成是罪行[1]。警察讯问作为人民法院判决前的侦查阶段，当犯罪嫌疑人不供认罪行时，侦查人员应避免从社会约束的角度对犯罪嫌疑人进行负面评判，而应多从社会评判的角度出发借助普遍接受的常识和常理摆事实、讲道理，促使犯罪嫌疑人面对现实，而不是通过对侦查人员自身能力的正面评判强调权威性。

10.6　小结

　　本章立足于人际意义，运用评价系统，主要从态度子系统和介入子系统分析了警察讯问话语中侦查人员使用的评价资源，并通过评价与概念耦合的方式阐释了以侦查为中心和以审判为中心警察讯问话语中侦查人员不同的评价策略。

　　研究表明，面对不同的评价对象，侦查人员使用不同的评价资源。在以侦查为中心警察讯问话语中，侦查人员为凸显权势地位而采取的策略有：当侦查人员将自身作为评价对象时，运用负面满意类情感资源抒发对犯罪嫌疑人不供述事实的负面情感，运用正面能力类判断资源表明自己有能够查实犯罪嫌疑人犯罪行为的能力；当侦查人员将涉案物品作为评价对象时，运用负面估值类鉴赏资源，从涉外物品认定犯罪嫌疑人的犯罪行为；当侦查人员将客观证据作为评价对象时，运用正面估值性鉴赏资源，认定能证明犯罪嫌疑人有犯罪行为证据的有效性；面对犯罪嫌疑人的陈述和辩解，侦查人员运用负面真实性判断资源否定犯罪嫌疑人的说辞；当面对思想类信息时，侦查人员运用对话紧缩的介入方式，将思想类信息绝对化。以审判为中心警察讯问话语中，侦查人员削弱自

1　《中华人民共和国刑法》第12条规定，未经人民法院判决，对任何人都不得确定有罪。

已权势地位，强调说理性和客观性的策略有：当侦查人员将自己作为评价对象时，运用负面愉悦类情感资源表达对犯罪嫌疑人的关怀；当侦查人员将犯罪嫌疑人的亲疏或被害人亲疏作为评价对象时，运用负面愉悦类情感资源引发犯罪嫌疑人的愧疚；当侦查人员将犯罪嫌疑人的表现作为评价对象时，运用正面判断资源唤起犯罪嫌疑人对生活的希望。当面对推演类信息时，侦查人员运用对话紧缩的方式强调说理性；当面对认知类信息，即证据证实类信息时，侦查人员也运用对话紧缩的方式，强调证据的客观真实性，打消犯罪嫌疑人的侥幸心理。

第 11 章
语言犯罪与文本证据研究

11.1　引言

　　文本作者分析主要关注的是匿名的文本或可疑文本，如匿名威胁信、可疑遗嘱、可疑自杀信、可疑短信等。随着网络的普及，这些匿名或可疑文本开始以网络语言和电子文本的形式出现在各类网络空间，如微博、微信、论坛帖子等。文本作者分析可以分为文本作者画像和文本作者鉴别／文本作者识别两类。类似于声音画像，文本作者画像主要通过对匿名文本的分析，从性别、年龄、地区、社会阶层等方面进行概括描绘，以帮助警察搜索和锁定罪犯。文本作者鉴别则是通过对匿名文本的分析和不同犯罪嫌疑人的文本进行比对，确定真正的罪犯。

　　广义上来说，抄袭文本的研究也属于文本作者分析领域。抄袭文本研究主要是相似度检测，以确认是否存在抄袭。相似度分析和检测不仅涉及抄袭数量的评估，还包括抄袭质量的分析和检测。通过在抄袭数量的基础上分析可疑文本之间抄袭的质量，可以很容易地判断抄袭是否存在，如观察可疑文本中相同词汇的高百分比，以及罕见词汇的重复数量和低频相似性（Coulthard & Johnson，2007；Johnson，1997；Kredens & Woolls，2010）。在进行文本相似度检测时，专家除了进行人工分析外，通常还会利用计算机软件输出的结果进行解释和说明，这是抄袭文本相似度检测中专家证人的职责所在。

11.2　语言犯罪中的文本作者识别

　　西方当代的法律语言学始于 1968 年 Svartvik 的《埃文斯证词：一

宗法律语言学案例》（Coulthard & Johnson，2007）。这个法律语言学案例分析被 Svartvik 定义为"法律语言学案件分析"，是文本作者识别的首次有据可循的分析。通过对埃文斯证词的分析，Svartvik 发现了证词中不同部分的差异，这些差异具有统计意义。也就是说，从语言学特征来看，所谓的"埃文斯证词"的内容并不一致，有些部分可能不是埃文斯本人所写。这项分析对后来的法律语言学研究具有里程碑式的意义。

11.2.1　文本作者识别的相关概念

文本作者识别的理论依据是个人习语，也叫个人语言风格或个人方言。每个人在选择和组合字、词、句、段落、篇章等语言元素时都有自己独特的风格。即使是同一个主题，不同的人在语言选择和组合上也会展现出不同的个人倾向，这就是个人习语在文本作者识别中的重要性（Coulthard，2004）。个人习语可以作为识别文本作者的重要指标和研究方法的依据。个人习语是由独特的语言选择组合（co-selection）所体现出来的，这些选择组合通常都是具有个人特色的，可以用来区分不同作者的语言风格。

11.2.2　文本作者识别的研究方法

在法律语言学等领域，文本作者识别的方法有很多是相通的，就是要寻找能够代表文本作者独特性的语言特征来识别作者。但是，单独看这些特征中的任何一个很难区分出作者，而且这些特征的区分能力也不一样。所以，早期的文本作者识别方法逐渐转向了多因素方法。也就是说，对于作者的识别，一组语言特征的识别能力明显比单个语言特征强大，而且更容易增加作者的区分度。同时，在确定哪个语言特征能够入选时，检测和考量语言特征的识别力也很重要。所以，选择的语言特征既要在作者文本中保持一定的稳定性，又要具有足够的辨识度（Grant，2013）。

具体来说，在文本作者识别中常用的语言特征主要包括语法特征、词汇特征和句法特征。语法特征包括习惯性标点符号的使用、习惯性大小写等；词汇特征包括词频、词形和词符的数量、词形和词符比率、罕见词汇（lexical hapax legomena）、连词、习惯性拼写错误、词汇丰富度、平均词长度、习惯性词汇缩写等；句法特征主要包括平均句长、词性等特征。除了这些英文中常用的文本作者识别的语言特征，笔者在反复测试中发现，汉语文本作者识别虽然可以借鉴上述语言特征，但是识别效果不如英文。这一发现在其他研究者的研究中也有提到（Zheng et al., 2006）。在汉语短文本作者识别（短文本指少于 500 汉字的文本）中，除了语法、词汇和句法层面，语用、语篇语义及语篇信息层面也有区分潜力的语言和信息特征。这些特征包括语用层面的情感标记语、间接言语行为、语篇语义极差，以及语篇信息层面的信息发展层级、信息单位，下层的信息单位、主观信息单位和客观信息单位。虽然这些特征具有区分潜力，但并不是在任何情况下都能够根据特征很好地区分作者。根据文本的不同情况，还需要通过测试来选择具有实际区分能力的特征。笔者相信通过更多和更深入的研究，能够发现更多适合汉语文本作者识别的特征。

11.2.3　刑事犯罪中文本作者识别的典型案例

英国的"丹尼尔·琼斯案"（Danielle Jones Case, 2001）是刑事犯罪中文本作者识别的典型案例。Jones 于 2001 年 6 月 18 日早上失踪，当时年仅 15 岁。尽管警方在 Jones 失踪五天后就锁定并第一次逮捕了犯罪嫌疑人 Campbell，但由于其不配合且拒绝回答问题，案件没有进展。将近两个月后，警方确认 Jones 已经遇难。2001 年 8 月 17 日，犯罪嫌疑人 Campbell 再次被逮捕，并于 2002 年 10 月 14 日被送上审判席，起诉罪名是绑架和谋杀。同年 12 月 19 日，英国高等法院宣判 Campbell 谋杀罪成立获终身监禁，同时因绑架罪成立获十年刑期。如果 Campbell 想假释，至少要服满二十年刑期。由于被害人的尸体一直未找到，这次判刑的重要证据除了有犯罪嫌疑人家里 DNA 和的手机移动交换中心记录的证据外，其中一项重大证据就是文本作者识别分析的证据。英国法律语言学家 Coulthard 在法庭上以专家证人的身份，将

Jones 失踪后的可疑短信息和失踪前的信息进行了比对和分析，发现了可疑之处，其中一处为：

HIYA STU WOT U UP 2.IM IN SO MUCH TRUBLE AT HOME AT MOMENT EVONE HATES ME EVEN U! WOT THE HELL AV I DONE NOW? Y WONT U JUST TELL ME TEXT BCK PLEASE LUV DAN

×××

Campbell 声称 Jones 发给他的短信全部都是大写字母。然而，Coulthard 查看了 Jones 之前发的短信，发现她一直都用小写字母。除此之外，Coulthard 还发现习惯性拼写错误也不一致，比较明显的是在她失踪后的短信中，所有的"what"都被拼写成了"wot"，然而 Jones 在失踪前的短信中一般是将"what"拼写为"wat"。所有这些文本作者识别的证据都最终成为给 Campbell 定罪的重要证据，这是英国刑事法庭首次接受法律语言学家的语言学分析，并将其作为重要的定罪证据。这也是英国司法历史上首次在没有找到受害人尸体的情况下以语言学证据为重要依据来给犯罪嫌疑人定罪，在英国的司法改革史上具有划时代的重要意义。Jones 的案件展示了文本作者识别在破案过程中的重要作用，可以从中看到语言学在刑事犯罪调查中的价值。

11.3　语言犯罪中的文本作者画像研究

11.3.1　文本作者画像的相关概念

文本作者画像是指通过分析文本，揭示犯罪嫌疑人的社会身份信息，如性别、年龄、教育程度、方言、职业、民族和信仰等。不同于文本作者识别，文本作者画像并不追求确定嫌疑作者的身份，而是通过分析文本中的语言特征，推断出作者的个人身份信息，以帮助缩小侦查范围。文本作者画像主要依据个人习语进行分析。个人习语是指每个人独特的语言使用方式。通过分析个人习语，可以揭示作者的性别、年龄、教育程度、方言、职业、民族和信仰等社会身份信息，从而推断出文本作者的蛛丝马迹。性别和年龄是最常用和最重要的身份信息，因为它们在语言使用中具有显著影响。有研究（Eckert，1989）发现，语言与性别之间存在一定的关系。女性更注重社会地位，因此在语言上更倾向于使用更标准的表达方式。这是因为在过去，在教育水平不平等的时代，语言的使用标准可以体现一个人的社会地位和身份。Lakoff（1973）也指出，女性更倾向于使用更准确的颜色词分类和更多的反义疑问句，以降低句子的确定性，避免与听话人发生冲突。Wardhaugh & Fuller（2015）发现，这些女性语言特征与双方的相对权力关系也有关系，但这并不否定之前的发现，反而验证了女性说话方式的存在。

年龄在语言使用中也具有重要影响。发音、词汇和句法都能反映出年龄对语言的影响。有些地区的年轻人在特定年龄段会使用特定的方言特征，如英国格拉斯哥中产阶级的孩子到了 10~15 岁，受到老师和家长的鼓励会慢慢使用当地的方言喉塞音（glottal stop）取代所有类似 "better" "water" "matter" 这类词中的 [t]（Holmes & Wilson，2017）。此外，不同年龄段的人群使用的词汇和句法也存在差异，这些差异往往与年轻人的生活方式和文化背景有关。除了性别和年龄，教育程度、方言、职业、民族和信仰等身份信息也可以通过具体的词汇特征进行分析。例如，某些词汇可能与特定方言区域相关，而某些职业群体或民族群体使用的专有词汇也具有明显的特征。比如，说 "训觉（睡觉）"的一般是广东粤语方言区的人；把 "先" 这个副词放在动词前面（"你先走"）的一般是北方方言区的人，把 "先" 放在动词后面的（"你走先"）的一般是广东粤语方言区的人，而把 "先" 既放在动词前面又同时放在后面的（"你先走先"）一般是东南亚华人，混有南方多个语系分支形成的区域性华人用语。

综上所述，文本作者画像通过分析个人习语，揭示犯罪嫌疑人的社会身份信息，有助于在刑侦阶段缩小侦查范围。在进行文本作者画像时，综合考虑多个因素而不仅仅关注单一因素是非常重要的。

11.3.2　文本作者画像的研究方法

文本作者画像的研究方法与文本作者识别方法的核心部分相似，即寻找具有稳定性和足够辨识度的语言特征。这些特征主要涉及性别、年龄、教育程度、方言、职业、民族和信仰等，并进行关联分析。通过关联分析得到的特征越多，文本作者画像可以变得更加细致，从而缩小对犯罪嫌疑人的搜索范围。

11.3.3 文本作者画像的相关案例

2007—2009 年，英国伯明翰阿斯顿大学的法律语言学家 Grant 分析了一系列威胁信件，这些信件涉及英国首相办公室、清真寺、医院和学校等个人和机构的地址，涉及种族仇恨和性侮辱，其中共 86 人向警方报案。Grant（2013）发现这些威胁信中存在一系列针对女性的语言特征。这一发现与人们的直觉相反，因为通常与政治、种族仇恨和性侮辱相关的威胁信更容易与男性相关联。但是，男性倾向于提出更明确的威胁和明确的要求，而这些信件并没有明确指明威胁的具体内容。据分析，女性在表达威胁性话语时更倾向于使用隐晦、间接的方式，这与前述女性语言中表现出的权力较低的特点相关。此外，Grant 还发现这些威胁信中充斥着大量富有表现力的评价性形容词，如 "smelly" 和 "filthy"，这与之前提到的女性语言中几乎包揽了情感评价性强的形容词的结论相吻合（Lakoff，1973），Grant 进一步将嫌疑人的目标定位为女性。此外，这些信件中还提到了一些具有年代感的词语，如 "older" "pensions" "people who have worked for 50 years or more of their life" 以及 "ancestral English beds" "ancestral English hospitals" 和 "spiritual woodlands and meadows"。Grant 指出，这些具有年代感的词汇可以帮助追溯特定社会群体。此外，这些信件中使用的辱骂性词汇通常是老一辈人习惯使用的。通过文本作者画像分析，这些特征进一步将嫌疑人的目标定位为英国的女性老年人。最终，警方从信件上提取到了女性 DNA，与 Grant 的分析结果相吻合，并最终成功破案。

11.4　语言犯罪中的文本相似度检测研究

11.4.1　文本相似度检测的相关概念

文本相似度检测（similarity detection），又叫抄袭检测（plagiarism detection），指通过对比不同的文本来决定文本是否出自同一作者（Zheng et al.，2006）。文本相似度检测不必确定文本的真正作者是谁，主要看是否为同一人所写。文本相似度一般是一个介于 0 和 1 之间的数字，0 说明没有相似，1 说明完全相似。笔者更倾向使用文本相似度检测概念，因为抄袭一般需要法官或者具有一定权威的机构或人来做最终判定，作为法律语言学者或者专家证人，仅提供合理的相似度检测结果即可。文本相似度检测分析跟上述文本作者识别和文本作者画像一样，所依据的最重要的概念就是个人习语。个人习语是具有一定程度的唯一性的（uniqueness），这种唯一性的体现就是，如果两位作者就同样一个主题写作，可能会有重复的词汇和句子结构，但是绝对不会写出两篇主体段落几乎一字不差的雷同文章（Coulthard，2004）。因此，Coulthard（2004：433-434）将抄袭定义为："抄袭是一种欺骗行为，一方把另一方的作业、作品等拿来冒充自己的作业、作品等。通常情况下，抄袭就是指作业或作品中的大量段落都是逐字逐句、一字不差地从某一特定来源'摘取'而没有作适当引用。"

中国法律对抄袭的判定标准更加严格：第一，被剽窃（抄袭）的作品是否依法受《中华人民共和国著作权法》保护；第二，剽窃（抄袭）者使用他人作品是否超出了"适当引用"的范围。"适当引用"是《中华人民共和国著作权法》第 22 条第 2 款规定的对著作权限制的合理使用行为（王登年，1993）。我国《图书、期刊保护试行条例实施细则》第 15 条第 1 款明确规定："适当引用"指作者在一部作品中引用他人作品的片段。引用非诗词类作品不得超过 2,500 字或被引用作品的 1/10，如果多次引用同一部长篇非诗词类作品，总字数不得超过 10,000 字，引用诗词类作品不得超过四十行或全诗的四分之一，但古诗词除外。凡引用一人或多人的作品，所引用的总量不得超过本人创作作品总量的十分之一，但专题评论文章和古体诗词除外。虽然中国在法律上对抄袭的判定标准更加严格，但似乎没有考虑学生作业或者论文互相抄袭的情况，虽然学生习作不一定受《中华人民共和国著作权法》保护，但是仍然属于情节或轻或重的抄袭。

11.4.2 文本相似度检测的研究方法

文本相似度检测与文本作者画像和文本作者识别的方法核心部分是一样的，即寻找既有稳定性又有足够辨识度的语言特征（Grant，2013）。目前的抄袭检测和法官实际办案更多是从字词方面考虑，如"标点符号相同""仅改动一、二字""文字、内容、书名完全抄袭，只有少数文字略加修改""绝大部分相同，结构、举例一致""误写之处也照抄""百分之九十相同"等（王登年，1993）。然而，这些特征是不够全面的。字词句的抄袭只是最低级和最明显的一种抄袭，目前很多复杂和隐性的抄袭是最难判定的。因此，我们主张在文本相似度检测中，除了关注字词句的相似度之外，还应从篇章的语义逻辑结构及其细节进行综合判断，即从词汇、语法、句法、语义和篇章等不同语言层面分别进行相似度检测，并将结果提供给法官，由法官给出最终判定。

具体来说，篇章的语义逻辑结构是指文本的结构框架和框架下的具体情节，包括故事、人物以及描述细节等。通过语篇信息分析方法，可以将整个文本以树状信息结构展示出来，从而清晰地看到文本的上层结构框架和下层情节发展及细节。上层的信息结构如果相似，则相似度权重要高于下层的信息结构的相似度。细节信息层次越低，相似度权重越低，需要考虑上层信息甚至上层的上层信息是否相同。如果上层结构信息相同，下层的情节细节也相同，那么文本相似度无疑要比只有上层或下层相同的相似度要高。例如，在庄羽诉郭敬明案中，根据法院判决，《圈里圈外》中有主人公初晓的一段心理活动："（高源）一共就那一套一万多块钱的好衣服还想穿出来显摆，有本事你吃饭别往裤子上掉啊。"（庄羽，2004：79）这一情节取材于生活中常见的衣服上掉菜汤的素材，并加入了高档服装上掉菜汤的元素，提高了原创性。相应地，在《梦里花落知多少》中，也有主人公林岚的一段心理活动："我看见他那套几万块的阿玛尼心里在笑，有种你等会儿别往上滴菜汤。"（郭敬明，2003：

38）显然，仅仅对比这一情节和语句就认为构成剽窃是不公平的。然而，如果《梦里花落知多少》中这一情节出现的上层信息（甚至上层的上层）与《圈里圈外》完全相同，那么相似度无疑接近 1，抄袭就很容易成立。正如郭达丽（2016）所说，单一情节可能无法获得保护，然而当这些不受保护的情节串联形成故事结构，能使"一般读者"明显感到与其他作品的不同，并产生较大差异的阅读体验，则可以获得保护。此外，故事结构、人物形象及性格等都以情节为依托，对情节在小说作品的侵权认定中起到关键的作用。

11.4.3　网络犯罪中的文本相似度检测相关案例

在庄羽诉郭敬明案中，二审法院的判决书说明了一个很重要的事实：郭敬明在他的作品《梦里花落知多少》中抄袭了庄羽的作品《圈里圈外》中独创性的人物关系、情节和语句。这导致两部作品整体相似，侵犯了庄羽的著作权。所以，法院判定郭敬明必须停止侵权、赔礼道歉并赔偿损失，这是完全正确的决定。判决书中提到的"独创性的人物关系的内容及部分情节"就是指上述的"篇章的语义逻辑结构"，也就是指整个文本的结构和具体情节。而"语句"则指的是词汇、语法和句法层面的分析。因此，法院在判定抄袭的时候，要从整体上把握文本的脉络结构，然后再关注具体的情节，这是非常重要的。

除了这个案例，还有一个很有意思的例子说明了单纯的字词和句子的相似度并不是判定抄袭的关键。1977 年，美国前总统福特和 HARPER & ROW 出版公司签订了一份出版合同，福特授权该出版公司在回忆录出版前连载其未成文部分。两年后，回忆录即将完成时，该出版公司与美国《时代周刊》达成协议：《时代周刊》以 25,000 美元的价格（预付 12,500 美元，剩余款项在出版时支付）获得回忆录正式出版前的 7,500 词的摘录出版权。这 7,500 词是关于福特总统对尼克松总统"水门事件"赦免的内情，标题是"愈合的时刻"。然而，《国家》杂志的一名编辑在《时代周刊》准备出版这部分内容之前，发表了一篇 2,250 词的文章，其中至少有 300~400 词是直接摘录自回忆录手稿，而且这部分内容也是独家授权的。因此，《时代周刊》取消了之前的出版计划，并拒绝支付剩余的 12,500 美元。HARPER & ROW 出版公司随即以侵犯版权为由对《国家》杂志提起诉讼，这场诉讼经历了三审。最终美国最高法院认为，《国家》杂志发表的文章并没有"合理使用"相关源材料。在裁判理由中，与文本相似度检测最相关的是第 3 条，它强调了下面这句话："虽然摘录的引用在福特手稿中只占很小一部分，但它们在质量上体现了福特独特的表达，并在侵权文章中起到了关键作用。"也就是说，尽管这 300~400 词的摘录只占了很小一部分，但在质量上它们代表了福特回忆录的独特内容。因此在版权侵权中，逐字逐句的摘录内容非常重要。

福特回忆录案再次提醒我们，作为文本相似度检测的研究者，不能只看疑似侵权内容的数量，还要看它们在被侵权文本中的重要性，也就是质量。在上述案例中，这 300~400 词的摘录内容虽然只占福特回忆录极小一部分的内容，对于《时代周刊》预出版的 7,500 词的文章来说也只占了 4%~5% 的内容。但是这些 300~400 词的内容却揭示了文章最核心的内容，所以已经没有继续出版的价值，因此构成了侵权行为。这个案例向我们表明，量变引起质变，这些微小的摘录内容在版权侵权中非常关键。

11.5　语言学证据与专家证人研究

11.5.1　语言学证据标准

语言学证据已在英国和美国等西方国家成为合法的法庭证据。这得益于英美法系注重先例。一旦出现了开创性的先例，就相当于有了可以遵循的法律。前文提到的 Jones 失踪谋杀案就是一个开创先河的案例，法官在没有发现被害人尸体和藏尸地点的情况下，接受了语言学家提供的手机短信分析的语言学证据。这在英国司法改革的历史上具有重要意义。英国对专家证人的身份资格非常重视，只要法庭认可了专家证人的资格，其提供的证据也会被认可。美国法院采用"只认证据不认人"的原则，对各类证据都有严格的法庭可采性标准。之所以"不认人"，是因为"专家证人"被认为具有以下特点：（1）身着"专家"的外衣，打着"专家"的旗号，专家证言对陪审团具有更强的影响力，导致陪审团思维很容易受到专家证言的左右；（2）专家证人在法庭上具有超乎寻常的特权和自由度。专家可以在法庭上提供专家意见，这些意见不一定是基于第一手知识或观察，专家可基于传闻去佐证其意见；（3）专家证言的内容通常超出一般人的知识范围，陪审团基于自身生活经验去评估专家证言的能力是非常有限的，不符合法定标准而进入陪审团成员视野的专家证言极易产生误导和混淆视听的作用。同时，专家证人还可能成为"被雇用的武器"（赵西巨，2010：30）。为了确保专家证人提供更为公正客观的意见，美国制定了标准来规范专家证言。其中，Daubert 标准是一个重要的标准，用于评估专家证言的可采性，主要有四个要素：（1）用于分析证据的理论或技术是否经过验证；（2）该理论或技术是否已经得到同行评议或公开发表；（3）该技术已知和潜在的错误率以及用于证据的科学方法的标准；（4）该理论和技术方法是否已被相关科学界广泛接受。法官可以根据这些标准评估专家证言的可靠性和有效性，以决定是否将其作为法庭证据。当然，这些证据规则和标准是灵活和有弹性的，并不是判定证据的唯一依据，法官需要根据自己的裁量权来判定证据的可采性。国内目前的语言学证据基本上还未被法庭接受，但随着语言学证据研究的不断推进和司法改革的深化，相信总有一天语言学证据会成为主流证据之一，这也是社会发展的必然趋势（张少敏，2020）。

11.5.2　专家证人如何展示语言学证据

专家证人在法庭上应该如何展示语言学证据？首先，无论在哪个法庭作证，专家证人要让法官（英美法系中是法官和陪审团）相信他们的专业资质，他们在证供领域拥有远超常人的知识和眼界（McMenamin，2002）；其次，专家证人提供的语言学证据必须是科学的专业内容，推理和逻辑严谨，不能主观臆测（McMenamin，2002）；最后，也是非常重要的一点，专家证人要帮助法官更好地理解语言学证据，帮助他们更接近真相并作出公平而正义的决定（McMenamin，2002）。为此，专家证人需要展示的语言学证据可以包括以下几个部分（主要是书面内容，也可以是口头陈述）：

第一，个人资质陈述。这部分内容既要简明扼要，又要突出相关成就。就像让基金评审专家相信你能出色完成项目任务一样，专家证人需要在短时间内展示自己的专业性，如可以附上自己的简历，以备法官等人查看（Shuy，2006）。

第二，相关领域说明。这部分内容是简单地告诉法官等人相关领域的情况。例如，在提供文本作者鉴别的证据时，可以向法官解释文本作者鉴别的概念、常用的方法及其优缺点（Shuy，2006）。

第三，语言学证据主体内容（McMenamin，2002）：（1）重要结论概要（同学术论文摘要）；（2）问题阐述（相关研究问题的阐述，定量的统计分析需提出研究假设）；（3）专家意见陈述（同语言学证据的最终结论）；（4）相关文献回顾（相关研究和相关的法律或案例说明）；（5）研究方法阐述（解决问题的步骤、数据收集、数据分析）；（6）研究发现；（7）对研究发现进行进一步讨论（推理和逻辑必须严谨）；（8）最终结论（陈述专家意见的概述）。

根据 Coulthard et al.（2017）的研究，语言学证据的专家意见陈述可以从两个方面考虑，一个是定性的概括分析（表达语义上的意见）；另一个是定量的统计分析（表达统计上的意见）。这两种方法并不互相排斥，而是互相支持的。同时，考虑 Daubert 标准，用数据统计的分析方法来支持定性的语言学证据应该是专家意见不可逆转的发展趋势，也是让专家意见能够通过更严格的法庭采信规则的最好方法。

11.6　小结

本章是关于语言犯罪中的文本证据研究，主要以文本作者分析为例，展示了文本作者鉴别、文本作者画像以及相似度检测的研究和分析方法。这三类研究相互关联，又各有侧重。首先，文本作者鉴别更加关注确认某个具体嫌疑者，通过比对文本找到文本的真正作者，从而确定嫌疑人。这个研究方法能够通过文本的特征来揭示作者身份。其次，文本作者画像研究关注嫌疑者的背景信息。通过分析作者文本，可以预判作者的年龄、性别、职业等身份信息。最后，相似度检测更多关注两个文本是否同一人所写。这需要从语言的方方面面来检测相似度，并为最终确认是否出自同一作者寻找证据。这个研究方法涉及很多技术，可以找到文本之间的联系和相似之处。基于以上分析和研究，语言学专家可以提供相应的证据。这些证据可以在法庭上以"呈堂证供"的形式或者以书面文件的形式辅助法官判案。该领域的研究不仅有学术意义，也能够为司法系统提供有力的支持。

第 12 章
法律语言教学与培训

12.1　引言

　　语言是法律的载体，"没有哪一种职业像法律那样离不开语言"（Tiersma，1999：2）。在法律实践活动中，我们甚至可以认为"法律就是语言"（Conley & O'Barr，1998：8），法律研究者、法律执业者及其他法律活动参与者都需要与法律语言打交道。法律语言学作为法学与语言学交叉融合产生的新兴学科，旨在研究法律实践过程中产生的法律语言问题，研究内容非常丰富，既包括立法文本、庭审语篇、法律翻译等，也包括法律语言教学与培训。法律语言研究的重要奠基者、法学专家 Mellinkoff（1963：3）曾在其著作《法律的语言》中指出，法律语言是"在以英语为官方语言的国家里，律师在一般的司法活动中通常使用的语言"。在英美法系国家，lawyer 一词不仅指律师，还包括立法者、法官和执法者等受过系统培训的法律专业人士。事实上，法律语言不仅包括上述法律专业人士使用的语言，也不仅局限于法律英语。杜金榜（2004）认为，法律语言的概念涵盖较广，包括立法、司法、执法、普法等所用语言和文本以及其他与法律相关的语言（即临时性法律语言材料），研究的是语言的一般规律在各类法律活动中的体现及其变体，包括法律英语、法律汉语等各种子类。

　　鉴于法律语言的重要性，在 20 世纪 70—80 年代，国内不少法学院校开始陆续开设法律语言相关课程，如"法律语言""法律语言交际学"等，帮助学生提高法律语言能力（潘庆云，2017）。2001 年，随着中国加入世界贸易组织，国家迫切需要高端国际法律人才参与国际贸易纠纷谈判与诉讼。各大高校积极响应国家号召，大力探索法律语言，尤其是法律英语的教学与人才培养，推出了法律英语系列教材，取得了显著成效。王宏林（2003）认为，国际一流法律人才的知识结构可以概括为两种语言能力、三个方面的知识，具体包括熟练掌握汉语和英语，熟练掌握中国法律、国际法律和其他专业知识。其中，英语水平要能够达到英语国家从事国际业务的法律人员的水准。进入新时代，中国改革开放纵深发展，"一带一路"建设如火如荼。2014年，党的十八届四中全会审议通过《中共中央关于全面推进依法治国若干重大问题的决定》，明确提出"建设通晓国际法律规则、善于处理涉外法律事务的涉外法治人才队伍"。该决定极大地推动了国内的法律语言教学与培训工作。尽管学界对于涉外法治人才的内涵和外延尚未达成共识，但一致认可法律语言教学，尤其是法律英语教学，在涉外法治人才培养环节中的重要作用。本章将从课程设计、课程内容、教学方式、教材编撰、师资建设等方面对法律英语教学进行较为系统和深入的探讨。值得注意的是，法律语言包括法律汉语、法律英语、法律俄语、法律西班牙语等多个语种，但是由于目前的研究热点和研究成果主要集中在法律英语方面，下面的讨论主要以法律英语为例，希望可以为今后系统、全面的法律语言教学与培训提供参考。

12.2 法律英语课程设计

课程设计（curriculum development/design）是对课程的宏观计划或设计，研究如何把课程内容转换成教学蓝图，实现既定的教学目标（Richards，2013）。课程设计是整个课程系统中联系课程计划与课程实施的重要纽带（文军，2004），不仅要考虑具体的教学内容，如话题、知识和技能（输入），即"教什么"，还要考虑如何实现期望的结果（输出），即"怎么教"，以及如何评估学习效果，即"怎么评价"等问题（McTighe，2005）。Richards（2001）总结了课程设计过程中需要考虑的主要内容：需求分析、教学环境分析、教学目标设定、课程计划确定与教学大纲、教学活动开展、教学材料提供、教学效果评估。在此基础上，Nation & Macalister（2010）把课程设计过程中的主要内容步骤化和系统化，提出了课程设计的要素模型（见图12-1）。图中的三个小圆圈分别代表环境分析、需求分析和原则应用，里面的圆圈以课程目标为核心，包括教学内容与顺序、课程形式与呈现方式、监控与考核，最外围的一圈是评估，贯穿于课程设计的全过程。此外，在具体的课程设计过程中，外圈的内容和内圈的内容有机联系，在课程设计过程中需要统筹安排、相互照应。

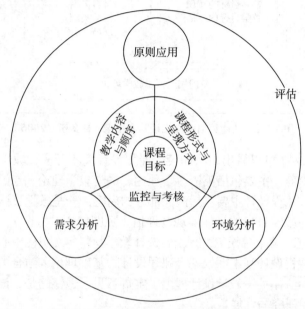

图 12-1　课程设计的要素模型（Nation & Macalister，2010）

　　现有的法律英语研究主要关注图中内圈的构成要素，侧重课程体系和教学内容，对教学形式和教学手段也有一定研究，但对课程目标（尤其是应该培养怎样的人才）仍有争议，对图中外圈的其他构成要素尚未展开系统和深入的研究，也缺乏评估方面的讨论。可见，有关法律语言课程设计的研究仍处于起步阶段，任重道远。对于课程目标，杜金榜（2006）认为，法律英语课程的一大突出特点是教学目标的"双高"，即对学生法律基本功要求高、对学生的英语交际能力要求高。基于该教学目标，他提出了法律英语课程设计基本框架（见图 12-2），强调"双高"法律英语教学目标应贯穿于教学的整个过程，是课程设计的主线。

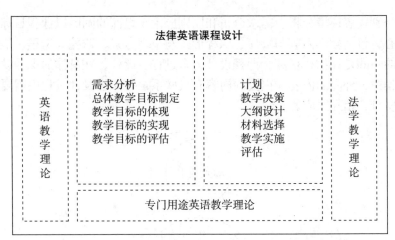

图 12-2 法律英语课程设计基本框架（杜金榜，2006）

从图 12-2 可以看出，法律英语课程设计离不开多种教学理论的支撑与思想给养，主要包括英语教学理论、法学教学理论、专门用途英语教学理论。课程设计主要包括两大部分的内容：一是教学目标设定前的需求分析与教学目标的具体实现与评估（见图中心左方框）；二是课程的具体实施过程，如制定教学大纲、选择教学材料等（见图中心右方框）。法律英语课程设计基本框架基于课程设计的基础理论，结合国内教学实际情况，为法律英语教学设计提出了宝贵意见。遗憾的是，该框架缺乏后续的应用研究与发展。

12.2.1 法律英语课程体系与课程内容

著名法学教授 Goodrich（1984: 218）指出："学习法律，从一定程度上说，就是掌握一套具有高度程式化、专业化的法律术语体系。"法律英语作为专门用途英语的一个重要分支，有其特定的教学目标，需要通过遵循学科规律的系统性语言教学，提高学生在法律语境中娴熟使用法律英语的能力。据不完全统计，目前全国共有 400 余所高等院校开设法律英语课程，数十所院校开设法律英语本科、硕士专业（张法连，2019）。从法律语言课程的主要提供者来看，既有外语院系，也有政法院系，还有综合类院校；从课程面向的主要对象来看，既包括英语类专业，也包括法律类专业；从课程指向的教育层次来看，既向本科生开设，也向硕士研究生、博士研究生开设。另外，亦有一些社会团体、培训机构面向非在校生提供法律英语课程（屈文生，2017）。在法律英语教学实践中，各高校先后对法律英语课程体系和教学内容进行了积极的探索，呈现"百花齐放"的景象。

刘蔚铭（2017）曾提出，法律英语教学应建立完善的课程体系，开设对应的配套课程，使法律语言课程与基础英语、法律课程等有机结合。对于法律英语课程体系的建设，学者的观点基本比较一致，认为应该实现法学类课程、法律英语类课程和实践类课程的有机衔接与融合。相较于只关注听、说、读、写、译基本语言技能的"小法律英语课程体系"，韩永红（2009）认为，我们应该站在更高的角度将法律英语的课程设计内涵扩大，树立"大法律英语课程体系"的设计理念，科学且全面地建立法律英语课程体系，提高学生的法律英语输入和输出能力。韩永红指出，在"大法律英语课程体系"中，法律语言课程应贯穿法学专业本科生阶段的始终，一般包括：（1）法律课程，如理论法学和中国主要的部门法类课程、比较法类课程、法学双语类课程；（2）法律英语课程，主要包括法律语言特点介绍、法律英语听说、法律英语阅读、法律英语中英互译、英文法律文书的阅读与写作等；（3）实践性课程，如模拟法庭、法律英语辩论赛、法院和律师事务所实习等。其他学者（如张法连，2019）也持类似观点，认为法律英语的专业课程体系包括三大模块：英语语言知识模块、法律英语知识模块和法律英语技能与实践模块。

对于法律英语的课程内容，学者由于着眼点不同，有不同的思考。有学者认为法律英语教学应以美国法为主要载体，认为"以美国法为载体进行法律英语课程设置……，有利于我国在涉外法治建设中应对国际秩序重构的法律挑战"（曲欣，2019：114）。也有学者认为法律英语课程的内容应以外国法为主，同时兼顾中国法。屈文生（2017）认为，法律英语教学的内容应主要满足涉外法律服务与语言服务方向，具体内容的选择有体系、层次之分。从培养语言服务者这一角度来说，法律英语教学内容的选择应首先满足"普通交际加涉外法律交际"的需求，应从法律语言服务业、涉外法律行业的角度出发，高级阶段的课程内容涵盖涉外投资、证券上市、民商事争议解决、中国涉外法律法规、法律人思维等点和线的课程。从目前的课程和教材内容看，大部分高校的法律英语教学基本以英美法系的内容为主体，兼顾大陆法系（尤其是中国特色社会主义法律体系）。但是，学界对于不同法系下的教学内容的配比、结构等话题尚未展开研究与讨论。

12.2.2　法律英语教学模式与方法

现有的法律英语教学模式与方法主要包括：内容型教学法、任务型教学法、讲授性教学法、交际教学法、案例教学法、模拟实践教学法等。朱文超和张鲁平（2015）认为，在诸多教学模式与方法中，我们应将任务型教学法作为整个法律英语教学方法体系的灵魂，并将讲授性教学法、交际教学法、案例教学法、模拟教学法等多种教学方法优化组合，建构为涉外法治人才培养科学合理的教学方法体系。除了上述教学模式与方法外，诸如多模态信息认知教学模式、整体语言教学法等也为法律英语教学的改进提供了动力。袁传有（2010）结合多模态、信息和认知等领域的理论研究成果，着眼于法律英语课程的教学实践，提出了多模态信息认知教学模式（Multimodality Information Cognition Teaching Model，MIC）（见图 12-3）。多模态是教与学的方法；信息（包括语篇信息和非语篇信息）是教与学的内容，也是该教学模式的核心；而学生认知能力的发展则是教与学的目标。总而言之，教师应以多模态教学为手段，以信息处理为核心，完成促进学生认知能力发展这一目标。

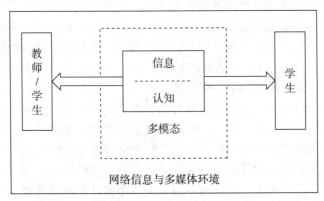

图 12-3　多模态信息认知教学模式（袁传有，2010）

在法律英语教学中，听说能力的培养是重心所在，但现阶段仍缺乏对法律英语听说教学模式与教学方式的深入探讨。基于此，徐优平（2017）以广东外语外贸大学"法律英语听说"课程的教学实践为依据，探索了多模态信息认知教学模式在法律英语听说课程中的具体应用，既拓展了法律英语听说教学的新模式和新思路，又促进了该模式在理论层面的发展与完善。

整体语言教学法（Whole Language Approach）也为中国法律语言教学提供了新的教学观念和视角。整体语言教学法源于 20 世纪 70 年代中期的美国，最早用于中小学校本族语的语言艺术及阅读教学。整体语言教学不是一种简单的语言教学方法和技巧，而是关于语言、语言学习、语言教学、教学内容及学习环境的一整套理论和原则（Goodman，1992）。整体语言教学法认为语言的学习不应割裂进行，应强调语言的整体性，注重口头语言（听、说）和书面语言（读、写、译）之间的互动性及内在联系。胡骑兵（2010）提出将整体语言教学法运用于法律语言教学，从整体到部分设计法律英语学习活动，将法律英语听、说、读、写技能有机融为一体，为学生创造自然和真实的情景语境，并使学生在合作学习中提升语言的综合运用能力。此外，法律英语教学方法还从专门用途英语教学中获得灵感（张清，2016）。根据专门用途英语的一般理论，使用其所服务的专业学科的教学方法及活动组织方式来开展教学（韩永红，2009）。从具体的教学方法来看，法律英语教学可以采用法学课堂教学中的成熟教学方法，如法律条文的解释法、案例教学法以及法学著作的研读法等。其中，案例教学法被认为是培养法律应用型人才的有效途径。在法律英语教学中，教师可以使用案例教学法引导学生分析和讨论案例，从而学会使用"法言""法语"体验法律职业的思维方式，掌握解决实际问题的能力。

Richards（2008）指出，进入 21 世纪，语言教学进入"后方法时代"，越来越多的人跳出了早期对某一特定教学法的执念，开始尝试不同的教学模式和方法，旨在进一步激发教师和学生的自主性与创造性，提高教学效果。在法律英语教学实践中，课堂讲授（lecture）、工作坊（workshop）、研讨课（seminar）和辅导课（tutorial）等不同授课方式都为法律英语的课堂教学增添了活力。此外，欧盟提出的内容与语言整合教学（Content and Language Integrated Learning，CLIL）在非语言类课程中使用外语作为教学用语（Dalton-Puffer，2007），为推动法律英语教学长足发展提供新思路。CLIL 基于 Hymes 的交际能力理论和 Halliday 的系统功能理论，吸收了专门用途英语教学、沉浸式教学、双语教学、以内容为依托的外语教学和跨课程英语学习等多种教学模式的经验，强调语言与学科知识的"整合"，即在教授学科知识的同时促进语言的发展，在理论和实践上日益成熟（盛云岚，2012）。遗憾的是，目前暂时没有针对 CLIL 模式在法律英语教学中的应用研究。

12.3　法律英语教材编撰

"高校法律英语教材始终是法律英语课程建设的重点。"（张振达、李文龙，2021：39）据不完全统计，截至 2014 年，我国共出版法律英语类教材及专著 742 部，成为语言类教材出版的热点所在（张瑞嵘，2016）。此后，各大院校以"涉外法治人才"培养为契机，相继推出了法律英语系列教材，以满足国家对高水平法律英语人才的需求。

现有的法律英语教材大致可以分为三类：原版类、双语类和选编类（张瑞嵘，2016）。其中，原版类教材，如法律出版社的《美国法精要》影印本，是英美法系国家的原版英文法律教材；双语类教材，如中国人民大学出版社的《21 世纪法学系列双语教材》，以难度适中的国外原版教材为基础，调整教材体例、压缩教材内容，使之符合我国目前双语教学的发展状况和广大师生的教学需求；选编类教材，如对外经济贸易大学出版社的"法律英语系列教材"，根据特定理念、针对特定的读者群进行编写，内容选自或改编自权威的英文法律专著，配备词汇表、术语解释、练习题和思考题等。尽管原版和双语教材可以为学生提供原汁原味的语言学习素材，但是教学内容并非为国内学习者量身打造，在使用过程中经常出现"水土不服"的情况。相比之下，选编类教材从本国学习者的需求出发，在编写体例、素材选择、教学难易程度等方面更接地气，备受市场欢迎。另外，英汉对照的法律辞书，如《元照英美法词典》（潘汉典，2003）、《英汉法律用语大辞典》（宋雷，2019），也是法律英语教学的重要辅助资料。尽管法律英语教材的出版如火如荼，但法律英语教材编写的几个关键性问题仍亟待解决：

　　第一，编写思路不清晰。目前，学界对于法律英语教学是通过法律学英语还是通过英语学法律这一问题仍存在争议。郭强（2004）认为，法律英语课程的实质在于通过英语语言的形式，使学生了解法律知识体系，并培养学生的法律意识、法律文化素养和法律职业技能，应该让学生在英语语境中学法律。满颖（2008）则认为，我们需要按照法律的观点、方法、规范来研究英语在法学理论与实践中的运用情况，运用语言学，特别是应用语言学的基本原理和方法来研究法律科学和实践中的英语语言特点，让学生在法律语境中学英语。法律英语课程目标不清晰，间接导致了许多法律英语教材在编写过程中"总是纠结于法律知识的完整性和英语语言技能的实用性，不知道应该把重心放到哪一个方面"（张瑞嵘，2016：55）。

　　第二，目标读者群定位不清。法律英语教材的主要读者群为法学专业、英语专业本科生、硕士生，他们法学知识储备、英语水平、学习需求各不相同。此外，其他专业的学生和法律工作者等也是非常重要的潜在读者。因此，法律英语教材的体例、内容、难度应尽可能考虑到不同的教学对象，逐步形成一个从本科低年级到高年级再到研究生阶段的渐进式编写体系（张纯辉，2012）。潘苏悦（2014）认为，我们应该借助需求分析，以"必需、够用、实用"为标准，提高教材的针对性和系统性。

　　第三，时效性和实用性不高。张瑞嵘（2016）发现，部分教材在实际编写过程中忽略了法律材料的时效性，未能及时将英美法中新判例以及具有重大影响的案例材料编入教材，不利于学习者掌握英美法的最新动态。此外，我们注意到，部分法律英语教材缺乏对中国法律体系的系统介绍，缺乏中外法律体系的对比与融合，导致所学内容与实践脱节的窘境。

　　我们认为，法律英语教材的编撰工作必须遵循科学规律，在理论指导下有序推进。首先，明确法律英语人才培养目标，把"双高"教学目标（即对学生法律基本功要求高、对学生的英语交际能力要求高）贯穿始终，培养"精英明法"的"涉外法治人才"；其次，做好需求分析，平衡法学知识与语言技能的占比，满足不同层次学习者的需求；最后，以先进的教学理念为导向，精选素材，统筹兼顾国内外法律知识，通过多模态手段实现法学与英语的深度融合，切实提高我国法律英语教材的编撰水平。

12.4　法律英语师资建设

法律英语教学的发展离不开高水平、高素质的法律英语教师和专家队伍。现有的法律英语师资大致可以分为四类:(1)英语专业教师:英语基础扎实,但缺乏法律专业知识与实践经历;(2)有一定英语基础的法学专业教师:法学功底深厚,但不太熟悉语言教学规律;(3)英语国家的外教:法学专业出身或曾进修法学课程,但法学基础参差不齐,致使部分英语基础薄弱、法学知识匮乏的学生收效甚微;(4)高水平复合型教师:精通法律和英语,包括具有法学背景的英语专业教师、留学海外并接受系统英语教学培训的法学专业教师(苗青,2014)。

当前,培养精通法律和英语的复合型师资是法律英语教学师资建设的重要任务。张清(2016)总结了各大高校现有的两种师资培养模式。第一种是培训模式,包括为英语专业的教师提供法律专业知识、法律实践等方面的培训,为法学背景的教师提供英语教学技能等方面的培训。具体形式既包括短期培训班,也可以通过国际交流学习的形式派遣教师出国学习、访问。第二种是合作模式,促进法律英语教师和法律专业教师合作,共同研究教学内容和教学方式。具体形式除教师内部合作外,还包括聘请具有丰富涉外实务经验的律师及专家人员到校任教或开展讲座;选派法律英语专家到涉外部门进行涉外法务在职培训,通过与法律实务部门多方位合作,共同健全涉外法务专家和教师队伍的双边交流机制。除了大力挖掘已有师资队伍的潜力外,还可聘请英语国家的法学专业外教担任授课教师,开展跨校和跨国师资联合培养。随着高校合作办学和对外交流的不断推进与深化,我们可以借助国家已有的双边和多边国际合作平台,支持法律英语教师积极参与国际化培训、交流和科研合作,提升法律英语师资的国际化水平。

12.5　法律语言课程开设情况

12.5.1　法律英语教学与培训

法律英语是法律语言的一个重要分支,是目前研究的热点。国内法律英语系列课程主要集中在本科阶段开设，同时面向法学硕博士研究生（杜巧阁，2011），涉及听、说、读、写、译等语言技能的全面培养。以广东外语外贸大学国际商务英语学院的商务英语专业为例，学校为二年级学生开设法律英语听说和阅读课程，为三年级学生开设英文法律文书写作、法律翻译课程，为四年级学生开设法律口译课程，同时开设国际商法、国际经济法、国际公法等全英课程。而国外高校，尤其是英美法系国家的法学院，由于语言优势（英语为母语）、学位设置差异（攻读法学学位的先决条件是取得本科学位），他们为法学专业学生开设的法律英语技能类课程主要是法律检索与法律文书写作。例如，哈佛大学法学院在诸多法学专业课程外，为一年级学生开设了"法律研究与写作"。该课程旨在通过大量的写作练习，帮助学生掌握法律检索、研究和写作的技能。

　　根据教学对象不同，国外高校的法律英语课程可以分成不同模块。例如，英国爱丁堡大学的法律英语课程包括四类：一是为法律系学生和来自大陆法系的研究生开设的法律英语课；二是为法律研究生开设的法律英语课；三是为外国律师开设的法律英语课；四是为欧盟立法部门的翻译员开设的特别课程（陈寅清，2014）。又如，英国诺丁汉大学的法律英语课程分为两类：第一类课程在暑期开设，主要面向即将开始攻读法学硕士或法学博士的研究生，为下一阶段的学习做好准备；第二类课程在学期中开设，与其他课程同步，主要面向来英国交换学习的本科四年级学生（刘凌燕，2016）。

　　中国高校在大力开展法律英语教学的同时，也积极承担社会服务，为公检法等部门提供法律英语职业培训。例如，从 2006 年开始，为提高广东省外管公安人员的英语水平，进一步提升外管人员在涉外事务中的能力，广东省公安厅和广东外语外贸大学联合策划、组织和实施了六期"广东省公安机关外管英语培训班"，培训课程包括：出入境管理业务英语、外管口语、出入境法专题讨论、警察主题影视、英语听力技巧、涉外行政案件查处、司法口译等实用课程。此外，由培训机构提供的法律英语培训课程也日益受到社会青睐。例如，成立于 2001 年的"万法通"（The Spirit of Law）致力于帮助学员掌握法律知识、技巧、体系，提高法律英语技能，已成为国内知名的法律英语与法律职业培训平台。该平台通过面授和网授等多种灵活形式为学员提供"法律事务入门和法律翻译""英文合同审查""涉外法律谈判"等七门法律英语课程。学完这些课程，学员将获得北京外国语大学研究中心颁发的法律英语结业证书。该平台的一大特色在于高度重视法律翻译在法律英语学习中的重要作用，通过大量的中英互译练习，使法律人掌握法律英语在实践中的应用。

在英国，"法律英语 UK"（Legal English UK）专门从事法律英语在线培训，为律师、法律译员、法官、法学院的学生提供个性化定制课程，主要有律师英语、TOLES 考试、合同起草等培训。培训师均是以英语为母语、具有三年以上法律英语培训经历、在学界或实务界积累了丰富经验的专业人士。该培训平台同时提供法律西班牙语课。类似地，"英国法律中心"（British Legal Center）推出的在线法律英语培训采用直播和录播两种形式，满足不同用户的需求。直播课包括 15 节课，每节课 45 分钟，以一对一或合班教学的形式展开。录播课共有 60 节录像，每节 12 分钟，方便学员灵活安排学习时间。这些在线培训课程旨在扩大学员的法律词汇量、增加法律知识、提高法律英语口头、书面表达能力。学员完成学习任务、通过考试后将获得该中心发放的结业证明。

12.5.2　法律语言类课程教学与培训

除了法律英语类课程的教学与培训外，国内外高校在本科和硕士阶段开设了法律语言研究系列课程，帮助学生掌握法律语言规律，学会用语言学理论分析和解释法律语言现象，尝试解决法律语言问题。例如，中国政法大学在本科阶段开设了"法律语言学导论"专业选修课，主要授课对象是涉外法学实验班、法律英语、法律翻译等专业的大二和大三在校生。目前，该课程已在中国高校外语慕课平台（UMOOCs）上线。又如，英国阿斯顿大学语言与社会科学学院为本科三年级学生开设了"作为证据的语言"（Language as Evidence），通过教师讲授、学生研讨的形式，帮助学生了解法律语言的研究对象、法律语言的意义、法律语篇特征。此外，国内外不少高校在硕士、博士阶段系统开设了法律语言类课程，培养高素质的法律语言研究人才。在中国大陆，广东外语外贸大学、华东政法大学、中国政法大学、浙江大学、上海交通大学、南京师范大学等高校都招收法律语言学方向的博士研究生；在国外，美国普林斯顿法学院开设了"语言与法律"课程，由 Solan 主讲。该课程包括三大块内容：（1）法律与语言的概念，涉及伪证、法律推理的概念与分类等内容；（2）法律语言，具体包括法律语言、简明英语运动、陪审团指示与可解性问题、法庭语言等；（3）语言学家作为专家证人，如语言学家如何对有争议的法律语言进行语义、语用分析并出具专家意见。霍夫斯特拉大学人文学院开设了由语言学教授 Leonard 主讲的"法律语言学"课程。该课程旨在使学生学会运用语言学理论来分析法律语境中的语言问题，包括作者识别、剽窃、商标、犯罪行为（如行贿、教唆、刑讯逼供等）、合同争议与诈骗、陪审团指示、伪证、著作侵权、简明语言、立法语言等。

在法律语言培训方面，英国阿斯顿大学法律语言学研究院为各大高校提供了经验范本。由该大学主导的"法律语言分析国际暑期培训学校"（International Summer School in Forensic Linguistic Analysis）在全球范围内享有盛誉，培养了一大批青年法律语言研究者。该培训课程由 Coulthard 于 2000 年开创，每年邀请世界著名的法律语言学研究专家担任授课教师，用真实的语料和案例分析帮助学员掌握语言在法律及法学情景中的具体运用情况。

12.6　小结

根据统计调查发现，2007 年以后，国内法律英语的研究热点逐步转向法律英语教学（胡朝丽，2019）。这是一个值得欣喜的转变。新时代见证了中国法律语言，尤其是法律英语教学与培训的发展。本章以法律英语为例，从课程设计、教材编撰、师资建设等方面对国内外法律语言教学与培训的现状进行了梳理。研究表明，国内各大高校、培训平台推陈出新，积极探索有效的人才培养模式，提高人才培养质量，服务国家"一带一路"倡议等重大发展战略部署。然而，相比已经取得丰硕成果的法律语言学其他分支领域，法律语言教学研究仍处于起步阶段，关于"社会需要什么样的人才""教什么""怎么教"仍有不少争议。当下，"涉外法治人才"的内涵和外延是什么等问题亟须学界和业界共同研讨，英语以外的其他语种的法律教学与培训研究尚是一块待开垦的处女地，如何借鉴法律英语的经验与教训、探索符合自身特点的人才培养模式等问题尚未得到重视。此外，随着中国对外交往、对外投资与合作的不断深入，中国企业与公民参与国际诉讼的需求不断增加（如跨国应诉、跨国作证等）。因此，如何培养合格的法律翻译人才（马庆林，2017），如何提高普通民众的法律语言素养、增强维护自身合法权益的能力也是值得探讨和解决的问题。

综上，法律语言教学与培训的全面发展离不开顶层的课程设计研究，需要开展全面细致的需求分析、教学环境分析，明确教学目标，确定法律语言人才的培养定位。我们相信，随着国际和社会需求的不断增加，未来十年将迎来法律语言教学与培训的发展与繁荣。

第13章
法律语言学界的争鸣与展望

13.1 引言

本章作为全书的最后一章，首先讨论国际国内法律语言学界的学术争鸣，主要体现在学科和学会的名称、理论及方法论方面。在国际上，争鸣尤其体现在狭义法律语言学关于法律文本作者分析方法的科学性问题上；而在国内，更多体现于广义法律语言学的理论和范式的适用性。本章还将展望法律语言学的未来发展趋势，尤其是法律语言学与功能语言学的互动与交融。

13.2 法律语言学界的争鸣

13.2.1 学科名称之争

在学科名称的演变中，法律语言学经历了一段曲折的旅程。最早的术语出现在 Svartvik（1968）的著作中，而作为一个新兴学科的名称则是由 Coulthard 在 20 世纪 90 年代初提出并获得了同行的支持，这标志着法律语言学的正式诞生。Coulthard 成立了国际法律语言学家协会（IAFL），创办了法律语言学国际期刊《法律语言学》，并举办了双年度国际会议。然而，随着学科的迅猛发展和分化，一些学者开始对学科的名称和研究范围提出了质疑。他们认为"法庭语言学"（Forensic Linguistics 的本义）这个名称过于狭隘，不能涵盖学科更广泛的研究范

围。这个观点也得到了协会前主席 Tiesma 的支持，他促使期刊改名为
《言语、语言与法律国际期刊》。他还提议将协会名称更改为其他类似的
名称，但这个提议遭到了会员的反对，这导致他创立了另一个组织"国
际语言与法律协会"（International Language and Law Association）。

从那时起，关于协会名称的讨论和争议就一直没有停止过。最终，
在 2019 年举行的年会上，协会执行委员会成立了一个"命名小组委员
会"，并向全体会员征求意见。经过数月的研究和讨论，他们提出了一
个新的名称——国际司法语言学与法律语言学协会（The International
Association for Forensic and Legal Linguistics，IAFLL）。这个名称旨
在体现协会的多样性和价值观，扩大学科的范围，吸引更多的学者
兴趣。

这个倡议收到了许多专家学者的反馈，包括协会多位前任主席的观
点。但意见分歧较大，其中一些人建议将"Forensic Linguistics"改为
"Language and Law"（语言和法律）。然而，Grant（2021）认为"语言
和法律"无法完全涵盖我们所从事的活动，如协助调查和向法院提供证
据。相比之下，"法律语言学"（Forensic Linguistics）更全面，涵盖了
与语言和法律相关的各个方面，如法律起草、解释、警方面谈和警察讯
问等。他指出，这个术语在国际上的理解存在差异，特别是在英美学界。
在英国，"法律语言学"是一个总称，包括调查活动和提供证据等，而
在美国和一些欧洲国家，它更狭义，仅指语言调查和提供证据。Grant
更倾向于将较窄的应用研究称为"调查语言学"或"调查性法律语言学"
（Investigative Forensic Linguistics）。

Ainsworth（2021）回顾了她在协会任职期间的经历，她发现协会
的名称成了组织发展的障碍。她试图鼓励那些在语言问题和法律交叉领
域从事专业和学术工作的人加入协会，但协会的名字使许多人望而却步。
问题之一是，用"语言学家"一词来描述协会会员给那些没有受过正式
语言学训练、但在专业工作中使用语言学基础知识的人造成了困扰。协
议中的名称发生了变化，用"语言学"代替"语言学家"，明确了协会
欢迎所有以语言学科学为基础的工作，不管他们的正式学位背景是什么
学科。此外，使用"Forensic"一词来描述协会会员所从事的工作也存
在争议：一些人认为"法律语言学"是一个模棱两可的术语，只涉及诉
讼中的语言证据。然而，在协会名称下，它已经有了一定的专业地位和

威望。因此，Ainsworth 支持命名小组委员会提出的折中方案，即保留原名称中的"Forensic"，并加入"Legal"一词，更明确地表明协会成员是在法律程序和实践中处理语言问题的人。

最终，在英国阿斯顿大学举办的第十五届国际法律语言学家协会双年度会议（IAFL15）上，协会全体会员大会投票通过了该项决议，决定将国际法律语言学家协会更名为国际司法与法律语言学协会。这项决议的通过标志着协会正式承认了狭义和广义法律语言学之间的区别。狭义法律语言学，即"Forensic"一词的本义，指的是用于法庭或公共辩论的语言，特指用于法庭的（语言）证据分析，如可疑文本作者分析；广义法律语言学则更关注法律语言的各个方面，特别是立法语言和律师话语。早期英美法系法律语言学的先驱，如 Coulthard 和 Shuy 等，也都或多或少从事过语言证据或证据的语言分析工作。与狭义法律语言学共存的是对法律语言的广泛研究，包括立法语言、律师话语、陪审团指示和米兰达警告等领域。这就是广义法律语言学的研究范围。中国学者袁传有作为协会执行委员会前任委员，也参与了此次讨论。他支持拟议的名称更改，并提出了将"Legal"（法律）置于"Forensic"（司法）之前的建议。他认为，"法律"的范围更广，包括立法、司法、执法和（公共）法律教育等领域的语言/话语，而"司法"则保持其狭义，专指专家证人、语言证据等法律语言问题。

在中国，法律语言学作为学科名称也曾引发了一些争议，至今学界仍在使用不同的名称。正如前言所述，潘庆云为了避免混淆更愿意称之为"法律语言研究"，同时也有学者使用司法语言学、法庭语言学、侦查语言学等术语。不过，学界普遍认同的一点是，中国的法律语言学因为大陆法系和证据法中缺乏语言证据和专家证人等因素，从一开始就是广义的法律语言研究，而非狭义的语言证据研究。

中国的法律语言学先驱者，如陈炯、潘庆云、王洁等，大多是从事中文教学和研究的政法类院校的学者。他们研究中国法律语境下的语言修辞和应用，为立法者、司法者和执法者的法律语言使用提供了宝贵的意见和建议。虽然他们很少使用"法律语言学"这一名称，但陈炯早在 1985 年就呼吁建立法律语言学（1985a）。与此同时，外语界的法律语言学研究者，如杜金榜和廖美珍等知名教授，引介了国外的法律语言学研究理论和方法，并将其应用于中国的法律语境。他们关注警察讯问、法庭庭审话语以及判决书等司法文书中的语言使用，但很少涉及庭审中的语言证据研究或参与专家作证这一司法实践。虽然他们接受了"Forensic linguistics"这一术语，但将其译为广义上的"法律语言学"，而非狭义的"司法语言学"或"法庭语言学"（邹玉华，2018）。吴伟平既使用"法律语言学"（1994；1998），也接受"语言与法律"（2002）。正如潘庆云（2023）所说，我们也不需要过于纠结于名称。因此，国际法律语言学家协会的更名对中国的法律语言学学科名称影响不大，我们无需改名，特别是中文名称，仍然沿用"法律语言学"。但考虑到与国际组织接轨，可在英文名称中增加"legal"一词，即变更为"China Association for Forensic and Legal Linguistics（CAFLL）"。这种变更将有助于与国际组织保持一致。

13.2.2 学科之实之争

本书绪论曾泼墨描述了2011年发生在阿斯顿第十届年会上那场关乎学科之实的"风波"，实质上，那是一场关于学科研究内容和研究方法的争鸣。

"风波"过后的十余年间，关于法律语言学家专家证言分析和出庭作证的争论与争鸣仍不绝于耳，从未停息。最具代表性且最受争议的人物是美国联邦调查局前探员、语言分析师 Fitzgerald。前文已介绍过 Fitzgerald 及其在"炸弹客"案侦破过程中所发挥的重要作用。不可否认，Fitzgerald 在"炸弹客"案中使用的语言分析方法有助于识别罪犯身份，并成功地帮助美国联邦调查局确定了炸弹客的身份，最终将他抓获。但他的方法也受到了许多语言学和心理学专家的质疑和批评。专家提出的质疑点主要包括：（1）实证定量分析不足。语言学家 Butters 指出，Fitzgerald 的语言分析方法是建立在诸如频率分析、形式分析、语义分析等实证定量分析技术上的，而这些技术本身有很多局限性。Butters 认为，这些分析方法不能独立证明某个人是炸弹客；（2）忽视方言和语言变化。语言学家 Eades 指出，语言分析必须考虑方言和不同地区之间的语言变化。许多语言特征具有地域性，对某些地区的人来说可能是常见的，但对其他人来说可能是十分罕见的。Fitzgerald 的分析方法没有考虑到这些因素的影响，这可能导致他的结论不够准确；（3）赋予语言特征过于重要的意义。心理学家 Pennington 指出，许多语言特征并不一定与罪犯的个性或行为模式相关，甚至可能是偶然的或无意义的。他认为，过于强调语言特征对于解读罪犯行为的意义，可能会导致将偶然的联系视为重要的线索。总之，Fitzgerald 的语言分析方法虽然具有一定的局限性，但在"炸弹客"案中却起到了相当重要的作用。他的方法为犯罪调查带来了宝贵的启示，同时也引发了人们对于这些方法的讨论和反思。

在"风波"十年后的 2021 年，类似的一幕又发生在法律语言学邮件群中，争论的双方是美国联邦调查局前侦探、法律语言学家 Fitzgerald 和澳大利亚法律语言学家，包括 Eades、Fraser、Heydon 和 Bowen 等人。争论的起因是 Fitzgerald 于 2021 年 4 月 15 日在邮件群中发帖，推介自己 2020 年被邀请参与澳大利亚维多利亚州警察局侦办的一起跟踪案件。本案发生于 2015 年，受害人 McDonald 是一位中年女子，犯罪嫌疑人 Waters 是受害人的前男友，近年来多次跟踪尾随受害人，邮寄或张贴各种匿名威胁恐吓信，骚扰受害人。然而，由于证据不足，警方一直无法逮捕他。Fitzgerald 对这些匿名信件或张贴传单作了文本作者识别分析，或称作者归属分析（authorial attribution analysis），即将犯罪嫌疑人的大量 K 文件（已知文件）和 20 多个 Q 文件（可疑文件）进行比较，发现了嫌疑人的个人言语风格，如物主代词和单复数用法、一句话段落等特征，为警方认定犯罪嫌疑人提供了有力的语言证据，跟踪者最终认罪并被判入狱。此案件经电视台报道后引起了澳大利亚法律语言学家 Fraser 和 Eades 等人的关注，指出 Fitzgerald 所作分析在方法上存在相当多的问题，其结论也存在实质性问题，对其方法（又称文体测量法，即通过计算"语言特征"的数量来确定作者身份）提出了质疑，并对 Fitzgerald 过于自信的结论进行了批评。她们号召群里各国法律语言学专家根据已有的学术研究，对证据的强度进行谨慎和仔细的评估，对所使用的方法进行学术辩论以发现问题。此举招致 Fitzgerald 反击。Blackwell 出面调停，学界大佬 French、Coulthard、Shuy 等人也纷纷介入，劝解双方不要在网上/群里展开"口水战"（spat and brawl），而是到国际会议或学术期刊上开展相关研究方法的学术争鸣，"风波"才得以暂时平息。Coulthard 善意地指出，所有的学科都是通过讨论和辩论来推进的，呼吁双方利用 *Language and Law* 期刊，请 Fitzgerald 介绍其研究方法及在这起澳大利亚跟踪案中的应用，并利用国际会议的契机，组织圆桌讨论。但时至今日，此番争鸣未见下文。

从以上横跨十年的两起"风波"可以看出，法律语言学界对于"文本作者比对分析"或"作者识别/鉴定"，尤其是其方法还存在较大争议。传统的方法，如通过查找、计算、统计几个或十几个或几十个语言特征（个人言语风格）判定文本作者的真伪，越来越受到挑战。近二十年，新开发的语料库技术和统计学方法与传统的语言特征分析相融合，越来越受到青睐，得到法律界的信任。

针对上述作者分析方法的不足，研究者对其进行了改进和发展。改进的方法主要包括：（1）使用更多的证据和数据：为了确保结论的准确性，专家多倾向于采取多种证据进行基础分析，如手写样本、语言模式、深度学习等，提高分析的精确性和准确性。例如，作者在分析研究中采用了多种技术，如语言查询和词数统计（LIWC）、属性建模和公开源码进行研究。（2）综合多种分析方法专家发现，结合使用不同的分析方法可以提高分析的准确性。例如，研究者可以将形式分析、频率分析、语义分析和机器学习技术结合使用，以综合评估文本中的语言特征，得出分析结果。（3）关注地域的差异和社会因素对语言使用的影响。例如，语言的地域性特征和不同语言之间的差异可能会影响作者的语言使用习惯。因此，在进行作者分析时，需要对文本的特定背景和地域的因素进行考虑和分析。（4）避免过分强调语言特征。越来越多的研究者认为，语言特征只是确定作者身份的一个线索，应该根据多种证据进行综合分析，并最终得出结论。总之，随着技术的进步和研究的深入，专家对作者分析方法进行了改进和发展，以提高分析的准确性和精确性，并减少可能存在偏差的因素的影响。

新领域的代表性人物有美国杜肯大学的计算机科学教授 Juola，他的研究重点是文本分析、计算文本语言学和软件工程。以色列巴伊兰大学计算机科学系的 Koppel 教授的研究兴趣包括机器学习应用，尤其是文本分类领域。Koppel et al.（2007）探索了揭示匿名作者的一种新的基于学习的方法，用于推断两个示例集之间的"差异深度"，并提供证据表明，该方法具有非常高的精度，可以解决作者验证问题。其基本思想是测试在学习过程中逐次删除最佳特征所学模型的准确性下降速率。

美国伊利诺伊理工学院计算机科学教授 Argamon 的研究方向包括文本挖掘、计算语言学和社交媒体分析等。Argamon 使用机器学习和浅层词汇语义进行基于风格的自然语言分析的计算方法，探索在智力分析、法律语言学、生物医学信息学和人文学术中的应用。他致力于将意识形态和个性与语言使用联系起来，提取和分析隐喻的含义。他对阐明语言结构、个体推理和社会背景之间的关系特别感兴趣，相关研究可见 Bloom et al.（2007）和 Bloom & Argamon（2009）。下文重点介绍 Argamon 最具影响力的研究。

Argamon et al.（2010）探讨风格的结构、算法方法理解方式和意义，指出"每个人都可以直观地感知到两幅艺术品、故事、歌曲或建筑的风格是否相似或不同，而这种感知在任何深思熟虑之前就会影响我们对它们的反应"。可见，风格是人类经验中普遍存在的。然而，什么是风格以及它如何运作仍然难以捉摸。《风格的结构》从计算的角度探索了这个问题，即风格的本质如何被感知和使用。计算的观点是一种寻求理解的观点，它特别关注信息在不同风格的制作和感知中是如何被表征、组织和转化的。新的计算技术使模拟风格在人类产物的创作和响应中的作用成为可能——因此开发可以直接利用风格功能的软件系统就成为现实。《风格的结构》是写给信息检索、计算机艺术和音乐、数字人文、计算语言学和人工智能等领域的研究人员和实践者的，他们都可以从这本详尽地综述和深入描述当今这个活跃的跨学科领域的专著中受益。

Argamon & Koppel（2013）研究自动作者身份分析的系统功能方法。该文指出匿名文本的作者归属，如果不是基于文本的外部因素，如纸张和墨水类型或文件出处，则主要是基于对语言风格的考虑。文章探索如何以最佳方式将文本解构为量化特征，以达到文本鉴别的目的，主要分析了两个关键因素：首先，这种特征应该支持自动方法的准确分类；其次，这种特征应该能够清楚地解释文本类别之间的文体差异，以及为什么有争议的文本似乎更有可能属于一个或另一个类别。当非专家（如法官或陪审团）必须评估分析结果和可靠性时，后一项考虑尤为重要。本文勾勒了一个框架，将作者归属问题看作通过评估不同作者或作者类型在语法选择上的概率来评估语码变异。在实证测试中，这些特征的表现与其他类型的特征相当或更好，并且往往具有作者潜在风格差异有意义的洞察力优势。这种洞察力应被视为作者归属方法的一个关键标准，同时也是准确性和可靠性的标准。如果没有这样的认识，就很难甚至不可能真正相信任何特定情况下的结果是可靠的，因为可能的混杂因素（方言和语系的变化等）数量很多，种类繁多。因此，能够被有意义地解释的结果也使得向非专家，包括法官和陪审团解释其重要性的任务变得更加容易。

Argamon（2019）研究计算语言学中的语域分析，指出语域研究历来被分为语域分析和语域合成，前者是为了确定一个文本或语料库的语域特征，后者是为了生成一个理想语域的文本。本文调查了这些不同任务的不同方法。与语域分析工作相比，语域合成倾向于使用更多理论上明确的语域和体裁的概念，而分析工作往往寻求在直观和不连贯的预先标记的"文本类型"概念的基础上进行分类。作者认为，计算性语域分析和合成的整合将使语域研究作为一个整体受益，使语域领域的一个新的、大规模研究项目得以实现。它将使多种语言中的功能性语言变体得到全面映射，包括它们之间的关系。此外，计算方法加上高覆盖率的系统收集和分析数据使严格的经验验证和完善不同的语域理论成为可能，也对理解一般的语言变异产生影响。

中国学者在作者分析领域起步较晚，虽与西方国家研究者相比还有一些差距，但中国研究人员积极探索和研究新的方法和技术，如语篇信息理论和方法、实验方法、模拟法律语境下的语言证据、可疑文本的作者分析，取得了一定成果，不断推动该领域的发展和进步。张少敏（2011）以我国目前非律师强制代理制度所面临的困境为切入点，从修辞和语篇信息角度，把法庭辩论中常用的修辞学三种说服手段，即逻辑诉诸、人格诉诸和情感诉诸嫁接到树状信息结构中，分析了四个无律师代理的民事案件庭审语篇的辩论词，找出了修辞方面存在的问题，并提出相关建议，旨在提高民事案件中非律师代理人法庭辩论的修辞意识，从而促进语言层面的庭审公正。张少敏（2020）研究个人言语判别特征在短文本作者鉴别中的应用，通过测试语用、语篇语义以及语篇信息文本特征值对文本作者的判别能力，探究短文本作者鉴别或同一认定的方法。研究结果表明，从语用、语篇语义学以及语篇信息领域抽取的 5 个特征值的不同组合对短文本作者的所有 11 种判别组合都能进行显著区分。本文的研究结果可用于其他短文本的作者鉴别分析。Zhang

（2016）指出基于英语的作者归属中的特征，在用于中文文本的作者归属时表现出一些限制。因此，对不含手写文件的中文短文进行作者归属将有助于促进中国相关法律和法规的立法。本研究旨在探索和测试汉语短文邮件作者归属的语用、话语语义和话语信息等方面的一些特征，希望能找到一些有效的特征用于判别中文短邮件的归属。本研究使用的文本包括由 6 位作者撰写的 72 封短邮件，对 6 位作者所有可能的 57 种组合进行了测试，并根据提取的特征进行归属。结果表明，这些特征在所有的测试中都有明显的预测效果，因此从语用学、话语语义学和话语信息中提取的特征可以显著区分中文短邮件，建议短邮件作者归属的可疑作者数量不应超过 5 人。

13.3　法律语言学与功能语言学互动的新进展

　　本书的主要视角之一是功能语言学，前文多章运用功能语言学的理论范式分析不同语类的法律语篇和话语，侧重中国学者的研究。本节将系统梳理法律语言学与功能语言学的结缘和互动，重点介绍国外学者的贡献和中国学者的最新研究成果。

13.3.1　功能语言学与法律语言学互动的缘起

　　追溯历史，Halliday（1985，1994）就提到功能语法可应用于司法实践，"通过匹配声音或文字样本来协助法律裁决"，即法律语言学及当下国际法律语言学所研究的热门话题——（可疑）文本作者分析和说话人（身份）识别。但功能语言学界少有学者呼应 Halliday 的远见去涉猎法律语言，Körner（2000）运用 Martin 等的评价系统理论分析普通法系判决书这类长语篇的评价语言，是功能语言学适用于法律语言研究的佳作。另外，法律语言学界大多青睐语音学、语义学、语用学和社会语言学理论分析说话人的个人话语风格，很少有人运用功能语言学理论和方法去作相关研究和实践。Gibbons 是少数运用功能语言学的法律语言学家，他作为专家证人出庭作证，提供语言证据，运用功能语言学理论确定可疑供词的作者（Gibbons，2020）。Coulthard 在分析"伯明翰六人案"的证据时使用了"连贯"（coherence）（Coulthard & Johnson，2007）。Coulthard & Johnson（2010：1）开篇提到功能语言学理论的重要性，"当 Halliday 写道'语言之所以是语言，是因为它必须做什么'时，语言的功能理论就诞生了，提供了一个基于社会实践和我们所处的许多不同和复杂背景的意义建构视角。但全书仅有第 15 章运用功能语言学理论对控辩双方结案陈词作功能话语分析，对比分析控辩双方律师概念意义的建构和人际意义的协商，即通过情态、人称和声音构建说话者的角色"（Rosulek，2010）。由此可见，法律语言学在初期很少与功能语言学互动。

进入 21 世纪，法律语言学家逐渐意识到功能语言学的强大，对功能语言学理论的兴趣渐浓。Nini & Grant（2013）描述了法律语言学中作者身份分析的两种对立的方法，即认知方法和文体方法，提出可以使用系统功能语言学理论架构，如 Hasan 的语码变异（codal variation）来弥补两者之间的明显差异。该研究有力地支持了 Coulthard 的个人习语理论，证明了系统功能语言学是一个适用于作者身份归属的有效理论，架起了作者身份分析文体和认知方法之间断层的桥梁。随着功能语言学评价系统理论的提出，越来越多的法律语言学者尝试将其运用到真实的法律案件分析中，协助警方侦破案件。他们发表了多篇重要的学术论文，标志着法律语言学与功能语言学互动的新进展。在 2021 年的第十五届国际法律语言学家协会双年度会议上，多位专家和博士研究生使用功能语言学的理论分析法律问题，如 Hurt 作的题为"伤害誓言"（Pledging to Harm）的报告，运用语篇语义学的评价系统研究威胁性语言中的暴力意图，发现未实施的"伤害承诺"包含更明显的暴力想法，创造了一种更高威胁的评价韵，而实现的承诺则更低调、更关注道德评价。该研究表明，暴力意图确实可以在伤害承诺的语言中检测出来，为警方评估犯罪的暴力倾向性提供了有力的参照。

13.3.2 马丁的法律语言观——积极（法律）话语分析

2016 年 12 月，上海交通大学马丁适用语言学研究中心举办了一次功能语言学和法律语言学跨学科国际研讨会，邀请了功能语言学家 Martin 和法律语言学家 Finegan、Heffer 等人参加。Martin 在会上介绍了他与 Zappavigna 等人所作的"青少年犯罪司法协商会"（YJC）实践的话语研究，关注庭审以外的另一司法实践，即通过圆桌会议的方式来协商青少年（轻型）犯罪中对加害人的处置和对受害人的抚慰，践行"恢复性司法"理念，拓宽了法律语言学研究的视野。马丁关注此类司法实践中各方参与人的语言和多模态资源的使用。除了对各方的语言进行交换结构分析、评价语言分析和多模态话语分析外，马丁还特别关注此类司法实践背后的恢复性司法理念，体现了马丁的法律语言观——积极的法律话语分析（PDA/MPDA），不仅解构犯罪经过（deconstructive），还注重情感力量，让犯罪青少年悔罪，回归社会，建构美好世界（Martin et al., 2012; Martin et al., 2013; Martin & Zappavigna, 2016）。基于真实案例的语言和多模态分析，马丁意识到青少年犯罪司法协商会的目标和愿望是好的，希望看到青少年犯罪者真诚悔罪、道歉、回归社会，但实际的案例所反映的现实却是，这些年轻人多采取推诿、弱化、开脱等伎俩来推卸责任，不愿直面自己的问题。马丁通过分析交换结构还发现，协商会召集人控制着所有的话语交换（话轮），对犯罪年轻人作出道德评价，而后者只是顺从地用一两个词来回应，没有更多的话语空间来表达自己的真实想法，为自己辩护。

Zappavigna & Martin（2018）总结了澳大利亚新南威尔士州"青少年犯罪司法调解协商会"的优点：（1）与传统监狱服刑相比较，调解协商会形式上更灵活，不僵化，调解内容也可根据具体案件进行有效调整，以达到最佳调解效果，经过调解协商后，青少年的再犯率降低；（2）从一定程度上讲是对受害人的尊重和补偿，因为犯罪青少年"被要求"或"受引导"向受害人公开道歉，对补偿受害人有象征性意义；（3）从语类结构角度看，即便会议召集人处于相对主导和支配的角色，而犯罪青少年处于被动的地位，同时承受心理高压，马丁仍然认为会议召集人的主导和支配有存在的必要，因此会议得以顺利推进。然而，这种司法实践的缺点和弊端也十分明显，主要表现为：（1）对恢复性司法的质疑，部分犯罪青少年因被要求公开道歉而感觉糟糕，因为道歉这一行为本来是较为私人的，却因为会议程序而变成公开的，因此青少年感觉难度重重而且欠妥。另外，从受害人的角度来看，部分受害人对公开道歉并不满意，他们感觉犯罪青少年的道歉并不真诚，因为在会议程序"引导"下开展的道歉并不代表他们发自内心的忏悔。因此恢复性司法的实质效果遭受质疑；（2）青少年在协商会上无法像日常生活中一样正常表达自己。通过对比青少年在协商会和日常生活的表达，学者发现青少年在协商会中很少使用评价资源，基本都是"被引导"地进行评价，话语有刻意隐去个性的痕迹。模糊限制语在模拟的协商会中则较多使用，在日常表达中呈现丰富的评价韵。青少年在协商会上是不自在的，简而言之，他们难以做到真正的自我。正因如此，有学者质疑犯罪青少年在协商会上的态度和会后内心真正的态度的一致性，这也对恢复性司法的效果提出质疑。就忏悔、道歉、谴责和谅解而言，真诚是非常重要的。但问题是，青少年在协商会中所使用的语言并不是他们日常生活中和同伴交流时使用的语言，而是为了迎合协商会的场景刻意使用的不熟悉的语言。悉尼大学的学生模拟了协商会，会上使用的规定陈述（commissioned recount）包含大量的俚语、脏话、口语和模糊限制语，然而真实的语料并非如此。真实的规定陈述很少使用俚语、脏话、口语，虽然也有模糊限制语但使用频率很低。青少年的身份被协商会的语类扭曲变形了，他们变得与其他参与人一样，如果他们的语言和成年人不一致，就很可能影响到对他们是否真诚的判断。这种情况下，由于受到协商会宏观语类的限制，当他们不能做真实的自己时，他们很难被认为是真诚的。

Martin 等学者所做的法律语言相关研究将功能语言学理论应用于法律话语实践研究，拓宽了法律语言学研究的视野，得到法律语言学界的高度认可和评价。

13.3.3　法律语言的功能话语和评价分析新发展

借鉴功能语言学的理论范式和方法论，尤其是评价系统，法律语言学界越来越多的研究者开展了法律语言的功能话语和评价分析。

英国学者 Heffer 较早涉足于这一新领域，Heffer（2005）基于大型的法律话语语料库，研究陪审团审判的语言，探讨法律专业人士在陪审团刑事审判的语境下如何与非法律专业人士（普通人）进行沟通，提出法律—普通人沟通模型。Heffer（2005）部分地使用了评价系统框架，用于分析交叉询问中律师对证人或被告人及其行为作出判定的语言表达，聚焦能力、真实性和正当性等评价次系统。Heffer（2007）更为直接地运用评价系统和语料库研究方法研究法庭上的判断，以评估法庭话语的参与者。首先，此研究定量检验了以法官和律师为代表的法律职业者在不同庭审阶段中使用的判断资源的分布特征；其次，本研究依据评价资源在各个阶段出现的关键词频次来考察判断的强度，发现判决话语中判断的强度与犯罪的严重程度紧密相关；再次，本研究围绕高频关键词"撒谎"（lie），深入考察了交叉询问环节中与证人撒谎相关的评价资源；最后，本研究建构了庭审中的判断系统网络，即庭审参与者所采取的评价基调，包括事实的裁定者和事实的评价者。文章指出，评价框架确实提供了丰富的元语言，可以描述文本层面的评价现象，在揭示跨文本的宏观语言模式方面特别有用。但同时，该框架也存在问题，一方面，识别评价资源的类别存在主观性，尤其是对隐形判断资源的识别；另一方面，评价资源的分类过于庞杂，费时费力。更为重要的是，"当它不再是一个有用的启发式方法，而开始成为一种令人不适的束缚时，尤其是当关注点转移到标签上而非解释时，就会出现问题。"（Heffer，2007：176–177）

美国学者 Gales 是少数同时精通系统功能语言学评价系统和法律语言学的学者之一，她的博士论文《暴力的意识形态：威胁性语言中立场的语料库和话语分析方法》（Gales，2010）使用语料库和评价系统，展示了对威胁性话语的分析。由于威胁的危险性，调查人员必须立即询问：其意图是否真实？威胁者是否可能采取行动？在生命受到威胁的情况下，利用现有的语言信息快速准确地回答这些问题是非常重要的。然而，由于大多数关于威胁的学术研究都集中在行为特征上，对威胁性语言的话语性质仍然缺乏了解，甚至对威胁者如何成功地进行威胁也缺乏共识。Gales（2010）创建了一个由 470 封威胁信组成的语料库，对其进行情感、价值判断和命题的评估，以揭示这种体裁中认识论和情感意义的模式。作者发现了一系列意想不到的人际功能，这些功能最终削弱了威胁者的立场。这些发现有助于构建立场的理论和甄别威胁性语言的真实意图。

基于博士论文，Gales 发表了系列文章，包括《识别威胁性话语中的人际立场：评价分析》（2011）、《威胁性立场：已实施与未实施威胁的语料库分析》（2015）和《非陌生人攻击犯罪中的证人交叉询问：评价分析》（Gales & Solan，2017）。Gales（2011）使用评价分析考察了人际立场和说话人对所述命题的态度（Biber et al.，1999）在已实现的暴力威胁中的表现和作用方式（Martin & White，2005）。分析表明，威胁者使用大量的修辞策略来传达人际意义，既加强又削弱其承诺的立场，这与威胁性语言意识形态的片面性理解相矛盾，表明需要对威胁性话语中的立场进行进一步研究。Gales（2015）通过 104 个真实威胁的语料库，研究了在已实施的威胁和未实施的威胁中立场标记的分布和功能。她认为已实施威胁的社会制裁（Martin & White，2005），即逮捕、起诉和监禁，可能会影响写威胁信的人使用表明其情感和承诺水平的语法标记的方式，从而模糊已实施和未实施的威胁之间的界限。研究结果表明，威胁性语言的意识形态与真实的语言实践相冲突，从而掩盖了威胁性语言中任何与意识形态不一致的语言特征和功能。Gales & Solan（2017）讨论了法律语言学家长期关注的一个法律问题，即熟人强奸案件中的被害人（证人）在法庭质证时遭受的来自被告辩护律师的"二次伤害"。作者考察了三种不同类型的审判（男子对妇女的性侵犯、家庭暴力案件中男子对妇女的非性暴力和男子对另一男子的非性侵犯），并对审判中辩护律师使用的评价语言资源进行了分析。研究结果表明，与其他两类被害人相比，性侵案被害人更容易受到辩护律师话语策略的再次侵害。

美国学者 Felton-Rosulek 的博士论文《刑事审判结案陈词中社会语言学构建现实的研究》（2009）是针对刑事庭审的结案陈词中，律师针对同一事件所做的不同陈述而进行的批评性话语分析。Rosulek 运用定量和定性方法，结合批评性话语分析、系统功能语言学和语言人类学的见解，对 17 个重罪庭审的终审辩论进行了分析。通过四项分析的结果，作者认为对立的律师使用语言和话语选择来压制、淡化和强调不同的信息。其中，第一项分析研究了律师对被告人和受害者的指称语。由于控辩律师使用的指称语存在差异，他们系统地构建了相同社会行为者的不同身份。第二项分析研究了被告人和受害者在结案陈词的不同叙事中被赋予的角色。分析表明，律师在叙事中突出、弱化和压制不同的行为者，在对方涉及的过程中压制了被告人和受害者的角色，并通过词汇选择隐去对方强调的过程特征。通过这三种策略，双方建构了对立的叙事。第三项分析研究了代词在陪审团和律师之间建立关系时发挥的作用。结果显示，在法庭辩论中辩护律师比控方律师更擅于突出陪审团，更擅于使用人称代词来消弭律师和陪审员之间以及辩护律师和被告人之间的社会地位差异，并消解陪审员可能会产生的任何疑虑。最后一项分析研究了人物声音的功能。律师激活不同的声音，利用权威的声音来使自己的主张合法化，并且消除支持对方论点的声音。所有这些结果表明，律师通过不同的话语选择压制、弱化或突出不同的主题和信息，创造了对立的论点。这项研究的重要性有三个方面：首先，在法律语言学领域，这篇论文提供了关于结案陈词中语言使用的重要实证见解。作为一种语类，结案陈词的研究不够充分。这篇论文系统地阐述了控辩律师经常使用的语言形式以及这些形式在构建相关叙事和辩论话语中的功能。其次，这项研究对社会语言学理论的贡献在于，它证明了压制（silencing）、淡化（de-emphasizing）和强调（emphasizing）是多种社会语言机制交互协商的话语过程，具有主题、词汇和句法处理等特定形式。研究还表明，这些过程的功能是说话者思维模式和意识形态偏见的结果。最后，在方法论方面，本研究综合了几个不同领域的见解，并融合了定量和定性分析，不仅提供了更细致和深入的分析，同时也为语言学、社会学和心理学等多个领域的跨学科研究提供了模型。

　　Felton-Rosulek 创新性地提出的控辩律师所使用的三种常见的语言策略——压制、淡化和强调在其专著《对抗性话语——结案陈词中的现实建构》（2015）中得到进一步升华。该书探讨了法律交流中广泛使用的各种语言技巧，研究了法律专业人员如何利用这些语言技巧在法庭审判的其中一个重要阶段，即结案陈词中调动陪审员的意见。该书分析了 17 起美国刑事案件的结案陈词中律师如何指称被告人、受害者、陪审员和律师的身份，分析了律师如何通过不同的语言技巧塑造现实，以及如何利用这些技巧影响陪审员的裁决。该书共七章。第 1 章介绍了法庭审判中结案陈词的性质和功能，并梳理了先前对这种法律语类的相关研究。第 2 章解释了作者所使用的批判性话语分析和系统功能语法框架，以探究相互竞争的律师如何以不同的方式构建庭审的结案陈词。本章深入地阐释了控辩律师所使用的三种常见的语言策略，即压制、淡化和强调。压制是指通过语言手段来排除某些信息，削弱表达者的发言权和表达效果，通常会出现在针对证词的攻击中，即律师试图否定对方证言的可信性和价值；淡化是指通过语言手段来减弱某些信息的重要性或表达效果，使其不那么显眼或突出，通常会用于对证言或事实的回应中，即律师试图贬低对方证言或事实的重要性和影响力；强调是指通过语言手段来加强某些信息的重要性和表达效果，使其更为突出和显著，通常用于强调自己的证言和证据，试图加强其可信性和影响力，并让评审团更有可能支持自己的观点和诉求。这三种语言策略是律师在陈述中常常采用的一些语言手段和技巧，旨在塑造自己的形象、控制话语权、争取陪审团的支持，并在陈述中达成目标。Felton-Rosulek 进一步分析了实现这些策略的词汇、语法和语篇等语言选择，如人称、指称、及物性（事件的过程类型）、被动语态和名词化、语码转换等，详细分析了被动语态和名词化如何被用来隐藏或淡化犯罪行为的施动者和受动者。通过使用被动语态来描述案件中的事件，律师可以将行为的施动者从陈述中隐藏，从而削弱其需要承担的责任，以建构不同的概念意义和人际意义。第 3—6 章分别研究了沉默、淡化和强调在律师针对法庭审判中的主要参与者（即被告人、受害者、陪审员和法官）进行表述时的语言表现：第 3 章研究了公诉和辩护律师如何精心选择词汇和句法结构，将被告描绘成有罪的"罪人"或是无辜的"圣人"；第 4 章使用 van Leeuwen（2002）的命名和分类概念来研究公诉和辩护律师如何对受害者进行人格化和评价。Felton-Rosulek 发现，公诉和辩护律师倾向于使用被害人的名字进行人格化描述，辩护律师会使用受害人全名来淡化他们的独特身份以疏远受害人，而公诉律师则使用较不正式的小名来强调受害人来拉近与陪审团的距离。该书的及物性分析非常详尽，既有对整个语料库的统计分析，列举了大量数据，也有对个别案例做的精细化的质性分析；既强调了及物性过程中的参与人（participant）的称呼及角色或身份，也详细分析了各种过程类型（process types），但对环境因素（circumstance）的分析偏少，似乎被淡化了。

　　西班牙学者 Bartley 为法律语言学与功能语言学的融合作出了突出贡献，她关注冤假错案中的语言问题，旨在考察冤假错案中语言扮演的独特角色并期望从语言的层面减少或预防未来冤假错案的发生。《及物性不留死角：法庭话语分析框架的灵活性与精细度》（Bartley，2017）首先指出，虽然系统功能语言学分析框架已被广泛应用于各类话语分析，但法庭话语却很少被关注，法律语言学领域也缺乏对系统功能语言学的研究，尤其是及物性研究。该文的研究目的是分析和解释法庭参与者如何使用不同的系统功能语言学理论（包括及物性系统和评价系统）来描述相同的行为和行为者，探究了在法庭话语中使用批评话语分析和系统功能理论的行为塑造力，以及可能影响这种行为塑造效应的因素。具体而言，该文使用了多个不同的方法，包括系统功能语言学分析和语料库研究方法，来探究法庭参与者如何使用语言来描述事件和涉及的人物，并利用批评话语分析的方法来解释这些现象。通过这些研究方法，该论文揭示了不同的讲话者如何使用语言来表达对行动和行动者的态度和观点，以及如何在法庭交互中创造和塑造这些态度和观点。总的来说，该文研究了语言在法庭中的作用和影响，并探究了如何使用不同的系统功能语言学理论来解释和分析法庭参与者的行为表征。

Bartley（2018）以一则错误定罪的强奸未成年人案为例，采用了批评性话语分析和语料库相结合的研究方式，深入探讨了庭审控辩律师结案陈词中及物性系统的使用特征，对过程类型总体的分布情况以及使用频次较高的几种过程类型进行了系统的探究，旨在从语言层面揭露冤假错案是如何通过控辩律师策略性和操控性的语言形成的。研究结果显示，控辩律师通过选择性地使用及物过程来描绘案件中的被告人及其他人的角色、行为和品质，揭露了庭审中控辩律师在结辩陈词阶段的话语操控。Bartley（2020）继而转换了研究的理论视角，从评价系统出发，借助态度系统中的两个子系统——Affect 和 Judgement，依旧以强奸未成年人案的庭审律师的结辩陈词为语料，考察双方律师如何通过语言的选择来增强己方叙事版本的可信度。但研究对象范围缩小，聚焦于控辩律师对于双方当事人即被告人以及受害人的语言描述，尤其关注对于双方当事人的情感和性格特征的描述。通过对语料标注的数据进行分析发现，尽管控辩律师的语言表面上是客观的，是对事实的表述，但实际上律师的语言选择隐含了他们的感受和对当事人的评价。例如，控方律师更强调受害人的情感，而辩方律师强调他们对于事实的掌握和了解；控辩双方大部分使用隐性的语言表达策略来实现对当事人的评价。Bartley（2022）分析了另一起鲜为人知的冤错案例——"克里斯汀·邦奇案"（Kristine Bunch Case），Bunch 被错误定罪为纵火和谋杀亲子，导致她被冤入狱 17 年。为了研究 Bunch 如何通过话语表达她受到的司法不公正，作者与她进行了一次半结构化访谈，并对访谈中的及物性模式进行了分析，试图提高人们对可能导致错误定罪的语言及物性过程类型的认识（Halliday & Matthiessen, 2014）。

接下来，我们来关注法律语言学研究重镇英国阿斯顿大学的最新研究成果。近年来，在 Grant 的引领下，一批年轻学者逐渐接受系统功能语言学研究范式，尤其是评价系统理论，并将其应用于作者身份识别的司法实践中，为警方侦破案件提供评价语言线索。Hurt & Grant（2019）研究了伤害誓言的评价语言，主要分析了已实现和未实现的暴力幻想的语言表述之间的区别。研究采用了"语言评价分析"方法，通过分析实现和未实现的暴力幻想的语言表述，揭示了不同表述中的语言差异。结果表明，实现的暴力幻想更倾向于使用具体的语言表述并且会详细描述具体的伤害行为；而非实现的暴力幻想则更倾向于使用抽象的语言表述，或者只是简单地勾勒出暴力想象的轮廓。通过这些差异分析，该研究为了解暴力幻想外化和行为实现之间的关系提供了新的线索。Hurt《伤害誓言：威胁语言中暴力意图的语言学分析》（Hurt, 2020）运用系统功能语言学，特别是语篇语义学的评价分析方法，识别了伤害誓言数据集中的各种态度表达资源和所体现的暴力意图，发现未实现的誓言包含明显更暴力的思想，创造了一种更高威胁的评价韵，而实现的誓言则更低调且更关注道德评价。该研究表明，暴力意图确实可以在伤害誓言的语言中检测出来，为警方评估犯罪的暴力倾向性提供有力的参照；暴力意图不仅是真实的，而且在威胁性语言中也是可以检测出来的。

Hunter & Grant（2022）研究了连环杀手所写文字中态度资源和心理病理学心理特征之间的关系。基于 Gales（2010）、Hurt（2020）和 Martin & White（2005）的态度系统，在语言行为手段分析的基础上，作者研究了这些杀手语言中所涉意识形态、态度和模态类型。结果表明，这些连环杀手在其语言中都展现出一种"杀人态度"（killer stance），揭示了一种基于威胁、控制和自我表达的主题，而这些主题通常与精神疾病、人格障碍和早期创伤有关。通过理解这四个案例的共同点和差异，警方可以更深入地了解连环杀手心理特质的形成和发展，从而提高预防和干预的效果。

上述阿斯顿大学的研究表明，法律语言学的研究不再停留在对犯罪话语的描写阶段，而是试图将语言描写与语言服务相结合。Hurt &

Grant（2019）和 Hunter & Grant（2022）都为警方侦破案件提供语言线索，这正是 Coulthard 的一贯主张，也代表着法律语言学的未来发展方向。正如 Coulthard et al.（2017: 215）所言，"尽管许多法律语言学家认为他们的工作本质上是描述性的，但有些人认为他们是在一个'批评话语'框架内工作的，其目的不是简单地描述，而是当发现所描述的内容存在问题时，要试图补救，并积极服务于司法实践，促进公平正义的实现。"

最后，我们来看一组中国的功能语言学与法律语言学的交叉研究的最新发展，同样地也关注年轻学者所作的贡献。广东外语外贸大学袁传有教授指导博士研究生完成两篇"社区矫正话语研究"方向的博士论文，分别是郑洁的《恢复性司法理念下社区矫正心理矫治话语研究——个体化视角》（2019）和罗兴的《社区矫正话语中的语旨磋商——游走于报应性司法和恢复性司法之间的司法实践》（2023）。Zheng（2019）以系统功能语言学的个体化视角，分析在恢复性司法理念指导下社区矫正实践中的心理矫治话语，旨在发现心理矫治人员如何运用各种社会符号资源教育矫治社区服刑人员，矫正他们的不良心理和行为；社区服刑人员如何使用社会符号资源实现自身的转化，顺利回归社会，以及恢复性司法在社区矫正心理矫治话语中的实现。Luo（2023）则以系统功能语言学的实现化（realization）和亲缘化（affiliation）为两大理论视角，研究中国社区矫正实践，旨在深入观察社区矫正小组成员和社区矫正服刑人员的话语互动，探究语旨在社区矫正中的磋商过程，以揭示社区矫正话语中语义的语篇建构过程。Luo（2023）通过对社区矫正话语进行语旨磋商分析，发现合理控制权势和亲和关系将更有利于社区服刑人员的改造，能更好地践行恢复性司法理念。除"社区矫正话语研究"的研究成果外，郭静思的《唤醒正当防卫：正当防卫案媒体报道的评价研究》从功能语言学的实例化和亲缘化理论视角出发，探究"正当防卫"的法治理念在媒体报道中的构建及传播。2018 年，自媒体披露"昆山反杀案"后，刑法中的正当防卫条款逐渐被激活，成为真正能够指导司法实践、保护公民人身安全的法律条文。在当代新媒体迅速发展的背景下，媒体报道在司法实践中发挥更积极的作用，持续引领和重塑正当防卫理念的传播，让"法不能向不法让步"观念深入人心。

上海交通大学王振华教授及其团队的"作为社会过程的法律语篇"

系列研究，前文已做过详细综述，此处不再赘言。值得一提的是，王振华教授近年来也开始关注法庭话语的多模态研究。李文、王振华（2019）首先梳理了近年来司法话语多模态研究的相关成果，厘清了该领域的三类主要议题：司法话语多模态功能研究、司法话语多模态互动研究和司法话语多模态批评性研究。以此为基础，研究进一步讨论了该领域研究在理论基础、研究方法、研究角度三个方面存在的问题及其解决方法，最后结合数字技术在司法实践活动中的应用，展望了该领域研究的未来。赵海燕、王振华（2022）基于语言/手势复合交流系统（Goldin-Meadow & McNeill，1999）和副语言系统（Martin & Zappavigna，2019），聚焦语言与手势副语言的符号间性，采用外部观察法和语篇语义分析法，提出律师身份符际建构的分析框架，用以分析律师如何使用语言和手势副语言建构身份。研究结果表明，律师运用语言和手势副语言在庭审中建构三种身份，即诉讼态度的表达者、诉讼立场的维护者和诉讼观点的强化者。本研究对律师身份的分析和定位具有现实意义。瞿桃、王振华（2022）针对冲突性磋商话语的多模态性，吸取了系统功能语言学和社会符号学的理论精华，提出了一个冲突性磋商话语的多模态设计框架，并将其应用于我国民事庭审案例分析。本框架综合了冲突性磋商话语的语境、语义和词汇语法层的分析，并融入了多模态话语的设计过程和设计理据。此框架为语言磋商框架增添了多模态特征分析，并凸显了符号使用者的主体性。本研究旨在激发更多有关冲突性磋商的多模态研究，并从语言学和符号学视角探索设计理念给冲突性磋商实践提供的启示。

近年来，一批年轻学者越来越多地尝试将功能语言学，尤其是评价系统理论运用于法律语言或话语分析中。除上文提到的王振华和袁传有教授指导的一批博士外，西南政法大学年轻学者戴欣博士值得推介。戴欣毕业于英国卡迪夫大学，师从 Heffer 和 O'Grady。Dai（2020）运用系统功能语言学的评价系统理论框架分析英格兰与威尔士地区法院的刑事判决书的量刑话语（sentencing remarks），旨在探索量刑话语中评价性语言与法官量刑之间的关系。戴欣现场观摩法庭庭审，锁定英格兰和威尔士的六起谋杀罪，收集了一手语料，建立了量刑话语语料库。通过细致的评价语言和评价策略的标注与分析，戴欣发现，法官量刑话语中对鉴定资源和策略的掌控与最终量刑结果高度相关。戴欣先后在 *Text &*

Talk、*The International Journal of Speech*、*Language and the Law* 等 SSCI 期刊发表三篇文章，均运用功能语言学的评价系统分析庭审中法官的宣判和量刑话语，考察量刑的轻重与评价资源之间的关系。Dai（2020a）对英国一起刑事案件——"特里·帕尔默案"中法官的量刑话语做了细致的评价分析，发现评价话语的特征与量刑因素存在关联。具体而言，当法官所论及的量刑因素为法定量刑因素时，法官对评价语言的选择会更加谨慎，大多采用多声（heteroglossia）以及隐性评价的方式来评价罪犯；而当法官所论及的量刑因素在法律中并无明文规定时，法官会凸显自己的声音，更多地采用单声（monoglossia）与显性评价的方式来评价罪犯。这表明法律在约束法官行使自由裁量权，法官在行使自由裁量权时并非率性而为，而是合乎法律且有章可循。Dai（2020b）和 Dai（2023a）延续了同样的研究思路，即通过挖掘量刑话语中的规律性特征，研究对法官量刑实践的认识。研究结果表明，法官在判决书中的评价性话语与判决结果之间存在联系。虽然法官看似具有巨大的自由裁量权，法律允许最终的判决结果可以无限偏离法定的基准刑，但事实并非如此。当法官的判决结果偏离基准刑较远（如五年）或是低于基准刑时，在判决书会大量使用评价资源来说明判决结果的合理性；而当法官的判决结果与基准刑相差不大时（如两至三年）时，他们则很少使用评价资源。作者还发现，上述差异不只体现在数量上，更为重要的还是质的差异。当法官要加强说明判决结果的合理性时，除了更多地使用评价资源，还使用了诸多的评价策略。如采用"虽然……但是"的句式（即评价系统中的"反预期"counter 子系统），将与判决结果不相契合的量刑因素排除在外，并同时引入对罪犯或其行为的评价，以此说明判决结果的合理性（Dai，2020b）。法官会为罪犯的多种行为赋予道德化的目的，并以此引发对罪犯行为的评价（Dai，2023a，2023b）。

13.4　展望

　　本书至此已接近尾声，我们在此对中国法律语言学的未来发展作出展望：首先，提升法律语言学研究的应用价值，为法律从业人员，尤其是法官、律师、警察提供有价值的帮助，提高他们的语言能力，以促进司法的公平正义；其次，继续推进法律语言学理论和方法论建设，尤其是本土理论，完善"法律语篇信息理论"研究，增强其在国际国内学术界的影响力和话语权；再次，关注典型案例，分析个案中的语言问题，以个案推动法治进步。注重多模态法律/庭审话语分析，揭示语言以外模态在司法交际中的重要作用；最后，加强法律语境下作者身份鉴定/说话人识别研究，让法律语言学研究真正服务于司法实践。

　　本书的一大遗憾是未能涵盖法律语音学的研究和实践，因本书的三位作者并不谙熟该领域的专门知识，没有贸然触及。但作者欣喜地发现，近年来国内已涌现出一批从事司法声纹鉴定证据研究与应用的优秀年轻学者，并多次出庭作证（曹洪林、丁铁珍，2018；曹洪林、张晓琳，2020；曹洪林等，2013）。他们的研究正在弥补本书留下的遗憾，补全中国法律语言学研究的短板，并已得到法律界的关注和重视。

参考文献

阿尼沙 . 2009. 程序公正与庭审中民族语言的平等实现——以我国刑事诉讼中少数民族翻译的作用为视角 . 中国政法大学学报，(3)：158-159，4452.

爱如娜 . 2011. 少数民族诉讼语言文字权的法律保护 . 内蒙古农业大学学报（社会科学版），(1)：32-34.

白迎春 . 2020. 民汉双语诉讼司法实践研究 . 大理大学学报，(7)：92-99.

毕惜茜 . 2004. 侦查讯问理论与实务探究 . 北京：中国人民公安大学出版社 .

毕惜茜 . 2005. 侦查讯问中引导的心理策略 . 中国人民公安大学学报（社会科学版），(1)：86-90.

毕惜茜 . 2009. 论侦查讯问中的倾听 . 中国人民公安大学学报（社会科学版），(3)：9-13.

毕惜茜 . 2013. 侦查讯问方法研究 . 中国人民公安大学学报（社会科学版），(5)：55-59.

毕惜茜 . 2019. 我国侦查讯问的变革与发展 . 公安学研究，(2)：62-74.

毕惜茜，陈小明 . 2014. 侦查人员讯问语言研究 . 中国人民公安大学学报（社会科学版），(3)：89-94.

毕惜茜，梁嘉龙 . 2020. 英国侦查访谈技术探析及借鉴思考 . 公安学研究，3(2)：98.

蔡士林，任杰鹏 . 2020. 冤假错案的预防：基于信息收集讯问方法之提倡 . 大连海事大学学报（社会科学版），(19)：46-52.

曹博，郭修江 . 2003. 一审行政判决书作存在的问题及对策 . 法律适用，(12)：75-76.

曹洪林，李敬阳，王英利，孔江平 . 2013. 论声纹鉴定意见的表述形式 . 证据科学，(5)：605-624.

曹洪林，丁铁珍 . 2018. 京沪穗深津渝六市法院声纹鉴定证据应用的实证研究 . 证据科学，(5)：622-638.

曹洪林，张晓琳 . 2020. 中国声纹鉴定证据庭审应用现状的实证研究 . 中国语音学报，(13)：90-103.

陈桂明 . 2004. 审前准备程序设计中的几对关系问题 . 政法论坛，(4)：10-15.

陈剑敏 . 2011. 顺应论视阈中的中英法庭话语研究 . 山东社会科学，(8)：116-119，162.

陈金诗. 2010. 控辩审关系的重构——法官庭审语篇处理的框架分析. 广州：广东外语外贸大学博士学位论文.

陈金诗. 2011. 控辩审关系的建构——法官庭审语篇处理的框架分析. 北京：科学出版社.

陈金诗. 2012. 法官有罪推定话语的信息结构分析. 语言教学与研究，(2)：104–111.

陈炯. 1985a. 应当建立法律语言学. 现代法学，(2)：77.

陈炯. 1985b. 法律语言学探略. 安徽大学学报（哲学社会科学版），(1)：49–52.

陈炯. 1995. 谈立法语言. 语言文字应用，15 (3)：34–37.

陈炯. 1998. 法律语言学概论. 西安：陕西人民教育出版社.

陈炯. 2004. 二十多年来中国法律语言研究评述. 毕节师范高等专科学校学报，22 (1)：1–4.

陈瑞华. 2017. 论侦查中心主义. 政法论坛，(35)：3–19.

陈卫东. 2016. 以审判为中心：解读、实现与展望. 当代法学，(4)：14–21.

陈卫东. 2019. 推进由"侦查中心"向"审判中心"转变的刑事诉讼程序改革. 人民论坛，(29)：102–105.

陈新仁. 2014. 语用学视角下的身份研究——关键问题与主要路径. 现代外语，(5)：702–710，731.

陈新仁. 2018. 语用身份论——如何用身份话语做事. 北京：北京师范大学出版社.

陈旭，2000. 知识产权案例精选（中英对照）. 北京：法律出版社.

陈寅清. 2014. 法律华语教学之定位、定性和定向分析. 华文教学与研究，(9)：81–99.

程微. 2015. 刑事庭审语篇的态度韵律研究. 上海：上海交通大学出版社.

丁寰翔，陈立峰. 2007. 论社区矫正工作者的角色. 法制与社会，(4)：582–584.

丁建新. 2007. 体裁分析的传统与前沿. 外语研究，(6)：13–18.

董娟，张德禄. 2007. 语法隐喻理论再思考——语篇隐喻概念探源. 现代外语，(3)：293–303，437.

董晓波. 2007. 对西方法学"语言学转向"的解读. 河北法学，(1)：57–60.

杜碧玉. 2010. 我国法庭口译的现状与对策. 山西财经大学学报，32 (S2)：261–262，264.

杜金榜. 1999. 法律语言学的研究和应用. 全国第二届外国语言文学博士学术研讨会，广州，中国.

杜金榜. 2000. 从目前的研究看法律语言学学科体系的构建. 现代外语，(1)：99–107.

杜金榜. 2001. 从学生英语写作错误看写作教学. 外语教学，(2)：43–47.

杜金榜. 2004. 法律语言学. 上海：上海外语教育出版社.

杜金榜. 2006. 论法律英语课程"双高"教学目标的实现. 广东外语外贸大学学报，(2)：76–80.

杜金榜. 2008. 庭审交际中法官对信息流动的控制. 广东外语外贸大学学报，(2)：36–40.

杜金榜. 2009a. 从法庭问答的功能看庭审各方交际目标的实现. 现代外语，(4)：360–368，436–437.

杜金榜. 2009b. 论语篇中的信息流动. 外国语，32 (3)：36–43.

杜金榜. 2010a. 法庭对话与法律事实建构研究. 广东外语外贸大学学报，(2)：84–90.

杜金榜. 2010b. 语篇信息成分分析在高级法律翻译教学中的应用. 法律语言与翻译，(1)：1–10.

杜金榜. 2010c. 从处置类信息的处理看法庭语篇说理的实现. 现代外语，(4)：363–370，436–437.

杜金榜. 2014. 法律语篇信息研究. 北京：人民出版社.

杜金榜. 2022. 语篇信息自动挖掘研究. 北京：科学出版社.

杜金榜，潘小珏. 2011. 庭审问答过程控制中的信息流动. 外国语，(2)：56–63.

杜巧阁. 2011. 法律英语教学的"瓶颈"研究. 铁道警官高等专科学校学报，(3)：122–125.

樊崇义，范培根. 2001. 我国侦查程序改革略探——以侦查权为中心. 金陵法律评论，(2)：62–65.

费梅苹. 2014. 司法社会工作实务研究与反思——以上海社区戒毒康复同伴教育服务项目为例. 中国社会工作研究，(2)：25–52.

冯文生. 2005. 争点整理程序研究. 法律适用，(2)：42–48.

葛云峰. 2013. 法庭问话中的信息获取研究：语篇信息处理视角. 济南：山东大学出版社.

关鑫. 2014. 说话人司法识别交叉印证法研究. 广东外语外贸大学学报，(5)：52–57.

关鑫. 2015. 基于语篇信息分析的说话人司法鉴别研究. 广州：广东外语外贸大学博士学位论文.

关鑫. 2019. 基于日常会话的司法话者非语音学识别特征挖掘研究. 中国司法鉴定，(2)：44–54.

桂诗春，冯志伟，杨惠中，何安平，卫乃兴，李文中，梁茂成. 2010. 语料库语言学与中国外语教学. 现代外语，(4)：419–426.

桂天寅. 2008. 关于提高民事判决书写作质量的思考. 语言与文化研究，(1)：199–201.

郭达丽. 2016. 庄羽诉郭敬明侵犯著作权案二审判决文书略评. 10 月 25 日. 来自110 法律咨询网.

郭飞，王振华. 2017. 人际语义分布对法律语篇中社会过程的体现. 东北大学学报
　　（社会科学版），(1): 97–103.

郭敬明. 2003. 梦里花落知多少. 沈阳：春风文艺出版社.

郭强. 2004. 论法律英语课程规划的依据. 山东外语教学，(1): 67–70.

郭王茵. 2022. 语篇信息视角下中国民事庭审争点归纳的信息处理研究. 广州：广东
　　外语外贸大学硕士学位论文.

韩永红. 2009. 试论法律英语教学的定位. 南方论刊，(3): 99，102–103.

何家弘. 2015. 从侦查中心转向审判中心——中国刑事诉讼制度的改良. 中国高校社会
　　科学，(2): 129–144.

何明升. 2014. 司法社会工作概论. 北京：北京大学出版社.

贺小荣. 2021. 最高人民法院第二巡回法庭法官会议纪要（第二辑）. 北京：人民法院
　　出版社.

洪浩，陈虎. 2003. 论判决的修辞. 北大法律评论，(2): 424–445.

胡骑兵. 2010. 法律英语整体语言教学法初探. 科技信息，(34): 150.

胡云腾. 2022. 关于办好刑事案件的几点思考. 法律适用，(8): 3.

胡朝丽. 2019. 近 20 年我国法律英语教学研究现状及走向. 外国语文，(6): 16–23.

黄国文，徐珺. 2006. 语篇分析与话语分析. 外语与外语教学，(10): 1–6.

黄慧. 2021. 中国指导性案例编写过程信息处理研究：语篇信息视角. 广州：广东外语
　　外贸大学硕士学位论文.

黄凯. 2013. 剽窃鉴别：从语篇信息及评价理论视角看学术语篇相似性分析. 广州：
　　广东外语外贸大学硕士学位论文.

黄萍. 2008. 关联理论交际观对庭审中法官打断现象的解析. 黑龙江社会科学，(6):
　　137–139.

黄萍. 2010. 法律语篇中模糊限制语的人际意义——以中文判决书为例. 学术交流，
　　(2): 159–161.

黄萍. 2013. 语用目的原则的诠释与应用. 黑龙江社会科学，(4): 128–130.

黄萍. 2014. 问答互动中的言语行为选择——侦查讯问话语语用研究之四. 外语学刊，
　　(1): 69–77.

黄燕. 2007. 法庭互动中法律事实建构过程的语篇信息处理研究. 广州：广东外语外贸
　　大学硕士学位论文.

季卫东. 1999. 法治秩序的建构. 北京：中国政法大学出版社.

江伟. 2000. 民事诉讼法. 北京：中国人民大学出版社.

江玲. 2010. 理性与冲突：关于合作原则在法庭互动话语中的适用性. 吉林师范大学
　　学报（人文社会科学版），(6): 34–37.

江晓红 . 2011. 语篇对话视角的介入分析 . 深圳大学学报（人文社会科学版），(2)：109–113.

姜剑云 . 1990. 论法律语言的表情色彩 . 法治论丛，(3)：42–45，49.

姜剑云 . 1994. 法律言语的语境构成 . 法治论丛，(5)：60–62.

姜剑云 . 1995. 法律语言与言语研究 . 北京：群众出版社 .

姜望琪 . 2008. 评估语言：英语评价系统导读 . 北京：外语教学与研究出版社 .

蒋勇 . 2013. 侦查讯问之殇："求真"话语下的法律困境——基于讯问策略的分析 . 西部法学评论，(2)：94–103.

焦宝乾 . 2006. 从独白到对话——迈向法律论证理论 . 求是学刊，(4)：87–92.

井世洁 . 2011. 司法社会工作的方法学检视——基于学理与实践基础的思考 . 华东理工大学学报（社会科学版），(3)：31–36，52.

旷战，刘承宇 . 2017. 精神科医生话语身份建构的专门性语码研究 . 湖南科技大学学报（社会科学版），(1)：133–139.

李丹 . 2011. 民事判决书的篇际互文性研究 . 语文学刊，(11)：73–76.

李华毅 . 2009. 中国法规英译的质量评估：法律语篇信息角度 . 广州：广东外语外贸大学硕士学位论文 .

李岚林 . 2016. 司法社会工作在社区矫正中的功能定位及实现路径 . 西安电子科技大学学报（社会科学版），(6)：147–152.

李亮 . 2009. 民事判决书判决理由探究 . 人民司法，(21)：101–104.

李文，王振华 . 2019. 司法话语多模态研究的现状与未来 . 上海交通大学学报（哲学社会科学版），(5)：110–119.

李文中 . 2010. 语料库语言学的研究视野 . 解放军外国语学院学报，33 (2)：37–40，72，127.

廖美珍 . 2002. 从问答行为看中国法庭审判现状 . 语言文字应用，(4)：25–36.

廖美珍 . 2003a. 法庭互动话语与合作问题研究 . 陈国华，戴曼纯主编 . 当代语言学探索 . 外语教学与研究出版社，237–254.

廖美珍 . 2003b. 法庭语言实证报告 . 法律与生活，(6)：83–91.

廖美珍 . 2003c. 法庭问答及其互动研究 . 北京：法律出版社 .

廖美珍 . 2003d. 中国法庭问答互动对应结构研究 . 语言科学，(5)：77–89.

廖美珍 . 2004a. 目的原则与法庭互动话语合作问题研究 . 外语学刊，(5)：43–52.

廖美珍 . 2004b. 答话研究——法庭答话的启示 . 修辞学习，(5)：29–34.

廖美珍 . 2004c. 国外法律语言学研究综述 . 当代语言学，(6)：66–76.

廖美珍 . 2005a. 目的原则和目的分析——语用研究新途径探索 . 修辞学习，(3)：1–10；(4)：5–11.

廖美珍 . 2005b. 法庭语言技巧 . 北京：法律出版社 .

廖美珍 . 2006a. 论法学的语言转向 . 社会科学战线，(2)：200–204.

廖美珍 . 2006b. 中国法庭互动话语 formulation 现象研究 . 外语研究，(2)：1–8，13，80.

廖美珍 . 2006c. 论法律语言的简明化和大众化 . 修辞学习，(4)：16–20.

廖美珍 . 2007a. 语言学和法学 . 法律方法和法律思维 . 北京：法律出版社。

廖美珍 . 2007b. 语用学与法学 . 比较法研究，(5)：45–63.

廖美珍 . 2008a. 中国法律语言规范化若干问题之我见 . 修辞学习，(5)：30–36.

廖美珍 . 2008b. 法庭调解语言研究的意义与方法 . 人民法院报，(4)：5.

廖美珍 . 2010. 目的原则和语境动态性研究 . 解放军外国语学院学报，(4)：1–5.

廖美珍 . 2012. 目的原则和言语行为互动研究 . 外语学刊，(5)：23–30.

廖美珍 . 2013. 目的原则和语境研究——人为中心说 . 外语教育研究，(1)：17–21.

廖美珍 . 2015. 法庭话语打断现象与性别研究 . 当代修辞学，(1)：43–55.

林焕星 . 2015. 警察讯问阶段犯罪嫌疑人供述可靠性研究 . 广州：广东外语外贸大学硕士学位论文 .

林映迎 . 2011. 控辩双方构建法律事实过程中说服的实现 . 广州：广东外语外贸大学硕士学位论文 .

刘捷 . 2016. 从传统文化中的"廉"看当代廉政建设的话语基础 . 领导科学，(5)：8–11.

刘娟 . 2018. 基于语篇信息的普法语篇自动评价研究 . 广州：广东外语外贸大学博士学位论文 .

刘凌燕 . 2016. 英国法律英语课程教学模式研究———项基于诺丁汉大学的调查 . 中国外语，13(4)：87–91.

刘玫, 韩瀚 . 2016. 刑事诉讼中"有专门知识的人"的诉讼地位、证据效力及质证范围 . 中国政法大学学报，52 (2)：100–106.

刘梦妮 . 2019. "有专门知识的人"参与刑事诉讼制度的完善 . 法治社会，(4)：102–109.

刘松江 . 1993. 反问句的交际作用 . 语言教学与研究，(2)：46–49.

刘蔚铭 . 2005. 第七届国际法律语言学大会综述 . 政法教育研究，(2)：72–75.

刘蔚铭 . 2014. 彼得论法律语言 . 北京：法律出版社 .

刘蔚铭 . 2017. 法律语言（学）教学与培训 . 潘庆云主编 . 法律语言学 . 北京：中国政法大学出版社，306–321.

刘文强 . 2019. 侦查讯问运行状况与应对策略的实证研究 . 中国刑事警察，(2)：24–30.

刘银，杨文彬．2017．反腐倡廉公益平面广告中的多模态隐喻和转喻．北京第二外国
　　语学院学报，39(6)：40-56.

刘悦明．2011．现代汉语量词的评价意义分析．外语学刊，(1)：62-67.

刘玉洁，袁传有．2022．法治的多模态建构：反腐公益广告的语类分析．北京第二外
　　国语学院学报，(2)：51-65.

卢醒醒．2016．新闻舆论监督对司法审判的影响——以"呼格案"为例．青年记者，
　　(21)：22-23.

罗兴，袁传有．2019．社区矫正初始评估话语的语类结构和交换结构研究．广东外语
　　外贸大学学报，(2)：39-47.

罗载兵．2020．论语义波的显性识解：以科学语篇为例．外国语，43 (2)：61-71.

罗载兵，杨炳钧．2020．论语义波的合法化识解：以科学语篇为例．外语教学与研究，
　　52 (4)：607-619，641.

罗载兵，杨炳钧，李孝英．2017．论语义波的三维分形模型：合法化语码理论与系统
　　功能语言学的界面研究．外语与外语教学，(2)：48-60，148.

陆俭明．2000．一部别具特色的法律语言研究专著——读王洁《法律语言研究》．语言
　　文字应用，(3)：110-112.

马丁，王振华．2008．实现化、实例化和个性化——系统功能语言学的三种层次关系．
　　上海交通大学学报（哲学社会科学版），(5)：73-81.

马庆林．2017．我国政法类院校高级法律翻译人才教育的现状与对策．中国外语，
　　14(4)：21-27.

马玉荣．2021，9 月 13-15 日．"葫芦丝"式讯问：中国公诉人讯问的语篇信息研究．
　　第十五届国际法律语言学大会．伯明翰，英国．

马悦．2016．基于共振峰和信息成分的说话人比对研究．广州：广东外语外贸大学硕
　　士学位论文．

毛建军．2017．"以审判为中心"背景下侦查讯问工作的实践考察与完善．江苏警官
　　学院学报，(5)：65-69.

苗青．2014．高校开展专门学术英语教学之瓶颈与对策刍议——以法律英语教学为视角．
　　外语教学理论与实践，(3)：65-70.

那顺乌力吉．2018．民族语言文字诉讼权利保障之思考．内蒙古民族大学学报（社会
　　科学版），(5)：120-124.

潘汉典．2003．元照英美法词典．北京：法律出版社．

潘庆云．1987．法律语体学的对象、范围和方法．中州学刊，(1)：95-96.

潘庆云．1989．法律语言艺术．上海：学林出版社．

潘庆云．1991．法律语体探略．昆明：云南人民出版社．

潘庆云 . 1997. 跨世纪的中国法律语言 . 上海：华东理工大学出版社 .

潘庆云 . 2004. 中国法律语言鉴衡 . 上海：汉语大词典出版社 .

潘庆云 . 2015. 少年刑事案件被告人语言权利的充分保护 . 第十二届国际法律语言学大会，广州，中国 .

潘庆云 . 2017. 法律语言学 . 北京：中国政法大学出版社 .

潘庆云 . 2019. "山谷细民"面临法律时的语言困境（上）（下）. 语言文字周报，(2)：2.

潘荣伟 . 1998. 大陆法系的司法判例及其启示 . 判例与研究，(3)：52–54.

潘苏悦 . 2014. "学用结合"育人模式及教学方法探析——以 ESP 理论指导下的法律英语课程教学体系建设为例 . 中国高校科技，(6)：42–44.

潘文国 . 2008. 从哲学研究的语言转向到语言研究的哲学转向 . 外语学刊，(2)：17–21.

邱大任 . 1980. 语言分析在侦察破案中的应用 . 刑事技术，(5)：27–32.

邱大任 . 1981. 怎样分析案件的语音 . 刑事技术，(2)：31–38.

邱大任 . 1985. 语言识别 . 北京：群众出版社 .

邱大任 . 1991. 我国侦查语言学的缘起和发展 . 语文建设，(6)：37–38.

邱大任 . 1995. 侦查语言学 . 北京：中国人民公安大学出版社 .

屈文生 . 2017. 法律英语教学须直面的若干问题 . 中国外语，(4)：4–11.

瞿桃，王振华 . 2022. 冲突性磋商话语的多模态设计研究 . 现代外语，(6)：780–793.

曲欣 . 2019. 法律英语助推我国涉外法治人才培养体系建设——中国政法大学博士生导师张法连教授专访 . 中国 ESP 研究，10 (2)：111–116，130.

冉永平 . 2011. 语用学 . 中国外语，(6)：33.

冉永平 . 2018. 我国的人际语用学前沿研究 . 外语教学，(3)：37–39.

邵敬敏 . 2013. 疑问句的结构类型与反问句的转换关系研究，汉语学习，(2)：3–10.

沈璐，张新红 . 2015. 论我国涉外刑事审判法官对法庭口译的认识：调查与分析 . 浙江外国语学院学报，(2)：10–16，31.

盛云岚 . 2012. 欧洲 CLIL 模式：外语教学法的新视角 . 山东外语教学，(5)：65–69.

施光 . 2014. 中国法庭审判话语的批评性分析 . 北京：科学出版社 .

施光 . 2016. 法庭审判话语的态度系统研究 . 现代外语，(1)：52–63.

石春煦 . 2019. 个体化视角下公诉人身份建构的多模态设计 . 现代外语，(2)：243–253.

宋东，万毅 . 2021. 刑事诉讼中"有专门知识的人"之角色定位 . 四川警察学院学报，33(6)：14–23.

宋雷 . 2019. 英汉法律用语大辞典（第二版）. 北京：法律出版社 .

宋英辉 . 2003. 刑事诉讼法原理导读 . 北京：法律出版社 .

苏力 . 2001. 判决书的背后 . 法学研究，(3)：3–18.

孙波 . 2016. 汉语司法语篇信息自动查询研究 . 广州：广东外语外贸大学博士学位论文 .

孙波，郭亭亭 . 2017. 基于语料库的汉语书面司法语篇信息特征研究 . 中原工学院学报，(5)：13–18.

孙笑怡 . 2003. 人际意义的实现与解释性报道的文体特征 . 中国海洋大学学报（社会科学版），(5)：93–96.

汤斌 . 2014. Maton 的合理化语码理论与系统功能语言学的合作 . 现代外语，(1)：52–61.

陶君，袁传有 . 2018. 犯罪新闻中隐喻的评价赋值功能 . 天津外国语大学学报，(6)：30–41.

田华静，王振华 . 2016. 汉语刑事辩护词中态度资源的分布——作为社会过程的法律语篇研究之四 . 山东外语教学，(2)：13–21.

田静静 . 2008. 法庭口译员在信息处理过程中的决策 . 广州：广东外语外贸大学硕士学位论文 .

万春，高景峰 . 2007. 论法律监督与控、辩、审关系 . 法学家，(5)：124–132.

王登年 . 1993. 谈"适当引用"与抄袭的界定 . 知识产权，(6)：27–28，36.

王宏林 . 2003. 国际一流法律人才培养论纲 . 北京：商务印书馆 .

王洁 . 1996. 语言学与法学的交叉地——《法律语言学教程》的探索 . 语言文字应用，(4)：90–94.

王洁 . 1997. 法律语言学教程 . 北京：法律出版社 .

王洁 . 1999. 法律语言研究 . 广州：广东教育出版社 .

王洁 . 2004. 控辩式法庭审判互动语言探索 . 语言文字应用，(3)：76–82.

王洁 . 2010. 从"立法时代"到"修法时代"的"中国大陆"法律语言研究 . 语言文字应用，(4)：2–9.

王洁，苏金智，约瑟夫 G. 图里 . 2006. 法律·语言·语言的多样性 . 北京：法律出版社 .

王隆文 . 2014. 我国少数民族语言庭审翻译服务制度构建之探讨 . 中国翻译，(3)：68–74.

王培光 . 2006. 香港与内地判决书法律语言的比较研究 . 语言教学与研究，(2)：35–42.

王品，王振华 . 2016. 作为社会过程的法律语篇与概念意义研究——以《中华人民共和国婚姻法》为例 . 当代修辞学，(4)：56–67.

王人博，程燎原 . 2014. 法治论 . 桂林：广西师范大学出版社 .

王申 . 2011. 法官的理性与说理的判决 . 政治与法律，(12)：86–96.

王思斌 . 2013. 社会工作导论 . 北京：高等教育出版社 .

王思斌 . 2018. 健全社会工作人才队伍体系提高社会工作服务水平 . 中国社会工作，
　　(13)：1.

王卫明 . 2009. 判决说理与司法权威 . 读书，(12)：157–159.

王欣 . 2011. 论法庭活动中民族语言翻译制度与实践——以青海地区为例 . 青海社会
　　科学，(4)：67–69.

王英利 . 2013. 声纹鉴定技术 . 北京：群众出版社 .

王英利，李敬阳，曹洪林 . 2012. 声纹鉴定技术综述 . 警察技术，(4)：54–56.

王永杰 . 2007. 从独语到对话——论当代中国法制宣传的转型 . 复旦学报（社会科学版），
　　(4)：124–132.

王振华 . 2001. 评价系统及其运作——系统功能语言学的新发展 . 外国语，(6)：
　　13–20.

王振华 . 2004a. “硬新闻”的态度研究——评价系统的应用研究之二 . 外语教学，(5)：
　　31–36.

王振华 . 2004b. 法庭交叉质询中的人际关系——系统功能语言学“情态”视角 . 外语
　　学刊，(3)：51–59.

王振华 . 2008. 法律语言研究 . 上海：上海交通大学出版社 .

王振华，刘成博 . 2014. 作为社会过程的法律语篇——态度纽带与人际和谐 . 中国外语，
　　(3)：19–25, 33.

王振华，张庆彬 . 2015. 作为社会过程的法律语篇及其谋篇语义 . 外语教学，(1)：1–6.

王振华，田华静 . 2017. 作为社会过程的法律语篇——系统功能语言学框架下的语篇
　　语义观 . 语言学研究，(1)：199–212.

卫乃兴 . 2009. 语料库语言学的方法论及相关理念 . 外语研究，(5)：36–42.

魏鹏 . 2003. 侦查讯问 . 北京：中国政法大学出版社 .

温登平 . 2011. 论刑事判决说理的方法与准则 . 法律方法，(11)：248–259.

文军 . 2004. 论翻译课程研究 . 外国语，(3)：64–70.

吴东镐 . 2020. 我国民族地区法庭庭审中使用少数民族语言的现状与对策——以延边
　　为例 . 中国政法大学学报，(1)：127–143.

吴可 . 2019. 论以审判为中心的诉讼制度改革 . 法制博览，(6)：203.

吴淑琼 . 2011. 立法文本中禁止类言语行为的力动态研究 . 外语与文，(3)：88–95.

吴伟平 . 1994. 法律语言学：会议、机构与刊物 . 国外语言学，(2)：44–50.

吴伟平 . 2002. 国外法律语言学的形成、现状和分类 . 语言与法律研究的新视野——

语言与法律首届学术研讨会论文集，157–173.

席小华. 2016. 我国少年司法社会工作的实践困境及行动策略——以 B 市实践为例. 华东理工大学学报（社会科学版），(6)：32–42.

肖晗. 2011. 论中国少数民族地区双语法律人才的培养. 贵州民族研究，(1)：136–141.

肖扬. 1999. 全面推进人民法院的各项工作，为改革、发展、稳定提供有力的司法保障. 中华人民共和国最高人民法院公报，(1)：13–18.

徐优平. 2006. 话语标记语在法院调解过程中的作用——关联理论角度的分析. 修辞学习，(4)：52–55.

徐优平. 2011. 语篇信息视角下的中国法院调解说服实现研究. 广州：广东外语外贸大学博士学位论文.

徐优平. 2016. 法律语言学理论建设新突破——兼评《法律语篇信息研究》. 中原工学院学报，(2)：36–40.

徐优平. 2017.《法律英语听说》课程多模态信息认知教学模式探索. 中原工学院学报，(2)：6–12，33.

徐优平. 2019. 语篇信息视角下的中国法院调解说服实现研究. 北京：科学出版社.

亚里士多德. 1997. 政治学. 吴寿彭译. 北京：商务印书馆.

严清华，尹恒. 2000. 试论经济理论创新. 武汉大学学报（哲学社会科学版），(5)：665–668.

颜明. 2011. 从"百善孝为先"写入判决书说起. 中国审判，(7)：54–55.

杨海明. 2006a. 两岸三地刑事判决书语言程式度比较研究. 修辞学习，(6)：30–33.

杨海明. 2006b. 两岸三地刑事判决书语言情感度比较. 江汉大学学报，(5)：48–52.

杨永林. 2001. 社会语言学导读. 北京：外语教学与研究出版社.

叶宁. 2010. 警察讯问话语——基于语类整体观的研究. 杭州：浙江大学出版社.

叶宁，庞继贤. 2009. 警察讯问中的语类混合和移植现象探析. 中国人民公安大学学报（社会科学版），(4)：145–149.

于琴. 2017. 当代中国廉政话语建设研究——以十八大以来《人民日报》头版廉政报道为例. 社会发展研究，(1)：182–194.

余承法，廖美珍. 2006. 询问乎·讯问乎——析《中华人民共和国刑事诉讼法》中"问"的表述. 求索，(5)：111–112，115.

余蕾. 2018. 中国大陆刑事审判语境下法庭口译中概括口译现象研究. 亚太跨学科翻译研究，(1)：32–47.

余璐. 2016. 判决书的语篇信息结构分析. 上海：华东政法大学硕士学位论文.

余素青 . 2013. 判决书叙事修辞的可接受性分析 . 当代修辞学，(3)：78–86.

袁传有 . 2005. 由美、英、中警察告知语言分析看中国警察告知体系的建构 . 修辞学习，(1)：12–17.

袁传有 . 2008. 警察讯问语言的人际意义——评价理论之"介入系统"视角 . 现代外语，(2)：141–149.

袁传有 . 2010a. 从教学实践中构建多模态信息认知教学模式 . 教学研究，(4)：50–55.

袁传有 . 2010b. "多模态信息认知教学模式"初探——复合型课程"法律英语"教学改革尝试 . 山东外语教学，(4)：10–18.

袁传有 . 2010c. 侦查讯问语言中的言语适应 . 吉林广播电视大学学报，(8)：13–15.

袁传有 . 2010d. 避免二次伤害：警察讯问言语研究 . 北京：外语教学与研究出版社 .

袁传有，廖泽霞 . 2011. 律师辩护词中修辞疑问句的隐性说服力 . 当代修辞学，(4)：24–30.

袁传有，胡锦芬 . 2011. 律师代理词中介入资源的顺应性分析 . 语言教学与研究，(3)：87–94.

袁传有，胡锦芬 . 2012. 惩治犯罪：公诉词语类的评价资源分析 . 广东外语外贸大学学报，(3)：55–59.

袁传有 . 2020a. 法律问题的语言进路——司法豁免权的名词化进程 . 西南政法大学建校七十周年研讨会，重庆，中国 .

袁传有，曹慧姝，郑洁 . 2023. 律师结辩话语多模态态度资源与叙事建构 . 现代外语，(3)：319–331.

袁瑛 . 2005. 案件言语分析与鉴定 . 北京：中国人民公安大学出版社 .

袁瑛 . 2006. 侦查语言学学科发展刍议 . 北京：中国人民公安大学出版社 .

袁瑛 . 2006. 刍议侦查语言学 . 边缘法学论坛，(2)：59–64.

袁瑛 . 2018. 犯罪言语识别研究 . 北京：中国人民公安大学出版社 .

袁瑛，周洲 . 2022. 侦查语言学的发展与展望 . 贵州警察学院学报，(5)：77–84.

乐国安，李安 . 2008. 审讯与供述心理学手册 . 北京：中国轻工业出版社 .

曾范敬 . 2008. 侦查讯问话语参与框架分析 . 当代修辞学，(5)：47–51.

曾范敬 . 2011. 警察讯问话语批评分析 . 北京：中国政法大学出版社 .

翟燕斌 . 2007. 中文判决书的说理研究 . 广州：广东外语外贸大学硕士学位论文 .

詹仲清 . 1999. 判决书制作应确立判决理由的法律地位 . 现代法学，(1)：88–90.

张斌峰 . 2014. 法律的语用分析：法学方法论的语用学转向 . 北京：中国政法大学出版社 .

张琛权 . 2007. 评价系统在刑事判决理由与结果中的应用 . 广东海洋大学学报，(5)：67–72.

张纯辉. 2012. 我国法律英语教材的编写与出版现状研究. 山西财经大学学报，(3)：232–233.

张翠玲，谭铁君. 2018. 司法语音学国内外研究现状与发展. 南开语言学刊，(2)：60–68.

张大群. 2020. 学术论文的评价隐喻研究：类型与功能. 山东外语教学，(3)：50–60.

张德禄，郭恩华. 2019. 体裁混合综合分析框架探索. 中国外语，(1)：20–27.

张德禄，刘汝山. 2018. 语篇连贯与衔接理论的发展及应用. 上海：上海外语教育出版社.

张法连. 2019. 法律英语学科定位研究. 中国外语，(2)：4–9.

张宏，毕惜茜. 2016. 侦查审讯中"会话沟通式问话语言"研究. 中国人民公安大学学报（社会科学版），(4)：73–80.

张丽萍. 2010. 律师评价语言的社会符号学分析. 北京：知识产权出版社.

张清. 2009. 判决书的言语行为分析——看"本院认为"的言语行为. 政法论坛，(3)：144–149.

张清. 2010. 庭审话语中的目的关系分析. 山西大学学报（哲学社会科学版），(6)：130–133.

张清. 2016. 法律语言学科之教师团队建设研究——以 ESP 教学理论与实践为鉴. 中国法学教育研究，(3)：67–77.

张清，王芳. 2007. 法官语言（法律语言学译丛）. 北京：法律出版社.

张瑞嵘. 2016. 我国法律英语教材编撰与出版探析. 出版科学，(3)：54–56.

张少敏. 2011. 从修辞角度看民事案件律师代理人辩论词的信息发展. 广东外语外贸大学学报，(5)：76–79，84.

张少敏. 2015. 基于语篇信息分析的中文文本作者鉴别研究. 广州：广东外语外贸大学博士学位论文.

张少敏. 2020. 个人言语判别特征在短文本作者鉴别中的应用. 中国司法鉴定，(3)：56–63.

张辛未，赵秀凤. 2016. 反腐政治漫画中的多模态转喻和隐喻研究. 外语学界，(4)：36–44.

张新红. 2000. 汉语立法语篇的言语行为分析. 现代外语，(3)：283–295.

张昱. 2013. 社区矫正社会工作案例评析. 上海：华东理工大学出版社.

张振达，李文龙. 2021. 法律英语教材及课堂媒介语调查研究. 语言战略研究，(2)：37–46.

张志铭，于浩. 2015. 现代法治释义. 政法论丛，(1)：3–9.

赵海燕，王振华. 2022. 律师身份的多模态符际建构. 现代外语，(5)：597–610.

赵军峰.2011.法律语篇信息结构及语言实现研究——汉英语篇对比分析.北京：科学出版社.

赵军峰,张锦.2011.作为机构守门人的法庭口译员角色研究.中国翻译,32(1)：24–28,93.

赵民.2014.英语社论语篇中的评价隐喻研究.外语与外语教学,(5)：17–23.

赵西巨.2010.专家证言、新科学理论与法官角色——以美国法中的 Daubert 标准为中心.证据科学,(1)：29–38.

郑洁.2015.审讯问答中的信息势能研究.西安外国语大学学报,(3)：49–53.

郑洁.2019.身份多模态话语构建的个体化研究——以社区矫正适用前调查评估为例.西安外国语大学学报,(2)：37–42.

郑洁,袁传有.2018.社区矫正调查评估中被告人身份多模态话语建构.政法学刊,(4)：62–69.

郑洁,袁传有.2021.社区矫正中司法社工身份的话语构建.现代外语,(2)：183–195.

周道鸾.1999.加快裁判文书的改革步伐,努力提高制作刑事裁判文书的水平.北京市政法管理干部学院学报,(2)：1–10.

朱文超,张鲁平.2015.涉外法律人才培养视野下的法律英语教学方法探讨.中国法学教育研究,(2)：101–122.

朱永生.2003.话语分析五十年：回顾与展望.外国语,(3)：43–50.

朱永生.2009.概念意义中的隐性评价.外语教学,(4)：1–5.

朱永生.2012.系统功能语言学个体化研究的动因及哲学指导思想.现代外语,(4)：331–337,436.

朱永生.2015.从语义密度和语义引力到物质与存在.中国外语,(4)：16–25.

朱永生.2018.汉语中的隐性评价及其体现方式.浙江外国语学院学报,(5)：81–86.

朱玉玲.2016.从以侦查为中心走向以审判为中心.河南科技大学学报（社会科学版）,(34)：99–104.

庄羽.2004.圈里圈外.北京：中国文联出版社.

邹玉华.2008.语言证据的种类及其语义鉴定.中国政法大学学报,(3)：96–102,160.

邹玉华.2018.法律语言学是"'法律语言'学"还是"法律'语言学'"？抑或"'法律与语言'学"？——兼论法律语言学学科内涵及定位.辽宁师范大学学报（社会科学版）,(1)：8–12.

左卫民.1992.司法判决书制度新论.现代法学,(3)：62–67.

Adams, S. H. & Jarvis, J. P. 2006. Indicators of veracity and deception: An analysis of written statements made to police. *International Journal of Speech, Language and the Law*, 13(1): 1–22.

Ainsworth, J. 1993. The pragmatics of powerlessness in police interrogation. *The Yale Law Journal*, 103(2): 259–322.

Ainsworth, J. 2008. "You have the right to remain silent... but only if you ask for it just so": The role of linguistic ideology in American police interrogation law. *International Journal of Speech, Language and the Law*, 15(1): 1–21.

Ainsworth, J. 2009. A lawyer's perspective: Ethical, technical and practical considerations in the use of linguistic expert witnesses. *International Journal of Speech, Language and the Law*, 16(2): 279–291.

Ainsworth, J. 2012. The meaning of silence in the right to remain silent. In L. Solan & P. Tiersma (Eds), *The Oxford Handbook of Forensic Linguistics*. Oxford: Oxford University Press.

Ainsworth, J. 2020. How I got started. *Language and Law / Linguagem e Direito*, 7(1–2): 30–32.

Ainsworth, J. 2020. *The uses of theory in forensic linguistics: A plea for methodological cross-fertilization*. Keynote presentation at the 11th national conference of China's Association of Forensic Linguistics, Shanghai, China.

Ainsworth, J. 2021. Curtailing coercion in police interrogation: The failed promised of Miranda vs Arizona. In M. Couthard, A. May & R. Sousa-Silva (Eds.), *The Routledge Handbook of Forensic Linguistics (2nd ed.)*. London: Routledge, 95–111.

Ali, M. & Levine, T. 2008. The language of truthful and deceptive denials and confessions. *Communication Reports*, 21(2): 82–91.

Angermeyer, P. 2015. *Speak English or What? Code Switching and Interpreter Use in New York City Courts*. Oxford: Oxford University Press.

Angermeyer, P. 2021. Beyond translation equivalence: Advocating pragmatic equality before the law. *Journal of Pragmatics*, 174: 157–167.

Antaki, C. & Stokoe, E. 2017. When police treat straightforward answers as uncooperative. *Journal of Pragmatics*, 117: 1–15.

Archer, D. 2005. *Questions and Answers in the English Courtroom (1640–1760): A Sociopragmatic Analysis*. Amsterdam: John Benjamins.

Archer, D. 2011. Facework and (im) politeness across legal contexts: An introduction. *Journal of Politeness Research*, 7(1): 1–19.

Argamon, S. 2019. *Computational register analysis and synthesis*. Ithaca: Cornell University Library.

Argamon, S. Burns, K. & Dubnov, S. (Eds). 2010. *The Structure of Style: Algorithmic Approaches to Understanding Manner and Meaning*. London: Springer.

Argamon, S. & Koppel, M. 2013. Systemic functional approach to automated authorship analysis. *Journal of Law and Policy, 21*(2): 299–316.

Argamon, S. , Burns, K. & Dubnov, S. (Eds.). 2010. The Structure of Style: Algorithmic Approaches to Understanding Manner and Meaning. London: Springer.

Austin, J. 1962. *How to Do Things with Words*. Oxford: Clarendon Press.

Baffy, M. & Marsters, A. 2015. The constructed voice in courtroom cross-examination. *International Journal of Speech, Language and the Law, 22*(2): 143–165.

Baldry, A. P. & Thibault, P. J. 2006. *Multimodal Transcription and Text Analysis*. Oakville: Equinox.

Baldwin, J. & French, P. 1990. *Forensic Phonetics*. London: Pinter.

Bartlett, F. 1932. *Remembering: A Study in Experimental and Social Psychology*. Cambridge: Cambridge University Press.

Bartley, L. 2017. *Transitivity, no stone left unturned: Introducing flexibility and granularity into the framework for the analysis of courtroom discourse*. Doctoral dissertation (unpublished), University of Granada.

Bartley, L. 2018. "Justice demands that you find this man not guilty": A transitivity analysis of the closing arguments of a rape case that resulted in a wrongful conviction. *International Journal of Applied Linguistics, 28*: 480–495.

Bartley, L. 2020. "Please make your verdict speak the truth": Insights from an appraisal analysis of the closing arguments from a rape trial. *Text & Talk, 40*(4): 421–442.

Bartley, L. 2022. A transitivity-based exploration of a wrongful conviction for arson and murder: The case of Kristine Bunch. *Language, Context and Text, 4*: 304–334.

Bateman, J. A. & Schmict, K. H. 2012. *Multimodal Film Analysis*. London: Routledge.

Berk-Seligson, S. 2002. *The Bilingual Courtroom: Court Interpreters in the Judicial Process*. Chicago: University of Chicago Press.

Berk-Seligson, S. 2009. *Coerced Confessions: The Discourse of Bilingual Police Interrogations*. New York: Mouton de Gruyter.

Berk-Seligson, S. 2011. Negotiation and communicative accommodation in bilingual police interrogations: A critical interactional sociolinguistic perspective. *International Journal of Sociology of Language*, 207: 29–58.

Bernstein, B. 1996. *Pedagogy, Symbolic Control and Identity: Theory, Research, Critique*. London: Taylor & Francis.

Bernstein, B. 2000. *Pedagogy, Symbolic Control and Identity: Theory, Research, Critique (revised edition)*. Oxford: Rowman & Littlefield.

Bhatia, V. K. 1997. Genre-mixing in academic introductions. *English for Specific Purposes*, 16(3): 181–195.

Bhatia, V. K. 2004. *Worlds of Written Discourse: A Genre-based View*. London: Continuum.

Bhatia, V. K., J. Flowerdew & R. H. Jones. 2008. *Advances in Discourse Studies*. London: Routledge.

Biber, D. & Conrad, S. 2009. *Register, Genre and Style*. Cambridge: Cambridge University Press.

Blitvich, P. 2009. Impoliteness and identity in the American news media: The "Culture Wars". *Journal of Politeness Research*, 5(2): 273–304.

Bloom, K. 2011. Sentiment analysis based on appraisal theory and functional local grammar. Doctoral dissertation, Illinois Institute of Technology.

Bloom, K. & Argamon, S. 2009. Automated learning of appraisal extraction patterns. In S. T. Gries, S. Wulff & M. Davies (Eds.), *Corpus Linguistic Applications: Current Studies, New Directions*. Amsterdam: Rodopi.

Bloom, K., Garg, N. & Argamon, S. 2007. Extracting Appraisal Expressions, *Proceedings of Human Language Technologies/North American Association of Computational Linguists*. 308–315.

Bowles, H. 1995. Why are newspaper law reports so hard to understand?. *English for Specific Purposes*, 14(3): 201–222.

Braddock, R. 1958. An extension of the "Lasswell Formula". *Journal of Communication*, 8(2): 88–93.

Braithwaite, J. 1989. *Crime, Shame and Reintegration*. Cambridge: Cambridge University Press.

Brennan, M. 1995. The discourse of denial: Cross-examining child victim witnesses. *Journal of Pragmatics*, 23(1): 71–91.

Brown, G. & Yule, G. 1983. *Discourse Analysis*. Cambridge: Cambridge University Press.

Bruner, J. S. 1997. *The Culture of Education*. Cambridge: Harvard University Press.

Buckwalter, A. 1983. *Interviews and interrogations*. Boston: Butterworth Publishers.

Büring, D. 1999. Focus and topics in a complex model of discourse. In G. Krifka & V. D. Sandt (Eds.), *Focus and Presupposition in a Multi-speaker Discourse*. ESSLI-99 Workshop Reader.

Butters, R. R. 2004. How not to strike it rich: Semantics, pragmatics, and semiotics of a Massachusetts lottery ticket. *Applied Linguistics, 25*(4): 466–490.

Butters, R. R. 2009. The forensic linguist's professional credentials. *International Journal of Speech, Language and the Law, 16*(2): 237–252.

Butters, R. R. 2012. Retiring President's closing address: Ethics, best practices, and standards. In S. Tomblin, N. MacLeod, R. Sousa-Silva & M. Coulthard (Eds.), *Proceedings of the Tenth International Association of Forensic Linguists' Biennial Conference*. Birmingham: Aston University.

Butters, R. R. 2020. How I got started as a forensic linguist. *Language and Law / Linguagem e Direito, 7*(1–2): 16–19.

Cambier-Langeveld, T. 2010. The role of linguists and native speakers in language analysis for the determination of speaker origin. *International Journal of Speech, Language and the Law, 17*(1): 67–93.

Cao, D. 2009. Illocutionary acts of Chinese legislative language. *Journal of Pragmatics, 41*(7): 1329–1340.

Carney, T. 2014. Being (im)polite: A forensic linguistic approach to interpreting a hate speech case. *Language Matters (Pretoria, South Africa), 45*(3): 325–341.

Carter, E. 2011. *Analysing Police Interviews: Laughter, Confessions and the Tape*. London: Continuum.

Carter, E. 2014. When is a lie not a lie? When it's divergent: Examining lies and deceptive responses in a police interview. *International Journal of Language and the Law, 1*(1): 122–140.

Casesnoves, R., Forcaldell, M. & Gavalda, N. (Eds.). 2014. *Ens Queda la Paraula: Estudis de linguistica aplicada en honor a M. Teresa Turell*. Barcelona: Institut Universitari de Lingüística Aplicada, Universitat Pompeu Fabra.

Chapelle, C. A. (Eds.). 2013. *The Encyclopedia of Applied Linguistics*. Chichester: Blackwell.

Charnock, R. 2009. Overruling as a speech act: Performativity and normative discourse. *Journal of Pragmatics, 41*(3): 401–426.

Chaski, C. E. 2001. Empirical evaluations of language-based author identification techniques. *International Journal of Speech, Language and the Law, 8*(1): 1–65.

Chen, J. 2017. A corpus-based discourse information analysis of Chinese EFL learners' autonomy in legal case brief writing. *English Language Teaching, 10*(4): 150–164.

Cheng, E. K. 2013. Being pragmatic about forensic linguistics. *Journal of Law and Policy, 21*(2): 541–725.

Cheng, L. 2012. Attribution and judicial control in Chinese court judgments: A corpus-based study. *International Journal of Speech, Language and the Law, 19*(1): 27–49.

Cheng, L., Ching, W. & Li, J. 2015. Jury instructions in Hong Kong: A gricean perspective. *International Journal of Speech, Language and the Law, 22*(1): 35–55.

Chomsky, N. 1971. Deep structure, surface structure, and semantic representation. In D. D. Steinberg & L. A. Jakobovitz (Eds.), *Semantics*. Cambridge: Cambridge University Press, 193–217.

Coffin, C. 1996. *Exploring Literacy in School History*. Erskineville: NSW Department of School Education.

Coffin, C. 2004. Arguing about how the world is or how the world should be: The role of argument in IELTS tests. *Journal of English for Academic Purposes, 3*(3): 229–246.

Conley, J. M. & O'Barr, W. M. 1990. *Rules versus Relationships: The Ethnography of Legal Discourse*. Chicago: University of Chicago Press.

Conley, J. M. & O'Barr, W. M. 1998. *Just Words: Law, Language, and Power*. Chicago: University of Chicago Press.

Conley, J. M. & O'Barr, W. M. 2005. *Just Words*. Chicago: University of Chicago Press.

Cook, G. 1998. Discourse analysis. In K. Johnson & J. Helen (Eds.), *Encyclopedic Dictionary of Applied Linguistics: A Handbook for Language Teaching*. Oxford: Blackwell.

Cotterill, J. 2000. Reading the rights: A cautionary tale of comprehension and comprehensibility. *International Journal of Speech, Language and the Law, 7*(1): 4–25.

Cotterill, J. 2003a. *Language and Power in Court: A Linguistic Analysis of the O.J. Simpson Trial*. New York: Palgrave Macmillan.

Cotterill, J. (Ed.). 2003b. *Language in the Legal Process*. New York: Palgrave Macmillan.

Cotterill, J. (Ed.). 2007. *The Language of Sexual Crime*. Basingstoke: Palgrave Macmillan.

Coulmas, F. (Ed.). 1996. *The Handbook of Sociolinguistics*. Oxford: Blackwell.

Coulthard, M. 2020. A chance encounter. *Language and Law / Linguagem e Direito, 7*(1–2): 33–35.

Coulthard, M. & Johnson, A. 2007. *An Introduction to Forensic Linguistics: Language in*

Evidence (2nd ed.). London: Routledge.

Coulthard, M. & Johnson, A. 2010. *The Routledge Handbook of Forensic Linguistics*. London and New York: Routledge.

Coulthard, M., Johnson, A. & Wright, D. 2017. *An Introduction to Forensic Linguistics: Language in Evidence* (2nd ed.). London: Routledge.

Dai, X. 2020. *An empirical study of judges's sentencing practices: Appraisal analysis of six sentencing remarks for murder cases in England and Wales*. Doctoral dissertation (unpublished), Cardiff University.

Dai, X. 2020a. Legal constraints and judicial discretion in sentencing practice: Appraisal analysis of the sentencing remarks for Terri Palmer. *Text & Talk, 40*(3): 269–292.

Dai, X. 2020b. The framing of judgement by counter: How appraisal analysis of six sentencing remarks provides an insight into judges' sentencing practices. *The International Journal of Speech, Language and the Law, 27*(2): 209–231.

Dai, X. 2022. With or without a purpose? Judges' appraisal of offenders or their behaviour in six sentencing remarks. *Text & Talk*.

Dai, X. 2023. Degrees of negative judgements? Insights from a qualitative study of six sentencing remarks on judges' sentencing practices. *Pragmatics & Society*, Accepted.

Dalton-Puffer, C. 2007. *Discourse in Content and Language Integrated Learning (CLIL) Classrooms*. Amsterdam: John Benjamins.

Danet, B. 1980. Language in the legal process. *Law and Society Review, 14*(3): 445–564.

David, R. 2007. Reading genre: A new wave of analysis. *Linguistics and the Human Science, 2*(2): 185–204.

Doty, K. & Hiltunen, R. 2009. Formulaic discourse and speech acts in the witchcraft trial records of Salem, 1692. *Journal of Pragmatics, 41*(3): 458–469.

Du, B. 2015. The silenced interpreter: A case study of language and ideology in the Chinese criminal court. *International Journal for the Semiotics of Law, 28*(3): 507–524.

Duff, D. 2000. Key concepts. In D. Duff (Ed.), *Modern Genre Theory*. London: Routledge, x–xvi.

Durant, A. & Leung, J. H. C. 2016. *Language and Law: A Resource Book for Students*. London: Routledge.

Eades, D. 2000. "I don't think it's an answer to the question": Silencing aboriginal witnesses in court. *Language in Society, 29*(2): 161–196.

Eades, D. 2006. Interviewing and examining vulnerable witnesses. In K. Brown (Ed.), *Encyclopedia of Language and Linguistics.* Oxford: Elsevier, 772–778.

Eades, D. 2008a. *Courtroom Talk and Neocolonial Control.* Berlin: Mouton de Gruyter.

Eades, D. 2008b. Telling and retelling your story in court: Questions, assumptions and intercultural implications. *Current Issues in Criminal Justice, 20*(2): 209–230.

Eades, D. 2010. *Sociolinguistics and the Legal Process.* Bristol: Multilingual Matters.

Eades, D. 2012. The social consequences of language ideologies in courtroom cross-examination. *Language in Society, 41*(4): 471–497.

Eades, D. 2020. How I got started in forensic linguistics. *Language and Law / Linguagem e Direito, 7*(1–2): 12–15.

Eckert, P. 1989. The whole woman: Sex and gender differences in variation. *Language Variation and Change, 1*(3): 245–267.

Economou, D. 2009. *Photos in the news: Appraisal analysis of visual semiosis and visual-verbal intersemiosis.* Doctoral dissertation, University of Sydney.

Edwards, D. 2008. Intentionality and *mens rea* in police interrogations: The production of actions as crimes. *Intercultural Pragmatics, 5*(2): 177–199.

Eggins, S. & Slade, D. 1997. *Analysing Casual Conversation.* London: Cassel.

Ehrlich, S. 2001. *Representing Rape: Language and Sexual Consent.* London: Routledge.

Ehrlich, S., Eades, D. & Ainsworth, J., Eds.). 2015. *Discursive Constructions of Consent in the Legal Process.* Oxford: Oxford University Press.

Fadden, L. 2007. Quantitative and qualitative analyses of police interviews with Canadian Aboriginal and non-Aboriginal suspects. In K. Kredens & S. Goźdź-Roszkowski (Eds.), *Language and the Law: International Outlooks.* Frankfurt: Peter Lang, 305–322.

Fairclough, N. 1992. *Discourse and Social Change.* Cambridge: Polity Press.

Fanego, T. & Rodríguez-Puente, P. 2019. *Corpus-based Research on Variation in English Legal Discourse.* Amsterdam: John Benjamins.

Felton-Rosulek, L. 2009. *The sociolinguistic construction of reality in the closing arguments of criminal trials.* Doctoral dissertation (unpublished), University of Illinois at Urbana-Champaign.

Felton-Rosulek, L. 2015. *Dueling Discourses: The Construction of Reality in Closing Arguments.* Oxford: Oxford University Press.

Ferguson, R. A. 1990. The judicial opinion as literary genre. *Yale Journal of Law & the*

Humanities, 2(1): 201–220.

Finegan, E. 1990. Variation in linguists' analyses of author identification. *American Speech*, 65(4): 334–340.

Finegan, E. 2009. Expert linguists and the whole truth. *International Journal of Speech, Language and the Law*, 16(2): 267–277.

Finegan, E. 2020a. My thwarted start as a forensic linguist. *Language and Law / Linguagem e Direito*, 7(1–2): 20–23.

Finegan, E. 2020b, February 11. Remembering Ronald R. Butters. *International Journal of Speech, Language and the Law*, 27(2): 123–127.

Fraser, B. 1998. Threatening revisited. *International Journal of Speech, Language and the Law*, 5(2): 159–173.

Fraser, H. 2011. The role of linguists and native speakers in language analysis for the determination of speaker origin: A response to Tina Cambier-Langeveld. *International Journal of Speech, Language and the Law*, 18(1): 121–130.

French, P. J. & Harrison, P. 2007. Position statement concerning use of impressionistic likelihood terms in forensic speaker comparison cases. *International Journal of Speech, Language and the Law*, 14(1): 137–144.

Gaines, P. 2011. The multifunctionality of discourse operator *okay*: Evidence from a police interview. *Journal of Pragmatics*, 43(14): 3291–3315.

Gales, T. 2010. *Ideologies of violence: A corpus and discourse analytic approach to stance in threatening communications*. Doctoral dissertation (unpublished), University of California.

Gales, T. 2010. Ideologies of violence: A corpus and discourse analytic approach to stance in threatening communications. *International Journal of Speech Language and the Law*, 17(2): 299–302.

Gales, T. 2011. Identifying interpersonal stance in threatening discourse: An appraisal analysis. *Discourse Studies*, 13(1): 27–46.

Gales, T. 2015. Threatening stances: A corpus analysis of realized vs non-realized threats. *Language and Law / Linguagem e Direito*, 2(2): 1–25.

Gales, T. & Solan, L. 2017. Witness cross-examinations in non-stranger assault crimes: An appraisal analysis. *Language and Law / Linguagem e Direito*, 4(2): 108–139.

Ge, Y. 2016. Sensationalism in media discourse: A genre-based analysis of Chinese legal news reports. *Discourse & Communication*, 10(1): 22–39.

Ge, Y. 2018. *Resolution of Conflict of Interest in Chinese Civil Court Hearings: A Perspective of Discourse Information Theory*. Frankfurt: Peter Lang.

Gibbons, J. 2001. Revising the language of New South Wales police procedure: Applied linguistics in action. *Applied Linguistics, 22*(4): 439-469.

Gibbons, J. 2003. *Forensic Linguistics: An Introduction to Language in the Justice System*. Malden: Wiley.

Gibbons, J. 2020. My First Case. *Language and Law/Linguagem e Direito, 7*(1–2): 28–29.

Gibbons, J. & Turell, M. T. (Eds.). 2008. *Dimensions of Forensic Linguistics*. Philadelphia: John Benjamins.

Giltrow, J. & Stein, D. 2017. *The Pragmatic Turn in Law: Inference and Interpretation in Legal Discourse*. City De Gruyter Mouton.

Goldin-Meadow, S. & D. McNeill. 1999. The role of gesture and mimetic representation in making language the province of speech. In M. C. Corballis & L. Stephen (Eds.). *Evolution of the Hominid Mind*. Oxford: Oxford University Press, 155–172.

Goodman, K. 1992. I didn't found whole language. *The Reading Teacher, 46*(3): 188–199.

Gordon, N. J. & W. L. Fielsher. 2010. *Effective Interviewing and Interrogation Techniques* (3rd ed.). New York: Academy Press.

Goźdź-Roszkowski, S. 2011. *Patterns of Linguistic Variation in American Legal English: A Corpus-based Study*. Frankfurt: Peter Lang.

Grant, T. 2013. TXT 4N6: Method, consistency, and distinctiveness in the analysis of SMS text messages. *Journal of Law and Policy, 21*(2): 467–494.

Grant, T. 2022. *The Idea of Progress in Forensic Authorship Analysis: Elements in Forensic Linguistics*. Cambridge: Cambridge University Press.

Grant, T. & Baker, K. 2001. Identifying reliable, valid markers of authorship: A response to Chaski. *International Journal of Speech, Language and the Law, 8*(1): 66–79.

Grant, T. & MacLeod, N. 2018. Resources and constraints in linguistic identity performance: A theory of authorship. *Language and Law/Linguagem e Direito, 5*(1): 80–96.

Grant, T. & MacLeod, N. 2020. *Language and Online Identities: The Undercover Policing of Internet Sexual Crime*. Cambridge: Cambridge University Press.

Gray, P. R. A. 2010. The expert witness problem. *International Journal of Speech, Language and the Law, 17*(2): 201–209.

Grice, H. 1975. Logic and conversation. In P. Cole & J. Morgan (Eds.), *Syntax and Semantic*. New York: Academic Press, 41–58.

Grisso, T. 1980. Juveniles' capacities to waive Miranda rights: An empirical analysis. *California Law Review, 68*(6): 1134–1166.

Gruber, C. 2014. *I'm Sorry for What I've Done*. Oxford: Oxford University Press.

Guo, J. 2023. *Awakening justifiable defence: the study of evaluation in media reports on self-defence cases*. Doctoral dissertation (unpublished), Guangdong University of Foreign Studies.

Hale, S. & Gibbons, J. 1999. Varying realities: Patterned changes in the interpreter's representation of courtroom and external realities. *Applied Linguistics, 20*(2): 203–220.

Hale, S. 2004. *The Discourse of Court Interpreting: Discourse Practices of the Law, the Witness, and the Interpreter*. Amsterdam: John Benjamins.

Hale, S., Valero-Garcés, C. & Martin, A. 2008. Controversies over the role of the court interpreter. In C. Valero-Garcés & A. Martin (Eds.), *Crossing Borders in Community Interpreting: Definitions and Dilemmas*. Amsterdam: John Benjamins, 99–122.

Halliday, M. A. K. 1967. Notes on transitivity and theme in English: Part 1. *Journal of Linguistics, 3*(1):37–81.

Halliday, M. A. K. 1978. *Language as Social Semiotics: The Social Interpretation of Language and Meaning*. London: Edward Arnold.

Halliday, M. A. K. 1979. Modes of meaning and modes of expression: Types of grammatical structure, and their determination by different semantic functions. In J. Webster (Ed.), *On Grammar* (Vol. 1 in the Collected Works of Halliday M. A. K.). London: Continuum, 196–218.

Halliday, M. A. K. 1981/2002. Text semantics and clause grammar: How is a text like a clause? In J. Webster (Ed.), *On Grammar* (Vol. 1 in the Collected Works of Halliday, M. A. K.). London: Continuum, 219–260.

Halliday, M. A. K. 1985/1994. *An Introduction to Functional Grammar*. London: Edward Arnold.

Halliday, M. A. K. 1990. New ways of meaning: The challenge to applied linguistics. M. In Pütz (Eds.), *Thirty Years of Linguistic Evolution*. Amsterdam: John Benjamins, 59–95.

Halliday, M. A. K. 2004. The grammatical construction of scientific knowledge: The framing of the English clause. In J. Webster (Ed.), *The Language of Science*. Beijing:

Peking University Press.

Halliday, M. A. K. & Hasan, R. 1985. *Language, Context and Text: Aspects of Language in a Social-Semiotic Perspective*. Victoria: Deakin University Press.

Halliday, M. A. K. & Martin, J. R. 2003. *Writing Science: Literary and Discourse Power*. London: Palmer Press.

Halliday, M. A. K. & Matthiessen, C. M. I. M. 1999. *Construing Experience Through Meaning: A Language-Based Approach to Cognition*. London: Continuum.

Halliday, M. A. K. & Matthiessen, C. M. I. M. 2004. *An Introduction to Functional Grammar* (3rd ed.). London: Edward Arnold.

Halliday, M. A. K. & Matthiessen, C. M. I. M. 2014. *Halliday's Introduction to Functional Grammar* (4th ed.). London: Routledge.

Hancher, M. 1980. Speech acts and the law. In R. Shuy & A. Shnukal (Eds.), *Language Use and the Uses of Language*. Georgetown: Georgetown University Press, 245–256.

Hasan, R. 1985. The structure of a text. In M. A. K. Halliday & R. Hasan (Eds.). *Language, Context, and Text: Aspects of Language in a Social-Semiotic Perspective*. Oxford: Oxford University Press, 425–435.

Haworth, K. 2006. The dynamics of power and resistance in police interview discourse. *Discourse & Society, 17*(6): 739–759.

Heffer, C. 2005. *The Language of Jury Trial: A Corpus-Aided Analysis of Legal-Lay Discourse*. Basingstoke: Palgrave Macmillan.

Heffer, C. 2007. Judgement in court: Evaluating participants in courtroom discourse. In K. Kredens & S. Gozdz-Roszkowski (Eds.), *Language and the Law: International Outlooks*. Frankfurt: Perter Lang, 145–179.

Heffer, C., Rock, F. & Conley, J. (Eds.). 2013. *Legal-lay Communication: Textual Travels in the Law*. Oxford: Oxford University Press.

Heydon, G. 2005. *The Language of Police Interviewing: A Critical Analysis*. Basingstoke: Palgrave Macmillan.

Hobbs, P. 2003. "You must say it for him": Reformulating a witness' testimony on cross-examination at trial. *Text-Interdisciplinary Journal for the Study of Discourse, 23*(4): 477–511.

Hoey, M. 1999. *Pattern of Lexis in Text*. Oxford: Oxford University Press.

Hofstede, G. 2001. *Culture's Consequences: Comparing Values, Behaviors, Institutions, and Organizations Across Nations* (2nd ed.). California: Sage.

Hollien, H. F. 2002. *Forensic Voice Identification*. California: Academic Press.

Holmes, J. & Wilson, N. 2017. *An Introduction to Sociolinguistics* (5th ed.). London: Routledge.

Hood, S. 2011. Body language in face-to-face teaching: A focus on textual and interpersonal meaning. In S. H. Dreyfus & S. Maree (Eds.), *Semiotic Margins: Meaning in Multimodalities*. London: Continuum, 31–52.

Hunter, M. & Grant, T. 2022. Killer stance: An investigation of the relationship between attitudinal resources and psychological traits in the writings of four serial murderers. *Language and Law / Linguagem e Direito, 9*(1): 48–72.

Hurt, M. 2020. *Pledging to Harm: A Linguistic Analysis of Violent Intent in Threatening Language*. Doctoral dissertation, Aston University.

Hurt, M. & Grant, T. 2019. Pledging to harm: A linguistics appraisal analysis of judgement comparing realized and non-realized violent fantasies. *Discourse & Society, 30*(2): 154–171.

Iedema, R. 2001. Analysing film and television: A social semiotic account of hospital: An unhealthy business. In T. van Leeuwen & C. Jewitt (Eds.), *The Handbook of Visual Analysis*. London: Sage, 183–204.

Jackendoff, R. 1972. *Semantic Interpretation in Generative Grammar*. Cambridge: MIT Press.

Jewitt, C. 2009. *The Routledge Handbook of Multimodal Analysis*. London: Routledge.

Johnson, A. 1997. Textual kidnapping—a case of plagiarism among three student texts. *International Journal of Speech, Language and Law, 4*(2): 210–225.

Johnson, A. 2002. So...?: Pragmatic implications of so-prefaced questions in formal police interviews. In J. Cotterill (Ed.), *Language in the Legal Process*. London: Palgrave Macmillan, 91–110.

Johnson, A. 2018. "How came you not to cry out?": Pragmatic effects of negative questioning in child rape trials in the Old Bailey Proceedings 1730–1798. In K. Dennis & B. Kryk-Kastovsky (Eds.), *Legal Pragmatics*. Amsterdam: John Benjamins, 41–64.

Johnson, A. 2020. "Are you saying you were stabbed...?" Multimodality, embodied action, and dramatised formulations in "fixing" the facts in police interviews with suspects. In M. Mason & F. Rock (Eds.), *The Discourse of Police Interviews*. Chicago: University of Chicago Press.

Jol, G. & Houwen, F. 2014. Police interviews with child witnesses:Pursuing a response with *maar* (=Dutch *but*)-prefaced questions. *International Journal of Speech, Language and the Law, 21*(1): 113–138.

Kassin, S. M. & Wrightsman, L. S. 1985. Confession evidence. In Kassin S. M. & Wrightsman L. S. (Eds.), *The Psychology of Evidence and Trial Procedure*. California: Sage.

Kassin, S. M. & Gudjonsson, G. H. 2004. The psychology of confession evidence: A review of the literature and issues. *Psychological Science in the Public Interest*, (5): 35–69.

Kassin, S. M. & McNeil, K. 1991. Police interrogations and confessions. *Law and Human Behavior, 15*(2): 233–251.

Kassin, S. M., R. A. Leo, C. A. & Meissner, C. A. 2007. Police interviewing and interrogation: A Self-report survey of police practices and beliefs. *Law and Human Behavior*, (31): 381–400.

Kassin, S. M., Drizin, S. A., Grisso, T., Gudjonsson, G. H., Leo, R. A. & Redlich, A. D. 2010. Police-induced confessions: Risk factors and recommendations, *Law and Human Behavior, 34*(1): 3–38.

Kast-Aigner, J. 2010. Terms in context: A corpus-based analysis of the terminology of the European Union's development cooperation policy with the African, Caribbean and Pacific group of states. *International Journal of Speech, Language and the Law*, 17(2): 139–152.

Kjær, A. L. & Adamo, S. (Eds.). 2011. *Linguistic Diversity and European Democracy*. Farnham: Ashgate.

Kniffka, H. (Ed.). 1996. *Recent Developments in Forensic Linguistics*. Frankfurt: Peter Lang.

Knight, N. 2010. Wrinkling complexity: concepts of identity and affiliation in humour. In M. Bednarek, & J. R. Martin (Eds.), *New Discourse on Language: Functional Perspectives on Multimodality, Identity, and Affiliation*. London: Continuum, 35–38.

Komter, M. 2019. *The Suspect's Statement: Talk and Text in the Criminal Process*. Cambridge: Cambridge University Press.

Koppel, M., Schler, J. and E. Bonchek-Dokow. 2007. Differentiability: Unmasking Pseudonymous Authors. *Journal of Machine Learning Research, 8*: 1261–1276.

Körner, H. 2000. *Negotiating Authority: The Logogenesis of Dialogue in Common Law Judgments*. Doctoral dissertation, University of Sydney.

Kress, G. 2010. *Multimodality: A Social Semiotic Approach to Contemporary Communication*. London: Routledge.

Kress, G. & van Leeuwen, T. 1990. *Reading Images: The Grammar of Visual Design*. Victoria: Deakin University Press.

335

Kryk-Kastovsky, B. 2009. Speech acts in early modern english court trials. *Journal of Pragmatics, 41*(3): 440–457.

Kryk-Kastovsky, B. 2018. Implicatures in early modern English courtroom records. In K. Dennis & B. Kryk-Kastovsky (Eds.), *Legal Pragmatics*. Amsterdam: John Benjamins, 65–80.

Kurzon, D. 1986. *It is Hereby Performed: Explorations in Legal Speech Acts*. Amsterdam: John Benjamins.

Labov, W. 1977. *Therapeutic Discourse*. New York: Academic Press.

Labov, W. & Waletzky, J. 1967. Narrative analysis: Oral versions of personal experience. In J. Helm (Ed.), *Essays on the Verbal and Visual Arts*. Seattle: University of Washington Press.

Lakoff, R. 1973. Language and woman's place. *Language in Society, 2*(1): 45–80.

Larner, S. 2014. A comparative review of the Routledge handbook of forensic linguistics and the Oxford handbook of language and law. *Language and Law / Linguagem e Direito, 1*(1): 194–197.

Lasswell, H. 1948. The structure and function of communication in society. In L. Bryson (Eds.), *The Communication of Ideas*. New York: Harper and Row, 37–51.

Lemke, J. L. 1998. Resources for attitudinal meaning: Evaluative orientations in text semantics. *Functions of Language*, (1): 33–56.

Leonard, R. A., Ford, J. E. R. & Christensen, T. K. 2017. Forensic linguistics: Applying the science of linguistics to issues of the law. *Hofstra Law Review, 45*: 881–897.

Leo, R. A. & Ofshe, R. J. 1997. The social psychology of police interrogation: The theory and classification of true and false confessions. *Studies in Law, Politics, and Society, 16*: 189–254.

Leubsdorf, J. 2001. The structure of judicial opinions. *Minnesota Law Review, 86*: 447–496.

Leung, J. 2012. Statutory interpretation in multilingual jurisdictions: Typology and trends. *Journal of Multilingual and Multicultural Development, 33*(5): 481–495.

Levi, J. N. & Walker, A. G. (Eds.). 1990. *Language in the Judicial Process*. New York: Plenum.

Li, H. 2017. A corpus-based study of vague language in legislative texts: Strategic use of vague terms. *English for Specific Purposes, 45*: 98–109.

Liao, M. 2009. A study of interruption in Chinese criminal courtroom discourse. *Text & Talk, 29*(2): 175–199.

Liao, M. 2012. Courtroom discourse in China. In P. Tiersma & L. M. Solan (Eds.), *The Oxford Handbook of Language and Law*. Oxford: Oxford University Press.

Liao, M. 2013. Power in interruption. In W. Christopher & G. Tessuto (Eds.), *Language in the Negotiation of Justice: Contexts, Issues and Applications*. Farnham: Ashgate.

Liao, M. 2015. Speech or silence: Within & beyond language and law. In M. L. Solan, J. Ainsworth & R. Shuy (Eds.), *Speaking of Language and Law: Conversation on the Work of Peter Tiersma*. Oxford: Oxford University Press.

Lu, N. 2021. *The Discursive Construction of Legal Reasoning: A Genre Study of the United States Supreme Court*. Doctoral dissertation (unpublished), Guangdong University of Foreign Studies.

Lu, N. & Yuan, C. 2021. Legal reasoning: A textual perspective on common law judicial opinions and Chinese judgments. *Text & Talk, 41*(1): 71–93.

Luo, X. 2023. *Tenor Negotiation in Community Correction Discourse: A Judicial Practice Navigating between Retributive Justice and Restorative Justice*. Doctoral dissertation (unpublished), Guangdong University of Foreign Studies.

Luo, X. & Yuan, C. 2021. A negotiation analysis of risk assessment in community correction from the perspective of exchange structure. *Language and Dialogue, 11*(2): 200–232.

Macken-Horarik, M. 2003. Appraisal and the special instructiveness of narrative. *Text, 23*(2): 285–312.

Malcolm, C. 2004. Author identification, idiolect, and linguistic uniqueness. *Applied Linguistics, 25*(4): 431–447.

Malcolm, C., Johnson, A., Kredens, K. & D. Woolls. 2010. Four forensic linguists' responses to suspected plagiarism. In M. Coulthard & A. Johnson (Eds.), *The Routledge Handbook of Forensic Linguistics*. London: Routledge, 523–537.

Malcolm, C., Johnson, A. & Wright, D. 2017. *An Introduction to Forensic Linguistics: Language in Evidence* (2nd ed.). London: Routledge.

Maley, Y. 1985. Judicial discourse: The case of the legal judgment. In J. E. Clark (Eds.), *The Cultivated Australian*. Hamburg: Buske, 159–175.

Malmkjær, K. (Ed.). 2010. *The Routledge Linguistics Encyclopedia* (3rd ed.). London: Routledge.

Mann, W. & Thompson, S. A. 1986. Relational propositions in discourse. *Discourse Processes, 9*(1): 57–90.

Marsh, D., Maljers, A. & Hartiala, A. 2001. *Profiling European CLIL Classrooms*. Jyväskylä:

Centre for Applied Language Studies.

Martin, J. R. 1992. *English Text: System and Structure*. Amsterdam: John Benjamins.

Martin, J. R. 1993. Life as a noun: Arresting the universe in science and humanities. In M. Halliday A. K. & J. R. Martin (Eds.), *Writing Science, Literary and Discourse Power*. London: Palmer Press, 241–293.

Martin, J. R. 1994. Macrogenres: The ecology of the page. *Network, 21*(1): 21–52.

Martin, J. R. 1995. Text and clause: Fractal resonance. *Text, 15*(1): 5–42.

Martin, J. R. 1997. Analysing genre: Functional parameters. In F. Christie & J. R. Martin (Eds.), *Genre and Institutions: Social Processes in the Workplace and School*. London: Cassell, 3–39.

Martin, J. R. 2000. Beyond exchange: Appraisal systems in English. In S. Hunston & G. Thompson (Eds.), *Evaluation in Text: Authorial Stance and the Construction of Discourse*. Oxford: Oxford University Press, 142–175.

Martin, J. R. 2002. From little things big things grow: Ecogenesis in school geography. In L. R. Coe & T. Teslenko (Eds.), *The Rhetoric and Ideology of Genre: Strategies for Stability and Change*. Cresskill: Hampton Press, 243–271.

Martin, J. R. 2009. Realisation, instantiation and individuation: Some thoughts on identity in Youth Justice Conferencing. *DELTA, 25*: 549–583.

Martin, J. R. 2010a. Semantic variation: Modelling realisation, instantiation and individuation in social semiosis. In M. Bednarek & J. R. Martin (Eds.), *New Discourse on Language: Functional Perspectives on Multimodality, Identity, and Affiliation*. London: Continuum, 1–34.

Martin, J. R. 2010b. The author's introduction. In Z. H. Wang (Eds.), *On Genre Studies* (Vol. 3 in the Collected Works of Martin J. R). Shanghai: Shanghai Jiaotong University Press, 1–8.

Martin, J. R. 2014. Evolving systemic functional linguistics: Beyond the clause. *Functional Linguistics, 1*(1): 1–24.

Martin, J. R. 2017. Revisiting field: Specialized knowledge in secondary school science and humanities discourse. *Onomázein, 35*(1): 111–148.

Martin, J. R. & David, R. 2003. *Working with Discourse: Meaning Beyond the Clause*. London: Continuum.

Martin, J. R. & Rose, D. 2008. *Genre Relations: Mapping Culture*. London: Equinox.

Martin, J. R. & White, P. R. R. 2005. *The Language of Evaluation: Appraisal in English*. London: Palgrave Macmillan.

Martin, J. R. & Matruglio, E. 2013. Revisiting mode: Context in dependency in Ancient History classroom discourse. In G. W. Huang, Y. S. Zhu, D. L. Zhang & X. Z. Yang (Eds.), *Studies in Functional Linguistics and Discourse Analysis*. Beijing: Higher Education Press, 72–95.

Martin, J. R. & Zappavigna, M. 2016. Exploring restorative justice: Dialectics of theory and practice. *International Journal of Speech, Language and the Law, 23*(2): 215–242.

Martin, J. R. & Zappavigna, M. 2019. Embodied meaning: A systemic functional perspective on paralanguage. *Functional Linguistics, 6*(1): 1–33.

Martin, J. R., Zappavigna, M. & Dwyer, P. 2012. Beyond redemption: Choice and consequence in youth justice conferencing. In J. R. Martin & Z. Wang (Eds.), *Forensic Linguistics*. Shanghai: Shanghai Jiaotong University Press, 227–258.

Martin, J. R., Zappavigna, M., Dwyer, P. & Cléirigh, C. 2013. Users in uses of language: Embodied identity in youth justice conferencing. *Text & Talk, 33*(4–5): 467–496.

Mason, M. 2013. Can I get a lawyer? A suspect's use of indirect requests in a custodial setting. *International Journal of Speech. Language and the Law, 20*(2): 203–227.

Mathesius, V. 1929. Zur Satzperspektive im modernen English. *Archiv flir das Studium der modern Sprachen und Literaruren, 155*: 200–210.

Matoesian, G. M. 1993. *Reproducing Rape: Domination Through Talk in the Courtroom*. Chicago: University of Chicago Press.

Matoesian, G. M. 2001. *Law and the Language of Identity: Discourse in the William Kennedy Smith Rape Trial*. Oxford: Oxford University Press.

Maton, K. 2014. *Knowledge and Knowers: Towards a Realist Sociology of Education*. London: Routledge.

Maton, K. & Doran, Y. J. 2017. Condensation: A translation device for revealing complexity of knowledge practices in discourse, part 2—clausing and sequencing. *Onomázein, Número Especial SFL*, 77–110.

Matruglio, E., Maton, K. & Martin, J. R. 2013. Time travel: The role of temporality in enabling semantic waves in secondary school teaching. *Linguistics and Education, 24*(1): 38–49.

Mattila, H. E. S. 2013. *Comparative Legal Linguistics: Language of Law, Latin and Modern Lingua Francas* (2nd ed.). Farnham: Ashgate.

McMenamin, G. R. 1993. *Forensic Stylistics*. Oxford: Elsevier.

McMenamin, G. R. 2002. *Forensic Linguistics: Advances in Forensic Stylistics*. Boca Raton: CRC.

McMenamin, G. R, 2011. June 2. *Declaration of Gerald R. McMenamin in Support of Defendants' Motion for Expedited Discovery, Paul D. Ceglia vs Mark Elliott Zuckerberg and Facebook*. United States District Court.

Mellinkoff, D. 1963. *The Language of the Law*. Boston: Little, Brown and Company.

Mellinkoff, D. 2004. *The Language of the Law*. Eugene: Resource.

Muntigl, P. 2004. *Narrative Counselling: Social and Linguistic Processes of Change*. Amsterdam: Benjamins.

Nadler, J. 2002. No need to shout: Bus sweeps and the psychology of coercion. *Supreme Court Review*, 202:153–222.

Nakane, I. 2007. Problems in communicating the suspect's rights in interpreted police interviews. *Applied Linguistics*, 28(1): 87–112.

Nation, I. S. P. & Macalister, J. 2010. *Language Curriculum Design*. London: Routledge.

Neumann, R. K. 2005. *Legal Reasoning and Legal Writing: Structure, Strategy, and Style*. New York: Aspen Publishers.

Neustein, A. & Patil, H. 2011. *Forensic Speaker Recognition: Law Enforcement and Counter-Terrorism*. Springer.

Ng, E. 2018. *Common Law in an Uncommon Courtroom: Judicial Interpreting in Hong Kong*. Amsterdam: John Benjamins.

Ng, N. S. 2013. Garment, or upper-garment? A matter of interpretation? *International Journal for the Semiotics of Law-Revue internationale de sémiotique juridique, 26*(3): 597–613.

Ni, S. & Sin, K. 2011. A matrix of legislative speech acts for Chinese and British statutes. *Journal of Pragmatics, 43*(1): 375–384.

Nini, A. & Grant, T. (2013). Bridging the gap between stylistic and cognitive approaches to authorship analysis using systemic functional linguistics and multidimensional analysis. *International Journal of Speech, Language and the Law, 20*(2), 173–202.

O'Barr, W. M. 1991. *Linguistic Evidence: Language, Power, and Strategy in the Courtroom*. New York: Academic Press.

Olsson, J. & Luchjenbroers, J. 2014. *Forensic Linguistics* (3rd ed.). New York: Bloomsbury.

Oppenheim, F. 1942. *Outline of a Logical Analysis of Law*. Doctoral dissertation, Princeton University.

Philips, S. 1998. *Ideology in the Language of Judges: How Judges Practice Law, Politics, and Courtroom Control*. Oxford: Oxford University Press.

Piwek, P. 1998. Information flow and gaps. *IPO Annual Progress Report Eindhoven University of Technology, 33*: 103–114.

Plum, G. 1988. *Text and Contextual Conditioning in Spoken English: A Genre-based Approach*. Doctoral dissertation, University of Nottingham.

Prince, E. 1981. Toward a taxonomy of given-new information. In P. Cole (Ed.), *Radical Pragmatics*. New York: Academics Press, 223–255.

Richards, J. 2001. *Curriculum Development in Language Teaching*. Cambridge: Cambridge University Press.

Richards, J. 2008. *Curriculum Development in Language Teaching* (2nd ed.). Cambridge: Cambridge University Press.

Richards, J. 2013. Curriculum approaches in language teaching: Forward, central, and backward design. *RELC Journal, 44*(1): 5–33.

Rico-Sulayes, A. 2011. Statistical authorship attribution of Mexican drug trafficking online forum posts. *International Journal of Speech, Language and the Law, 18*(1): 53–74.

Rieber, R. & Stewart, W. A. (Eds.). 1990. *The Language Scientist as Expert in the Legal Setting: Issues in Forensic Linguistics*. Annals of the New York Academy of Sciences. New York: New York Academy of Sciences.

Roberts, C. 1996. Information structure in discourse: Towards an integrated formal theory of pragmatics. *Semantics & Pragmatics, 5*: 1–69.

Rock, F. 2001. The genesis of a witness statement. *Forensic Linguistics, 8*(2): 44–72.

Rock, F. 2007. *Communicating Rights: The Language of Arrest and Detention*. Basingstoke: Palgrave Macmillan.

Rose, D. 2007. Reading genre: A new wave of analysis. *Linguistics and the Human Sciences, 2*(1): 185–204.

Rose, D. 2012. Genre in the Sydney School. In J. P., Gee & M. Handford, (Eds.), *The Routledge Handbook of Discourse Analysis*. London: Routledge, 209–225.

Rose, P. 2002. *Forensic Speaker Identification*. London: Taylor & Francis.

Rose, P. & Morrison, G. S. 2009. A response to the UK position statement on forensic speaker comparison. *International Journal of Speech, Language and the Law, 16*(1): 139–163.

Rothery, J. 1996. Making changes: Developing an educational linguistics. In R. Hasan &

G. Williams (Eds.), *Literacy in Society*. London: Longman, 86–123.

Rubin, G. 2017. Power, solidarity and tag questions in crisis negotiations. *International Journal of Speech, Language and the Law*, 24(1): 45–65.

Schaeffner, C., Kredens, K. & Fowler, Y. (Eds.). 2013. July *Interpreting in a changing landscape*. Selected papers from the Sixth International Critical Link Conference. Amsterdan: John Benjamins.

Schane, S. 2006. *Language and the Law*. New York: Continuum.

Schilling, N. & Marsters, A. 2015. Unmasking identity: Speaker profiling for forensic linguistic purposes. *Annual Review of Applied Linguistics*, 35: 195–214.

Shannon, C. E. 1948. A mathematical theory of communication. *Bell System Technical Journal*, 27(4): 623–656.

Shuy, R. W. 1996. *Language Crimes: The Use and Abuse of Language Evidence in the Courtroom*. Oxford: Blackwell.

Shuy, R. W. 1998. *The Language of Confession, Interrogation, and Deception*. California: Sage.

Shuy, R. W. 2002. *Linguistic Battles in Trademark Disputes*. New York: Palgrave Macmillan.

Shuy, R. W. 2005. *Creating Language Crimes: How Law Enforcement Uses (and Misuses) Language*. Oxford: Oxford University Press.

Shuy, R. W. 2006. *Linguistics in the Courtroom: A Practical Guide*. Oxford: Oxford University Press.

Shuy, R. W. 2008. *Fighting over Words: Language and Civil Law Cases*. Oxford: Oxford University Press.

Shuy, R. W. 2010. *The Language of Defamation Cases*. Oxford: Oxford University Press.

Shuy, R. W. 2011. *The Language of Perjury Cases*. Oxford: Oxford University Press.

Shuy, R. W. 2012. *The Language of Sexual Misconduct Cases*. Oxford: Oxford University Press.

Shuy, R. W. 2013. *The Language of Bribery Cases*. Oxford: Oxford University Press.

Shuy, R. W. 2014. *The Language of Murder Cases*. Oxford: Oxford University Press.

Shuy, R. W. 2016. *The Language of Fraud Cases*. Oxford: Oxford University Press.

Shuy, R. W. 2017. *Deceptive Ambiguity by Police and Prosecutors*. New York: Oxford University Press.

Shuy, R. W. 2020. How I got started as a forensic linguist. *Language and Law/Linguagem e Direito*, 7(1–2): 8–11.

Simon-Vandenbergen, A. M., Taverniers, M. & Ravelli, L. 2003. *Grammatical Metaphor:*

Views from Systemic Functional Linguistics. Amsterdam: John Benjamins.

Solan, L. M. 1993. *The Language of Judges.* Chicago and London: The University of Chicago Press.

Solan, L. M. 2010. *The Language of Statutes: Laws and Their Interpretation.* Chicago: University of Chicago Press.

Solan, L. M. 2012. Ethics and method in forensic linguistics. In S. Tomblin, N. MacLeod, R. Sousa-Silva & M. Coulthard (Eds.), *Proceedings of the Tenth International Association of Forensic Linguists' Biennial Conference.* Birmingham: Aston University.

Solan, L. M. 2013. Intuition versus algorithm: The case of forensic authorship attribution. *Journal of Law and Policy, 21*(2), 551–576.

Solan, L. M., Ainsworth, J. & Shuy, R. W. (Eds.). 2015. *Speaking of Language and Law: Conversations on the Work of Peter Tiersma.* Oxford: Oxford University Press.

Solan, L. M. & Tiersma, P. 2005. *Speaking of Crime: The Language of Criminal Justice.* Chicago: University of Chicago Press.

Sousa-Silva, R. 2014. Detecting translingual plagiarism and the backlash against translation plagiarists. *Language and Law/Linguagem e Direito, 1*(1): 70–94.

Spencer-Oatey, H. 2007. Theories of identity and the analysis of face. *Journal of Pragmatics, 39*(4): 639–656.

Stamatatos, E. 2013. On the robustness of authorship attribution based on character N-gram features. *Journal of Law and Policy, 21*(2): 421–440.

Storey, K. 1995. The language of threats. *International Journal of Speech, Language and the Law, 2*(1): 74–80.

Stygall, G. 1994. *Trial Language: Differential Discourse Processing and Discursive Formation.* Philadelphia: John Benjamins.

Stygall, G. 2009. Guiding principles: Forensic linguistics and codes of ethics in other fields and professions. *International Journal of Speech, Language and the Law, 16*(2): 253–266.

Svartvik, J. 1968. *The Evans Statements: A Case for Forensic Linguistics.* Doctoral dissertation, University of Goteburg.

Szenes, E. 2017. *The Linguistic Construction of Business Reasoning: Towards A Language-based Model of Decision-making in Undergraduate Business.* Doctoral dissertation, University of Sydney.

Tajabadi, A., Dowlatabadi, H. & Mehri, E. 2014. Grice's Cooperative Maxims in oral arguments: The case of dispute settlement councils in Iran. *Procedia-Social and Behavioral Sciences, 98*: 1859–1865.

Tann, K. 2010. *Semogenesis of a Nation: An Iconography of Japanese Identity*. Doctoral dissertation, University of Sydney.

Taylor, P. J., Larner, S., Conchie, S. M. & Zee, S. V. D. 2014. Cross-cultural deception detection. In *Detecting Deception: Current Challenges and Cognitive Approaches*. Edited by Granhag, P. A., Vrij, A. & Verschuere, B. 175–202. Chichester: Blackwell.

Thompson, G. 1996. *Introducing Functional Grammar*. New York: St. Martin's Press.

Thompson, G. 2014. *Introducing Functional Grammar* (3rd ed.). London: Routledge.

Tiersma, P. M. 1987. The language of defamation. *Texas Law Review, 66*(2): 314–322.

Tiersma, P. M. 1999. *Legal language*. Chicago: University of Chicago Press.

Tiersma, P. M. & Solan, L. 2002. The linguist on the witness stand: Forensic linguistics in American courts. *Language, 78*(2): 221–239.

Tiersma, P. M. & Solan, L. 2004. Cops and robbers: Selective literalism in American criminal law. *Law & Society Review, 38*(2): 229–265.

Tiersma, P. M. & Solan, L. (Eds.). 2012. *The Oxford Handbook of Language and Law*. Oxford: Oxford University Press.

Turell, M. T., (Ed.). 2005. *Lingüística Forense, Lengua y Derecho: Conceptos, Métodos y Aplicaciones*. Barcelona: Universitat Pompeu Fabra.

Unsworth, L. 2015. Persuasive narratives: Evaluative images in picture books and animated movies. *Visual Communication, 14*(1): 73–96.

Vallery-Radot, R. 1923. *The Life of Pasteur*. Garden City: Doubleday, Page & Company.

van Charldorp, T. C. 2014. What happened? From talk to text in police interrogations. *Language and Communication, 36*: 7–24.

van Dijk, T. A. 1998. *News as Discourse*. New Jersey: Lawrence Erlbaum Associates.

van Dijk, T. A. 2004. *From Text Grammar to Critical Discourse Analysis*. Academic Autobiography (Version 2). Discourse in Society.

van Dijk, T. A. 2008. *Discourse and Context: A Socio-cognitive Approach*. Cambridge: Cambridge University Press.

van Dijk, T. A. & W. Kintsch. 1983. *Strategies of Discourse Comprehension*. New York: Academic Press.

van Leeuwen, T. 2002. The representation of social actors. In M. Toolan (Ed.), *Discourse Analysis*. London: Routledge, 302–339.

Ventola, E. 1987. *The Structure of Social Interaction*. London: Pinter.

Verrips, M. 2011. LADO and the pressure to draw strong conclusions: A response to Tina Cambier-Langeveld. *International Journal of Speech, Language and the Law*, *18*(1): 131–143.

Wagner, A. & Cheng, L. (Eds.). 2011. *Exploring Courtroom Discourse: The Language of Power and Control*. Farnham: Ashgate.

Walker, N. & Wrightsman, L. 1991. *The Child Witness: Legal Issues and Dilemmas*. California: Sage.

Walsh, M. 2008. "Which way?": Difficult options for vulnerable witnesses in Australian aboriginal land claim and native title cases. *Journal of English Linguistics*, *36*(3): 239–265.

Walsh, M. 2011. A neo-colonial farce? Discourses of deficit in Australian aboriginal land claim and native title cases. In C. Candlin & J. Crichton (Eds.), *Discourses of Deficit*. Basingstoke: Palgrave Macmillan, 327–346.

Wardhaugh, R. & Fuller, J. M. 2015. *An Introduction to Sociolinguistics* (7th ed.). New Jersey: Wiley & Sons.

White, P. R. R. 2003. Beyond modality and hedging: A dialogic view of the language of intersubjective stance. *Text*, *23*(2): 259–284.

Wiggins, G. & McTighe, J. 2006. *Understanding by Design: A Framework for Effecting Curricular Development and Assessment*. Virginia: Association for Supervision and Curriculum Development.

Wodak, R., Johnstone, B. & Kerswill, P. (Eds.). 2013. *The SAGE Handbook of Sociolinguistics*. London: Sage.

Woodward-Kron, R. 2005. The role of genre and embedded genres in tertiary students' writing. *Prospect*, *20*(3): 24–41.

Woolls, D. 2003. Better tools for the trade and how to use them. *Forensic Linguistics*, *10*(1): 102–112.

Woolls, D. & Coulthard, R. M. 1998. Tools for the trade. *Forensic Linguistics*, *5*(1): 33–57.

Wu, W. 1995. Chinese evidence versus the institutionalized power of English. *Forensic Linguistics*, *2*(2): 154–167.

Xu, Y. P. 2014. Realisation of persuasion in Chinese court conciliation: A discourse information perspective. *International Journal of Speech, Language and the Law*, *21*(1): 157–162.

Xu, Y. P. 2014. To accommodate not to abandon: Use of legislative modal verb shall in

China's legal translation. In L. Cheng, S. Yu & K. K. Sin (Eds.), *Proceedings of the Fourth International Conference on Law, Translation and Culture*. Georgia: The American Scholars Press, 257–264.

Xu, Y. P. 2017. Mission impossible? Judges' playing of dual roles as adjudicator and mediator in Chinese court conciliation. *Semiotica, 216*: 399–421.

Xu, Y. P. 2019. Scolding "brothers" and caring "friends": Discursive construction of the identity of mediation helpers in China. *International Journal for the Semiotic of Law, 32*: 135–153.

Yarmey, A. D. 2007. The psychology of speaker identification and earwitness memory. In *The Handbook of Eyewitness Psychology*. (Vol. 2). In R. C. L. Lindsay, D. F. Ross, J. D. Read & M. P. (Eds.), Toglia *Memory for people*. New Jersey: Lawrence Erlbaum Associafes, 101–136.

Yuan, C. 2017. Book review of *language and law: A resource book for students*. *International Journal of Speech, Language and the Law, 24*(1): 139–145.

Yuan, C. 2018. A battlefield or a lecture hall? A contrastive multimodal discourse analysis of courtroom trials. *Social Semiotics, 29*(5): 645–669.

Yuan, C., Zhang, S. & He, Q. 2018. Popularity of Latin and Law French in Legal English: A corpus-based disciplinary study of the language of the law. *Linguistics and Human Sciences, 14*(1–2): 151–174.

Yuan, C. & Luo, X. 2021. A negotiation analysis of risk assessment in community correction from the perspective of exchange structure. *Language and Dialogue, 11*(2): 200–222.

Yuan, C., He, Y. & Liu, Y. 2021. Rule by law versus rule of law: A multimodal analysis of persuasion and legal ideologies in anti-corruption discourse in China. *Multimodality & Society, 1*(4): 429–454.

Zappavigna, M. 2014. Enacting identity in microblogging through ambient affiliation. *Discourse & Communication, 8*(2): 209–228.

Zappavinga, M. & Martin, J. R. 2018. *Discourse and Diversionary Justice: An Analysis of Youth Justice Conferencing*. New York: Palgrave Macmillan.

Zhang, L. 2014. Linguistic politeness in lawyers' petitions under the Confucian ideal of no litigation. *International Journal of Speech, Language and the Law, 21*(2): 317–342.

Zhang, S. 2016. Authorship attribution and feature testing for Chinese short emails. *International Journal of Speech, Language and the Law, 23*(1): 71–97.

Zhang, T. 2011. The pragmatic court: Reinterpreting the Supreme People's Court of China. *Columbia Journal of Asian Law*, 25: 1–61.

Zheng, J. 2019. *A Study of Psycho-correction Discourse in Community Correction under Restorative Justice from the Perspective of Individuation*. Doctoral dissertation (unpublished), Guangdong University of Foreign Studies.

Zheng, R., Li, J., Chen, H. & Huang, Z. 2006. A framework for authorship identification of online messages: Writing-style features and classification techniques. *Journal of the American Society for Information Science and Technology*, 57(3): 378–393.

附录：评价资源标注符号表

ATTITUDE–A	AFFECT–AF	DESIRE–DES		
		HAPPINESS–HAP		
		SECURITY–SEC		
		SATISFACTION–SAT		
	JUDGEMENT–JU	SOCIAL ESTEEM–SOE	NORMALITY–NORM	
			CAPACITY–CAPA	
			TENACITY–TENA	
		SOCIAL SANCTION–SOS	VERACITY–VERA	
			PROPRIETY–PROP	
	APPRECIATION–AP	REACTION–REA		
		COMPOSITION–COM		
		VALUATION–VAL		
ENGAGEMENT–E	MONOGLOSSIA–MON			
	HETEROGLOSSIA–HE	DIALOGIC CONTRACTION–DIC	DISLAIM–DISC	DENY–DENY
				COUNTER–COUNT
			PROCLAIM–PROC	CONCUR–CONCU
				PRONOUNCE–PRONO
				ENDORSE–ENDOR
		DIALOGIC EXPANSION–DIE	ENTERTAIN–ENTE	
			ATTRIBUTE–ATTR	ACKNOWLEDGE–ACKNO
				DISTANCE–DISTA
GRADUATION–G	FORCE–FO	QUANTIFICATION–QUA	NUMBER–NUMB	
			MASS–MASS	
			EXTENT–EXTE	
		INTENSIFICATION–INT	MAXIMISATION–MAXI	
			REPETITION–REPE	
			METAPHOR–META	
	FOCUS–FC	SHARPEN–SHA		
		SOFTEN–SOF